公共生活的底层逻辑

个人生活的意义离不开公共生活，这是一个基本的坐标系问题。理解公共生活，如果忽略了自由，很可能陷入比盲人摸象还要可笑的状态中。

黄文伟◎著

中国言实出版社

图书在版编目（CIP）数据

公共生活的底层逻辑 / 黄文伟著 . —北京 : 中国
言实出版社，2017. 12

ISBN 978-7-5171-2649-2

Ⅰ.①公…　Ⅱ.①黄…　Ⅲ.①自由—哲学思想—西方
国家　Ⅳ.① B081

中国版本图书馆 CIP 数据核字（2017）第 329279 号

责任编辑：范立君

出版发行　　中国言实出版社

地　　址：北京市朝阳区北苑路 180 号加利大厦 5 号楼 105 室

邮　　编：100101

编辑部：北京市海淀区北太平庄路甲 1 号

邮　　编：100088

电　　话：64924853（总编室）64924716（发行部）

网　　址：www.zgyscbs.cn

E-mail：zgyscbs@263.net

经　　销　　新华书店

印　　刷　　廊坊市海涛印刷有限公司

版　　次　　2018 年 4 月第 1 版　　2018 年 4 月第 1 次印刷

规　　格　　710 毫米 × 1000 毫米　　1/16　　24.25 印张

字　　数　　396 千字

定　　价　　75.00 元　　ISBN 978-7-5171-2649-2

序　言

　　二十一年前视网膜脱离的我，四年前又来一场眼中风。脆弱的眼睛迫使我思考：假如瞎了，在瞎之前能做些什么。恰恰在这期间，看到了优酷《罗辑思维》视频——末日启示：向死而生。如何生呢？一个在《罗辑思维》中频频出现的亮丽词汇——自由，在我耳边响起。错过了胡适，中国错过了一百年；错过了自由，或许我这一生在事业上就是负数。选择书写自由，让我摆脱了面对病魔的恐惧，摆脱了人到中年的职业困惑。

　　人的生命是非常短暂的，而且具有高度的适应性。人们习惯于将当下的生活方式合理化，他们以为他们现在的生活是最正常的状态，忙于应付眼前的生活。正如一个网络段子所言："起初，我想进大学想得要死；随后，我巴不得赶快大学毕业好开始工作；接着，我想结婚、想有小孩又想得要命；再来，我又巴望小孩快点长大去上学，好让我回去上班；之后，我每天想退休想得要死；现在，我真的快死了……忽然间，我明白了，我一直忘了真正去活。"如何真正去活呢？这一个复杂的话题，本书只讨论其中的一部分——如何过好公共生活。这是一个人们通常不关心的问题，很多人只关注在自己小日子里如何真正去活，不过，厘清这样一个问题意味着认知的升级，有可能让我们以更高的视角认识如何过好自己的小日子。

　　当过守门员的加缪说过：有关生活的一切，我都是从足球学到的。在我看来，有关公共生活的一切，应该从自由学到。正如张五常所言："我认为世界无比复杂，不用简单的理论，能成功地解释世事的机会是零。"①就公共生活而言，简单的理论就是自由。公共生活的规则极其繁复，如果你不厌其烦一个规则一个规则地去了解它，你对生活的理解并不一定更好，如同古人建万里长城的思路，每一个点上都在设防，结果事实上万里长城并没有成功阻挡游牧民族的入侵，甚至成为一条废物。所有复杂的公共生活规则都可以抽象到一个极简单的点——自由。对普通公民而言，生命有限，而公共生活太复杂，我们需要一个点，一个能看透公共生活的点，一个点读懂我们的公共生活。或许你会讲"自由太抽象，根本没有历史感，真实性、可靠性实在可疑"。是的，看生活需要复杂的眼光，不过，我们需要一个点，有了这个点，才不会被复杂的信息所蒙蔽，才有可能更清晰地看到真实的世界，因为我们没有足够时间和认知能力去复杂化地看世界。退一步讲，有时一个较复杂的解释可能更加准确，不过这并没有否定"简单解释"的一般用途。"最起码，我们在选取复杂解释之前，先去了解一下简单解释不失为明智之举"②。

自由，有这么神奇吗？这可不是我一个人的判断，诸多学术大师都有这样的判断，例如罗斯巴德称："我确信，尽管每一个学科有它自成体系的内容和完整性，然而从最终分析来看，所有的科学和关于人类行为的学科是互相关联的，从而可以融入一个关于个人自由的科学或学科。"③世界可以化为简单的法则来认识，这有扎实的理论根据——还原论。还原论主张人类生活可以还原为若干基础法则，几乎所有哲学都在探寻复杂现象背后的那个最为根本、简单的规则，这正是哲学的魅力所在。尽管有大师背书，可能你还有疑问，本书后面对此问题将有进一步的阐述，我们将证明自由是最好的公共生活之道，自由就是判断和规划公共生活的核心点。明白了自由，才能看清生活。所谓"明白"就是指能区分事物之"差异"和"独特性"，以及抓住其中的因果关系。为什么我们不能看清很多的公共生活道理？就是因为没有搞清自由的含义，把自由与平等、正义、道德、幸福等混淆在一起了，所以，以赛亚·伯林高呼："一件东西是

---

① 张五常：《经济解释（卷一）》，北京，中信出版社，2015年版，第42页。

② 〔英〕朱利安·巴吉尼，彼得·福斯：《好用的哲学》，陶涛译，北京，中国人民大学出版社，2016年版，第143页。

③ 〔美〕穆瑞·罗斯巴德：《自由的伦理》，吕炳斌译，上海，复旦大学出版社，2012年版，第1页。

什么，就是什么：自由就是自由，不是平等、公平、正义，不是文化，也不是人类的幸福或平静的良心。"①为什么我们看不到公共生活的未来呢？就是因为没有搞清自由的因果关系，自由的果——自由是进步繁荣之母，是人的目的所在；自由的因——自由何为可能。

如此讲来，自由是太重要了，但是自由不是很简单吗？自由，正如刘瑜所讲："'只要别害人，自己想干点啥就干点啥，别人想干点啥也别拦着'嘛，这道理我外婆都知道。"②自由的道理似乎人人都懂，问题是"何为害人、何为拦着"众说纷纭，问题是除了自由的道理还有很多道理，一想到其他道理经常就动摇了自由的道理。假如不进一步搞清自由的道理以及养成自由的习惯，自由的道理就会被其他道理所淹没。自由这个看似简单的道理，里面其实有很多的门道。每个人都似乎知道自由可贵，但自由到底是什么呢？奥古斯丁反思时间概念时提到："你不问我，我好像知道，你一问我，我就茫然失措了。"同样，对于大多数人来说，自由也是如此，一旦认真想想，就茫然失措了。为什么茫然失措呢？或许是这样的原因——你所了解的自由知识是碎片的、零散的、孤立的，又因为不成体系，在稍微复杂一点的情境下，你的认知就被打垮了。本书就是想挖空心思证实自由到底是什么，以便让您成体系地掌握自由的知识。本书不能阐明自由的一切道理，但至少能明确并证实"理解自由的一些重要线索"，让我们在自由面前有几分相信，可以大胆地说，"掌握"了某些自由的知识，不至于茫然失措。或许，你反过来会觉得，如果自由这么复杂，那么，为什么要去理解它？首先，自由本身的重要性值得我们去理解；其次，自由理论本身的完备性也值得我们去理解，正如霍金在《时间简史》的结尾所言："如果我们确实发现了一个完备的理论，在主要的原理方面，它应该让所有人理解，而不仅仅让几个科学家理解。"③当然，你或许还会质疑，自由理论是完备的理论吗？是的，本书正是要阐述一种完备的自由理论。

---

① 〔英〕以赛亚·伯林：《两种自由概念》，见以赛亚·伯林：《自由论》，胡传胜译，江苏·译林出版社，2011年版，第174页。引用时综合陈晓林的翻译，参见以赛亚·伯林《两种自由概念》，陈晓林译，https://www.douban.com/group/topic/13882818/?cid=168460269.（2010-09-08）〔2016-06-09〕.

② 刘瑜：《贵族范儿》，http://www.aisixiang.com/data/56620.html.（2012-08-20）〔2016-06-10〕.

③ 史蒂芬·霍金：《时间简史（插图版）》，许明贤，吴忠超译，长沙，湖南科学技术出版社，2006年版，第233页。

以上是本书写作的心路历程。以下讲讲本书的结构和大意。

第一章讨论了本书的主题、研究方法和意义。明确主题才能有合适的定义；明确研究方法，才能做出适当的判断；明确著作的意义，才不会制造一堆垃圾。多数学术著作都是从这些惯例开始的，本书也不例外，唯一区别是我们加了一个大帽子——为什么阅读本书有意义，目的是让惯例不只是惯例，而真正成为产生有价值成果的指引。

第二章"自由的诸种含义与不受他人干涉的自由"。自由的含义，你肯定已看了不少，但是，相信本书的阐述还是可以让你耳目一新的。

第三章讨论自由的价值，自由是公共生活的最高价值准则。价值准则是外来语，用中国传统文化的语言表述，最贴切的是《道德经》的"道"，自由是最好的公共生活之道。本章的特色是严格遵循逻辑进行论证。

第四章"多一个角度看自由应该是什么"。八个角度阐述自由是什么。我们看到的自由理论似乎都是矛盾重重，其实深究下来，还是有殊途同归的一面。

第五章"自由何以可能"。自由是一种状态，是一种权利；自由是一种力量，是一种制度，是一种文化，一种传统等。这类振振有词的语句太多。自由似乎无所不是，都把您搞蒙了吧。接触太多信息不加整理，的确会被搞蒙。怎么整理呢？就是区分不同的讨论视角，自由是一种状态，是一种权利，讨论的是"自由本身的含义"；自由是一种力量，自由最好，讨论的是"自由的价值"；自由是一种制度，是一种文化，一种传统，讨论的是"自由的条件"，即自由何以可能。

第六章"自由不是人类公共生活的唯一价值"。否认自由最好，甚至将它视为一个空洞无用之物而不予理睬，是不对的。但是，试图让自由的负荷超重，也是错误的。有些理论为了让自由包治百病，而把自由解释成无所不能，结果理论本身自相矛盾。认识自由，必须搞清自由的局限在哪里，自由与其他价值准则的关系。

第七章"追求个人价值过程中如何对待自由"。自由毕竟只是公共生活的问题，还是要回到个人生活。"自由是什么"只有与"我该如何对待自由"连在一起考虑才有意义。本章讨论个人如何对待公共生活自由。

第八章"认同自由的人如何选择个人生活之道"。有了公共生活自由之后，怎么办？除了公共生活自由，还要追求什么？这个问题是个人偏好，没有对人人行之有效的答案，本章只是挖掘某些特定情况下可能存在的可行技巧。

　　"所谓前言，既是简介该书的内容，更是一种仪式，以示庄严。"① 对我来说，庄严就是找到生的意义；对读者来说，庄严就是这个话题有意义，这本书或许有价值。这一本书，首先是写给我自己，让自己解开一些疑惑，对生活本来面目的认识更清澈些；其次，写给世界观是经由无数次考试建立起来的朋友，因为是考试，获得的认知多少有些强迫，自由能帮我们重新梳理曾经的认知。第三，写给开始筹划一生的年轻朋友，这样一个公共生活话题或许不是你们关心的，却是非常重要的，我们中国人对自由这东西至今还是很模糊。第四，写给爱书的朋友们，学而不思则罔，不管我们认同什么，深入思考之前，我们都应该了解一下自由。王小波曾断言："知识分子活在世上，除自由主义外，无它种立场可取。"② 或许有些人会认为只有自由主义立场太绝对了，但是，即使你不认同自由主义，也应该了解一下自由。

　　最后，要表达诚心的感谢。自由道理很好，但是，一个理想的自由道理能描述出来吗？能实现吗？是的，谁也不能肯定——对它的描述是正确，实现是可能的。有一件事情是非常清楚的，一旦将它写下来，并且传播出去，它的可能性权重将会大大增加，感谢所有购买本书的读者，这或许就是在增加自由的可能性。感谢所有参考文献的作者以及他们背后的编辑、出版商等，我只是将他们的成果又重新加工一番。感谢《罗辑思维》，正是罗振宇每一天的撞击构成了我创作的动力和思想来源之一。感谢出版社编辑、校对等工作人员的辛苦工作，让这本书得以与公众见面。尽管我尽心尽力地写作，但囿于学识和眼力，书中还有很多不妥之处，热忱期盼读者不吝赐教，可以通过电子邮件（hww1975@163.com）或者微信（微信号：huangwenwei002）直接联系我，在此提前感谢每一位为本书修改提出意见的朋友。

2017 年 12 月

---

　　① 郑也夫：《信任论》，北京，中信出版社，2015 年版，再版前言。转引自 http://product. dangdang.com/23900252.html#preface.［2016-06-10］.

　　② 王小波：《王小波全集（第九卷）》，昆明，云南人民出版社，2006 年版，第 181 页。

目　录

就阅读而言，虚构类作品比非虚构类作品更受欢迎，而在非虚构类作品中，励志类比科学类更受欢迎，总之，那些能慰藉情感的作品更受欢迎。人不能总是受原生的情感所左右，于是，世人呼吁读一些科学类的学术作品，或者从虚构类、励志类作品中读出生活的逻辑。但是，科学类的学术作品并不是一个褒义词，它可能是毒品，或者只是堆买来束之高阁的废物，回答为什么值得阅读，是好的作品得以产生的一个可能因素。

自由是生活中最常见的词汇之一。当人们谈自由时，他们在谈什么？在很多场合下，听者并不知道话语者表达的意思，甚至话语者也不一定明白他们自己要表达的意思。一个不能大体了解自由诸种含义的人，在公共政策问题上，很可能是一头雾水或者人云亦云，在个人生活方面，也会缺少几分定力。不管你是否认同自由，厘清自由的各种含义，都能帮助你认知升级。

所有科学观点都是有条件的假设。自由是最好的公共生活之道，第一，它是有条件的，第二，它是一个假设。你可以说这个假设是一家之言，你可以讲一番道理否定它，但前提是你的论证必须是可靠的。问题不在于能否讲出一番道理，而在于可靠的证明。本章致力于用可靠的证明方式论证"自由是最好的公共生活之道"，如果你想反驳它，最好也用可靠的证明。

关于自由的概念，有各种不同解释方法，作为入门者，你应该寻找它们相通之处。不是说"一定要用不同解释方法才能探寻更好的自由内涵"，单一的解释方法有时候也非常棒，你可以坚持其中一种解释方法，但是，也得理解其他解释方法的内在逻辑。人是社会动物，你不能无视他人主张，必须与他人对话并寻找共识。

古人虚构出了神仙从而能遨游天上人间。自由是美好的，但是，美好的东西也可以是虚构的，虚构可以让我们的生活变美。讲自由的好，得解决一个前提——自由是可能的，不是虚构的。

金钱不是万能的，自由不是万能的，我们看过太多这种绝对不会错的命题。不会错的命题理论价值有限，关键还是要搞清楚自由的不能在哪里，如何处理自由与其他价值准则的关系。

公共生活之道只是回答什么样的公共生活是好的，并不涉及一个人生活追求应该是什么。自由毕竟只是公共生活的问题，最后还是要回到个人生活。"自由是什么"只有与"我该如何对待自由"连在一起考虑才有意义。

有了公共生活自由之后，怎么办？除了公共生活自由，个人生活应该如何呢？从理论的可靠性看，自然科学优于社会科学，对社会的事实解释优于规范解释，在对社会的规范解释中，适用于普遍个体的公共生活之道优于适用于普遍个体的个人生活之道。讨论个人生活之道，显然是科学短板，所以，成功学著作常常被认为是无用甚至有毒的鸡汤。但是，短板不能成为不做研究的理由，只要是人们需要的，都有值得讨论之处。

第一章 | 为什么阅读本书有意义？

就阅读而言，虚构类作品比非虚构类作品更受欢迎，而在非虚构类作品中，励志类比科学类更受欢迎，总之，那些能慰藉情感的作品更受欢迎。人不能总是受原生的情感所左右，于是，世人呼吁读一些科学类的学术作品，或者从虚构类、励志类作品中读出生活的逻辑。但是，科学类的学术作品并不是一个褒义词，它可能是毒品，或者只是堆买来束之高阁的废物，回答为什么值得阅读，是好的作品得以产生的一个可能因素。

这是一本普及性的公共生活哲学读本。为了让自己写的书更值得看，我迫不及待摆出这个主题"为什么阅读本书有意义"，希望本书不会被当成无聊的读物，更是为警醒自己写出一些有意义的东西。很多人觉得阅读学术著作没啥意义。的确如此，少数所谓"学术著作"就是一堆无价值的垃圾，甚至是误导人们的毒品；一些学术成果观点深刻但是晦涩难懂，既然读不懂，看又有什么用。之所以成为误导人们的毒品，究其原因，一是定义不明，二是方法错误。因此，这一章首先提出两个问题，第一个问题是"本书的主题"，因为只有明确主题才能准确定义；第二个问题是"本书的研究方法"，因为只有适当的研究方法才能作出可靠的判断，以免研究成果成为误导人的毒品。而第三个问题"本书的意义"，则是想让本书成为更有价值和便于阅读的东西。如果说前两个问题解决的是内容的可靠性，这第三个问题解决的是可读性。在信息爆炸的今天，能满足读者需求的信息太多，几乎没有空白的市场可做，一本书要脱颖而出，需要更方便、更准确、更好地满足读者的需求。可靠的知识很多，值得阅读的知识很多，但是，人的时间是有限的，本书目标是做到"更"——更有价值、更便于阅读，如果不能做到"更"，则应该被市场所淘汰。考虑到自己的功力不够，需要读者配合才能让本书更值得阅读，于是，有了第四个问题"本书的阅读"。

一、本书的主题

人如何过好自己的一生？这是一个宏大的话题，本书只是想讨论一个侧面——人如何在与他人交往中过好自己的一生，更简要地说就是"人如何过好共同生活"。我们不讨论每个人的个人幸福生活目标是什么，而是他们在追求幸福生活时如何相处，如何相处才让每个人更好地追求自己的幸福生活。这个话题的重要性是不言而喻的，因为人是群居动物，人需求的满足需要在共同生活的背景下发生。

如何过好共同生活呢？还要回到共同生活本身，共同生活到底是怎样一种生活呢？"人类进入文明的主要标志就是在私人之上建立所有人都必须服从的公权力组织"①，所谓的共同生活就是以公权力为背景的生活。如同亚里士多德所讲的"人是天生的政治动物"，公权力对人们的共同生活有着强有力的介入，但是，并非所有的共同生活都是公权力需要介入的。为了更清晰地表述问题，我们将"公权力介入的共同生活"称为公共生活。凡两人以及两人以上互有往来或冲突的生活，称为共同生活。一个不涉及他人的生活为私生活，两人以及两人以上互有往来或冲突的生活，如果是他们的私事，可以私了不必惊动公权力，也是私生活，但是，如果需要公权力介入，那么就是本书所定义的公共生活。本书仅讨论公共生活。因此，本书的主题可以进一步界定为"要如何过好公共生活"。套用学科化的分类，这本书可以称为"公共生活哲学"或者"政治哲学"。这样的学问，不是与每个人的生活目标直接相关的知识，却是每个人能很好追求自己生活目标的条件。约翰·亚当斯曾在美国革命期间写到："我的职责是研究如何构建政府避免战乱的学问，这个学问比其他一切学问都重要的多。这个学问研究好了，我的儿女们才能够自由地钻研数学与哲学、地理与建筑、金融与法律、商业与农业、物理与化学，我的子孙们才有条件去钻研绘画与诗歌，音乐与建筑，雕塑与陶艺。"② 因为几乎所有事情的发生都有其公共生活背

---

① 张千帆：《宪政原理》，北京，法律出版社，2011 年版，第 1 页。
② 〔美〕约翰·亚当斯 1780 年 5 月 12 日致阿比盖尔·亚当斯的书信，http://www.masshist. org/digitaladams/，转引自〔美〕法里德·扎卡里亚：《为人文教育辩护》，梁栋译，北京，新星出版社，2015 年版，第 118 页。

景，因此，政治哲学也称作统领科学①。这个统领不仅体现在理论上，而且体现在实践上；不仅体现在社会整体运作，而且可以让个人有可能站在更高的平台上认知生活。

本书的主题就是"人如何过好公共生活"。自由有诸多含义，为什么将自由定义为"不受他人干涉"呢？因为本书讨论的是公共生活。政治（公共生活）哲学有诸多重要范畴，很多学者将政治哲学核心的范畴界定为权力，为什么本书集中讨论自由呢？因为通过本书主题，从每个人的角度讨论，自由是更合适的核心概念。本书的一些论断可能不适合某些人当前"如何过好公共生活"的需求，为什么呢？因为本书是基于普遍意义上个人的长远利益讨论的②。本书的一些论断也与当前"共同生活"的实际不符合，为什么呢？因为本书讨论的是如何过好，也就是应然层面的研究，而不是实际是什么。总之，对于作者，主题明确，才能作出可靠判断；对于读者，明确主题，才能更好地理解和质疑书中的观点。

人如何过好公共生活，这一问题包括两个方面：什么是好的公共生活以及如何过好公共生活。先看第一个问题，什么是好的公共生活呢？这一问题有无数的回答。在这些回答面前，你想要的肯定不是越多越好，而是一个简明的答案。好的公共生活有种种价值标准，如果要一个简明回答，本书认为"自由是最好的公共生活之道"，或者说，在"公权力可以介入的生活领域"，自由是最高的价值准则。那么，什么是公权力可以介入的生活领域呢？只有在自由受到伤害的领域，公权力才能介入，还是要回到自由问题，因此，如果想用最简单

---

① 〔美〕迈克尔·G.罗斯金等：《政治学与生活》，林震等译，北京，中国人民大学出版社，2014 年版，第 5 页。

② 费尔南多·萨瓦特尔在《政治学的邀请》一书对比了伦理学与政治学的不同。通过这一对比，我们可以看到政治哲学（公共生活哲学）需要从普遍意义上个人的长远利益考虑问题。"伦理学首先是一种个人视角，每个人仅仅需要考虑的是，在一个特定时刻，做什么样的事情能够为他的美妙生活带来更多的便利。他并不指望说服所有人这样做才获得良好的结果，或那样做才能让大家生活得更满足、更合乎人性……当我进行道德思考时，我不需要说服我以外的人；而在政治学的视野中，则不可避免地，要么我去说服别人，要么被别人说服。政治学问题不仅仅关切我的生命，更关系到其他许多人的生命，以及这些生命之间的动态和谐；政治学的时间也具有更大的延展性：它不仅仅与当下刻不容缓的焦虑相关，而且会波及更长远的时段，涉及明天所要达成的规划。"（〔西〕费尔南多·萨瓦特尔：《政治学邀请》，于施洋译，北京，北京大学出版社，2014，3-4。）

的语言了解"好的公共生活之道",没有比自由更好的概念了。哲学家阿尔弗雷德·诺思·怀德海德曾经说过:"所有西方哲学只不过是柏拉图的注脚。"[①]夸张地讲,所有好的公共生活之道应该是自由的注脚。本书第二章至第六章主要就是围绕"自由是最好的公共生活之道"的界定、验证与运用展开的。明确"什么是好的公共生活"之后,当然,还是要回到"如何过好共同生活",因此,第七章讨论"在追求个人价值过程中如何处理公共生活问题",第八章讨论"有了公共生活自由之后,如何追求个人的价值"。

二、本书的研究方法

(一)公共生活理论有好坏、对错之分

如果把科学分为事实科学(研究"是什么",也就是讨论实然层面的知识)和规范科学(研究从"应该如何",也就是讨论应然层面的知识),那么,本书讨论的是规范科学,是讨论"如何过好公共生活"的规范科学。着眼于这样的目的,面临的第一个挑战就是,不存在这样的科学。一些科学家认为,表达"是什么"的事实命题是客观的,有对错之分,基于事实命题可以形成科学。但是,价值命题以及表达人应该如何行为的规范命题是主观的,因为它表达的是主体用自我认可而非普遍认可的标准对事物和行为的看法,没有对错好坏之分,只是个人的意见或者看法,不能形成科学。显然,本书不认同这样的观点。"不能用狭窄的眼光理解人类自身的领域,如通过解剖发现不了人的人性,就能否定人性的存在吗?"[②]我们更愿意认同这样的判断——人类可以而且应该共享某些价值判断,价值命题以及规范命题的某些领域也可以形成科学。人都贪生怕死,人都想活得好一点,这就是共同的价值观,"当然,也有一些人巴不得早点离开这个世界,但是,这种极端的例外我们不考虑,这里我们先假设所有人都

---

① 〔美〕彼得·博恩里科,〔中〕邓子滨:《法的门前》,北京,北京大学出版社,2012 年版,第 11 页。

② 刘军宁:《要多从造物主意志的角度去理解文明》,http://cul.qq.com/a/20140718/033007. htm.(2014-07-18)〔2016-05-22〕.

想继续活下去，都想活得好一些"①。罗斯巴德在《自由的伦理》一书也有精彩的论证："现在，任何人，只要其参与某种形式的讨论，包括对价值观的讨论，他的参与本身就是对生命的肯定。因为如果他真的反对生命，则这样的讨论与其无关，事实上他不应该继续活着。因此，所谓反对生命者，在参加讨论的过程中，实际上是在肯定生命，所以，维持和延续人的生命成为了颠扑不破的公理。"②人类共享某些共同的价值判断，至少一定范围的人群共享某些共同的价值判断，而不是人人享有各自主观的价值判断。

判断事实命题的对错，要看这个事实命题关于因果关系的解释是不是符合现实，能不能在现实中得到验证。而判断价值命题的对错好坏③，则须采用另外的标准。不考虑极端例外，人都想活下去，如果一个人不想让人们活下去，我们认为这是错的或者坏的价值命题，因为它违背人都想活下去的共享价值观。如果一个人想让人们活下去，但是，他采取的方法却是让人们去死。例如，义和团战士迷信的"刀枪不入"，就是错的或者坏的价值命题，因为"刀枪不入"属于错误的事实因果关系的解释。可见，一个错的或者坏的价值命题，或者违背了人普遍共享的价值观，或者因为事实命题的错误导致。价值命题的对错好坏，是基于普遍共享的价值观作出，它的适用范围是有局限的。例如，一个处于极端病痛的人选择自杀，通常我们很难说他是错的，给一个处于极端病痛的人安乐死，在一些地方是合法的；但是，在普遍情况下，不让自己活或者不让别人活，就是错的。因此，价值命题的对错好坏，只针对普遍情况有效，这种普遍有着不同层面的含义，共享的价值观如果是全人类范围共享，那么，这个价值命题在全人类范围针对普遍情况有效。例如，人权、自由等价值命题；共享的价值观如果是某一群体范围共享，这个价值命题在某一群体范围针对普遍情况有效。

当然，并不是所有价值命题都有对错好坏之分。例如，某些人爱吃甜（不考虑糖尿病等特殊情况），是不能作为普遍适用他人的对错好坏标准，因为它不

---

① 〔西〕费尔南多·萨瓦特尔：《伦理学邀请》，于施洋译，北京，北京大学出版社，2015年版，第20页。

② 〔美〕罗斯巴德：《自由的伦理》，吕炳斌等译，上海，复旦大学出版社，2012年版，第78页。

③ 价值命题的对错，通常又称为好坏，对的价值命题就是好的，错的价值命题就是坏的。

是共享的，而且也没必要让它成为共享的价值观。人都想活着，这也只是绝大多数人所向往的，但是，我们有必要让它成为共享的价值观，并将之作为普遍情况下判断价值命题对错好坏的标准。在公共生活领域，就属于有必要确认若干共享价值观的领域。在公共生活中，我们面临说服别人或者被别人说服的问题，说服为什么会成功呢？一个重要原因就是"观点是对的或者好的"。"人类还是有个优点，就是：他虽然比较固执，但总体上还是讲道理的，你只要道理说通了，人们会改变原来的看法"[①]。尽管不存在绝对正确，但是，人还是要有所相信，相信相对可靠的观点，只有这样才制止很多无法无天的事情发生，人类才不会毁灭。"正如同苏格拉底指出的：无人故意犯错误。在这里可以理解为，只要有更好的选择，人不可能故意冒险斗争。在这意义上，政治哲学只关心人类错误行为的研究"[②]。也可以说，如果公共生活判断没有正误之分，就没有政治哲学。

在说公共生活哲学有对错和好坏之分的同时，我们也要时刻提醒自己——这个世界上不存在绝对正确的科学理论，绝对与现实相符合的解释。这个世界上存在种种关于现实的主观解释，科学解释就在于它是可以证实的，"我们必须通过经验证实了的命题解释现象，才会有理解现象的感觉。"[③]判断一种观点是不是科学，就在于它能不能被证实。只有经验证实的理论才是真正的科学理论。如何判断解释是否与现实相符合，科学的方法就是证实，但是，作为全称的普遍定律的理论，不能为有限的单称的观察到的事实所证实，所有的科学规律都是无法被彻底"证实"的，任何科学理论都有它的不完备性。感官的局限性决定了经验知识的局限性，这意味着所有有待证实的科学理论的局限性。科学规律最终源于归纳，但是，归纳是从有限的事例推广到无限的定律，有限不能证明无限；归纳是以过去的事情证明未来的事情，过去不能证明未来。归纳不是

---

① 许智博：《张维迎：对我的批评比我的观点还流行》，http://www.nbweekly.com/news/people/201501/38169.aspx.（2015-01-14）[2016-05-22].

② 赵汀阳：《天下的当代性》，北京，中信出版集团，2016年版，第31页。

③ 〔法〕雷蒙·阿隆：《社会学主要思潮》，葛智强等译，北京，华夏出版社，2000年版，第337页。

一个能确保绝对正确的逻辑推理，而是一个概率推理[①]，换句话说，所有科学规律最多只具有似真性。即使在数学领域也是如此，罗素曾试图证明每个数学定理都是可以被严格证明的，但是，这一点被哥德尔不完全定理所推翻，哥德尔不完全定理表明：任何一个形式系统，只要包括了简单的初等数论描述，而且是自洽的，它必定包含某些系统内所允许的方法既不能证明真也不能证伪的命题。有人指出逻辑推理是绝对正确，"其实，逻辑只是对'同一性'的保卫程序（蕴含了对'差异'的区分），即'A=A'，我们不能把 A 说成 B，也不能把 B 说成 A，即逻辑上的同一律；当然，这需要逻辑上的一个根本假设，即 A 与非 A（A 的否命题）不能同时为真，即 A 不能同时既是 A 又不是 A，这是逻辑上的矛盾律。而'A'本身是什么，逻辑是无能无力的，这要靠心理的直觉或者物理的实验。"[②] 科学的目的乃是为了解释，但不存在终极解释，科学的解释只是用大量实例来说明某一解释最可能符合真相。科学理论只具有"似真性"，科学的目标是追求似真性。说一个理论对（好），就是指它具有很强的似真性，有很强的解释力；而说一个理论错误，也不能讲绝对错误，只是缺乏足够的解释力。科学理论是不完备的，所有的科学理论其实都是一些人造的理论假设，通过这些假设可以解释一些现象，但这并不代表这些假设与概念便是真理，因为另外一些不同的假设与概念可能也可以解释这些现象。人类社会的复杂性决定了每一种理论只能解释其中的一个小方面。科学不是绝对真理的化身，科学真理可以是多元的。不同的科学理论可能各有自己的长处与短处，而且，在不同场合中，它们的强弱甚至是可以转化的。

科学理论的不完备性以及科学真理的多元性，并不否认"科学理论没有对错之分"，只是指"科学理论的对错之分"不可能由任何人、团体或权力机构绝

[①] 概率推理，指根据不确定的信息做出决定时进行的推理。人们在日常生活中经常会遇到许多不确定的信息，即具有概率性质的信息，若据以推理，便是概率推理。如天阴并不一定意味着要下雨，肚子痛并不一定是得了胃病。根据以往的经验和分析，结合专家先验知识，由已知的变量信息来推导未知变量的信息的过程，就是概率推理。（百度百科：《概率推理》，http://baike.baidu.com/link?url=ZDrEvh2zwdfj3LVqS8kHO3oCEz20ge3QUrPS3jXyZILAXHALvlPQUTdD8MiYfD_QVaPd5uuKe7cQ8bUUHRcC6_.［2016-05-22］.)

[②] 韩十洲：《穹顶之下，更可怕的是中国人的心智雾霾》，http://blog.sina.com.cn/s/blog_6256479b0102vivr.html.（2015-03-06）［2016-05-22］.

对掌握。判断科学理论的对错标准是什么呢？一个公认的观点是根据科学共同体认可的标准来检验是否正确。不过，科学共同体认可的标准也并非是绝对的对错标准，科学共同体也可能犯错，被科学共同体否认的观点也可能有对的一面，同时存在不同类型的科学共同体。因此，就是被科学共同体认可的科学观点也存在多元性。人类只是共享某些共同价值判断，而不是共享所有共同价值判断，而且人类本质上是自由的，任何价值观都无法涵盖所有人群，因此，在规范科学领域，科学观点的多元性更为显著，被某一科学共同体否认的观点对的可能性更大，这要求我们对公共生活命题作出判断，更需时刻注意从其他人的观点中汲取养分。

（二）本书准备怎样找到好的公共生活命题

公共生活命题有对错和好坏之分，但是，并不存在统一的标准，只能寻找相对可靠的命题。为了找到相对可靠的公共生活判断，我要求自己在研究过程中注意以下几点。

1. 怀疑与宽容

科学是存在的，但是不存在绝对正确的科学理论，只存在相对可靠的科学理论。不同科学领域，理论的可靠性有所不同，自然科学通常能达到相当高的可靠性，而涉及人的科学，特别是社会科学，理论的可靠性就相对低一点。"很多医学院校的老师都会告诉学生，五年之内他们所学的知识里有一半都会不适用，而且老师也不知道到底是哪一半会不适用"[1]，这句话可能有一些夸张，但很形象地说明科学的动态性。社会科学领域，可能不至于所学的知识五年之内有一半不适用，而更糟糕的局面是，谁也无法非常肯定地确定所学的知识能不能适用。在规范科学领域，探索具有相当可靠性的科学理论挑战更大。首先，人是自由的，越是宣称自己具有相当高可靠性的规范科学理论，可能越抑制人的自由，对于规范科学，我们需要多一份对自己和他人观点的怀疑；其次，在规范科学领域，我们无法达到公认的理论，虽然这些理论有科学对错之分，但

---

① 小红猪：《真理也衰变——常识的半衰期》，http://songshuhui.net/archives/85835?bsh_bid=306318515.（2013–10–18）〔2016–05–22〕.

是无法让人们公认，一种所谓科学的理论永远都会有反对者，密尔在《论自由》一书中断言:"假如人类全体减一个人持一种意见，只有一个人持反对意见，那么人们对这个人的封杀一点不比这个人（假如有权的话）对全人类的封杀更正当。"[1]对于公共生活命题，我们可以也应该理性说服人们相信科学的观点，但是，没有任何人（包括国家）能垄断"判断科学理论的对错和好坏之分"的权力，我们无法认定反对者绝对错误，必须对反对者和反对观点永远保持一份宽容，反对任何试图封杀异见的个人、组织和国家。自以为是的偏见，尤其是打着科学旗号的偏见，其危害比无知更大。对任何理论都保有一份怀疑与宽容，是探索公共生活理论的最基本立场。

2. 界定好理论的适用范围

科学的实际操作方式是:从世界之中切割出一个局部，建立理想化模型来描述这个局部。如果不在研究对象切割出一个局部，面对同一现象，因为所描述的局部不一样，人们可以提出无数种的理论来解释，这样种种理论将让我们无所适从。科学中没有任何结论可以放之四海而皆准，任何结论都只能解释某一范围（局部）之内的现实。各种似是似非的生活格言、心灵鸡汤，以及各种缺乏科学证据的宗教信条，都可能可以解释某种侧面的现实，之所以不能被称为科学就在于它们缺乏清晰的适用范围。界定好理论的适用范围，才能作出科学结论。

熊逸在《正义从哪里来》有一个论断:"人们倾向于孤立地看待并判断事务，鲜有逻辑一贯性。"[2]熊逸认为，这是一种相当普遍的心理现象，即便在受过高等教育且智力水平在中人以上的人群当中也如此。熊逸在该书举了于丹教授在《庄子心得》中的两个例子，一个是猴子因为"死不放手"的坚持所以被抓，一个小虫因为不懂得坚持而无法跳出瓶子，一个说坚持不好，一个说坚持好[3]。这种相互矛盾的结论，究其原因，是因为孤立地看问题（没有考虑理论的适用范围）造成的，说坚持不好就必须表明什么情况下坚持不好，说坚持好就

---

[1] 〔英〕约翰·密尔:《论自由》，许宝骙译，北京，商务印书馆，1959年版，第19页。

[2] 熊逸:《正义从哪里来》，北京，民主与建设出版社，2015年版，第19页。

[3] 熊逸:《正义从哪里来》，北京，民主与建设出版社，2015年版，第17—19页。

必须表明什么情况下坚持好，否则就不是科学的理论。和菜头有一个精彩的评论："不能简单说说抗拒变化、躲避风险就是对的或者错的，缺乏前提的一切结论都是耍流氓。"① 人类有着根深蒂固的孤立看问题的习惯，因此，下结论、作判断必须反复提醒自己避免被这种习惯所左右，界定好理论的适用范围。

3. 多角度的验证

如果理论能得到多角度验证，则可能具有更高的可靠性②。讲到科学研究，很多人将之形容为盲人摸象。仔细想想，的确如此，在纷繁复杂的世界面前，我们自己比盲人并不高明多少。盲人摸象③ 出自佛教经典《大般涅槃经》，几乎是人人皆知的成语，用来比喻看问题了解不全面就以点代面、以偏概全。做科学研究，如何避免盲人摸象？首先，要界定理论的适用范围，摸到象牙的盲人，如果只是讲在他观察的范围内大象类似大萝卜，就没有错了。其次，多角度观察，理论要照顾到各种观察的事实，能从事实的前提推论得出。如果能综合不同人所摸到的大象局部再形成整体认识，出错的概率就会大大降低。第三，不同理论的检验。"如果一个判断与之前被接受为真的其他判断一致，那么它就是真实"④。如果一个观点能得到来自其他可靠观点推论的检验，那么，就更具有科学性。第四，理论的验证经常不能一蹴而就，准确讲，是一个循环往复的假设——验证过程。当出现无法被理论解释的特例，则需要重新考虑理论本身。《简单的哲学》对此有精彩的分析。"假如规则允许例外的出现，那么我们就需

---

① 和菜头：《大公司里的活死人》，https://wap.koudaitong.com/v2/showcase/feature?alias=18qjtzhgv&spm=m1470190150546991364599381.autoreply&redirect_count=1.（2016-08-03）［2016-08-03］.

② 但是，这也不是绝对的。一种只有得到一种验证的理论完全可能比排出多种验证的理论更具有可靠性，因为在规范科学领域某些验证永远是来不及做的。例如哈耶克写作《通往奴役之路》时，计划经济苏联，正成为一道亮丽的风景，为当时世界所崇尚，但是，计划经济终于彻底破产了，哈耶克有幸在有生之年看到理论被证实，但是，几代人的幸福却不幸被压抑。

③ 《大般涅槃经》三二："尔时大王，即唤众盲各各问言：'汝见象耶？'众盲各言：'我已得见。'王言：'象为何类？'其触牙者即言象形如芦菔根，其触耳者言象如箕，其触头者言象如石，其触鼻者言象如杵，其触脚者言象如木臼，其触脊者言象如床，其触腹者言象如瓮，其触尾者言象如绳。"

④ 〔美〕哈罗德·泰特斯等：《老问题：西方哲学的经典议题》，李婷婷译，北京，新华出版社，2014年版，第209页

要重新考虑这个规则：考虑它的形式是否需要重新改变、考虑它的内容是否需要重新解释或进行修正，甚至考虑它是否就应该直接被抛弃。"不过，修正（包括抛弃）理论并不简单，假如无法很好地修正，也可选择暂时的妥协，"作为偶尔违反规则的现象，特例可以被暂时搁置。"① 以上保证科学性四个方法，除了第一点外，都与多角度验证有关。

对理论加以多角度的验证，除了增强理论的可靠性，也是说服他人的需要。公共生活命题涉及公共利益，我们理应说服人们认可科学的观点，如何做到这一点呢？多一个角度论证是一个很好的办法。哈耶克在《自由宪章》对有些读者所认为的"他只是从权宜角度论证自由价值"进行了解释，他说："我们若想使那些不相信我们的道德观点的人信服，我们不能把这些观点看作不言而喻，这是确凿的。我们必须表明，自由不仅是特定的价值，而且是大多数道德价值的源泉和条件。如果只有一个人享有自由，他因此获得好处远不及整个社会处于自由状态带来的好处多。"② 哈耶克是一个自由的坚定信仰者，在《自由宪章》中他从社会功利角度论证自由的价值，不仅在于让其信仰多一份支撑，更是为了说服更多的人相信自由。正如风灵所言："强词夺理中自有三分歪理，十句中再掺几句真话，足够让大多数人晕头转向"③，在信息爆炸的今天，太多掺杂几句真话的信息会让我们迷失理性。多角度验证，不仅是说服他人，也是让自己保持理性的需要。总之，本书将力图通过多角度验证让我们呈现的知识更为可靠，不仅让相信自由的人，也让反对自由的人，都值得一读。

三、本书的意义

一本政治哲学类图书肯定不如网络时代应接不暇的精彩信息来得生动有趣，不如市场上最热销的文学、生活、技能类图书受欢迎。但是，关注有趣、关注实

---

① 〔英〕朱利安·巴吉尼，〔美〕彼得·福斯著：《简单的哲学》，陶涛译，北京，中国人民大学出版社，2016 年版，第 109 页。

② 〔英〕哈耶克：《自由宪章》，杨玉生等译，北京，中国社会科学出版社，2012 年版，第 20 页。

③ 风灵：《中国大学之殇——学术篇》，http://blog.sina.com.cn/s/blog_3d3fb2810101ddp0.html.（2013-05-31）〔2016-05-22〕.

用的同时，也需要仰望一下星空，仰望不只是调节情绪，它将给你更高的生活视角，正如你学过高等数学后再来看高中数学，境界就完全不一样了。这样一本书对生活提供的指引，不如职业技能、学习技巧、健康娱乐技艺等书籍的指引来得直接，也不如文学艺术作品的指引来得动情，但它提供了各类信息的底层逻辑。自由就是让你跳出一切框框，从逻辑的底层出发，来思考现实的问题。

很多人学了一辈子都用不上的知识，也并不是所有政治哲学理论图书都值得阅读的，但是，本书所探讨的自由话题却是今天最值得学习的政治哲学理论之一。就公共生活的知识而言：

我们看到的许多口号标语，我们听到的许多耳熟能详的词汇，都几乎在公然地反逻辑，怎样回到逻辑呢？自由！

人的头脑在一个僵化体系里呆久了，确实会形成一些根深蒂固的观念和思维，需要有些新东西去冲击。今天，什么样的东西对僵化观念最有冲击力呢？自由！

今天信息的爆炸程度是历史上任何时期都无法与之相比的。我们每天接受太多信息，以至于丧失了常识，要急需一种精炼、高质的理论指引我们的观察与判断。什么样的理论能担当这一重任呢？自由！

人是使用符号的动物，没有人可以离开符号进行思考。正是符号，人才区别于动物，文明才得以产生与繁荣。但是，符号并不必然带来文明，大规模的屠杀、文明的灾难也是通过某种符号思考的结果。在公共生活世界，什么样的符号能带来文明？什么样的符号能看清文明的方向？我们的回答是自由。或许你会反驳"自由，自由，多少罪恶因你而来。"是的，不是任何种类自由都能带来自由，我们要探讨的是什么样的自由能带来文明。

从根本上来说，自由话题重要性源于第三章所论证的"自由是最好的公共生活之道"。正如凯恩斯所言："经济学家和政治哲学家的思想，正确也好，错误也好，都比通常认为的强大得多。的确，世界几乎就是由他们的观念统治着的。讲究实际的人自认为他们不受任何学理的影响，可是他们经常是某些已故经济学家的观念俘虏。那些凭空听取灵感的掌权狂徒，他们的狂乱想法不过是从若干年前学界的某个不入流者的思想提炼而成。"①不管好的观念，还是坏的

---

① 〔英〕约翰·梅纳德·凯恩斯：《就业、利息和货币通论（重译本）》，高鸿业译，北京，商务印书馆，1999 年版，第 396—397 页。

观念，世界相当程度上是被观念统治的，如果自由的观念占主流，这个世界变好自然更有希望。甚至可以说，"每个人都应当关心自由。是否关心自由，这个选择，将必然关系到我们自身——这个选择将决定我们每个人的发展，是上升还是落魄；这个选择将决定我们的家庭，是繁荣还是死亡；这个选择还将决定我们的未来——决定我们是否还有未来"①。"当我们失去了对自己财产的所有权和控制权，我们最终将一无所有。当我们失去了契约自由、冒险自由、选择和平生活方式的自由——我们的未来将失去希望"②。

或许你会认为，即使自由是最好的公共生活之道，好的公共生活关系到每个人，但是，一个人创造好的公共生活的能量却是几乎可以忽略不计的，为什么要关心自由呢？如果大家都选择搭便车，我们只能被人操纵，"如果你（对政治）不感兴趣也不参与，但其他人会，而且他们会去影响那些支配你生活的决定，那么，他们会把我们送到海外战场去吗？谁要去打仗卖命呢？是你。他们会支持某些公民和团体去修改免税代码吗？谁要为此承担那些人逃掉的税赋呢？是你。""无知的人是要被操纵的"③。即使选择搭便车，至少也要懂得自由，这样才会支持那些为我们自由而战的人，才会搭到便车。读懂自由、关心自由，代表着一种负责任的态度，对社会负责，也对自己负责。

或许你会认为这些太高大上了，而且，自由观念好并不意味着有了自由一切就好。如果是这样的话，自由还是值得关注的。一个懂得自由的人即使不能或多或少地改变公共生活，也能改变自己。因为自由观念意味着更高的认识模式，正如罗振宇在 2016 年 3 月 31 日的语音所言："个人在认知模式上的升级比学习具体的知识重要的多，世界有那么多维度，如果我们的认知格局没有修炼到那个维度，知识和信息再多也没有用，这就好像是一个好软件是装不进一个

---

① 本段来自于《繁荣基石》中文版序言的套用。原文是"每个人都应当关心经济学。是否关心经济系统，这个选择，将必然关系到我们自身——这个选择将决定我们每个人的发展，是上升还是落魄；这个选择将决定我们的家庭，是繁荣还是死亡；这个选择还将决定我们的未来——决定我们是否还有未来。"（卢埃林·罗克韦尔：《经济规律：一千英尺厚的巨大墙壁（《繁荣基石》中文版序言）》，http://toutiao.com/i6257867799192928770/.（2016-01-20）[2016-05-22].）

② 冯兴元：《这个世界需要更多荣·保罗（《繁荣基石》中文版序言）》，http://blog.sina.com.cn/s/blog_ab5cdad70102w1dl.html.（2016-01-20）[2016-05-22].

③ 〔美〕迈克尔·G. 罗斯金等：《政治学与生活》，林震等，北京，中国人民大学出版社，2014 年版，第 4 页。

低档的系统是一样的。"① 自由话题的重要性不仅仅体现在理论上可以得到确证，还在于情感上的意义，读懂了自由，就可以大胆地说我们了解生活的底层逻辑，这是一件多么愉悦和多么骄傲的事。

自由话题的重要性，也不意味着本书值得阅读，所以，还得自我吹嘘一下。本书至少有这样一些特色：

1. 用心

用心也许是本书值得阅读的第一个原因，一本书或许没什么，但对我却是"经历生死之变写下的东西"，每天晚上睡觉前都要问自己：今天为本书增加了什么。本书之所以有意义，首先在于写书一开始我就树立这样一个目标——一本透析自由的通识书，一本如果能早点读到人生就清醒些的书，一本值得每一个想了解生活底层逻辑的人拥有的书。这样的目标显然是太过于高远而只能完成一小部分，但是，如果这本书的读者仅我一人，这目标是完成了。我已经尽最大努力把所看到和所听到的自由经典汇集到本书，在我视野范围内，它是我最好的自由圣经，相信对于同我类似的自由入门者也是有价值的。对于眼界高于我的人，我奢望能成为被他们批判的一本书，不仅仅是自私的目的，毕竟自由需要更多人共同努力。

2. 入门的新鲜感

在国家图书馆以"自由"作为正题名关键词可以查询到 5779 本关于"自由"的著作，在谷歌、百度以中文"自由"为关键词有超过 1 亿的网页②。其中谈到的自由，从物的自由到人的自由，从政治自由到心灵自由，从哲学的自由到成功学的自由，从宗教的自由到神话的自由，从征服世界的自由到不受他人干涉的自由，可谓五花八门，应有尽有。对于一些对自由的了解仅停留在符号和标签的读者来说，应该选择哪一本作为入门读物呢？关于自由的经典名著汗牛充栋，但通常并不建议急着猛啃经典，贸然取一本名著来读可能像盲人摸象那样所知偏颇不全，最好先读一本好的入门之书。自以为本书是最佳的入门读

---

① 罗辑思维微信公众号 2016 年 3 月 31 日 60 秒语音。
② 2016 年 7 月 10 日查询。

本之一，虽然本书重点谈的是政治自由，但可以说只有从这一点出发才可能对自由语言的花花世界有一个清晰的了解。虽然本书的作者也只是刚入道的学人，不过，入道艰难或许会让文字更适合初学者阅读。从小局限在一个非常僵化的知识传承体系里，让我很难快速领会自由的含义，对自由每一点理解都是对原有认知框架的突破，都经历思维的折磨。可以说，成长于20世纪后半叶中国文化环境的个人，认同自由所经历的思维和情感痛点，很多我都体会到了，带着这些痛点写出来的文字相信会与初学者有更多的共鸣，更能解开初学者的困惑。

3. 客观、严谨、方法正确的阐述

本书的意义，还在于我一直提醒自己力求达到客观、严谨、方法正确的阐述，做一个清晰、诚实与有说服力的表达者。一本希望更多人阅读的哲学书通常有演变成鸡汤文的趋势。为了迎合读者的需求，鸡汤文总是以情感慰藉为导向，很多逻辑被隐去避而不谈，文章的结论是为了满足情感需求，而不是发现真实的世界。心灵鸡汤并非就不好，也可以带来情感的满足和希望，只是不能长期服用，否则可能会让你脱离真实的世界。本书之所以值得阅读，就在于我们是力图以客观、严谨、方法正确的阐述满足读者知识拓展的需要，而不是情感慰藉。

4. 完整的知识链条，打下问题意识的地基

"时代不同了。有互联网+google+wikipedia，简而言之，可以不读书，等问题产生再按图索骥。这样做的前提，是能自由地产生问题意识"[①]。由此看来，有问题意识是可以不看书的。知识破碎让我们茫然失措，如何才能有高质量的问题意识，完整的知识链条是一个基础。自以为，本书已提供了对初学者而言关于自由的完整的知识链条，不管你认可还是反对它，有了这样一个基础，再对照现实而产生的"公共生活问题意识"将更深刻。

以上极力地吹捧本书的特色，但是，这很可能是苍白无力的。吹得再大的气球，一根针也能要了它的命。如果这样的话，本书之所以值得阅读还有一个

---

① 王烁：《为什么我们总是看错人》，北京，中国文史出版社，2016年版，第195页。

理由，虽然它可能不能扣人心弦，不能给你新奇的知识，但至少可以强化我们的自由习惯。"人每天的活动中，有超过40%是习惯的产物，而不是自己主动的决定"[1]。我们已经养成太多背离自由的习惯，需要更多的阅读来强化自由的道理和思维习惯。自由的话题是如此重要，是如此能改变我们的观念，在一本书的价格甚至不如一杯好的饮料的今天，只要是观点可靠的自由著作，即使买错了，这代价也是值得花的。

四、本书的阅读

值得阅读还应该是便于阅读。通常一本便于阅读的书，或者是故事性十足，充满戏剧性，跌宕起伏，扣人心弦的，或者是轻松愉快，妙趣横生，妙笔生花，充满语言美感。但是，这样的要求，学术著作很难做到。很多学术大家通过微言大义、春秋笔法来调动读者的想象力，让学术著作便于阅读，但是，更多的则是恰得其反，让读者不知所云；很多学术大家通过故事化处理，以丰富的细节来调动人们的感性思维，直击人心，让学术著作便于阅读，但是，更多的则是恰得其反，让读者丧失了理性判断，人云亦云。显然，本人目前尚达不到学术大家的水平，如何让本书便于阅读呢？除了我个人的努力外，还需要读者的配合，或许需要注意一定的阅读技巧本书才会值得读。进一步追问原因，也可以说，阅读是要用力的，一本值得阅读的书并不完全是写出来的，也是读者读出来的。用力很累，但相伴而来的则是智力上和心理上的愉悦，如果只是追求轻松阅读，就只能是低层次的满足，是一些没意义的收获。那么，本书需要注意哪些阅读技巧呢？

（一）回到生活

人们讨厌学术类书籍，一个更根本的原因在于缺乏理解学术概念的背景知识。学术大家的能力就在于能找准读者现有的背景知识，结合这些背景知识深入浅出地讲述学术概念。显然，本人在这方面的能力比不上学术大家，我的做

---

① 〔美〕查尔斯·杜希格：《习惯的力量》，吴奕俊等，北京，中信出版社，2013年，内容简介。

法是以生活为主题,以我们共同面临的生活为背景来阐述,希望藉此能让读者更好地理解本书的内容。读者在阅读中如有疑惑,那就对照一下周边的生活,或许就能解惑。"政治不是别的,而是共同生活的艺术,是创造所有人的存在之共在性的艺术。"① 严格按照学科定义来分类,本书应该归类为政治哲学,为了便于理解,本书用公共生活哲学来指代政治哲学。政治对于一些人来说似乎太遥远,我们讲的是生活,生活中与公权力相关的那一部分,只要回到生活,本书的东西就没有什么不好理解的了。讲政治哲学自然会提到很多政治思想家以及他们的经典著作,假如你对这些东西的来龙去脉不清楚,也可以不去管它,我们只是借用他们的观点,不要为此困惑,回到生活自然可理解,"如果有一天发生灾难性事故,所有政治哲学的书籍可能会一并丢失,但是政治哲学却就可以直接从政治生活中再生"②。

(二)有一个目标

人们喜欢小说,因为在其中可以扮演自己应该扮演的那个角色,于是,小说成了生活本身。哲学读本不是小说,不过,同样是可以因为能成为生活一部分而让人们喜欢阅读。切中生活痛点的文字,让哲学成为人们生活的一部分。我的设想是把人们生活中对自由的疑惑写出来,切中初学者脑袋中曾经的痛点,让本书扮演解决疑问的角色,让书成为生活的一部分。当然,我做的只是一些不甚成功的努力,所以还得靠大家配合。以我的经验而言,我是怎么喜欢上学术类书籍呢?只是在我准备形成逻辑自洽的公共生活判断,写一本透析自由的著作时,才真正喜欢上。"你让一个三四岁的孩子安静地站着,他可能连一分钟都坚持不到,但如果你让他假装士兵守卫城堡,他也许能坚持五分钟"③。只有扮演一种角色,有一个目标,我们才能坚持。本质上少有人会对阅读爱得纯粹,人们总是因为有一种更高的目标才会爱阅读。我的希望是大家能抱着"厘清人生道路上的一个小问题——如何过好公共生活"的目标阅读本书,有这样的目

---

① 赵汀阳:《天下的当代性》,北京,中信出版社,2016 年版,第 28 页。

② 〔美〕哈维·C. 曼斯菲尔德,乔治·W. 凯利:《学科入门指南:政治哲学·美国政治思想》,杭州,浙江大学出版社,2015 年版,第 5 页。

③ 常青藤爸爸:《五招提高孩子的自控力》,http://mt.sohu.com/20150610/n414784032.shtml.(2015-06-10)〔2016-05-22〕.

标，就会有不断的困惑，有持续的求知欲望，本书也就更值得一看。"他决定不能单凭幻想或是幽灵的话行事。那也许是出于一时的错觉，他一定要找到更确实的证据"[1]。当你准备有证据地了解生活底层逻辑，本书就值得一读。

---

[1]　莎士比亚:《哈姆雷特》，转引自许荣哲:《小说课（壹）》，北京，中信出版社，2016 年版，第 25 页。

第二章 | 自由的诸种含义与不受他人干涉的自由

　　自由是生活中最常见的词汇之一。当人们谈自由时，他们在谈什么？在很多场合下，听者并不知道话语者表达的意思，甚至话语者也不一定明白他们自己要表达的意思。一个不能大体了解自由诸种含义的人，在公共政策问题上，很可能是一头雾水或者人云亦云，在个人生活方面，也会缺少几分定力。不管你是否认同自由，厘清自由的各种含义，都能帮助你认知升级。

定义是有意义论证之起点，自由定义的混乱正是公共生活的是非判断出现错误的原因之一。自由是一个使用广泛并且歧义甚多的概念，它容纳了无数截然相反的含义。如果不对自由的含义加以界定，陷于语义的泥淖，将无法达成合理的逻辑链条。在展开全书论述之前，首先要界定与本书主题相适应的自由定义。

第一节　自由的诸种表达和本书所讨论的自由

一、自由的诸种表达

自由是人们生活中经常用到的一个词，但是，它在不同场合里所表达的含义却经常各不相同，正如孟德斯鸠所言，"没有一个词比自由有更多的涵义，并在人们意识中留下更多不同的印象了"。[①] 据统计，众多思想家对"自由"的界定竟有 200 余种之多[②]。

---

① 〔法〕孟德斯鸠：《论法的精神（上册）》，张雁森译，北京，商务印书馆，1982 年版，第 153 页。

② 〔英〕以赛亚·伯林：《两种自由概念》，见以赛亚·伯林：《自由论》，南京，译林出版社，2011 年版，第 170 页。

自由一词就其本意，是指没有阻碍的状况，对无理性与无生命的自然造物和对于有理性的社会造物同样适用。自然界的自由概念，例如，物理机械运动里面的自由度就是指在某个方向上物体可以改变运动状态；生物学的自由则体现在生物变异的任意性，在生物进化里，似乎没有什么是不被允许的。本书只讨论人的自由，不过，它的含义也是多种多样的。克里希那穆提对自由的多样性曾有一个精彩的论述，"自由当然有好几种：有政治自由，有知识赋予的自由（当你知道如何做事时，也就是掌握了知识时，就有了一定的自由），有富人的自由（他们可以周游世界），有能力赋予的自由（你可以写作、表达自我、清晰地思考）。除此之外，还有摆脱了某些事物之后获得的所谓自由：摆脱压迫后的自由，摆脱嫉妒之心后的自由，摆脱传统后的自由，摆脱了名缰利锁后的自由等等。还有经过一番努力之后获得的自由：我们希望在接受训练或努力奋斗之后过上美好生活并享有彻底的自由。"[1] 除此以外，克里希那穆提还提出了他所认同的自由，自由是一种心性，"当你热爱绘画而绘画，而不是因为绘画能给你带来名誉或地位的时候，你就享有了自由"[2]。

自由的各种含义，如果不加以区别地运用，我们将陷入茫然失措，无法有效展开针对自由的讨论。正如墨子刻所言："自由或者民主等意义笼统的词，很像放了很多不同东西的箱子"[3]，要了解什么是自由，非得开箱取物，再将里面的东西分门别类不可。缺少开箱的功夫，就无法清晰把握自由的含义。

如何对自由的诸种含义分门别类呢？必须回到这个词的本来意义。自由的最基本含义是不受限制（阻碍、束缚、控制、强迫或强制等），或者说限制的不存在。不管人们怎么使用自由一词，都离不开自由本义——人不受限制地、由着自己的愿望而行动的状态，即"按自己意志行事"。没有什么比这更能展示自由，自由的含义必须由此延伸而出的。"任何时候脱离这一本义来讨论自由概念，无论议论者如何自以为深刻和有创意，都存在理论上的歪曲或困难"[4]。但

---

① 〔印〕克里希那穆提：《论自由》，蒋宗强译，北京，中信出版社，2013 年版，第 24 页。

② 〔印〕克里希那穆提：《论自由》，蒋宗强译，北京，中信出版社，2013 年版，第 22 页。

③ 墨子刻：《墨子刻序》，见黄克武：《自由之所以然——严复对约翰弥尔自由思想的认识与批判》，台北，台北允晨文化实业公司，1998 年版，第 V 页。转引自章清：《胡适派人群和现代中国自由主义》，上海，上海三联书店出版社，2015 年版，第 10 页。

④ 顾肃：《自由主义基本理念》，南京，译林出版社，2013 年版，第 50 页。

是，仅仅将自由定义泛泛而谈的"按自己意志行事"或者不加界定的"不受限制"，甲所表达的"自由"与乙所表达的"自由"可能完全是两回事，例如，甲表达的自由指不受他人干涉，而乙表达的自由则指因为有知识而自由，这样双方的对话就是牛头对马嘴。事实上，人们表达自由一词通常是指不受某种"特定"限制的状态，而不是泛泛而谈的"按自己意志行事"或者不加界定"不受限制"，只有当人们谈论的是同一种自由，才有可能展开有效的对话。一般来说，人们从这样一些层面区分不同类型的限制来谈论自由：

（一）不受他人干涉的自由

不受他人干涉的自由，即一个人的自主行动免于他人干涉。所谓干涉是指暴力或者类似暴力的干涉。[①] 什么是暴力或者类似暴力的干涉呢？它不是按照某个人主观感觉定义的，而是客观的现象，如安·兰德所言："我们可以在一个人和另一个人的权利之间划上一条清楚的分界线。这是一条客观的分界线，不因观点差异而改变，也不受多数人的意见或社会的硬性规定左右。任何人都没有权利率先向另一个人动用武力。"[②] 在这一层面谈自由，只要一个人的自主行动不受他人干涉，那就是自由的，不管这一行动能不能满足自己的欲望。如果行动自主权并不受他人的干涉，只是因为身体或财产能力受限而无法行动，那么，就不能称之为不自由。在这一层面谈自由，甲钱被他人抢劫不能旅行，我们就可以说甲旅行的自主行动受他人干涉，可称为不自由；乙仅仅因为自己资金短缺不能旅行，并非受他人干涉，则不能称为不自由；丙想旅行，只是担心旅行很累所以不出国，也不能称为不自由。哈耶克在自由宪章中举了一个形象的例子："某个攀岩者遇险，发现仅有一路可以脱身，这时他别无选择，但却享有自

---

① 暴力是采用武力或者武力威胁对他人的人身和财产进行攻击，类似暴力的干涉包括欺诈等，某些极端情况下垄断者的行为也可能构成干涉，例如"一片沙漠绿洲上的一处水源占有者"就可能对他人产生强制，因为水源唯一而且不可缺。某些情况下的罢工也可能构成干涉，薛兆丰认为罢工是"占着位置不干活并且不让别人代替自己干活"。"罢工就是集体敲竹杠，就是集体违约，而且必然包含暴力因素"。（薛兆丰：《经济学通识》，北京，北京大学出版社，2015 年版，第 263—264 页。）

② 〔美〕安·兰德：《什么是西方价值观》，（2015-02-03）[2016-06-09].http://www.21ccom.net/articles/thought/zhongxi/20150203120476.html.

由。"[①] 攀岩者之所以享有自由，就在于他没有受到他人干涉。克里希那穆提谈到"摆脱压迫后的自由"就是属于这类自由。

针对不受他人干涉自由，有的初学者将此理解为"爱做什么就可以做什么"，就是绝对自由。显然，这是一种误解。自由的一个基本特征是：自由如果没有被约束，就变成一个极大的破坏行动。一旦我们从价值规范角度谈自由，就必须谈自由的限制，否则自由就不足以成为指引人们行动的价值规范。不受他人干涉自由，并非不受他人干涉前提下爱做什么就可以做什么，而是以他人的自由为限，即以不干涉他人为限。事实上，不受他人干涉自由预设一个基本的假定：人人享有同样的自由，因此，不受他人干涉自由以不干涉他人为限。安·兰德对此有一个精彩的论断："千万不要以为自由主义者会说这样的话：'我想做什么就可以做什么，不必管别人会怎样。'自由主义者清楚地知道，每个人都拥有不可剥夺的权利——不光是他自己的，还有别人的。"[②]

针对不受他人干涉自由，初学者常常有这样一个疑问——有时我们受到他人干涉，但自由并没有受到侵犯，既然受到他人干涉的情况下也可能是自由的，那么，将自由定义为"不受他人干涉自由"不就存在自相矛盾吗？的确，并非所有干涉都侵犯一个人的自由，例如政府禁止抢劫，一个人受到政府抢劫禁令的限制，不能视为不自由。准确地讲，不受他人干涉自由应该是"除了正当干涉外免于他人干涉的自由"。一个人侵犯了另一个人自由，就应该受到干涉，这是保护不受他人干涉自由的需要，是不受他人干涉自由的应有之意，因此，这种干涉不能视为对自由的侵犯，而且，仅有这种干涉不能被视为对自由的侵犯，否则干涉就不能认定是对自由的保护了。从这一意义看，不受他人干涉自由本身包含正当干涉的例外，正当干涉正是不受他人干涉的自由的必然延伸，因此，完全可以把"除了正当干涉外免于他人干涉的自由"直接表达为"不受他人干涉自由"。不过，正当的政府干涉必须"限于防止个人之间的干涉所必要的限度内"，超过这个限度，很可能就是对自由的侵犯了。所以，人们阐述"不受他人干涉自由"时，除了强调人身财产不受社会上其他人的干涉，也强调不受政府

---

① 〔英〕哈耶克：《自由宪章》，杨玉生等译，北京，中国社会科学出版社，2012 年版，第30 页。

② 〔美〕安·兰德：《什么是西方价值观》，http://www.21ccom.net/articles/thought/zhongxi/20150203120476.html.（2015-02-03）〔2016-06-09〕.

的不正当干涉，如无理搜查、任意拘捕、刑讯逼供、不公正审判、酷刑等。

针对不受他人干涉自由，初学者还有一个疑问——当我们人身财产受到他人的干涉，我们就得正当防卫或者寻求政府保护，否则自由是保不住的，由此可见，不受他人干涉自由包括干涉别人，既然这样的话，"不受他人干涉自由"这样表达准确吗？我们的答案是表达准确。正当防卫或者寻求政府保护虽然是干涉别人，这种干涉完全是为了保障不受他人干涉自由，是不受他人干涉自由的自然延伸。值得注意的是，"干涉别人"，只有在作为不受他人干涉自由自然延伸的前提下，才属于自由的范围。例如，中国《宪法》第 45 条规定"公民在年老、疾病或者丧失劳动能力的情况下，有从国家和社会获得物质帮助的权利"，这种寻求政府保障的权利就不属于不受他人干涉自由，因为它不是遭到他人干涉而产生的正当防卫或者寻求政府保护，就不属于不受他人干涉自由的自然延伸。自由可以分为两种状态：自由本身，以及这种自由被侵犯后对它的保护，前者我们称之为原初状态，后者可称为保护状态。不受他人干涉自由表面含义只直接表述"自由的原初状态"，实际上，它的完整含义既包括自由的原初状态也包括保护状态。将自由表述为不受他人干涉自由，而没有表述为"不受他人干涉自由及其保护"，主要为了表述简便，作为初学者要避免将"对不受他人干涉自由的保护（即正当防卫或者寻求政府保护）"排除在不受他人干涉自由的定义之外。

综上所述，从"不受他人干涉自由"角度看，说一个人自由，就是包括免于他人干涉（除正当干涉外），也包括遭到他人干涉而产生的正当防卫或者寻求政府保护的自由。说一个人不自由也有两种形式：一是自由受侵犯，受他人不正当干涉；二是自由被剥夺，即因为干涉他人而被剥夺自由，一个人遵守政府禁止抢劫的禁令不能视为不自由，而一个人违反政府禁止抢劫的禁令则意味着自由被剥夺或可能被剥夺[①]。一些对"不受他人干涉自由"内涵不甚了解的人，总是批评其自相矛盾——每个人遵守法律就是意味着受到干涉，而为了保护自己不受干涉的权利则意味着需要干涉别人。这显然是对"不受他人干涉自由"的误解。"不受他人干涉自由"预设了一个基本的前提——人人都享有不受他人干涉自由。法律就是约束你不得伤害他人的自由，因此遵守法律受到干涉，是

---

① 不过，如果政府剥夺一个人自由的过程中侵犯他的合法权利，则为自由被侵犯。

不受他人干涉自由的延伸，而不是与之相矛盾的。同样，为了保护自己不受干涉的权利，我们拥有反抗被他人干涉的正当权利，这也是不受他人干涉自由的延伸，不存在矛盾。因此，将自由界定为"不受他人干涉"完全可以做到逻辑自洽，不存在自相矛盾。

（二）能力自由

能力自由，即有能力做某件事的自由。这里的"能力"是广义的，即包括个人的身体能力（如劳动力、健康、容貌、智力、知识、技能等），也包括个人资源（如物质财富、社会资本等）。现代经济学认为存在三种资本：人力资本、物质资本、社会资本，我们认为这三者都属于能力，人力资本是个人的身体能力，物质资本是个人能调动的物质财产，社会资本是个人调动人际关系的资源能力。有观点将"免于他人干涉"视作为能力自由一个组成部分，将"能力"视为实现愿望没有外在的障碍——包括个人能力和他人干涉的障碍，不过本书已经将后者定义为不受他人干涉自由，因此，本书所讲的"能力自由"是指个人的人力资本、物质资本和社会资本。在这一层面谈自由，能力是判断自由的标准，有能力，就有自由，而缺乏能力，就是不自由。前面讲到的例子，乙因为资金短缺不能出国旅行，就是缺乏能力自由。克里希那穆提谈到"知识赋予的自由、富人的自由、能力赋予的自由"也属于这类自由。能力主要是一个人实际拥有的力量，有时也表现为受法律保障的福利权，例如中国《宪法》第46条规定"中华人民共和国公民有受教育的权利。"

理解了能力自由，再看"不受他人干涉自由"就很清楚了。所谓不受他人干涉自由并不是人们想做没有能力去做，而是强调人们发挥自身能力的范围是否受到了外界的阻碍，这种自由就是根据自己的意愿、欲望做想要做的事的自由，而不考虑能力的限制。为什么以不干涉他人为限呢？假设有一种不受他人干涉自由意味着可以干涉他人，那么，这种自由就是一种权力，是社会资本，实际上是能力自由，而不再是不受他人干涉自由了。

针对"能力自由"，初学者有一个疑问——当我们做事情的能力被他人侵犯，是否属于能力自由层面所谈的不自由呢？我们的答案是不属于。能力只能表现为缺失或者缺乏，不说是被他人侵犯或被政府剥夺，否则就把与"不受他人干涉自由"混淆在一起了。当我们做事情的能力被他人侵犯，其实是"不受他人干涉自由"受侵犯，这属于"不受他人干涉自由"的范畴；只有当我们缺乏做事情的能力，才属于能力自由层面所谈的不自由。

针对"能力自由"，初学者的另一个疑问是，当我们遭到抢劫而寻求政府保护或正当防卫的能力，是不是属于能力自由的范畴呢？我们的答案是不属于。这是"不受他人干涉自由"的自然延伸，属于"不受他人干涉自由"。尽管有些观点也将此列为能力自由，但是，这样就把"不受他人干涉自由"与"能力自由"混淆在一起了，没办法清晰地谈论问题了。我们所讲的能力自由是不包括"不受他人干涉自由"的。一个人的社会资本，包括寻求政府保护的权利，但并不是所有寻求政府保护的权利都是能力自由范畴，因为"不受他人干涉自由"被侵犯寻求政府保护的权利属于"不受他人干涉自由"范畴；而因为能力缺失寻求政府帮助的权利，属于能力自由范畴。

（三）心理自由

心理自由，即按照自身愿望行动或者不必被迫违背自己愿望行动的一种自由和谐的心理状态。不受他人干涉自由、能力自由着眼于排除愿望以外的障碍，只要没有这些障碍，即使愿望没满足都是自由的，而心理自由则是以自身愿望为标准的，愿望得到实际满足才是自由的，心理自由追求的是自我价值的实现。克里希那穆提谈到"摆脱嫉妒之心后的自由，摆脱了名缰利锁后的自由，自由的心性"就是这样的自由。

心理自由能否得到满足取决于以下两个因素：首先，是一个人的内心需求。这常常因人而异，有的人身在监狱，但是内心却是自由的，因为在监狱反而满足了愿望；有人身体行动自由、财产富足，但内心却好像在监狱，因为行动自由、财产富足都不能满足他的愿望。当你将名利作为内心的重要需求，追逐以及获得名利的过程可能充满自由的感觉；但是，如果你将名利作为内心的不必要或者次要的需求，那么，你则需要摆脱名缰利锁后才可能感到自由。愿望满足的自由通常是个人的事情，不同人的自由体验大相径庭，婚姻对有些人是情爱的自由，而有些人则觉得这是对情爱自由的约束，当家作主对有些人是获得一种决策的自由，但有些人却觉得为它所累。其次，心理自由与一个人不受他人干涉自由以及能力自由有关，一般而言，免于他人干涉的自由领域越广，能力越强，愿望就越容易得到满足。不过，判断心理自由的核心标准是愿望而不是能力和是否受他人干涉，诚如康德所言"人不能被判为奴，他只能自认为奴"，外来强制不会让人成为奴隶，只有不按真我行动才能成为奴隶。

自由本意是不受限制，心理自由除了理解为按照自身愿望行动，也可以理解为没有限制，所谓限制是指影响自身愿望实现的东西。"心理自由到底是什么"，其实是由自身愿望或者影响自身愿望实现的限制因素之内涵决定的。围绕这一问题，心理自由又分为两种流派：一是个性化的心理自由，即某个人某时某地因为做或者不被迫做某事而获得一种舒适感。这种自由也可以认为是"因人而异的心理自由"。人们日常生活中经常从这个角度表达自由，例如"离婚了，我自由了"，只是想表达他自己在某种特定情形下的自由感受，这种感受是因人而异，很多人并不觉得离婚就自由了，甚至可能是因时而异，这时候感觉离婚自由，过段时间就感觉离婚不自由。二是具有普遍性的心理自由，即可以普遍适用于评价不同个体的心理自由标准。具体可分为四种类型：（1）理性自由。即将愿望区分为感性愿望与理性愿望，认为不能成为"感情的奴隶"，自由应该是"个人根据自己考虑成熟的意愿、理智或者持续长久的信念，而不是一时冲动或者形势来行事的程度"[1]。（2）感性自由。即认为追求自然感性的愿望才是自由。例如克里希那穆提认为自由是一种心性，只有随自己心性才是真正的自由。孔子《论语·为政》："七十而从心所欲，不逾矩"。从心所欲就是一种自由，这种自由应该是感性理性自由的一种综合。（3）"无欲自由"。无欲并非不追求任何欲望的满足，而是不追求人世间的功利，而转向追求某种特定精神目标。佛教、斯多葛哲学、禁欲主义都有这类主张。例如禁欲主义，是一种限制或避免尘世欢愉（如性爱和酒精）的生活形态，该观点常见于许多宗教传统，认为这种禁欲将有助于达到灵性目标（例如佛教的禁欲寻求涅槃）[2]。（4）全面自由。将不受他人干涉、能力和愿望满足糅合在一起，追求自由全面的发展。全面自由指"个体从外界种种束缚中解放出来，不受他人奴役和支配，具有自主的意志和行动自由，能够按照自己的意愿、兴趣和爱好，充分展示和发展自己的个性，实现自由全面的发展"[3]。世上几乎没有一个人完全能不受限制

---

[1] 〔英〕哈耶克：《自由宪章》，杨玉生等译，北京，中国社会科学出版社，2012年版，第34页。

[2] 〔英〕安德鲁斯：《各种"主义"》，徐龙华译，北京，新星出版社，2015年版，第23页。

[3] 吴玉军：《社会主义核心价值观关键词·自由》，北京，人民出版社，2015年版，第3页。

地、由着自己的愿望而行事，这样一种试图囊括一切的自由，带有很强的理想化色彩。全面自由无所不包，具有无远弗届的解释力，也因此丧失有效的解释力，只能停留在理想中，一旦落到现实中就会矛盾重重，支离破碎。

如果把自由分为不受他人干涉自由、能力自由和心理自由，那么，心理自由可以说是兜底条款，一种自由或不自由如果不能被确定为不受他人干涉自由或者能力自由，就可以认定为心理自由。人与人之间总是互相影响着的，按照不受他人干涉自由的定义，不属于"暴力或者类似暴力的干涉"的影响就谈不上对自由的侵犯，但是，总还有人对这类影响还是感觉到不自由，那么，如何理解这一现象呢？这也是初学者常常感到困惑的问题。这种不自由的现象只能称之为心理自由层面的不自由，而不属于"不受他人干涉自由"，因为这种自由与不自由是因人而异的，取决于个人的心理感受而不是社会层面客观事实。可以说，我们所定义的"不受他人干涉自由"，是指社会层面（公共生活层面）的判断，而不是个人心理感受。同样的，我们讨论的能力自由也是社会层面的客观事实，而不是个人感受，例如有钱就有较大的能力自由，但是，有的人偏偏认为，有钱反而不自由，那么，这种不自由，只能说是心理层面，而不能将之称为能力自由的缺失。不受他人干涉自由、能力自由在我们定义中都属于一种客观的判断，而心理自由则可以是因人而异的。不过，要注意的是，并不是所有的心理自由都是因人而异，个性化心理自由是因人而异的，理性自由、感性自由、无欲自由都是按照普遍适用于不同个体的标准来判断心理自由的，全面自由是一个乌托邦的梦想，不可能实现的，如果全面自由能实现，那么它就是一种因人而异的心理自由，即个性化心理自由。要准确理解自由的含义，有必要辨析一对概念——主观和客观，"假如一个判断或观点完全以个人独有的视角为基准，我们通常把这样的判断称为'主观的'。假如一个判断覆盖了所有的相关数据，摒弃了个人偏见，能与其他优秀和见多识广的人达成共识，我们就说这样的判断是客观的"[①]。不受他人干涉自由、能力自由、理性自由、感性自由、无欲自由就是关于自由状态的客观判断，而个性化心理自由是关于自由状态的主观判断。

---

① 〔英〕朱利安·巴吉尼，彼得·福斯：《好用的哲学》，陶涛译，北京，中国人民大学出版社，2016 年版，第 74 页。

（四）意志自由

意志自由，即由意志本身来决定一个人要做什么，而不是由他的环境背景或者其他外部原因来决定他做什么。前面三种关于自由的讨论，都是自由意志之外设定了一个客观标准，例如是否受他人干涉、能力以及愿望满足，进而确定某种行为状态属于自由或者不自由，而意志自由则是看他的意志能否自主决定。意志自由只关注意志能否自主做决定，只要人的意志能自主做出行为选择，那么就是自由的，即使受到他人干涉、缺少能力或者事与愿违。例如，当我们将自由定义为不受他人干涉的自由，一个被关在监狱的人是不自由的；如果从意志自由角度看，这个人还是有意志自由的。前面三种自由，我们预设一个前提，意志自由是理所当然的或者相当程度上存在的，在承认意志自由基础上设定某种标准区分确定某种行为状态属于自由或者不自由，从这些层面谈自由、人们关心的自由和不自由的区分。而意志自由的讨论，关心的是"人是否存在自由意志的问题"。

人是否存在自由意志的问题，是自由的元问题，很多哲学家（并不是所有）从这个角度谈自由，因此，也被称为哲学的自由。哲学的自由，讨论的是人的自由选择可能性问题，从现象看，我们似乎总有一些选择能力，总是在自由选择，但是，哲学家要问的是什么决定我们的自由。如果自由完全由其他东西决定，那么，就可以说自由是不存在的，反之，自由是存在的，这时哲学家要问的是自由选择在多大程度上存在。围绕"什么决定我们的自由"，可分为三种观点：决定论、自由意志论以及综合前两种观点的相容论。决定论认为宇宙万物（包括人）完全受因果律的支配，它声称某一特定时刻发生的任何事情都是由前一个时刻发生的某件事情的结果，也就是说，现在是由过去决定的。根据严格意义上决定论的观点，人的选择完全受之前条件控制，换句话说，自由意志是不存在的。自由意志论，也称为非决定论，认为我们的选择最终取决于我们自己。本书支持相容论观点，既相信一定程度的决定论又相信一定程度的自由意志，"一切事情都是被引起的，而我也会引起某些事情。""自我有时既是一个因果主体，也是一个受原因影响的东西，个体有相当大的能力在不同方案之间选择。"①

---

① 〔美〕哈罗德·泰特斯等：《老问题：西方哲学的经典议题》，李婷婷译，北京，新华出版社，2014 年版，第 101 页。

二、本书所讨论的自由

本书所要讨论的是第一种类型的自由，即不受他人干涉自由。这是怎样的自由呢？伯林对此有经典的阐述："我是否受到压迫，其判别的准则是：别人是否直接或间接、有意或无意地，使我的希望不得实现。在此意义下，自由意味着不受别人干涉。不受别人干涉的范围愈大，我所享有的自由也越广。"[①]"正常的说法是，在没有其他人或群体干涉我的行动范围之内，我是自由的。在这个意义上，政治自由是一个人能够不受他人阻碍的情况下自主活动的空间。如果我被别人阻止去做我本来可以做的事情，那么，在这个限度之内，我是不自由的；如果这个空间被别人压缩到某种最低限度以下，那么，我就可以说，我受到强制或者奴役。"[②]可见，准确表达"不受他人干涉自由"必须引入自由空间（自由权）的概念，一个人的行动被限制在自由空间范围之内，那么就是不自由的，如果被限制在某种最低限度以下就不仅不自由而且是被强制了。自由的空间范围是判断是否处于自由状态的标准。自由的空间范围有多大，对此的意见可谓是众说纷纭，不过，所有自由主义者都认同自由不能漫无边界，因为如果是这样的话，人们就可以没有限制地干涉彼此行为，这种自然的自由必将导致社会陷入"丛林战争"。自由必须有所限制，自由空间应该有一个相对确定的范围，我们在第四章将对此作全面系统的阐述，这里仅简单明确一下自由空间的基本范围。

不受他人干涉自由，首先是人身财产自主行动自由。不过，这样的自由需要公权力的保障。例如，我们拥有一套房子的所有权，就是可以不受他人限制的占有、使用、收益、处分，而且还包括当他人限制时可以得到来自公权力的保护。如果公权力缺失，人们只能完全依靠自身的力量保护自己，并完全依靠自身主观的判断来应对，这样，矛盾、暴力、欺骗，甚至恐怖主义

---

① 〔英〕以赛亚·伯林：《两种自由概念》，见以赛亚·伯林：《自由论》，胡传胜译，南京，译林出版社，2011 年版，第 171 页。引用时综合陈晓林的翻译，参见 https://www.douban.com/group/topic/13882818/?cid=168460269.（2010-09-08）[2016-06-09].

② 〔英〕以赛亚·伯林：《两种自由概念》，见以赛亚·伯林：《自由论》，胡传胜译，南京，译林出版社，2011 年版，第 171 页。引用时综合陈晓林的翻译，参见 https://www.douban.com/group/topic/13882818/?cid=168460269.（2010-09 08）[2016-06-09].

就随之而来，这个社会就很可能陷入丛林战争[①]。因此，人不受他人干涉自由包括要求政府保护其自由的权利。不过，政府并不会自然而然成为自由的守护者，"社会契约之所以让国家垄断暴力，正是出于对私人理性的不信任：私人是自然、自由、分散、隐秘而难以控制，国家则是人为产生、集中管理、公开透明并可以控制，因而可以保证国家以理性的方式行使其暴力，如果这个前提不存在，如果以国家名义行使权力并不受社会控制，那么国家暴力本身就是失去了正当性基础"[②]。为了保证国家强制具有正当性基础，不受他人干涉自由需要进一步延伸为参与政治的权利，如言论自由、结社自由、选举权、知情权、监督权等，此外，当政府缺乏应有的正当性，还有"反抗压迫的权利"。

人不受他人干涉自由，不仅仅局限于人身财产自主行动不受干涉这一层面，具体包含哪些内容呢？贡斯当通过"现代人的自由"这一概念对此具体阐述："自由是只受法律制约，而不因某一个或若干人的专断意志而受到某种方式的逮捕、拘禁、处死或虐待的权利。它是每个人表达意见、选择某一职业、支配甚至滥用财产的权利，是不必经过许可、不必说明动机或事由而迁徙的权利。它是每个人与其他个人结社的权利，结社的目的或许是讨论他们的利益，或许是信奉他们以及结社者的宗教，甚至或许仅仅是以一种最适合他们本性或幻想的方式消磨几天或几个小时。最后，它是每个人通过选举全部或部分官员，或者通过当权者或多或少不得不留意的代议制、申诉、要求等方式，对政府的行政行使某些影响的权利。"[③] 除了隐私权外，贡斯当已经把本书所讨论自由涉及的范围都概括在内了。

不受他人干涉自由，除了人身财产自主行动不受干涉外，还包括由此延伸的参与政治的权利，不过，两者的重要性不可同等看待。首先，参与政治的权利应

---

① 当然，我们也不否认私人解决强制问题有一定的空间，存在许多与政府无关的解决方式，市场也能提供解决方案，如世界范围的贸易，国家之间是无政府状态，但公司仍能和平地从事贸易。但是在更大的范围内，如果各方不在统一的公共权力统治之下，必然会陷入人对人强制的野蛮状态。
② 张千帆：《宪政原理》，北京，法律出版社，2011年版，第6页。
③ 〔法〕贡斯当：《古代人的自由与现代人的自由之比较》，载《公共论丛》1997年第4期，第308页。

该是人身财产自主行动不受干涉权利的延伸，而不是通过参与政治而强制他人；其次，如果政府能保证人身财产自主行动不受干涉权利，参与政治的权利甚至可以暂时缺失。目前世界上比较成熟的自由国家，普选权都是在发展到一定程度上才实现的，美国在 1964 年才搞普选，在这之前选举都有基本的财产或身份的要求。

本书所讨论的自由可以称之为不受他人干涉自由，除此以外，也可以称之为"行动自由或者选择自由"。所谓行动自由，是在人们现代生活中所拥有的选择权利，不是行动的实现，不是愿望满足和心灵舒适。但并非所有的行动自由都是本书讨论的自由，因能力有无而带来的能否行动的自由，以及因自然限制决定的一个人可以或者不可以采取行动的自由，不属于本书讨论的自由。本书讨论的自由是指利用自己的身体和财产行动而不受他人干涉的自由，自由仅指个人与他人之间的干涉关系，至于技术滞后、物资匮乏、自然限制等方面的障碍与自由本身无关。从"行动自由或者选择自由"讨论表达自由的含义，需要特别注意与能力区分开来。能力越强，从自由中所能获得的结果可能就会越好，但是，自由就是自由，能力就是能力，两者不能混淆。例如，"想攀登珠穆朗玛峰是我的自由，但是，考虑到我可怜的身体素质和登山装备，实际上我这个愿望永远也不可能实现"[①]。从本书讨论的自由出发，我们不能说因为"身体素质和登山装备的欠缺"不能登山就没有自由，不能说愿望不能达到就没有自由。有人讲"自由的标志是选择权，就像点菜一样，如果菜单上只有一道菜，你就没有点菜的自由。"但是，就本书讨论的自由而言，如果缺乏选择权是因为物资匮乏（只有一道菜）造成，那么，缺乏选择权不能视为缺乏自由，只是缺乏能力。

谈自由，必谈自由主义。自由主义，是以自由为主要政治价值的一系列政治哲学的集合。自由的不同定义，以及对自由价值的不同认识，导致自由主义也有复杂的形态。本书所讨论的自由主义是以不受他人干涉自由为最高政治目标（或者说自由是最好公共生活之道）的政治哲学。

---

① 〔西〕费尔南多·萨瓦特尔：《伦理学邀请》，于施洋译，北京，北京大学出版社，2015 年版，第 26 页。

三、为什么本书将自由确定为"不受他人干涉自由"？

本书将自由确定为"不受他人干涉自由"，这是本书的研究主题所决定的。"大气是真空的假定是易于处理的，但是是否具有真实性，则决定于要解释的问题，而不决定于这个假定本身，如果解释铅球从 20 层楼掉下来，这个假定就是真实的，如果解释羽毛，或是铅球从 2 万英尺的高空掉下来，这个假设就不是真实的"[①]。同样，将自由定义为什么，也取决于我们要解释的问题。本书想解释的是公共生活，所以，我们研究的自由是公共生活层面的自由，用密尔在《论自由》一书的话来讲就是政治自由或者社会自由[②]。

就公共生活自由而言，自由定义为不受他人干涉自由最合适。公共生活是两人以及两人以上互有往来或冲突的生活，因此，公共生活自由指的是人与人之间的一种关系，正如哈耶克在《自由宪章》所强调的"自由专指人与人之间的一种关系"[③]。不受他人干涉自由正是从人与人的关系表述自由含义，显然是契合本书主题的。不过，能力自由、心理自由虽不完全是从人与人的关系表述自由，但也与"人与人之间关系"有关。为什么不将自由界定为能力自由或者心理自由呢？

（一）为什么不将自由界定为能力？

能力本质上是个人的资源，包括个人的智力、技能、健康等身体能力，也包括个人的物质财富、社会资本等。一个人能力来自个人本身努力，以及运气、遗传等，同时，也可以在人与人的互动中得到提升。通过人与人的互动提升个人能力有两种形式，一种是自由交易——不强制他人前提下的自由合作，一种采用强制手段改变个人的能力。在公权力未确立的社会，有一部分人通过武力掠夺提高个人能力。在公权力稳固确立的社会，公权力的介入也在改变个人的能力分配，通过公权力的再分配将一部分人能力（比如财产）分配给另一些人，如通过个人所得税和社会福利制度将一部分财产转移给公权力或另一些人；或

---

① 林毅夫：《关于经济学方法论的对话》，载《东岳论丛》2004 年第 5 期，第 13—14 页。
② 〔英〕密尔：《论自由》，许宝骙译，北京，商务印书馆，2013 年版，第 1 页。
③ 〔英〕哈耶克：《自由宪章》，杨玉生等译，北京，中国社会科学出版社，2012 年版，第 30 页。

者公权力在人与人之间制造机会不平等，从而给某些人更多的能力，如某些人因为公权力的支持得到更多的教育权利。无论是武力掠夺，还是公权力介入的再分配，都是属于用强制手段改变个人的能力。

自由在本书是描述个人与他人之间的关系一个重要术语，应该说，能力也涉及个人与他人之间的关系，也是公共生活的研究范畴。但是，通过人与人的关系提升个人能力的两种形式之间本身是矛盾的，自由交易本身就是排斥强制的。怎样的人与人关系才有利于一个人的能力提高，我们只能选择自由交易——不强制他人前提下的自由合作，也就是"不受他人干涉自由"原则下的人与人关系才是最有利于个人能力的提高。一旦我们选择用强制手段改变个人的能力，那么，很可能就是社会停滞。能力自由作为一个概念固然有它存在的价值，但是，天下没有免费的午餐，国家或他人的给予可以提高一个人能力，但是，大多数情况下没有一个人会自愿给予，如果将能力自由作为公共生活关系的核心原则，那么，将导致一部分人对另一部分人的强制，这不仅侵犯一部分人的自由，而且打击了人们的积极性，不符合一个社会的长远利益。公共生活有好坏之分，我们的目的是探讨好的公共生活之道，将自由定义为能力将无法让我们明确好的公共生活之道，达成能力自由的两种手段本身是矛盾，将互相矛盾的要素糅合在一起是不可能做出科学的判断。基于最大多数人的长远利益，"不受他人干涉自由"才是最好的公共生活之道，本书第三章还将对此进一步论证。当然，人都会死，我们不仅要考虑最大多数人的长远利益，也要考虑短期和个别人的利益，能力自由也是公共生活领域的一个重要范畴，因此，我们认为在坚持"不受他人干涉的自由"作为公共生活关系基本原则的同时，也应该允许政府借由抽取税赋以提供人们少量的福利，如前面所引用的《宪法》第 45 条之规定"公民在年老、疾病或者丧失劳动能力的情况下，有从国家和社会获得物质帮助的权利"。

（二）为什么不将自由界定为"心理自由"之类的自由？

从"心理自由"角度看，自由有五种形式。"无欲自由"违背了大多数人的心理愿望，不足以成为公共生活层面的自由。感性自由无法从科学角度论证，因此，也不列为讨论对象。理性自由，是有可能与"不受他人干涉自由"具备同样含义的，但是也有弊端，我们将在消极自由与积极自由部分进一步阐述。下面，着重谈谈为什么不将自由界定为"全面自由""个性化自由"之类的自由呢?

如果从个人角度看,谁都追求愿望满足或者按照自己愿望行动。"全面自由",更是人人所梦想的目标。但是,正如我们前面所分析的,这种自由必然是因人而异的自由,公权力(他人)不可能预测每个人需求,不可能给予真正保障,公权力要做到真正保障,唯一能做的就是确保每个人"不受他人干涉自由",这样的公共生活安排才能尊重每个人的个性化需求,而且最有利于个人能力的提高进而满足内心需求。当然,公权力也可以通过强制手段改变个人的能力,从而保障某些人需求的实现,但是,这样就导致了我们前面所论述的——这种做法不仅侵犯另一部分人的自由,而且打击了人们的积极性,不符合一个社会普遍长远的利益。

全面自由以及满足人们因人而异的自由是美好的社会梦想,如何在公共生活层面追求呢?最核心还是要坚持"不受他人干涉自由"原则,虽然这样的公共生活并不完美,但正如本书第三章所论证的,没有完美选择,这就是最好的。反之,公权力直接以"全面自由"以及满足人们因人而异的个性化心理自由作为政策的核心目标,将导致这样结果:(1)极大地压缩个人的内心需求。一千个人就有一千个哈姆雷特,愿望满足的特点是丰富和充满个性化的。公权力不可能考虑到每个人的需求,只能极大地压缩人们内心的需求。因为这样压缩违背人性,公权力不得不开展大规模的洗脑工程改造人们的需求。(2)公权力对个人能力实行大规模的再分配,这将极大地打击人们的积极性,导致社会共同贫穷。持全面自由观的人常常批评,如果不是全面自由,那么,自由就是有限制的自由,总是存在某种遗憾。的确如此,但这并不意味着自由观念的无意义,相反,在限制之外,存在广阔的自由天地,这限制之外的自由让美好生活成为可能,相反,理论上没有限制没有遗憾的全面自由,落实到生活中,只能是压抑人性或者共同贫穷。

可能还有人会问,假如我们用全面自由的概念同时定义"不受他人干涉自由"作为核心原则,这样有什么不好吗?这样的定义无法做出科学的判断,正如伯林所言:"一件东西是什么,就是什么:自由就是自由,不是平等、公平、正义,不是文化,也不是人类的幸福、或平静的良心"①。

---

① 〔英〕以赛亚·伯林:《两种自由概念》,见以赛亚·伯林:《自由论》,胡传胜译,南京,译林出版社,2011年版,第174页。引用时综合陈晓林的翻译,参见 https://www.douban.com/group/topic/13882818/?cid=168460269.(2010-09-08)〔2016-06-09〕.

"全面自由""因人而异自由"之类的自由固然美好，但这更适于在个人场合讨论，如果仅仅追求一个人的自由，那么，我们可以用这样的概念来定义自由。如果我们从公共生活层面讨论自由，追求人人享有平等的自由，那么，自由只能定义为"不受他人干涉自由"。不受他人干涉自由是最好的公共生活之道，当然，公共生活并非就不要考虑愿望满足之类的自由，在坚持"不受他人干涉自由"大前提下，政府也可以采取一定的福利政策。

（三）为什么不将自由定义为意志自由？

将自由定义为意志自由旨在讨论人是否有自由意志。如果将自由定义为意志自由，那么，理论的重点是自由存在与不存在的问题，自由不足于成为一项价值准则。本书认为人在相当程度上是有自由意志的，因此，我们关心的是在承认意志自由基础上对自由的探讨，如果仅仅将自由定义为意志自由，将不利于问题讨论的进一步深入。"从哲学经验上看，那些在意志自由的问题上持相同意见的人们在后面的问题上可能会得出不同甚至完全相反的结论，而在后面的问题上持相同意见的人们可以在意志自由的问题上观点相反。从逻辑上讲，我们也不能从意志自由的形而上学问题上演绎出关于人们应该如何建立一个自由社会、如何为人们实现自由的合理结论，因此对意志自由的问题的探讨对于我们保持、拓展和实现自由来说毫无意义"[①]。

总之，"不受他人干涉自由"同能力自由以及心理自由在性质上有根本的区别，把现实生活中的能力缺乏以及需求不满足，统统加在"自由"之上，将泯灭了"自由"的模样，从理论上看，不利于我们清晰的研究问题，从实践上看，人类的很多谬误正是源于对这三种自由的混淆。正如罗斯巴德所言："人类可以实现自主、富足、自由和文明。如果我们执意将自由、自主与能力混为一谈，上述真理将会变得难以理解"[②]，"如果我们将自由界定为：人身和财产不受侵犯，那么，就不再会有自由与能力相混淆的致命错误"[③]。

---

① 汪秀丽：《胡克自由观探要（博士论文）》，上海，复旦大学，2007 年，第 43 页。

② 〔美〕罗斯巴德：《自由的伦理》，吕炳斌等译，上海，复旦大学出版社，2012 年版，第 88 页。

③ 〔美〕罗斯巴德：《自由的伦理》，吕炳斌等译，上海，复旦大学出版社，2012 年版，第 89 页。

（四）不同含义自由在本书的表述

自由有多种含义，当我们讨论公共生活之道，自由是公共生活层面的自由，其内涵就是不受他人干涉，不加特别说明，本书的自由就是这种自由。不过，鉴于自由一词在生活中有诸多不同的使用，本书也会提到其他含义的自由，为了加以区别，则会加上某某自由，如能力自由，就是有能力做某事的自由；再比如无欲自由，理性自由，感性自由，个性化心理自由，全面自由，它们分别代表不同含义，这一点前面已分析，此不赘述。

第二节　自由状态与自由权

自由，就其本意而言，指人不受限制地、由着自己的愿望而行事的状态。自由状态各种各样，那么，如何判断一个人是否处于自由状态呢？如果是能力自由，判断是否处于自由状态的标准是一个人能力，如果是心理自由，标准则是愿望是否得到满足或者按自己理智行事。就不受他人干涉自由而言，这一标准就是自由权。自由权有狭义和广义之分，狭义上的自由权指不受他人干涉自由的空间范围，广义上的自由权则还包括福利权等干涉他人的权利，本书所讲的自由权是狭义上的自由权。判断一个人是否处于自由状态，就看他的自由权（自由空间）是否被侵犯或剥夺。例如，一个因醉驾被合法拘留，那么，我们可以说他的自由权被剥夺了；如果被羁押超过法定时间，那么，我们可以说他的自由权受到侵犯。

自由权是判断自由状态的标准，进一步讲，则可认为只当自由权被创设（发现）出来，才能谈自由状态。"只有当人们学会遵守和服从某些法则之后，自由才开始真正出现。在此之前，自由表现为无拘无束的放纵和无政府状态。"[①] 我们探讨的就是"当人们学会遵守和服从某些法则之后"的自由，自由是一定法则之下的自由。所谓自由权是自由行动的空间范围，也可以理解为自

---

① 〔英〕阿克顿：《自由与权力》，侯健等译，北京，商务印书馆，2011 年版，第 314—315 页。

由行动之规则（法则）。遵从这些法则而行动，却被别人阻止，那么，就是不自由的。违反这些法则的行动，而被合法禁止，则不能被视为不自由。当然，自由法则本身也可能伤害自由，但是正如哈耶克，"人们需要某种价值的通用标准，虽然过分强调这一需要会导致极端非自由的后果，但没有任何标准，人类和平地生存显然是不可能的"[①]。

一、自由权是什么？

所谓自由权是描述"人的自由行动空间"的法则，通常可以分为三个类型：自然权利，是先于国家甚至社会而存在的超然法则，是人生而有之的天赋权利；法律权利，是国家法律规定的法则；社会心理层面的权利，指众人认可的自由法则。不管哪一种类型都认为自由权是社会层面而非个人主观层面的法则。一个人是否处于不受他人干涉的自由状态，根源于个人的主观感受，不过，当提到自由权这种衡量标准，则是社会层面的主观感受，是指客观的感受或判断，正如利安·巴吉尼、彼得·福斯在《好用的哲学》一书所言："假如一个判断覆盖了所有的相关数据，摒弃了个人偏见，能与其他优秀和见多识广的人达成共识，我们就说这样的判断是客观的"[②]。通过自由权来判断是否处于自由状态，说明我们判断自由状态并非根据一个人的主观感受，而是社会层面的主观感受，是客观的感受和判断。只要自由权没有受到侵犯或剥夺，即使一个人感觉不自由，我们仍认为他处在自由状态。如果有人抢劫或者强奸，制止这个行为，自然让他个人感觉不自由，但绝不是让他失去自由状态，因为他压根就没有抢劫或者强奸自由。而监狱里的罪犯，因为自由权被剥夺而失去自由状态，可能个别罪犯觉得在监狱很自由，但是，我们仍认为他的自由状态已失去。

自由权植根于个人的主观感受，但不是一个人的主观感受，而是社会众人的主观感受通过不断互动而形成的。"由于人们之间存在着利益分歧，一个人利益的伸张有可能使另一个受到损害，所以，所谓自由就是在利害冲突着的个人

---

① 〔英〕哈耶克：《自由宪章》，杨玉生等译，北京，中国社会科学出版社，2012 年版，第556 页。

② 〔英〕朱利安·巴吉尼，彼得·福斯：《好用的哲学》，陶涛译，北京，中国人民大学出版社，2016 年版，第 74 页。

之间的互动过程中实现的。通过互动，在人们之间逐渐形成了使各方利益达到均衡的稳定规范，也可以被看作是自由的边界，也就是被称作规则和制度的那些东西"[1]。

互动达成了自由边界，其实也就是达成了自由权。自然权利，并非真的就是天上掉下来，而是人们在互动过程中对人类灵魂深处自由诉求的发现。法律权利是通过法律确认下来的，确认的过程，其实也是人与人互动的过程，在英美法系，主要是通过普通法判例来寻找并确认法律权利，而大陆法系则主要是通过政治斗争确定下来的法律来确认。社会心理层面的权利，则是在长期的社会舆论互动中形成的。

为了准确理解自由权，套用公共道路系统来说明，可能更清楚。著名语言哲学家陈嘉映曾把语言比作公共道路系统。套用他的话，自由权可以理解为一套公共道路系统。自由权不是在你一个人心里，而是处于众人心里的，类似于公共的道路系统的东西。"路是我们走出来的，我们有想去的地方，我们要去东、要去西，我们要上山采药，我们要下河去洗衣服……就踩出了这些路。等到人多房子多了，我们不但要踩出路，我们还要修路，还要修葺其他的设施"[2]。从这个意义上来说，自由权即是我们创造出来的，但是这个"我们"和"我"不一样，谁也不能一个人凭空创造出一个语言系统来，而是由我们世世代代的人在生活经验里，根据他生产和心理需要创造出的一个公共交通系统。我们每个人都有可能对这个交通系统做一点修改、增加，或者如果有一段路我们大家都不去走就废掉了，这也是我们对自由权话语系统的一种改变。自由是类似于公共道路系统的东西。你如果想利用自由权，就首先需要学会如何利用它，简单来说，就是学会好好读地图，多走几遍，诸如此类。

自由作为社会层面的主观感受也可以参照奥地利经济学派的"价格"概念来理解。价值是主观的，各人有各人的价值，通过人与人之间的不断交易，最终发现出均衡的价格。在经济学层面，人们通过均衡价格把握价值，在自由层面，人们通过自由权来把握社会层面关于自由的主观感受。

---

[1] 盛洪：《怎样用自由保卫自由？》，http://www.china-review.com/ma.asp?id=4447.（2000-07-01）[2016-05-22]

[2] 陈嘉映，周濂等：《只有少数人是思想者》，http://cul.qq.com/original/sixianghui/sxh269.html.（2014-06-23）[2016-05-22].

自由作为社会层面的主观感受也可以通过自然法来理解。在自然法视角下，作为社会层面主观感受的自由就是自然法，是人的本质倾向所体现的秩序，是自然权利，其具体内容，一般就是指一个人的人身财产不受他人暴力干涉的权利。自由理解为公共道路、语言、价格，界限比较模糊，而自然法定义下的自由则是清晰，只要我们对人身、财产、暴力干涉有明确定义，自由就是不变的、明确的。很多人对自然法这种说法嗤之以鼻，但是，自然法仍拥有大量支持者。自然法，是一种人类行为的原则，它讨论人类应该如何行为，而不是人类会如何行为。很多初学者不能认可自然法，就是因为把它理解成为描述人类会如何行为的科学，其实，自然法是伦理学，旨在于分析什么是有利于人类的，人应该追求什么目标。讨论"人应该如何"大体可分为两种方法：一种方法是功利主义，即将幸福当成人的最高目标，然后分析人应该如何，但是由于幸福感觉因人而异，所以这种方法存在内在的缺陷；另一种方法是，自然法的方法，直接诉诸于人性，从人性中直接发现人的行为原则，如布莱克法律词典这样定义自然法："自然法，或者叫自然的法律；是指那些通过本能或者抽象推理可以发现、或者由自然赋予授予所有民族和群体的法律或者法律原则，或者指在自然状态下，也就是说有组织的政府或正式的法律出现以前，约束民族和群体的法律。"帕特森："人类的行为原则，可以从人性的基本倾向中用理性的方法发现，这些原则在任何时间和任何地点都具有绝对的、永恒的和普遍的效力。"[1]自然法的方法描述的人性有确定的标准，由此论证的自由界限清晰明确，这一点功利主义很难做到。自然法为辨别自由界限提供永恒清晰的准则，不过，人们的普遍同意并不能证明自然法，人类个体自身的利益也不是自然法的准则，自然法来自直觉发现，这也让它在论证力度上有所缺陷。

为了表达何为自由权（人的自由行动空间），我们引入"社会层面的主观感受""公共道路系统""价格""自然法"等概念加以说明。不过，值得注意的是，所有这些概念所表达的自由权一定要围绕"不受他人干涉自由"展开，否则，能力自由、心理自由、意志自由也可以理解为"社会层面的主观感受"等。

---

① 〔美〕罗斯巴德：《自由的伦理》，吕炳斌等译，上海：复旦大学出版社，2012 年版，第 46 页。

二、为什么我们需要用自由权来判定自由状态？

一个是否属于"不受他人干涉"的自由状态，本质上是个人的主观感受。每个人对他人的强制感觉各有不同，从这一意义上讲，各人有各人的自由。为什么我们需要引入自由权来判断一个人是否自由呢？为什么我们需要通过社会层面的感受判断一个人是否处于自由状态？盛洪教授在《怎样用自由保卫自由》一文的分析有精彩的分析："虽然自由是非常个人化的，自由常常和个人主义联系在一起，但自由实际上是公共物品。因为在一个社会中，谈论任何一个特定个人的自由是没有意义的，这个人的自由也许是以别人的不自由为代价的。只有当一个人的自由并不妨碍另一个人的自由时，才可以说这个社会是自由的。因而当我们谈到自由时，它必是'社会的'。"[1]

我们讨论的主题是公共生活的总体安排，因此，需要从社会层面来分析自由，通过社会层面的感受（自由权）来判断是否处于自由状态，而不是个别人的特定感受。当然，并非绝对不可以从个人的感受来判断是否处于自由状态，但是，社会调整从一般调整退化到个别调整，结果经常是耗时费工、收益抵不过成本，甚至衍生更多冲突。

三、为什么只有当自由权被创设出来才能谈自由状态？

自由不是"为所欲为"，"想做什么就做什么"。自由必须有所限制，人们的自由行动必须限制一定空间范围内，描述这一空间的名词就是自由权。如果没有自由权的限制，每个人都争取无限制的自由，那么，就是霍布斯所描述的自然状态。霍布斯把人类在形成社会之前的状态称为自然状态，在这种状态下，"人，对于其他人而言，可能变成（就是）野兽"[2]。正如霍布斯所揭示的，无限制的自由会使人与人的交往陷入"每一个人反对每一个人战争"，"此外，在那种集体生活中，没有能够让所有人遵从的权威，人们也不能获得任何快慰（毋

---

① 盛洪：《怎样用自由保卫自由？》，http://www.china-review.com/ma.asp?id=4447.（2000-07-01）[2016-05-22].

② 转引自〔西〕费尔南多·萨瓦特尔：《政治学邀请》，于施洋译，北京，北京大学出版社，2014年版，第36页。

宁说是痛快）……在这种条件下，没有发展工业的空间，因为工业成果得不到保障。同样道理，耕作土地也将一无所获；航海业也一样，就算从海外进口，也无法处理货物；不能修筑舒适的建筑物；也没有起重工具，不能够多次搬运货物，因此那需要很多劳动力；没有地理知识；没有计算时间的方法；没有艺术；没有文学；没有社会；只有最可怕的东西，那就是无尽的恐惧和惨死的危险；就个人而言，他的一生注定孤单、贫穷、凄惨、野蛮而且短暂。"[①]

只有当自由权被创设出来才能谈自由状态，但是，并不是说只要自由权规则得到明确，一个社会就可以达到自由状态。"要保证一个社会是自由的，每个个人都要接受规则和制度的约束；只要这种约束避免了对别人自由的侵害，只要所有的人都平等地受到了同样的约束，这种约束就不能被看成是对个人自由的损害"[②]。换言之，如果只是某些人受约束，某些人不受约束，实质上还是不自由的。绝对人人受约束是不可能实现，不存在绝对的自由，如何保证人们尽可能接受规则的约束呢？需要一种制度、观念和传统的支撑。第五章"自由何以可能"将集中讨论这个问题。

四、自由权与福利权

讨论自由权，还需要注意与福利权的区别。人们表达自由权一词时，有时包含了福利权，例如富兰克林·罗斯福总统曾经阐发了"四大自由"即"免于恐惧的自由""信仰自由""言论自由""免于匮乏的自由"。罗斯福总统所描述"四大自由"中的"免于匮乏的自由"是要求社会为其成员提供一种物质保障，是福利权，而其他三大自由才是自由权。为什么本书只讨论自由权而不讨论福利权呢？福利权其实就是一种能力，个人要求国家提供帮助的能力，完全背离了自由的否定性意义，不应该放到自由权的概念之下，这一点我们在"为什么不将自由界定为能力？"这一部分已做了分析。

---

① 转引自〔西〕费尔南多·萨瓦特尔：《政治学邀请》，于施洋译，北京，北京大学出版社，2014 年版，第 31 页。

② 盛洪：《怎样用自由保卫自由？》，http://www.china-review.com/ma.asp?id=4447.（2000-07-01）〔2016-05-22〕。

第三节　穿透"自由"的迷雾看自由

一、学者们关于"自由"诸种定义和本书所谈论的自由

从上面分析，可以看出，本书所讨论的自由是基于伯林和贡斯当的界定。下面再看看，其他学者的定义与本书讨论的自由在多大程度上相同，又有哪些区别。

（一）消极自由和积极自由

在自由问题上，以赛亚·伯林提出两个自由概念即"消极自由"与"积极自由"。"消极自由"，即不去做什么的自由——不按他人强制指令做什么（不受他人干涉的自由），而"积极自由"则为"去做什么的自由"——按自己意志去做的自由（成为自己主人的自由）。这里值得注意的是，"积极自由"在以赛亚·伯林看来，并非泛指"按自己的欲望去做"进而成为自己的主人，而是让"真实的自我"成为自己的主人，"只要我相信这是真实的，我就感到我是自由；如果我意识到这并不是真实的，我就是受奴役"[①]。无论是"消极自由"，还是"积极自由"，在以赛亚·伯林看来，都是对某些外人或某些东西的排斥，消极自由是要排斥非法侵入我的领域的人，积极自由是要排斥非理性的力量或者非真实的自我。

"积极自由"与"消极自由"，如果不深入挖掘其中的内涵，单纯从语言表述角度看，甚至可以认为只不过是同一件事的积极和消极描述而已。"积极自由"，要成为自己主人的自由，按照自己的意志的行事，在行动上自然需要"不被他人干涉"。"消极自由"，不受他人干涉的自由，自然也就是要实现自己的意愿，成为自己的主人。仅从语言表述的表面看，两者的区分并没有意义，但是，在实践层面，两者却朝着不同方向，英美世界的思想家更多地从消极自由的角度阐述，欧洲大陆的思想家更多地从积极自由的角度论证，并

---

① 〔英〕以赛亚·伯林:《两种自由概念》，见以赛亚·伯林:《自由论》，胡传胜译，南京，译林出版社，2011 年版，第 180 页。

形成了不同的理论流派。

应该说，这样两种论述方式都有它的可取之处，并不存在只能从消极自由而不能从积极自由论述的问题，但是，如果我们论述的目标指向探讨"什么是好的公共生活"，从消极自由论述则更为可行，更不容易出现理论错误。消极自由概念更为清晰，我们可以明确地判断出一种公共生活的制度安排是否捍卫个人的消极自由，而积极自由的概念则比较模糊，就是一个奴隶也可以自认为做自己的主人。任何体制都可以自称是赋予人们积极自由，只要这一体制掌握界定什么是积极自由（真实自我）的权力；同样，也可以认为任何体制都不可能实现每个人心中的积极自由，每个人各有各的人生追求，一个体制不可能保障每个人追求都得到实现。消极自由只是保证一个人追求需求满足过程中没有他人强制障碍，并不承诺一个人的需求得到满足，在实践上，一种保证消极自由实现的体制是可行的。

积极自由容易被误解为让自己意志得到实现的心理自由，如果这样的话，要么无法找到一种体制实现积极自由，要么很可能只是找到一种"通过控制人们意志来保证积极自由实现"的体制。积极自由还容易混淆能力和自由的定义，将本身是能力的问题混淆成自由，让很多不是权利的事物披上权利的外衣，比如上大学的权利，成为画家的权利等。即使没有被误解，这一理论也有可能被推演成侵犯他人自由的理论，甚至推向极权主义。追求积极自由可能有以下两种后果：其一，是为了获得独立（成为自己的主人）而抑制自我欲望。个人如果发现实现自己的愿望、成为自己的主人很难实现，就有可能借助某种人为的自我控制，克制乃至消灭欲望，以免受"因为自身能力无法实现愿望"的束缚，从而实现自认为的积极自由。例如，禁欲主义者、斯多葛学派、佛教都有这样的主张。以赛亚·伯林对此也有精彩的论述，他认为当一个人追求成为自己的主人而不可得的时候，也可能退回到内在城堡，导致消极循世主义或某种禁欲主义的自我否定[①]。其二，将自我完全认同为某一特定的原则或理想，以追求成为自己的主人。既然个人不是什么愿望都能实现，而且各种愿望本身又是冲突的，那就选定根据某一特定的原则或理想（通常是理性推导出来的）作为自己

---

① 〔英〕以赛亚·伯林：《两种自由概念》，见以赛亚·伯林：《自由论》，胡传胜译，南京，译林出版社，2011年版，第183-189页。

真正的愿望（即高贵的自我）。只要按照这一理想去做，就是自由，即使这一理想强制了自我和他人，也不能称之为对自由的侵犯，这样，积极自由很有可能走向自由的方面，变成人对人强制的自由。最典型的例子如信仰着自由而又滚滚人头落地的法国大革命，大革命造成血流成河，对个人自由构成严重限制，但是，当时的很多法国人却自认为在实现他们的理想，不能称之为对自由的侵犯。极权主义也是这种观念的产物，在那里，自由的愿望被解释为某种更广泛的集合体（民族、国家、阶级等）或者规律，这样真实的自我就外化为某种国家意志、集体意志、某种规律，个人就可能被强迫服从代表"真实自我"的国家意志、集体意志或规律，个人自由演变成形形色色的为"奴役个人"辩护的理论。

当然，我们这里所说的两种后果都只是可能，并非必然，只要积极自由的论述中保持消极自由的基本尺度，是有可能避免酿成恶果的，正如伯林所强调的："对自由这个词的任何诠释，不论多么特殊，都必定包含最低限度的、我所谓的消极自由"[①]。如果忘记了这一点，一味追求积极自由，那么，可能就是"自由，自由，多少罪恶假汝之名以行"。显然，本书从消极自由角度界定自由，但是，本书并不排斥积极自由的论述思路，从历史上看，有些从积极自由角度阐述自由的思想家也作出卓越的理论贡献。包含消极自由的积极自由表述是可取的，在自由权的界定上，我们也大量吸收了积极自由论者的主张，与此同时，对积极自由理论也应保持警惕，避免走向自由的反面。

（二）自由主义自由观与共和主义自由观

法国著名自由主义学者贡斯当1819年发表了"古代人的自由与现代人的自由之比较"的著名演讲，被视为是自由主义的政治宣言。在这篇演讲中，他区分了古代人的自由与现代人的自由。古代人的自由主要是参与公共事务决策的自由，人们通过参与城邦或国家的政治生活，参与各种集体事务的决策过程，而决定自己的生活。"在古代人那里，个人在公共事务中几乎永远是主权者，但

---

① 〔英〕以赛亚·伯林：《两种自由概念》，见以赛亚·伯林：《自由论》，胡传胜译，南京，译林出版社，2011年版，第210页。引用时综合陈晓林的翻译，参见 https://www.douban.com/group/topic/13882818/?cid=168460269.（2010-09-08）［2016-06-09］.

在所有私人关系中却是奴隶"①。现代人的自由则主要是个人生活独立性的自由，强调每个人都有不受政府强制的私人活动空间。共和主义的自由概念类似于贡斯当所阐述的"古代人的自由"，自由主义的自由观类似于贡斯当所阐述的"现代人的自由"。将自由内涵的探讨分为自由主义与共和主义两大传统，这样区分可能过于简化，但却非常有助于我们理解自由的含义。

共和主义的自由概念并非完全不强调私人领域的自由，只是因为更强调参与公共事务决策，进而允许国家对私人领域有更多的干预。共和主义的自由对私人领域的干预主要体现在两个方面：一是将积极参与政治和对集体忠诚视为公民的做人责任（甚至是法律义务），如"放弃自己的自由，就是放弃自己做人的资格，就是放弃人类的权利，甚至就是放弃自己的义务"②。在卢梭看来，自由几乎成为一种责任（义务）。二是由公权力（或者公意）界定个人自由空间。"自以为是其他一切的主人的人，反而比其他一切更是奴隶。"正如这句被广泛流传的卢梭名言所强调的，个人的自由不应由个人的自主来决定，否则反而更接近奴隶，在卢梭看来，应该由公意来确定，"任何人拒不服从公意的，全体就要迫使他服从公意"，即"迫使他自由，因为这就是使每一个公民都有祖国从而保证他免于一切人身依附的条件"③。卢梭认为，"人是生而自由的，但却无往不在枷锁之中"，这枷锁就是社会本身，但是，社会可以彻底改善以通向自由，方法就是塑造出"公意——超越个人和利益团体特殊意愿的每个人的愿望"。卢梭的著作堪称共和主义自由观的代表，不过共和主义并非卢梭一家之说，柏拉图、西塞罗、马基雅维利、哈灵顿等对此从不同角度作了阐述，与卢梭的观点不尽相同，但都强调：只有自治的共和国才称得上是自由的国家，而只有在一个自由的国家中个人才可能是自由的④。共和主义传统起源于古典时代，具有悠久的历史，不过，从过去两百年至今，自由主义占据着支配地位，近几十年来，政治理论界出现了古典共和主义的复兴。阿伦特是20世纪共和主义的重要代表，

---

①〔法〕邦雅曼·贡斯当：《古代人的自由与现代人的自由》，阎克文等译，上海，上海人民出版社，2007年版，第34—35页。

②〔法〕卢梭：《社会契约论》，何兆武译，北京，商务印书馆，2003年版，第12页。

③〔法〕卢梭：《社会契约论》，何兆武译，北京，商务印书馆，2003年版，第24—25页。

④〔英〕斯金纳：《自由主义之前的自由》，李宏图译，上海，三联书店出版社，2003年版。转引自李石：《自由：公共领域的私人空间》，广州，广东教育出版社，2012年版，第23页。

阿伦特在《极权主义的起源》等著作阐述了对共和主义理念的反思，她认为，避免极权主义的唯一途径是建立秩序良好的社群，鼓励公众参与并将政治自由制度化。阿伦特主张个人主义，并强调必须划清公共领域和个人领域的界限，这点与古典自由主义的一致，不过，她并不认同古典自由主义主张的"私有产权基础上的自由"，而是给政治行动以更高的价值。共和主义的另一重要代表佩迪特在《共和主义》一书将自由诠释为"免于支配"的状态，认为不受他人强制的自由只是人们的行动在现实世界中免于受"强制"，而"免于支配"的自由排除了任何对个人干预的权力，无支配自由是更加彻底地免除他人的干预。仅从语言表述来看，无支配自由似乎是一种更理想的状态，但是，它将不同性质而且互相矛盾的自由夹杂在一起，如同前面所阐述的"全面自由"，是无法实现的。

本书对自由的解释可归属于自由主义传统，是个人享有个人自主空间的自由，是免于他人干涉的自由。自由主义的自由概念虽然更重视个人自由，但也认为公民政治自由有其必要性，因此，共和主义的一些见解是很值得自由主义借鉴的。

（三）罗尔斯的自由概念

罗尔斯认为，自由可以描述为：这个或者那个人（或者一些人）自由地（或者不自由地）免除这种或那种限制（或一组限制）而这样做（或者不这样做）[1]。直白一点说，自由就是人免除某种限制的自主行动，反之，不自由就是被某种限制控制而不能自主行动。在罗尔斯看来，并不是所有种类限制都构成对自由的侵犯，贫穷、无知和缺乏一般意义上的手段等只是影响了自由价值，并不意味着不自由[2]。因贫穷的限制而不能自主行动，不是不自由，而是减损了自由的价值，比如一个穷人可能比富人更缺少机会创业。罗尔斯主张对社会成员较不幸者（包括贫穷、无知者等）按正义原则给以一定的补偿，但是，这种补偿不能视为自由权，自由与补偿是两回事，贫穷者不是不自由，只是自由的

① 〔美〕约翰·罗尔斯：《正义论》，何怀宏等译，北京，中国社会科学出版社，2009年版，第158页。

② 〔美〕约翰·罗尔斯：《正义论》，何怀宏等译，北京，中国社会科学出版社，2009年版，第160页。

价值对它们更少一些，所以按正义原则给以一定的补偿，也就是说补偿是补偿自由的价值，而不是自由本身。

在罗尔斯看来，构成对自由的限制包括法律规定的种种义务和禁令以及来自舆论和社会压力的强制性影响。如果没有法律规定的义务和禁令的限制，以及没有来自舆论和社会压力的强制性影响，那么，就是自由的。问题是——很多行为尽管被法律限制但法律是恶法，很多行为尽管没有法律限制但受到或多或少的舆论和社会压力的强制性影响，那么这些行为到底是自由还是不自由呢？对此，罗尔斯假定其讨论的法律是善法，同时进一步界定自由是"不仅个人做或者不做某事的自由必须被允许，而且政府和他人必须负有不干涉的法律义务"，也就是说，如果某种行为被认为是自由的，那么，舆论和社会压力的强制性影响应该被法律禁止。在这里，我们看看罗尔斯关于良心自由的例子将有助于准确理解自由的概念："如果我们设想良心自由是法律规定的，当个人可以自由地去追求道德、哲学、宗教方面的各种兴趣，且法律不要求他们从事或者不从事任何特殊形式的宗教或其他活动，同时其他人也有勿干预别人的法律义务，个人就具有这种良心自由。"[①] 可见，罗尔斯是把自由置于法律背景下讨论的，他认为，在这种背景下，自由是制度的某种结构，是规定种种权利和义务的某种公开的规范体系。

本书以不受他人干涉为中心阐述自由，所探讨的自由包括不受他人干涉的自由以及由此延伸的各种自由。罗尔斯认定将贫穷、无知等能力因素对自由约束不构成限制，就是自由局限在不受他人干涉的自由范围内，可见，罗尔斯的自由概念是与本书相当接近的一个概念。在罗尔斯看来，自由表现为平等公民权的整个自由体系[②]，包括选举和被选举权利、言论和结社自由、良心自由、思想自由、人身自由、拥有财产的自由、公民不服从和良心违抗的权利等。与本书所讨论的自由比较，主要是财产自由方面的区别，罗尔斯在这方面作了较多限制。罗尔斯认为个人基本自由具有优先性，自由只能为了自由本身才能被限制，除此之外，自由不受任何东西的限制，不允许因为经济利益而限制基本自

---

① 〔美〕约翰·罗尔斯：《正义论》，何怀宏等译，北京，中国社会科学出版社，2009年版，第159页。

② 〔美〕约翰·罗尔斯：《正义论》，何怀宏等译，北京，中国社会科学出版社，2009年版，第160页。

由，但是，财产自由并不属于具有优先性的基本自由，也就是说，对于个人在经济和社会利益方面的权利是可以有所限制的。他认为，个人的自然禀赋（天才、能力、家庭背景、历史和社会等级地位）是任意的，是一种任意的基因博彩结果，个人是他自然禀赋的意外受益者，所以，个人不能视作其资产的唯一所有者，由个人天赋取得的成绩不应该由拥有天赋的个人完全占有，而应该拿一部分由社会成员共享。

（四）哈耶克的自由概念

"社会中他人的强制被尽可能地减少到最小状态。这种状态我们称之为自由"①。这是哈耶克在自由宪章一书对自由的定义。自由是不受他人的强制，但是并非没有强制，"强制也不可能完全避免，因为防止强制的唯一办法还是强制的威慑。在自由社会，强制的垄断权是只授予国家的，并将其限于防止个人之间的强制所必要的限度内。"② 因此，哈耶克的自由概念可理解为"自由仅受最低限度的强制"，在自由社会，这种最低的强制只能由国家垄断，而且必须控制在防止个人之间的强制所必要的限度内。在非自由社会，这种最低的强制不应只由国家垄断，私人应拥有以强制对抗强制的权利，但是，这种用于对抗强制的强制也需要控制在最低限度。

哈耶克的自由概念是与本书相当接近的一个概念，但仍有细微差别。正如伯林所阐述的："如果我被别人阻止去做我本来可以做的事情，那么，在这个限度之内，我是不自由的；如果这个空间被别人压缩到某种最低限度以下，那么，我就可以说，我受到强制或者奴役"③，受强制只是不自由的一种比较严重状态，不受他人强制的情况下仍可能不自由。所谓强制，需要让被强制者按照强制者的意志行动。所以，哈耶克举例说，"如果有人在街上挡住了我的去路，并以此

---

① 〔英〕哈耶克：《自由宪章》，杨玉生等译，北京，中国社会科学出版社，2012年版，第27页。

② 〔英〕哈耶克：《自由宪章》，杨玉生等译，北京，中国社会科学出版社，2012年版，第42—43页。

③ 〔英〕以赛亚·伯林：《两种自由概念》，见以赛亚·伯林：《自由论》，胡传胜等译，江苏，译林出版社，2011年版，第170页。引用时综合陈晓林的翻译。参见 https://www.douban.com/group/topic/13882818/?cid=168460269.（2010—09—08）〔2016—06—09〕.

迫使我靠边走；或有人从图书馆借走了我所需要的书；或是甚至要是有人用令人厌烦的喧闹声将我赶跑，我们还不能说，这些做法强制了我。强制不仅要以造成损害的威胁为前提，而且要以实现别人的某种行为的意图为前提。"① 令人厌烦的喧闹声只是一种损害，构成强制还需要该人有赶我行动的意图。如果该人有赶跑我的意图，并采用喧闹声这种损害手段，那么就是构成了强制或者强制威胁。如果该人没有赶跑我的意图，只是制造喧闹声，结果无意识将我赶走，那么，就不构成强制，不过，因为遭受了喧闹声的损害，也可以说我的自由权受到侵犯。通过上面的分析，可以看到，强制是一种故意的干涉，是要求被强制者按照强制者意志行动的干涉，而本书所讨论的干涉包括"直接或者间接、有意或者无意地使我的希望不能实现"。

哈耶克的自由概念仅局限在不受他人强制，这让它无法充分体现自由概念的内涵。霍伊指出，"如果有人试图通过高奏音乐把邻居撵走，这算不算强制呢？这是否应根据音乐的吵闹程度而定呢？国家在什么时候才有理由禁止高奏音乐呢？"② 正因为如此，尽管哈耶克是最著名的自由主义大师之一，但是，在自由概念上，我们采用伯林而不是哈耶克的定义。

（五）自由是对必然的认识和运用

这种自由定义并没有脱离自由的本意，仍然是按自己的意愿做想要做的事的自由，只是将人的意愿理解为对必然的认识。这种自由定义认为，只有真正认识到必然规律并正确运用规律办事才是自由。将自由视为"对必然的认识和运用"有广泛的影响力，很多词典都列举了这样的定义，在人类思想史上，也是源远流长，斯宾诺莎、黑格尔、马克思等都论证过这一思路。认识必然性并按规律办事，的确可以达到某种意义上的自由，不过，这种自由与公共生活中的社会自由并不是直接同一的。社会自由当然也要强调"对必然的认识和运用"，但是，两者还是有根本的不同。首先，谁都无法自称自己认识必然性，每

---

① 〔英〕哈耶克：《自由宪章》，杨玉生等译，北京，中国社会科学出版社，2012 年版，第190 页。

② 〔美〕霍伊：《自由主义政治哲学》，刘锋译，北京，生活·读书·新知三联书店，1992 年版，第 30 页。转引自甘权仕：《哈耶克的自由概念研究（硕士论文）》，重庆，西南政法大学，2011年，第 25 页。

一种对必然的认识都只有似真性。其次，个人对社会关系的必然性似真性掌握也只能达到其中一小部分，特别是对人们需求的把握更是难以企及，人永远在追求活得更长、更好，人的需求具有无法预测的丰富性，"人类的问题是不知道自己渴求什么"[①]。可以说，正是这种丰富性和不可预测，人才有尊严。最后，就是掌握必然性，人仍然拥有若干的选择权，否则人生就太没意思了。由于人类对必然的认识和运用的局限性，所以我们将社会自由定义为不受他人干涉的自由。人类历史上，因夸大自身"对必然的认识的科学性"而导致的社会灾难比比皆是，将社会自由定义为不受他人干涉的自由正好可以避免这一局限。正如前面分析积极自由时所探讨的，只要积极自由的论述中保持消极自由的基本尺度，是有可能避免酿成恶果的，同样的，只要"自由是对必然的认识和运用"的论述中保持消极自由的基本尺度，也是可能避免灾难的。不受他人干涉的自由并非不受限制，人类只是一定自由权范围内拥有自由，我们也要探寻自由权的规则，这一规则也可以视为对必然的认识，是对自然规律和人类尊严规则的认识。因此，在将自由定义为不受他人干涉自由的同时，也要注意吸收"自由是对必然的认识和运用"这一思想传统对自由权研究的理论成果。

（六）自由是指"个人根据自己考虑成熟的意愿、理智或持续长久的信念，而不是根据一时的冲动或形势来行事的程度"[②]

哈耶克在《自由宪章》中把这种统称为内在的自由、主观的自由。这大概可以说是对柏拉图、圣·奥古斯丁和康德的自由观的概括。他们把人的自由区分精神自由（精神自我）与生物自由（生物自我），精神自由才是真正自由，他们把按应然性的人与人关系的准则行事称为精神自由。"精神自由"是区别于生物本身的自由，也就是与"自然"相对的那个"自由"。生物自由是被自然规律决定的，是客观必然的，"精神自由"才是精神自主的、主体的、自由的。康德认为我们在进行追求快乐和避免痛苦的选择时，我们并不是拥有实际意义上的自由，我们只是受到了欲望的支配而已，真正的自由是自律地行动，而不是根

---

① 〔西〕费尔南多·萨瓦特尔：《政治学的邀请》，魏然译，北京，北京大学出版社，2014年版，第93页。

② 〔英〕哈耶克：《自由宪章》，杨玉生等译，北京，中国社会科学出版社，2012年版，第34页。

据本性或者外界规范而行动。康德的自由观就是自律意义下的自由，而"律"则是"纯粹实践理性"，是人类理性，是超越于个人所处的社会传统、身份地位，甚至是人的本性、个性、偏好等偶然的强加于我的因素的。这类自由与本书所探讨的自由的关系类似于积极自由与消极自由的关系，这类自由可称为积极自由，理论上，它可能包含本书所讨论的自由，但是，假如不包含伯林所强调的"最低限度的、我所谓的消极自由"，那么，这类自由将走向自由的反面，对个人自由构成限制。

正如哈耶克所讲，"个人面对多种选择能否机智地做出并坚持他自己的决定，与个人是否受到他人意志的强制，是两个不同的问题"①，一个人能够根据自己考虑成熟的意愿、理智或持续长久的信念行动，与其他人是否将他们自己的意志强加于他，属于两个根本不同的问题，前者属于内在自由范畴，后者属于本书讨论的自由。不过，并不是所有"内在自由"的概念都是与本书所讨论的自由相悖的。康德认为，真正的自由就是自律意义下的自由，是根据我给自己定的法则而行动——而不是听从于本性或者社会传统的指令，"我是孤独的，我是自由的，我是自己的帝王"。康德这里提到"我"并不是特殊个体的我，如果每个人从自己的特殊利益、欲望和目的选定自己的法则，那么，不同人就有不同的法则，康德这里提到"我"是"纯粹实践理性"的我，当我们运用"纯粹实践理性"时，我们便超脱于各种特殊的利益。康德的理性观念——与道德有关的实践理性——并不是工具性的理性，而是"纯粹实践理性，它忽视所有的经验目的而设定一种先验性"②。在康德看来，"每个运用纯粹实践理性的人，都会得出同样的结论——都会达到一个单一的（普遍的）绝对命令"③。康德认为，最核心的绝对命令就是"要将人当作目的而不仅仅是手段加以对待"。自由就是按这样的绝对命令行动，自由就是把人当成目的而不仅仅是手段，从这个意义上看，康德所说的自由与本书讨论的自由是可以相通的，每个人都不得强制他人（不把他人作为手段），也不受他人强制（不成为他人的手段）。当我们将手段解释为不受他人强制、干涉，也就是说包含伯林所强调的"最低限度的、

①〔英〕哈耶克：《自由宪章》，杨玉生等译，北京，中国社会科学出版社，2012年版，第34页。

②〔美〕桑德尔：《公正》，朱慧玲译，北京，中信出版社，2012年版，第132页。

③〔美〕桑德尔：《公正》，朱慧玲译，北京，中信出版社，2012年版，第140页。

我所谓的消极自由"，那么，康德所讨论的自由与本书的自由是相通；但是，如果将康德的自由概念解释为不包含"最低限度的、我所谓的消极自由"的概念，例如只是人身不受干涉，而财产可以被强制再分配，那么，康德所讨论的自由可能与本书的自由就是相悖的。

（七）自由定义为"做我想做的事情的能力"[①]

杜威、康芒斯都曾持这样的观点，将自由定义为"做我想做的事情的能力"，而不受他人干涉只是达到自由的一种手段。这一观点表达的基本上是能力自由的范畴。这一定义危险性在于它将会以自由之名压制个人自由，从而危害自由本身，这一点前面"为什么不将自由界定为能力"部分已论述。

（八）"对一个社会的个体人而言，自由是指他（她）希望、要求、争取的生存空间和实现个人意志的空间，自由这个空间包括社会的、政治的、经济的、文化及传统的等外部条件，同时也包括个人体质、欲望、财富、世界观、价值观及理想观的表达欲望等个人因素和内在因素。"[②]

这是百度百科对社会自由的定义之一。这个定义看似解释力很强，似乎社会中各种自由都能被解释，但是，因为将不同类型和相互矛盾的自由概念都拢在一起，让我们无法清晰讨论自由。

二、如何理解某一具体语境下自由一词的含义

语词的含义主要取决于语境，在不同语境下，自由一词所表达的含义是不一样。把所有语境下的含义都加起来，自由的内涵可以大到无以复加，脱离具体语境理解自由，可以让人茫然失措，我们需要穿透迷雾准确理解某一具体语境下自由一词的含义。如何理解某一具体语境下自由一词所表达的含义呢？麦卡勒姆在这方面作出标志性的贡献，他认为自由概念总是可以解释为一种三元

---

① 〔英〕哈耶克：《自由宪章》，杨玉生等译，北京，中国社会科学出版社，2012 年版，第35 页。

② 百度百科：《自由》，http://baike.baidu.com/subview/9261/5144838.htm.〔2016-05-22〕.

素关系："X有免于Y去做Z的自由"。其中X代表"自由的行动者"，Y代表"对自由行动者的各种限制"，Z代表"自由行动者决定去做或不做的事情"。不同种类的自由概念的争论，都是关于"自由三元素关系"中三个变量（X、Y、Z）的争论。[①] 围绕X的争论，表现为"谁是行动者"，有的概念将自由定义为自然人的自由，有的概念认为自由除了自然人还包括集体的自由。围绕Y的争论，表现为"哪些限制能被算是对自由行动者的限制"，有的概念将他人的干涉视为对自由的限制，只有被他人干涉才能称为不自由；有的概念除了他人的干涉外，还将贫困、无知、缺少机遇和身体状况不佳都当作自由的限制，这种概念其实就是把自由理解为一种能力；有的概念只将"心理认定的限制"视为对自由的限制，这种概念其实就是把自由理解为心理自由。围绕Z的争论，表现为"什么是自由行动者真正想做的事"，有的概念认为这是个人自主的领域，不能从政治哲学角度加以界定，比如"自由即有权做一切无害于他人的任何事情"，再比如本书讨论的自由，并不讨论到底什么是自由行动者真正想做的事，因为这是纯粹个人的事情，没有必要从政治角度加以界定；有的概念着眼于区分这一问题，如伯林所批评的积极自由，哈耶克在《自由宪章》统称为内在自由、主观自由的自由概念，在这些概念里，只有理性或者真我的行为才是自由。麦卡勒姆为了区分不同含义的自由提供很好分析框架。同时，我们还要注意自由一词还有其他延伸含义，有的语境下自由一词指自由状态，有的语境下则指自由权；有的语境下自由一词指自由本身，有的语境下则指自由所带来的价值，诸如此类，都需要精确辨别。

（一）"我生性热爱自由，被束缚在两点一线的生活，太乏味！我要走遍天南地北。"[②]

在这一句话中，自由的行动者是"我"，自由行动者决定去做的事情是"我要走遍天南地北"，自由行动者决定不做的事情是"束缚在两点一线的生活"。这句话只表达了一种"自由"愿望，仅凭这句话，我们无从判断话语中的"我"

---

① 转引自〔美〕约翰·罗尔斯：《正义论》，何怀宏等译，北京，中国社会科学出版社，2009年版，第158页。

② 邓嗣源：《自由、消极自由、积极自由及其它》，http://www.21ccom.net/articles/sxwh/shsc/article_20140606107265.html.（2014-06-06）〔2016-06-15〕.

是自由还是不自由，那么，如果从愿望本身看，到底表达的是哪一种类型的自由呢？这就看"对自由行动者的限制是什么"，不过，这句话并没有表明，因此，可以做多种理解。从"不受他人干涉自由"来看，不管有没有真正走遍天南地北，只要没有受到他人的干涉，那就是自由的；从"能力自由"来看，只要不是因为个人身体、财产、社会资本等能力的限制，就是自由的；从心理自由，就要看愿望满足本身，不受他人干涉自由、能力自由着眼于排除愿望以外的障碍，只要是没有这些障碍即使愿望没满足都是自由的，而心理自由则是自身愿望为标准的，愿望得到实际满足才是自由的，也就是实现走遍天南地北的愿望才是自由。

（二）"我终于离婚了，自由了！"

在这一句话中，自由的行动者是"我"，自由行动者所摆脱的限制是"婚姻"，自由行动者决定去做的事情是"离婚"。如果在婚姻中受到强制，那么，"自由"一词可以理解是"不受他人干涉自由"。如果没有受到强制，只是不满意，这里的自由只是心理自由。

类似例子，如"下班了，我自由了"。在这一句话中，自由的行动者是"我"，自由行动者所摆脱的限制是"工作"，自由行动者决定去做的事情是"自由做自己想做的事"。通常情况下，"工作"是为了得到收入，这个过程尽管有些令人厌烦，但是，在正常条件下，她没有受到强制，从"不受他人干涉自由"角度看，他是自由的。因此，这句话里的自由通常情况下并非"不受他人干涉自由"，而是心理自由，工作本身不符合内心的愿望，所以不自由。

（三）"一个牛津大学院长的自由，和一个埃及农夫的自由，完全是两码子的事儿。"[1]

这是以赛亚·伯林在《两种自由概念》一文引用的一句话。伯林说，"这一句话背后，隐藏着某些真实而重要的道理，但这话本身，仍然只是一种政治嘘

---

[1] 〔英〕以赛亚·伯林：《两种自由概念》，见以赛亚·伯林：《自由论》，胡传胜译，南京，译林出版社，2011年版，第172—173页。

头。"① 但他同时又认为，"农夫今天所需要的最低限度的自由，或者明天他可能需要的更多的自由，和教授、艺术家、百万富翁们所需要的自由，却是同样的东西——而不是某种特别属于他的自由。"② 在伯林看来，牛津大学院长的自由和埃及农夫的自由是两码子的事，同时又是同样的东西，这如何理解呢？说两者是同样东西，指的是自由本身（一个人可以不被他阻碍地行动的领域）是同样，两人都同样享有不受他人干涉的自由。说两者是两码子的事，指的是自由给个人带来的价值，两者是不同，例如言论自由给牛津大学院长带来的价值可能超过给埃及农夫带来的价值。有观点认为自由给牛津大学院长带来的价值超过给埃及农夫带来的价值，所以要提高农夫的自由度，这等于变相否定"不受他人干涉自由"。"不受他人干涉自由"以不干涉他人为限，提高农夫的自由度，要么让农夫的自由不仅以不干涉他人为限而且可以干涉他人，要么资助农夫以提高农夫的能力，这意味着变相削减其他人的能力，也是对他人的干涉。

接下来看另外一个例子——"一个小业主比一个大公司的高级雇员要自由得多"。在这句话中，自由显然不是指自由带来的价值，因为一个大公司的高级雇员可能赚的钱远远高于小业主。这里指的是自由本身，一般来说，小业主接受的强制指令可能少于高级雇员接受的强制指令，从这个意义上，小业主的确比高级雇员自由得多。这里涉及到"不受他人干涉自由"本身含义，不受他人干涉自由有多层含义，包括自然权利、法律权利、社会心理感受等多种不同层面的不受强制。在自然权利方面，与牛津大学院长和埃及农夫的例子一样，小业主与高级雇员享有同样自然权利（自由）；在法律权利方面的确会有不同的规定，但是法律如果是良法的话，那么，法律权利内容上的不同其实可以理解为在自然权利基础上自愿契约或者自然推演的结果，因此，从更根本的意义上看是享有一样的自由；如果在心理感受层面，的确会有小业主自由多或者高级雇员自由多的不同判断，但是，我们讲社会心理感受层面并非特定条件下个别化心理感受的简单相加，而是代表普遍长远利益的心理感受，是一个客观标准，这个标准本质上讲应该来源于自然权利，因此从根本上讲他们享有同样的自由。

① 〔英〕以赛亚·伯林：《两种自由概念》，见以赛亚·伯林：《自由论》，胡传胜译，南京，译林出版社，2011年版，第173页。
② 〔英〕以赛亚·伯林：《两种自由概念》，见以赛亚·伯林：《自由论》，胡传胜译，南京，译林出版社，2011年版，第173页。

由此看来，人们表达"一个小业主比一个大公司的高级雇员要自由得多"其实就是从心理自由角度讲的，作为心理自由，到底谁更自由，其标准是因人而异的，我们不能判断到底谁比谁更自由。

类似的，当我们说"律师比法官、检察官更自由"，我们指的是——在法律权利层面，律师比法官、检察官更自由，但是在自然权利方面，律师与法官、检察官享有同样的自由，因为法律权利的不同是在自然权利基础上自愿契约或者自然推演的结果，因此，他们的自由在根本上是一样的，只是具体表现不一样。

（四）"自由——我今天想上班，我明天不想上班了——其实我没有这个自由。所以，在你八小时之内，你是让渡了自己所谓普遍价值观所涵盖的自由、平等、民主。"①

普遍价值观所强调的自由是指不受他人干涉自由，上班虽然有人在感情上有些不乐意，但是，不能说被强制，也不能认为上班就让渡了普遍价值观所涵盖的自由。如果将自由定义为心理自由，就可以认为上班让渡了自由。如果将自由定义为不受他人干涉自由，一个自由职业者放弃自由职业，选择做公司雇员——意味着根据他人安排工作，但我们仍认为他是自由。作为雇员受到干涉可能比自由职业者多，不过，本书所定义的不受他人干涉自由是有客观标准，只有受到暴力（或者类似暴力）干涉才能称作为不自由。因此，一个人认为自由职业者比公司雇员更自由，它所表达的是个性化的心理自由，是因人而异的自由。

（五）"有了足够的钱，就有自由。"

罗杰斯说："我没有游艇也没有飞机，我甚至不戴手表。我赚钱唯一的目的就是换取自由。有了足够的钱，我就可以去想去的地方，做想做的事，不需要巴结我讨厌的人"。② 这里表达的自由可能是心理自由，或者能力自由，也可能

---

① 黄江南：《普世价值实践的成本与条件》，http://www.21ccom.net/articles/thought/bianyan/20141019114904.html.（2014-10-19）[2016-05-22].

② 李小晓：《投资大师罗杰斯：中国政府说什么我就投什么（3）》，http://finance.people.com.cn/GB/70392/18230606.html.（2012-06-19）[2016-05-22].

是个性化的心理自由。但是，不可能是公共生活层面的自由（本书将这种自由定义为不受他人干涉自由），虽然变得有钱了，但是自然权利一样，法律权利也一样，不会仅仅因为他有钱就有更多的法律权利，当然有钱人运用法律权利可以达到更多的东西，这不应该理解法律为权利不同，而是可以理解为运用权利的能力变化。

（六）"当你用了自由以后，你就在自由的中间侵犯了你自己的自由，在自由的中间你就减少了你的自由。"①

这是百度百科里关于自由的一个描述。乍一看，很难理解，看一个例子就明白了。有两个女孩子，都可能成为你的未婚妻，成为你未来的家庭主妇、你终身的伴侣、你美丽可爱的太太，其中一个很聪明，鼻子却塌了点；另外一个很漂亮，美若天仙，头脑却差一点。你一直没有答案，当你还在彷徨、未决定的时候，你还很自由，却是很痛苦的自由，你盼望把这个人的鼻子换过去，或那个人的头脑换过来就好了。②这里所讲的"自由"是什么自由呢？在这里自由取决于个人的心理感觉，可以说是从个性化的心理自由角度谈自由。

类似的，罗振宇以下这段话所提到的自由应该也是"个性化的心理自由"："我总爱说自己是一个自由主义者。这是一种标榜了，但是我自己也知道啊，这条路并不像听上去那么高大上。它其实是一条很窄很难的路。当一个自由主义者，真正的敌人不是那些剥夺我们自由的人，这种困难在当代社会其实已经越来越小了，真正的敌人是我们自个儿。日本作家村上春树讲过一句很不好听的真话，他说人们表面上是要把自由搞到手儿，其实那只是想把自由的象征搞到手。或许世界上几乎所有人都不追求什么自由，不过是说你在追求罢了，假如是真的自由，人们十有八九是会不知所措的。说过同样意思的还有德国人弗洛姆，有本书名字叫作《逃避自由》，不管你是追求组织给的温暖，还是追求他人对自己的肯定吧！只要你总是在某种关系中追求人生价值，往往一回头自由就已经不在了。"③

---

① 百度百科：《自由》，http://baike.baidu.com/subview/9261/5144838.htm.［2016—05—22］.

② 百度百科：《自由》，http://baike.baidu.com/subview/9261/5144838.htm.［2016—05—22］.

③ 罗辑思维微信公众号 2014 年 6 月 8 日 60 秒语音。

（七）"我们被判了自由的刑。"

这是法国著名哲学家萨特的经典论断。人就是自由，人一生下来就判定为自由，他无法摆脱自由的命运。萨特说："事实上我们就是那选择的自由，而不是我们选择自由。我们被判定为自由。"[①] 想一想我们的生活，的确有这一特征。知乎网友"Grace Li"有一段精彩的评论："你怎么动，完全由你自己决定，除了睡觉的时候，你的行为完全受你自己的控制，所以说，你是彻彻底底自由的。你能不自己决定你的行为吗？不能，所以你绝对无法摆脱自由，拆下自由的枷锁。"[②] 人的一个重要特征就是，不管受到多少限制，人总还是有一些自由意志的空间。萨特此处所讲的自由，与人的能力无关，与是否受到他人干涉角度无关，他讲的其实是意志自由。意志自由讨论的是"人是否存在自由意志的问题"，围绕这一问题可分为三种观点：决定论、自由意志论以及相容论。萨特主张自由意志论，认为自由内在构成了人本身，人的存在就是自由的，人注定无法逃脱自由的命运。同时，因为自由，所以要自己承担责任。"个人的行动及其后果，完全是个人的选择所导致。所以，每个人都必须为自己的行为承担全部的责任"[③]。

（八）"自由不是逃避现实的借口，而是直面自己和生活。自由是一种能力，需要你比一般的人更坚强和温柔。"

这是网上颇为流行的一个段子。此处所提到"自由不是逃避现实的借口"，"自由是一种能力"，表达的是对自由的态度而不是自由本身。如果把对自由的态度定义为自由，等于将义务定义为自由，背离了自由的本意。当然，我们并不是说对自由的态度不重要，对自由的态度，事关自由的价值实现，事关一个社会能否具备较高程度的自由。第五章"自由何为可能"还将进一步讨论这一问题。

---

① 〔法〕萨特：《存在与虚无》，陈宣良等译，上海，三联书店，1987 年版，第 484 页。

② 《如何理解萨特的名言：我们被判上了自由的刑？》，http://www.zhihu.com/question/21241839.（2015-01-05）〔2016-05-22〕.

③ 〔法〕萨特：《存在与虚无》，陈宣良等译，上海，上海三联书店，1987 年版，第 710—711 页。

（九）"行止辄自由，甚觉身潇洒。"

这句话出自白居易的《兰若寓居》。这里的"自由"指的是自在、自得的个人的内心感受和心态，按本书的分类属于个性化的心理自由，这也是中国古代自由一词的典型含义。

（十）"有些字像自由（freedom），说出来甜蜜动听美妙无双，在我心灵的深处，自由无时不在尽情地歌唱，有些字像自由（liberty），他们却使我忍不住哭泣哀伤，假如你知道我所经历的一切，你就会懂得我为何如此悲伤。"①

这句话出自兰斯顿·休斯的《像自由这样的字》。关于"freedom"和"liberty"，很多思想家和学者都认为两者所表达的意思可以互换。不过，兰斯顿·休斯的诗中，"freedom"指的是个人心理自由，是心理的满足，"liberty"更像是"不受干涉他人的自由"，我们后面将论证这种自由是最好的公共生活之道，不过，它并不能给个人直接满足，首先，这种自由是受限制的（以他人自由为限），其次，这种自由提供的只是机会，不能很好运用自由的人也会遭受挫败，因此，有时让您哭泣哀伤。

（十一）"自由是感觉到不被他人、规则与价值束缚，不被权势集团或者什么别的东西所束缚。但是自由还有另一层意思，我们几乎任何时刻都能感到自由。即使我们被锁链捆绑，我们还可以选择自己的行为，选择任何能做到的身体动作，这种自由是我们之所以为人的关键。"②

在这个表述，前一种自由指的是个人心理自由；而后一种自由则是意志自由。

（十二）一个人只有学会说"不"，他才会得到真正的自由。

在这个表述，自由的含义可以作多种理解。如果说"不"是对另一种愿望

---

① 〔美〕埃里克·方纳：《美国自由的故事》，王希译，北京，商务印书馆，2002 年版，扉页。

② 〔英〕朱利安·巴吉尼，杰里米·斯唐鲁姆：《你以为你以为的就是你以为的吗？》，游伟译，北京，北京联合出版公司，2015 年版，第 173 页。

的束缚说"不",自由一词所表达的含义是心理自由。如果说"不"是对他人干涉说"不",那么,自由一词所表达的含义可能是指"不受他人干涉的自由",也可能是因个性化的心理自由,例如儿女对父母说不,如果父母的干涉不是暴力（或者类似暴力）干涉,这种"说不"带来的自由是心理自由。

（十三）"自由是相对的；自由必然是有约束的——任何人在获取自身自由的同时,也必然会损害他人的自由。"

这句话谈的是自由的影响,不过,严格分析,这句话并不准确。如果将自由定义为"不受他人干涉的自由",在理想状态下,任何人在获取自身自由的同时不会损害他人的自由,因为"不受他人干涉的自由"本身以不干涉他人为限,理想状态下,一个干涉他人的人,自由会被剥夺,是不自由的。如果将自由定义为"个人心理自由"或者"能力自由",任何人在获取自身自由的同时也可能会损害他人的自由,但是,也不是必然的。

三、透过权利看自由

本书讨论的自由"专指人与人之间的一种关系",权利究其本质而言也是人与人的关系,因此,两者极易混淆。将各种各样的权利统统归为自由权,是导致自由概念混乱的一种重要原因。自由是一种权利,但权利并非都是自由。透过权利的内容可以让我们进一步明确本书讨论的自由。

（一）消极权利和积极权利

伯林的消极自由和积极自由的二分法,表现在权利方面就是消极权利和积极权利。消极权利,指个人要求他人或者国家不得干涉的权利；积极权利,指个人向国家或他人索取财富、安全或者利益的权利。理解消极权利和积极权利的二分法,要明确一对概念——原权利和救济权。原权利指基于法律规范之确认,不待他人侵害而已存在的权利,又称第一权利,如所有权等；救济权,指由于他人侵害原权利而发生的法律权利,也称第二权利,如因侵害物权而发生的损害赔偿请求权。消极权利和积极权利的二分法是基于原权利的区分,而救济权虽然表面上看属于积极权利,但并不一律归为积极权利,由积极权利派生的救济权利就归为积极权利，由消极权利派生的救济权利就归为消极权利。一个人要求国家提供福利权（如受教育权），理论上也是不容他人干涉的，但是，这种不容他人干涉的权利本质上是为了福利权，因此，视为积极权利。当个人人身财产遭他人侵犯（如抢劫），个人可要求国家保护，这保护权其实是消极权利的延伸，视为消极权利。"参与和监督政府的权利"，如果只是为了消极权利的保护，则视为消极权利，如果是为了积极权利，那么，就视为积极权利。值得注意的是，消极权利还可以进一步延伸为契约权。甲作为 A 企业的雇工要求 A 企业支付工资，其实是作为"消极权利"的财产权自由交易的结果，因此，也被认为是"消极权利"。要求国家提供养老金的权利，一般属于积极权利，但是，其中一部分养老金可以理解为与国家的契约，是财产自由（消极权利）的一部分，而不是福利。根据消极权利和积极权利的二分法，我们可以认为本书讨论的自由只是一种消极权利，而不包括积极权利。

（二）耶利内克的分类

如果说消极权利和积极权利的二分法，是以个人实体权利视角对原权利的区分，那么，耶利内克的分类是以国家视角对权利的分类。耶利内克的分类隐含了一个基本的假定：国家垄断了个人权利的保护权。权利不能得到保护，就没有意义，因此，所有的权利都可以从国家视角上考虑。耶利内克认为个人相对于国家处于的四种成员地位：被动地位、消极地位、积极地位、主动地位。被动地位指的是义务，即个人对国家的服从义务，消极地位、积极地位、主动地位是个人对国家权利。个人的消极地位是指个人所享有的排除国家、否定统治的领域，是个人免予国家支配的自由。个人的积极地位是指个人对国家请求权，包括裁判请求权（要求国家对自己涉及的某个案件进行裁判）和福利请求权（要求国家提供物质帮助）。个人的主动地位是指个人对国家处于能动地位，表现为个人的参政权。根据耶利内克的分类，本书讨论的自由指的是个人免予国家支配的自由，以及福利请求权之外的裁判请求权和参政权。

（三）马歇尔的分类

马歇尔在其著名演讲《公民身份与社会阶级》通过公民身份理论对权利分类做了经典的论述。他认为，公民身份应该被理解为相关共同体中每个完全成员所平等享有的一系列权利。这些权利可以分为三种，即（狭义的）公民权利（civil rights，亦译为"市民权利""民事权利"或"法律权利"的），它由个人自由所必需的权利组成：包括人身自由，言论、思想和信仰自由，拥有财产和订立有效契约的权利以及司法权利；政治权利，即公民作为政治权力实体的成员或这个实体的选举者，参与行使政治权力的权利；社会权利，即从某种程度的经济福利与安全到充分享有社会遗产，并依据社会通行标准享受文明生活的权利等一系列权利，主要包括：接受公共教育，享受卫生保健、失业保险和养老抚恤等权利。[①] 根据马歇尔关于权利的分析框架，本书讨论的自由指的是公民权利，以及为保证公民权利的政治权利。

（四）"三代人权"

法国著名法学家卡雷尔·瓦萨克最先提出"三代人权"论，目前已经被许多国家的人权学者认可。根据瓦萨克的观点，第一代人权形成于美国和法国大革命时期，指公民免受他人专横侵害的自由和政治权利；第二代人权以生存权为本位，其主题是要求国家采取积极行动，保障公民的"经济、社会、文化权利"，称之为"积极权利"；第三代人权是"集体权利"，包括民族生存权、发展权和民族自决权等集体权利，以及涉及人类共同生存、发展所依赖的和平权、环境权与发展权。集体权利是以民族为主体的权利，作为集体人权义务主体的第三者只能是别的民族和国家，性质上属于国际法领域的范畴。少数民族和种族的权利、妇女儿童的权利、残疾人的权利、消费者的权利等不应视为集体人权，这些群体权利最终总要落实到个人头上，实际上是一种特殊的个人权利。根据"三代人权"论，本书讨论的自由指的是第一代人权。

（五）生命、自由、追求幸福的权利

美国《独立宣言》以及日本宪法采用这样的分类来表达权利。这一分类源自 17 世纪晚期英国哲学家洛克对自由的分类，在洛克看来，权利包括生命、自

---

① Marshall, Citizenship and Social Class and Other Essays, Cambridge, The University Press, 1950, pp. 10—11, 转引自刘训练：《自由主义公民身份理论的演进》，载《南京社会科学》2012 年第 9 期，第 63 页。

由、财产。在很多场合，洛克又将生命、自由、财产统称为财产权，财产权可谓是洛克自然权利中最为核心的一项权利，洛克认为财产保护是"人们联合成为国家的重大的和主要的目的"[①]。这里洛克所说的财产并不是狭义的财产，而是包括了人们的生命、自由和财产，更简单地讲就是人们所有的东西。罗斯巴德也持类似的观点，人的权利就是人的人身财产权，简而言之就是财产权。如果将生命、自由、追求幸福生活定义为洛克所强调的生命、自由、财产权，那么，生命、自由、追求幸福生活均可以理解为本书讨论的自由。

不过，"追求幸福生活"的权利在后来的发展过程中，其实，已经包含了社会权的内容，如日本宪法"追求幸福生活的权利"是一项概括性的权利，除了包含财产权，还包括福利权，以及宪法上没有列举的新人权，如果这样定义，那么"追求幸福生活的权利"就不完全是自由范畴了。在财产权方面，也有学者将福利权理解为"新财产"，洛克意义上的财产权是本书讨论的自由，但是，如果对财产权做这样的扩大解释，这种财产权就不属于本书讨论的自由。

法国《人权宣言》第二条指出："一切政治结合的目的都在于保护人的自然而不可剥夺的权利，这些权利是：自由、财产、安全以及反抗压迫。"《独立宣言》以及洛克分类中的生命权在这里被表达为安全权，另外，这一份文本还提出"反抗压迫"的权利。虽然《独立宣言》没有直接提到反抗压迫的权利，但是，这不意味着《独立宣言》和《人权宣言》在权利分类上有根本的不同，《独立宣言》并没有直接提到"反抗压迫"的权利并非等于否认这一权利的存在，《独立宣言》宣称"政府的正当权力来自于被统治者的同意。无论何时当这一政府变得危害这一目的时，人民就有权利改变或者废除它，并建立新的政府"。《独立宣言》实际上是将"反抗压迫"的权利视为生命、自由、财产的延伸而没有单列。

（六）实有权利和应有权利

实有权利，也称实在法权利，指的是法律体系中已经确立的权利，是为实在法所规定的权利。而应有权利，指的是人应该具有的权利。如果说实有权利是一种可以立即实施的有约束力的行为模式，那么，应有权利则是指一种应然

---

① 〔英〕洛克：《政府论（下篇）》，叶启芳等译，北京，商务印书馆，1996 年版，第 77 页。

的行为模式。有的国家的实有权利，已经相当接近应有权利，而有的国家实有权利离应有权利还有相当长的距离，甚至背道而驰。本书讨论的自由是指应有权利。不过，何为应有权利则有不同的立场，一种是人权（自然权利）视角，认为存在一种时间和空间上适用于所有人的普遍而绝对的自然权利，其他所有具体的应有权利都是从这样的自然权利中派生出来的；一种是现实主义的视角，认为应有权利只是现实法律体系演进的结果，是对现实法律体系的妥协，只留给现有法律体系所规定权利之外的权利很小的空间。本书主要是基于人权视角来讨论应有权利，这些权利是人人都有的普遍权利，而且，构成各项具体的应有权利的基础。"我们之所以应该拥有各式各样的权利就是因为这些权利要么是我们生而有之的，要么就是从我们生而有之的权利之中派生出来的"[1]。

尽管本书讨论的自由是应有权利，但是，应有权利研究的基础是实在法权利，研究的最终目的也是为了评判实在法权利，所以，实在法权利也是本书重要研究对象。实在法权利可进一步区分为宪法性权利与非宪法性权利。宪法性权利，由宪法加以明确规定的权利，是实在法权利中基本的、主要的部分。非宪法性权利，则是宪法之外其他法律规定的权利。因为篇幅和论证的限制，在实在法权利方面，本书主要侧重于宪法性权利。

（七）我国宪法规定的基本权利

我国宪法第二章权利与义务第33条至50条规定公民的基本权利。这些权利概括起来包括："平等权（第33条），选举权与被选举权（第34条），言论自由（35条），宗教信仰自由（第36条），人身自由（第37—40条），监督权（第41条），社会经济权利（第42—45条），受教育权利（第46条），文化活动自由（第47条），妇女的权利（第48条），有关婚姻家庭、老人、妇女和儿童的权利（第49条），华侨、归侨和侨眷的权利（第50条）"。此外，宪法第13条规定："公民的合法的私有财产不受侵犯。国家依照法律规定保护公民的私有财产权和继承权。"在我国宪法规定的各类权利中，人身自由、宗教信仰自由、私有财产权、言论自由、文化活动自由大体可视为消极权利，基本上属于本书所讨论的自由；社会经济权利、受教育权利则一般归纳为积极权利，不属于本书讨论的

---

[1] 杨帆：《自然权利理论研究（博士论文）》，吉林，吉林大学，2007年，第2页。

自由；平等权，选举权与被选举权，监督权，妇女的权利，有关婚姻、家庭、老人、妇女和儿童的权利，华侨、归侨和侨眷的权利，主要看其性质，如果指向消极权利，属于本书讨论的自由，如果指向积极权利，则不属于本书讨论的自由。

（八）平等权与自由权

平等权，是指人人有权受到法律的平等保护，除非区别对待有合理客观的理由。法国《人权宣言》第一条规定："在权利方面，人生来是而且始终是自由平等的"。《美国宪法修正案》第十四条第一款规定："无论何州均不得制定或实施任何剥夺合众国公民的特权或豁免的法律；无论何州未经正当法律程序均不得剥夺任何人的生命、自由或财产；亦不得拒绝给予在其管辖下的任何人以同等的法律保护。"

平等权是各国宪法法律广为认可的一种权利类型，它与本书讨论的自由是什么样的关系呢？平等权取决于和他人境况的比较，是一种人际权利。平等权并不是一种独立的实体权利，而是权利的一种保障形式。如果平等权诉求的是自由权、参政权的平等，那么，这种平等权，这种权利可归属于本书讨论的自由；如果平等权诉求的是福利权，那么，就不属于本书讨论的自由。在实在法意义上明确平等权，将大大促进人人享有同等自由这一人权理想，不过，如果没有很好地界定平等权的内涵，对平等权的强调也可能损害自由权。

（九）特权与自由权

特权包含很多截然相反的含义，有时指在法律之外的权利，有时指自由权，意味着主体可以针对某一客体采取其想采取的行为。本章所讲的特权是"不具有普遍性的，不是惠及所有人的，而为某些人享有的权利"。自由的前提是"人人享有同等自由"，因此，特权被认为是背离自由权的。其实，这是对特权的误解，如同平等权可能损害也可能保障自由权一样，特权有时背离自由权，有时恰恰是对自由权的保护。很多权利不可能是人人享有，只能是出价高者获得，或者能力高者获得，或者先到先得，只要不存在对他人强制，就是对自由权的保护。例如，有钱人经常能享受坐飞机头等舱，可以理解为特权，但一般认为没有背离自由权。

第三章　自由是最好的公共生活之道

　　所有科学观点都是有条件的假设。自由是最好的公共生活之道，第一，它是有条件的，第二，它是一个假设。你可以说这个假设是一家之言，你可以讲一番道理否定它，但前提是你的论证必须是可靠的。问题不在于能否讲出一番道理，而在于可靠的证明。本章致力于用可靠的证明方式论证"自由是最好的公共生活之道"，如果你想反驳它，最好也用可靠的证明。

自由有价值，但是，自由价值是什么，需要一个完整简洁的表述。

　　哈耶克将自由的价值概括为两个方面：（1）在个人价值层面，他在《自由宪章》序言这样表述自由："自由不仅是一个特定的价值，而是大多数道德价值的源泉和条件"[1]。后来又进一步将自由的价值推至极限："自由不只是诸多价值中的一个价值……而且还是所有其他个人价值的渊源和必要的条件"[2]。（2）在社会进步层面，他指出："从长远的角度来看，人类社会乃是受公众普遍信奉的某些道德原则支配的……实际上，使先进文明的发展成为可能的惟一一项道德原则，便是个人自由"[3]。就这些表述看来，自由不只是诸多价值中的一个，对于个人价值，它是其他价值的源泉和必要条件；对于人类文明，它是先进文明的唯一原则。因此，可以说，自由价值具有最高性。

　　我个人更欣赏罗斯巴德在《自由的伦理》一书对自由价值的一个概括。他

　　① 〔英〕哈耶克：《自由宪章》，杨玉生等译，北京，中国社会科学出版社，2012 年版，第 20 页。

　　② Hayck, "Die Ursachen der standigen Gefanrdung der Freiheit", in Franz Bohm, F.Lutz, F.Meyer, eds, Ordo, XII（1961）, pp.105, 107—109；转引自邓正来：《研究哈耶克法律理论的一个前提性评注（《法律、立法与自由》代译序）》，哈耶克：《法律、立法与自由（第二、三卷）》，邓正来，张守东等译，北京，中国大百科全书出版社，2000 年版，第 13 页。

　　③ 哈耶克：《法律、立法与自由（第二、三卷）》，邓正来，张守东等译，北京，中国大百科全书出版社，2002 年版，第 491 页。

引用阿克顿的观点称："自由'是最高的政治目标'[1]，是自由主义哲学的高于一切的目标。"[2] 政治的最高目的并不是要保证每个人的幸福得到实现，而是要保证每个人"不受他人干涉的自由"。不受他人干涉的自由，包括人身财产自由，也包括作为人身财产自由延伸的参政权。参政权只是作为人身财产自由的延伸，假设大众没有参政权，但政治精英们能保证大众的人身财产自由，那么，最高的政治目的也算达到了。本书参照《自由的伦理》一书的观点，将自由的价值概括为最好的公共生活之道。因为"政治"一词容易被误解仅包括狭义上政治生活而不包括经济生活，所以改用"公共生活"；而"目标"，则用中国传统文化的语言表述，即《道德经》的"道"。

自由不仅仅是一种行为的状态、一种权利，更重要的是，自由代表着一种价值尺度，是人类对美好生活向往和追求的具体体现。自由对人的价值表现在诸多方面，本书讨论自由对于人们公共生活的价值。自由一词，既表达为不受他人干涉的状态，也可指一个人不受他人干涉的权利空间。自由是最好的公共生活之道，就是指：就状态而言，自由是人最好的公共生活状态。就权利而言，自由是人最好的公共生活权利规则。但问题是，为什么说"自由是最好的公共生活之道"？这一结论可靠吗？

第一节 "自由是最好的公共生活之道"可靠吗？

"自由是最好的公共生活之道"这一命题，是可靠的，因为它是可以证明

---

[1] 阿克顿在《自由史论》和《自由与权力》对自由的价值都有类似的表述。"自由不是为了达到更高政治目的的工具，它本身就是最高的政治目的，自由之需要并不是为了实现一种好的公共管理，而是为了保证市民社会和个人生活最高目标的追求。"（〔英〕阿克顿：《自由史论》，胡传胜等译，江苏，译林出版社，2001，第20页）"自由的理念是最宝贵的价值理想——它是人类社会生活中至高无上的法律。"（〔英〕阿克顿：《自由与权力》，侯健等译，北京，商务印书馆，2001年版，第307页。）

[2] 〔美〕穆瑞·罗斯巴德：《自由的伦理》，吕炳斌译，上海，复旦大学出版社，2012年版，第328页。

的。太多证明，太多道理，看似正确，但是，经别人一驳，又糊涂了。因此，问题不在于能否证明，能否讲出一番道理，而在于可靠的证明。那么，到底怎样的结论，怎样证明是可靠的呢？医生出现严重误诊事故，或者工程师的设计出现严重误差，一般来说他们需要承担相应法律责任，但是，因为社会科学理论本身的局限性，社会科学和社会政策制定者的误判常常不用承担法律责任。由于不承担责任，很多社会科学理论家表达观点常常信口开河、不注重逻辑。因此，在讨论展开之前，有必要先回顾一下验证社会科学命题的基本规则，一是为了避免在论述过程中的信口开河，二是为读者检测"我们的证明是否可靠"提供一些帮助。

一、怎样的结论（命题）是可靠？

获得科学的结论一般来说取决于这样两个要素：

（一）适当的证明方法

如何验证一个科学命题呢？自然科学方式一般是："第一步是要设立一个假定，拿这个假定到实验室里去验证，有的假定被验证出是对的，有的假定被验证出是错的。验证了对的假定可能成为理论。过一段时间又有人有新的假定，新的假定被验证以后就推翻以前的理论，成为新的理论。自然科学就是这样发展的"[①]。但是，社会科学不可能有化学和物理学那样清晰的实验过程，不可能到实验室验证。米塞斯[②]对此做了非常精彩的分析："社会科学，尤其是经济学，不可能被建立在自然科学所说的那个意义上的经验之上。社会经验是历史性经验。当然，所有的经验均是关于已经逝去的某种事物的经验。但是，社会经验总是一种复杂现象的经验，这使得社会经验与构成自然科学基础的经验截然不同。自然科学之成就所依赖的经验是实验的经验。实验中可导致变化的不同因素可以分离出来进行观察。变化的可控制性使得实验人员可以为任何一种

---

① 李世默：《中国的政治体制处少年期具有巨大活力》，http://news.cntv.cn/2014/12/23/ARTI1419346518227154.shtml.（2014-12-23）[2016-06-13].

② "Ludwig von Mises"，有时被译为路德维希·冯·米塞斯，有时被译为路德维希·冯·米瑟斯，本书所引用的著作这两种译法都有。

结果找到其充分的原因……今天的时髦是拥有一个带着统计机构的实验室。这是误导性的。统计学所提供的材料是历史的，这意味着是各种力量复杂作用的结果。社会科学从来不能享有只让一个变量变化而控制其他变量不变以观察变化之结果的便利。"①

正如米塞斯所分析的"社会科学家获得的结论大多无法在实验室进行检验"，那么，我们应如何证明社会科学命题呢？一般来说，有这样几种比较可靠的方法：

1. 公理推论

从"常人可感知的真实"抽象出若干公理，并由此演绎出一个系统的理论体系。这些公理因为简单明了，是常人可感知的真实，几乎做到不证自明，因此，由此推理的结论具有相当的科学性。米塞斯是这种论证思路的代表之一，他主张社会科学是以人类行为的逻辑为根基的，而人类行为的逻辑是不可能透过实验式的调查加以研究的，而是由"常人可感知的若干公理"推导出来的。

公理的假设，其实是所有科学不可避免的前提。"所有的科学旨在追溯每一种现象的原因。总有一些不可简化和无法分析的现象，对一些终极的设定，一些先验的假定，你无法再往前一步。在所有的科学中，如果 D 是你想要的，且 C 会产生 D，那么，你就会去寻求 C。如果你知道 B 产生 C，你就会去寻找 B，且如果 A 产生 B，你就会去找 A。你一路追到了 A。于是，A 会给你 B，而 B 会给你 C，C 又给你 D，而 D 就是你想要的。在科学中，我们永远都往前追溯。我们会回到某个点，再也无法向前一步"②。公理推论论证方法与其他方法的区别，不在于有没有公理假设，而在于公理假设在理论体系中的分量。公理推论的论证方法得出的结论基本上来源于公理假设，虽然在这样的论证方法中，我们也看到大量经验事实，其实这些经验事实都是公理的个别事例，所以，用演绎法就可以推论出整个理论体系。

公理推论是一个很好的论证方法，但正如没有绝对真理，公理推论也不是

---

① 〔奥〕米塞斯：《自然科学与社会科学》，见米塞斯：《货币，方法与市场过程》，戴忠玉等译，北京，中国社会出版社，2001 年版，第 5 页。

② 佩希·小格里夫斯：《米塞斯日报（27）：什么是经济学？（2）》，丰小英等译，http://blog.sina.com.cn/s/blog_3d3fb2810101h70j.html.（2013-12-26）〔2016-06-13〕.

绝对可靠的论证方法。"在很多理性系统中，公理都是一个有用的工具，而且公理演绎通常也能很好地发挥作用；但是，假如认为这些公理绝对正确，任何理性的人在任何语境下都不能反驳它们，那就太过荒谬了"[①]。

2. 经验论证

社会科学的经验主要是历史性经验——历史上实际发生的事实，这一论证方法也可以理解为历史性经验论证，即从"历史性经验"归纳出科学结论。正如马基雅维利所言："谁打算预见未来，就必须研究过去，因为人类的历史事件总和过去时代的事件相似"[②]，尽管历史与现实存在种种的差距，但是，在生活本质方面仍有可类比性，因此，由此推理的结论也可能具有相当的科学性。除了历史性经验，社会科学的经验也可以通过某种行为实验或者思想实验获得，行为实验在行为科学领域有广泛应用，自然状态、无知之幕等假设则是一种思想实验。

经验论证的典型方法包括：（1）个别案例论证。所谓案例可以是一个或者一系列真实历史事件，可以是前人的思想，也可以是一个假定故事。在这类研究中，由于案例数目少而很难做到有代表性，但如果能通过清晰的理论指引和扎实的实证分析，凭借生活自身的可类比性，也是可以揭示现实存在的因果机制，其结论是可以确信的。（2）大数据论证。在这类研究中，因为样本数据足够而使结论具有可靠性。不过，量化有时可以帮助我们认清事物面目，有时反而掩盖了事物的本来面目，如果数据收集与分析能力有限，则得出的结论并不一定比个别案例论证更为可靠。（3）随机对照试验。将研究对象随机分组，对不同组实施不同的干预，以对照效果的不同。如果研究对象数量足够，这种方法可以确保已知和未知的混杂因素对各组的影响相同，从而让结论更具可靠性。随机对照试验主要用于医学、生物学、农学等，在社会科学的某些领域也可适用。（4）双盲实验。在实验过程中，实验者和参与者都不知道哪些参与者属于对照组、哪些属于实验组，分析者在分析资料时，通常也不知道正在分析的资

---

① 〔英〕朱利安·巴吉尼，彼得·福斯：《简单的哲学》，陶涛译，北京，中国人民大学出版社，2016 年版，第 61 页。

② 转引自徐大同：《西方政治思想史》，天津，天津教育出版社，2000 年版，第 97-98 页。

料属于哪一组。双盲实验旨在消除可能出现在实验者和参与者意识当中的主观偏差和个人偏好，该实验通常用于医学领域，但在心理学等社会科学领域也有一定适用价值。

严格意义上讲，过去不能推测未来，个别不能推测一般，想象不能推测现实。由过去、个别、想象的事实得出的因果关系结论，只是因为生活的可类比性而具有参考价值，但是，如果能解释其中因果关系机制且论证双方具有"强的类比关系"[①]，则结论具有相当的可靠性。科学研究的真正关键在于发现因果机制。例如，论证吸烟导致癌症，如果只是阐明吸烟导致肺变黑，而变黑的肺容易得癌，那么，证明是缺乏可靠性的，只有当阐明烟草中有什么化学物质可以直接致癌，证明才是具有可靠性的[②]。

3. 对质疑的有效回应

针对科学命题的论证，波普尔提出了著名的"猜想—反驳方法论"，他认为科学方法就是大胆地猜想并巧妙而严格的尝试反驳这些猜想的方法。对于科学命题的验证，应该是通过证伪来批判，如果这个命题就被证伪了，就是假的，如果经过努力反驳却还没有被证伪，那就是具有似真性（可靠性）的科学命题。不管是经验论证，还是公理推论提出的观点，都是假设或者猜想，因此，能够有效对质疑回应，是证明命题科学性的重要依据。"科学不是求对，也不是求错；科学求的是可能被事实推翻。可能被推翻而没有被推翻，就算是被证实了"[③]。最好的社会科学论证方式应该具有一种针锋相对的形式，要预期可能会出现的各种反对意见，并有效地反驳它们，只有这样，才算是被证实了。

---

① 强的类比：一个类比是强势的，当比较的双方（1）共享一种较大的或具有决定性的相似性；（2）没有表现出一种较大的差异性。弱的类比：一个类比是弱势的，当比较的双方（1）没有共享一种较大的或具有决定性的相似性；（2）表现出一种较大的差异性或决定性的差异性。（〔英〕朱利安·巴吉尼，彼得·福斯：《简单的哲学》，陶涛译，北京，中国人民大学出版社，2016年版，第103页。）

② 万维钢：《万万没想到：用理工科思维理解世界》，北京，电子工业出版社，2014年版，第231页。

③ 张五常：《经济解释（卷一）》，北京，中信出版社，2015年版，第45页。

4. 实用主义的验证

"哲学和科学的任务就是建构那种能描绘、捕捉、反映或代表独立现实的理论。"实用主义则提出另一种观点："真理就是有助于我们在这个世界上生活的知识，我们完全无须考虑它们能否代表那个独立存在的现实。"[①] 笔者不认同实用主义关于科学的定义，科学仍然是对现实的表达（反映或解释），不过，我们所追求的就是让生活更好，因此，实用主义在检验规范科学理论的可靠性方面有重要参考价值。假如一种理论无法得到严格的逻辑检验，但是，这种理论假设的现实运用能带来好的效果，取得了有利于人的结果，那么，这种理论就具有一定的可靠性。人性到底是善还是恶，很难在经验上得到严格的证明。"如果人都是天使，就不需要任何政府了；如果天使统治人，就不需要对政府有外来的或内在的控制了"[②]，通过人性恶的假设，麦迪逊推导出必须对政府进行制衡。近 200 多年的历史表明，这一理论的实际运用带来好的结果，说明人性恶的假设具有相当的可靠性。人性虽然有时也表现为善，但在公共生活领域和一个较长时段内，人性恶的假设是可靠的。

综上所述，社会科学各学科的理论基本上都来源于以上四种方法。相当一部分理论是由少数有关人性的简单公理经过演绎推理得出，另一些理论则是来源于经验数据，对质疑的回应和实用主义的验证主要是提供佐证。

（二）适当的定义和命题界定

很多证明，看似有不少证明方法支撑，但是暧昧含混，缺乏说服力。什么原因呢？这就要从定义说起。要清楚表达命题和理由，就需要对重要用词有清晰的定义。清晰的定义对于任何一种逻辑都是必不可少，可以说，定义是论证的起点。掌握论证方法，并不意味着我们能有效证明一个社会科学命题的正确性，如果没有清晰的定义，命题的证明根本无法展开，更无法深入。

在各种定义中，命题本身的界定最为重要。通过有效的证明方法，我们可

---

① 〔英〕朱利安·巴吉尼，彼得·福斯：《好用的哲学》，陶涛译，北京，中国人民大学出版社，2016 年版，第 212—213 页。

② 〔美〕亚历山大·汉密尔顿，约翰·杰伊，詹姆斯·麦迪逊：《联邦党人文集》，程逢如等译，北京，商务印书馆，1980 年版，第 264 页。

以达到科学观点，但是，所有科学观点都是有条件的假设。某些科学理论被推翻，并非它错了，而是超出其解释范围了。例如牛顿力学与相对论，牛顿力学只是不适用于微观世界和高速世界，而不是错了。目前世界上大部分机械都是建立在牛顿力学的理论上而没有考虑相对论，因为在这个范围内，相对论得到的结果与牛顿力学的结果是一样的，而相对论的推理却更复杂。张五常先生在《经济解释》一书也有精彩论断：任何科学理论，即使被事实推翻，我们总可多加条件来挽救。[①] 例如，牛顿力学被相对论推翻了，但是，我们增加"不适用于微观世界和高速世界"的假定条件，牛顿力学就可以称为正确了。由于理性的局限性，人类不可能达到绝对真理，人类比较有可能获得较高似真性观点的方法是：从世界之中切割出一个局部，建立理想化模型来描述这个局部。"局部"的切割和理想化的模型，就是命题定义和条件设定。换句话说，如果没有准确的命题定义和条件设定，就不是科学的操作方法，必将因为论题的歧义让论证无法自圆其说，或者虽然能得到某些科学观点，但应用时因超出适用范围而错误。

我们去体检，对于检查后的结果，我们都会用日常语言说："我检查了，没有什么问题"。但是，医学上的用语就不能这样表述。科学上严格的表述就是："未发现明显异常"，还要加上一句："本检查结果只对本次样本负责。"为什么要这样表述呢？因为检查可能出现误差。就是身体可能有问题，但是我们这次检查没有发现明显的症状。再因为人的身体是在不断变化之中的，所以检查也只能对这一次样本负责。这种表述就是严格的、科学的，也不容易产生歧义。[②] 所有科学观点，以及日常生活中各种可靠的判断，严格而言只能在特定的条件下成立，但是，我们表达通常不会像医学检查那样强调："本检查结果只对本次样本负责"，而是隐去"特定条件"，直接表述观点或者判断本身。例如，本章的论题"自由是最好的公共生活之道"也是特定条件下才能成立的命题，但是，在通常的表达中，我们也是将条件隐去不讲，直接表达为"自由是最好的公共生活之道"。

① 张五常：《经济解释（卷一）》，北京，中信出版社，2015年版，第55页。
② 许锡良：《学术语言是什么语言？》，http://blog.sina.com.cn/s/blog_62aea3f00100i2lq.html.（2010–02–03）[2016–06–13].

二、为什么"自由是最好的公共生活之道"这一命题是可靠的？

任何看法（假设、命题）都不具有自动的正确性，都需要证明。证明就是要清楚地告诉自己和别人，命题是什么，理由是什么。"自由是最好的公共生活之道"的可靠性就在于命题本身有清晰的界定，并有充分理由的证明。

（一）"自由是最好的公共生活之道"这一命题的基本含义和适用条件

"自由是最好的公共生活之道"，之所以具有科学性，首先在于它是有条件的假设，不是适用于四海而皆准的普遍真理，而是某一特定范围的观点，超出这一范围就不科学了。那么，"自由是最好的公共生活之道"到底是怎样的观点呢？

首先，自由指公共生活层面的自由，是不受他人干涉自由。这一自由既表现为不受他人干涉的状态，也是一个人不受他人干涉的权利空间。自由，谈的是人们不受干涉地自愿选择，如果自愿选择接受一些管制，那仍然是自由的。当人们自愿选择加入一个组织（团体），意味着接受该组织规章契约，接受一些指令性管制，这些管制并不意味着没有自由，只要这些管制没违法，他仍然是自由选择。例如，大企业组织的兴起是现代文明的一个特征，而在企业内部充满指令性管理，于是，有人提出自由并非最好，显然，此处所谈的自由与"自由是最好的公共生活之道"命题本身所表达的自由是两回事。

其次，公共生活是指"与公权力有关的共同生活"。正是在"与公权力有关的共同生活"，自由才显得特别重要，如果是在家庭生活、个人私生活之间，自由的重要性可能因人而异，很难认定它就是最好的。个人的目标是开放的，不存在一个全社会共同、唯一或者最高的目标，每个人均可以运用自己的知识去追求自己的目标。自由是最好的公共生活之道，并非指个人的最高目标，而是就人与人关系而言的。不过，就是人与人的关系领域，也不一定自由最好。有人认为，爱而不是自由才是夫妻关系的最高状态，自由不过是一个前提。有人认为，对陌生人，应该是慈善对他们最好，自由不过是一个前提，即慈善不能伤害他们。那么，如何理解自由最好呢？显然，不是说一个人与他人的关系状态，自由最好，就这一点来说，自由只是前提。只有在公共权力能干预的人与人关系的领域，自由才是最好的生活之道，所谓"道"可以从法律、政策、道德等多个层面理解。在法律方面，自由是社会最好的法律准则，法律好不好，看它是不是自由的。法律不能代表公权力干预的所有领域，比如还有政策，那么，我们认为，自由就是最好的政策。但是，在道德方面，自由不是最好的，而是道德的底线，评价一个人公德不好，一般只有侵犯他人自由才算，而说一个人公德好，标准不仅仅是自由，包括自由基础上更多的东西，例如见义勇为；评价一个人私德不好，通常标准不仅仅是自由，侵犯自由算私德不好，违反一些亲情义务可能也算。自由不是最好的道德，因为道德不是公共权力能干预的领域，政府不能在道德领域采取强制措施。

同时，我们并不准备讨论人类有史以来的公共生活，而是某一特定时代的公共生活，用托克维尔的话讲，"我相信，在任何时代我都一定会珍爱自由，但是在我们生活的这个时代，我却准备崇拜自由。"①我们所要探讨的时代是自由值得崇拜的时代。"原始自由的理论建立在这样的理念之上，即在文明尚未产生的时代，人类享有自由，享有一种高贵的野蛮自由。但我们关于自由的理论则认为，自由是文明出现以后缓慢发展出来的结果，是文明的最高成果。只有当人们学会遵守和服从某些法则之后，自由才开始真正出现。在此之前，自由表现为无拘无束的放纵和无政府状态。"②我们不关心在历史的长河中自由是否都是最好的，我们只关心托克维尔所说的"我们生活的这个时代"，阿克顿所说的文明发展到一定发达阶段的时代，这样一个时代可以称为1800年之后的年代，"人类历史中其实只发生了一件事，即1800年前后开始的工业革命。只有工业革命之前的世界和工业革命之后的世界之分，人类其他的历史细节有意思，但不关键"③。总之，我们只想论证：1800年之后的年代自由是否最好的。

就个人的私生活关系而言，自由是他处理与他人关系的底线，而不是最好的。最好的东西，每个人都可以有自己的选择。罗斯巴德提到自由"是最高的政治目的"，他的表达方式是"如果自由是最高的政治目标"④，好像很没有信

① Hayek, The Road to Serfdom, London and Chicago, 1944, 题页引文。转引自〔英〕哈耶克：《法律、立法与自由（第二、三卷）》，邓正来，张守东等译，北京，中国大百科全书出版社，2000年版，第13页。

② 〔英〕阿克顿：《自由与权力》，侯健等译，北京，商务印书馆，2001年版，第314—315页。

③ 陈志武：《量化历史研究告诉我们什么？》，http://blog.sina.com.cn/s/blog_48e122620102e95j.html.（2014-02-10）〔2016-06-13〕.

④ 〔美〕穆瑞·罗斯巴德：《自由的伦理》，吕炳斌译，上海，复旦大学出版社，2012年版，第328页。

心，原因就在于他没有做这样的区分。罗斯巴德清楚地看到了，就个人而言，自由并不一定是最高政治目的，"对于很多自由主义者来说，对自我表现的需求，或者说是对自由的卓越这样的真理的见证，经常优先于在现实世界中自由获胜的目标"[①]，因此，他将"自由是最高的政治目标"表达为"如果"。显然，本书把"自由是最好的公共生活之道"界定在公权力干预领域，而不是个人生活选择和个人私生活关系，所以，我们可以明确地说自由是最好的公共生活之道。

第三，"自由是最好的公共生活之道"指的是"就共同体的普遍利益而言"，之所以从普遍利益角度讨论，也可以说是时代的需要，"千百万年来，我们都是从自身出发，形成观点，这没啥错，不过当人类跨越现代化的门槛之后，越来越形成一个整体，跳出自身形成更高的视野和全新的观点就很重要了，虽然这种观点常常显得不那么正确"[②]。就个别人个别时刻的利益而言，自由并不一定是最高价值。普遍利益，可从空间和时间两个角度理解。从空间上看，它不是特定个人而是普遍意义上个人的利益，也可以说是每一个人的利益，如果实现每个人的利益不可能，那么就要追求最大多数人的利益，普遍利益可称为最大多数人的利益；从时间上看，这是人类的长远利益，而不是某个特定时段的利益。生病打针，肯定很痛，但是，多数人会积极配合医生，虽然眼前痛苦，但这一痛苦能带来疾病痊愈的长远利益。自由之所以好，在于它着眼于长远利益，如果短期而言，那么自由也可能是痛苦的，如打针的痛苦。超越短期着眼于长期利益，是人和人的分水岭，是一个人成熟的重要标志，"做完作业再玩游戏"，小孩子很难忍受，成年人则将之视为自然而然的事。

自由之所以好，还在于它着眼于普遍意义上的成年个人[③]。如果就个别成年

---

① 〔美〕穆瑞·罗斯巴德：《自由的伦理》，吕炳斌译，上海，复旦大学出版社，2012年版，第328页。

② 罗辑思维微信公众号2015年3月19日60秒语音。

③ 密尔在《论自由》声称，自由权利原则"仅适用于能力已经成熟的人们"，不适用于"孩童或是尚未达到法定成年男女年龄的青年。"（〔英〕密尔：《论自由》，顾肃译，南京，译林出版社，2010年版，第12页。）这一原则被自由主义这广为接受，只是何为"能力已经成熟的人们"，不同理论各有不同的界定，有的理论倾向于认为凡人都是能力成熟的人，未达法定成年年龄的人是惟一允许的例外，而且就是这些小孩，我们应尽可能将其视为成熟的大人。有的理论认为，除了未达法定年龄的人，女人、野蛮人、低素质、未受教育的人甚至后知后觉者等都可能属于能力不成熟的人。本文的观点倾向于认可前一种理论。

人而言，自由可能并不好，例如有的成年人不适于通过打针治病。如果就普遍意义上的儿童而言，自由也不是最好。为什么只讨论成年人呢？罗斯巴德有一个重要论断：婴儿只是"潜在的人"[1]。洛克也有类似观点：我承认，尽管儿童应该享有平等，但他们并非出生于这种（自然自由）完全平等的状态。儿童出生在这个世界上时，便受其父母的某种统治和管教权力的支配。此种支配犹如襁褓一样包裹并支持着婴幼儿时期的儿童。随着儿童的发育成长，年龄和理性松开这种襁褓直到其褪去，最终使人能自由支配自己。[2]

人类的普遍利益，用功利主义的话表述，也可称为"最大多数人的最大利益"或者"公共利益"。功利主义的目标也是人类的普遍利益，即最大化每一个人的幸福，而不只是最大多数人的幸福，但是，这种普遍性不可能实现，因而在此前提下，能够提供的最好就是最大多数人的最大幸福。"公共利益"是功利主义对人类普遍利益的另一表述。在功利主义看来，"公共利益"，是基于个人利益基础上的公共利益，个人利益相比较于共同体的利益更为基础，或者说只有个人利益才是真实存在的。"共同体是个虚构体，由那些被认为可以说构成其成员的个人组成。共同体的利益就是组成共同体的若干成员的利益总和。不理解什么是个人利益，谈论共同体的利益便毫无意义。"[3]作为个人集合而成的共同体并没有实体利益，只是个人利益的总和，而且每个人在价值上都是平等的，在地位上是没有高低贵贱之分的，每个人的个人利益同样重要。

第四，自由最好，并不是指自由是一个人最好的个人生活目标，而是指自由状态（规范）相对于其他公共生活状态（规范）对人最好，最有价值。社会存在一系列公共生活状态（规范），自由只是一种，但自由是最好的共同生活状态（规范），具有最好的价值。自由的制度能保证一个好的公共生活状态，一个安全、和平、合作的公共生活状态，进而为最大多数人追求好生活创造条件，但是，自由并不能保证人人有好生活，自由只是好生活的必要条件，却不是充

---

[1] 〔美〕穆瑞·罗斯巴德：《自由的伦理》，吕炳斌译，上海，复旦大学出版社，2012 年版，第 147 页。

[2] John Locke, Two Treatises on Government, P. 322. 转引自穆瑞·罗斯巴德：《自由的伦理》，吕炳斌译，上海，复旦大学出版社，2012 年版，第 160 页。

[3] 〔英〕边沁：《道德与立法原理导论》，时殷弘等译，北京，商务印书馆，2002 年版，第 58 页。

分条件。我们所说的"最好"，只是一种规则或状态而已，自由并不意味着每个人的生活必定幸福，也不意味着每个人的努力必定成功，"我们可能是自由的，但同时也有可能是悲苦的。自由并不意味着一切善物，甚或亦不意味着一切弊端或恶行之不存在。"① 自由价值在于它是你想变成你自己想要的制度条件。对于你所想要的，自由只具有工具价值。

自由最好，并不是说每个人都要以自由作为生活目标。每个人都应该去追求自己所热爱的，只是在公共生活问题上自由最好，我们要努力创造自由社会，进而为每个人实现生活目标提供更好的环境。"一个艺术家不去想如何推动社会真善美，而只是沉迷于艺术本身；一个运动员不考虑那些大而无当的'为祖国争光'念头，而只专力于体育本身……如果人人能由此认真地精益求精，恐怕能带来一个更美好的世界"②。这一点也可以结合罗斯巴德在《自由的伦理》一书的阐述来理解，"自由是最高的政治目的，是自由主义哲学的高于一切的目标。最高的政治目标，当然，也不是意味着人类通常的最高目标。的确，每个人都有不同的个人目标，根据他个人的价值量表，这些目标有着不同的重要层次。"③ 公共生活目标只是人类生活目标的一个子集，他专门处理公共生活问题，人类生活的其他目标（包括生活目标中哪一个最重要）则由其他知识体系以及每个人兴趣来解决。

同时，我们所说的"最好"并非最"善"。自由是那个带给我们最小或最可原谅的害处的制度，因为带给我们最小或最可原谅的害处，所以最好。哈耶克援引西德尼的话："我们探索的不是尽善尽美，众所周知，世上根本就不存在尽善尽美；我们要寻找这样一种人类宪章——它带给我们的不便最小或最可原谅。"④ 自由是最好的公共生活之道，并不意味着自由会使一个社会免除一切危机。没有一种价值（规范）能消除一切危机，自由也不例外。自由作为最高准

---

① 〔英〕哈耶克：《自由秩序原理》，邓正来译，三联书店，1997年版，第13页。

② 维舟：《探寻我们生活的目的所在》，http://cul.qq.com/a/20150130/025440.html.（2015-01-30）〔2016-06-13〕.

③ 〔美〕穆瑞·罗斯巴德：《自由的伦理》，吕炳斌译，上海，复旦大学出版社，2012年版，第328页。

④ 〔英〕哈耶克：《自由宪章》，杨玉生等译，北京，中国社会科学出版社，2012年版，第9页。

则与其他规范作为最高准则的差别不是在于自由能造就一个完全没有危机的社会，而是危机程度大小的差别。从社会发展角度看，除了自由外、平等、正义等也是发展的动力，但自由是最好的动力。一个非自由社会也能发展，但是自由社会能取得更快的发展。所谓最好，指的是自由好于其他规范，自由所发挥的正作用大于负作用。

第五，"自由是最好的公共生活之道"指的是——自由既是人的目的本身，也是人实现其他目的的手段。一个事物是有价值的，意味着：①要么它的存在本身就重要，就有价值；②要么它是实现另一个有价值目标的手段。自由是最好的公共生活之道包含两层含义：①自由本身就是好的，自由选择的生活才有意义，自由是人的目标；②自由不仅本身重要，而且是实现人的其他目标的手段。

第六，"自由是最好的公共生活之道"探寻的是社会的总体规则。所有的规则总是具有适用范围，最普遍的规则适用于超越历史、地域、种族和经济不均衡发展等等约束条件的所有人，最狭窄的规则只能适用一个人，中间状态可以是一个国家、一个民族、一个地区、一个时代、一个阶层或者一个团体等。显然，本书探讨的是最普遍的规则。因为讨论的是普遍规则，我们的逻辑主要是基于抽象人性假设以及大数原理的推导。抽象的人性假设只考虑人的普遍特征，而不考虑人的国家、民族、阶层等独特特征；大数原理只是整体的必然性，和个体无直接相关。用一句形象的话讲，自由的价值就如："仿佛点一柱沉香，我知道它会飘散，我会闻到，但是我不知道某个特定瞬间，它会飘向哪里"[①]。

"自由是最好的公共生活之道"只是普遍规则，无法直接适用于特定个体的具体事务，因此，这样一个规则在实践中充其量只是起了一个原则性指引作用。哈耶克在《法律、立法与自由》中特意解释道："我在《通往奴役之路》一书中所旨在论辩的，当不是说只要我们在无论多么微小的程度上背离了我所认为的自由社会的诸原则，我们就将不可避免地步上通向全权体制的道路。我的论点毋宁是说，'要是你不修正你的原则，你就会倒霉'。"[②]自由是最好的公共生活

---

① 冯唐：《这么多年过去了，10个我还相信的事情》，http://finance.ifeng.com/a/20140311/11857658_0.shtml.（2014-03-30）[2016-06-13].

② 〔英〕哈耶克：《法律、立法与自由（第一卷）》，邓正来，张守东等译，北京，中国大百科全书出版社，2000年版，第91页。

之道，只是建立在一系列普遍假设基础上的，在生活中，要找到与这些假设一模一样的现实是不可能的。如果将"自由是最好的公共生活之道"当作是绝对的真理去衡量一切，就是盲目性的做法，与现实生活脱节的，必然造成实践上的错误。自由是最好的公共生活之道，只是基于大数原理推定出来的总体假设，对于大多数公共生活情形下，自由是最好的，但是，并不排除某些情况下我们应该采取非自由的手段。对于现实生活中的具体问题，首先还是要"具体问题具体分析"。如果发现观点或者实践偏离了"自由是最好的公共生活之道"，也不是所有偏离都是不可容忍的。偏离经常是错误的开端，应引起我们足够重视，应力争修正，但绝对不是不可容忍的。

综上所述，本命题可归纳为"就普遍利益而言，自由是最好公共生活之道。"为了表述方便，我们进一步简称"自由是最好公共生活之道"，也就是，如果不加特殊说明，"自由是最好公共生活之道"这一命题就包含"就普遍利益而言"这一前提。

（二）本书得出结论的证明路径有相当科学性

"自由是最好公共生活之道"的可靠性，还在于我们遵循了社会科学证明基本规则，选择适当的证明方法。关于自由的价值，本书从以下两种不同路径进行论证：

第一，自由就是好的。关于自由在这一层面的价值，许小年在《自由选择》一书序言称之为"自由是人生的目的"[1]，不过，这比较容易造成误解，例如，有人认为他的人生目的并不是自由，而是成为艺术家。其实，"自由是人生的目的"是从公共生活角度谈的，如果我们在公共生活意义上描述人的目的，自由是人生目的。人的目的应该是自由选择的，不受他人干涉才是有价值的，个人自由是生命尊严和意义的直接前提。这种论证也被称为是目的（价值、权利）角度的论证。采用此种论证方法的代表，如洛克（自然权利），美国独立宣言（人的自由权是不言而喻的真理），康德（人的尊严就建立在人是可以自主的个体），罗斯巴德（自我所有权），罗尔斯（无知之幕）等。

---

[1] 许小年：《作为目的和手段的自由》，http://www.21ccom.net/articles/read/article_2013070987306.html.（2013-07-09）[2016-06-13].

第二，自由能带来好的结果。这种论证也被称为是从功利主义、效果论①、手段角度的论证。此种观点不一定认为自由是个人生活尊严和意义的直接前提，而是认为个人生活追求的是幸福（利益），自由对于某个特定个人而言不一定能带来直接幸福，但是，它能给最大多数人带来最大幸福，自由能带来整个社会物质的繁荣和文明的进步。总之，自由是带来好结果（好的功用）的必要手段，是达到良好社会效果的工具。采用此种论证方法的代表，如密尔、哈耶克等。

这两种论证方法在逻辑上存在着矛盾，在实践中也常常产生对立。在本书看来，这样一些矛盾和对立应该留待具体问题具体分析，因为本书所主张"自由是最好的公共生活之道"就包含这两层含义，它们本身也起到了互相补充的作用。如果只谈目标价值，自由可能会变得脱离了现实；只谈工具价值，自由则容易被取代，这两种论证方法的互相制约有助于我们更清晰地把握自由。本书第二节主要从第一种路径加以论证，第三节从第二种路径加以论证，第四节进一步确认"自由在各种公共生活规范中具有最高的价值"，第五节则试图针对各种质疑加以回应。万事万物都有例外，第六章将针对例外情况进行阐述，除了自由，事实上还有其他公共生活价值规则（状态）与人的尊严有关，这一章将阐明自由与其他价值规则的关系。

第二节　个人的生活只有在自由选择的意义上才是有价值的

这一节的主旨在于阐明：在公共生活领域，自由本身就是好的，自由是人的目的、内在价值或天赋权利。我们把这一命题概括为："个人的生活只有在自由选择的意义上才是有价值的。"

---

① 〔英〕安德鲁斯：《各种"主义"》，徐龙华译，北京，新星出版社，2015年版，第47页。

一、命题的含义

"个人的生活只有在自由选择的意义上才是有价值的"，准确地把握这一命题需要注意以下四个方面：

第一，个人并不是某个特定的个人，而是普遍意义上的个人，或者说绝大多数人。价值是一个主观的课题，生活有无价值，最终取决于个人的感觉。针对本命题最常见的质疑是——很多人生活并不是自由选择的，但他们也不觉得其生活没有意义。其实，"个人的生活只有在自由选择的意义上才是有价值的"表达的是普遍意义上个人的价值诉求，换句话说，某些特定个人完全可能觉得非自由选择的人生照样有意义。

第二，自由是个人的尊严和价值的必要前提，而不是充分条件。自由对于人的价值很重要，在公共生活领域，乃是人之为人的价值所在，但是，在个人生活领域，自由的重要性只是体现为个人尊严和价值的前提。对于什么样的生活是好的生活，什么样的人生才有意义，自由并没有提供特定的答案，它只是为每个人自由选择好的生活提供制度性的保证。好生活的前提是自由选择，但究竟什么是"好"，自由并没有实质性的结论。一个人只要享有选择人生的自由权利，不被他人干涉，就拥有幸福人生的前提，但能不能幸福，还与一个人自主选择的目标、努力以及运气等有关系。决定价值的因素很多，如果只考虑自由的话，有更多自由，则有可能有更多价值。

第三，自由是一个"度"的概念。如果将自由理解为有或者无两个极端的状态，那么，在一个非自由社会，大多数人的生活因无自由权而变得没有价值，这显然与一般的常识不符。自由，是一个自由选择的空间，在自由社会，自由是现代法治意义上的自由——最小的强制，而在一个非自由（专制）社会，自由的空间受到极大的压制，但是并非没有任何自由空间，最专制的社会，比如朝鲜，人们也有一定自由空间，正是存在这样自由空间，生活才有价值。当然，不同的自由空间对一个人价值实现的意义是不一样的，在专制社会，个人价值的实现虽然也有可能，但受到极大的压制。一个处在专制社会的人，争自由对于其价值的实现有重要意义，不过，自由社会的实现仍然是众人合力的事，一个人在其中的作用毕竟有限，将"争自由"放在什么位置，应该由每个人自主选择。所谓"不自由，毋宁死"等原则虽然很崇高，但不能因为崇高，而强制人们追求。

第四，自由，既体现为对生活目标的自由选择，也表现为对自身及其财产的自主支配权。自由选择，首先，可以理解为对生活目标的自由选择，所谓生活目标，不仅仅指长期的目标，也包括一时一刻的目标；其次，也可以理解为"个体对自身及其财产的自主支配权"，只有具备这种支配权，个人生活才有价值。

二、不证自明的公理

"个人的生活只有在自由选择的意义上才是有价值的"，一种常见理论是不证自明。个人的自由不是理论或逻辑推导的产物，是个人思维体系中的"公理"，是无法也无需被证明而只需要被相信的东西。从根本上看，自由于人的可贵之处在于自由是人的生命的一种需求，是天赋的，不证自明的。自由的价值是不证自明的，倒是那些反对自由的人才负有证明的责任。用《独立宣言》里面的话说，人的自由权是不言而喻的真理。在一部分自由主义者看来，任何通过理性推导出来的价值观都是靠不住的，你可以把它推导出来，也就可以让它推导不出来，最好的立场就是直接相信自由是上帝赋予的（或者天赋的，或者自然的，或者理性赋予）。由于科学本身的局限，对于一个独立思考的人，自由的价值是无法最终被证实的，因此，自由不证自明的理论永远有它的一席之地，而且对我们克服科学局限有警示作用。"如果来让我们做一个具有伦理意义的选择：如果人类的起源需要有一个终极的假设，那么我们是选择猴子还是选择上帝？回答不言而喻，当然选择上帝。作为一种价值取向，选择上帝，使人更接近万物之灵的本质，更能体现人是万物尺度的价值"[①]。这一句话充分表明"不证自明论"意义，假如我们不选择上帝，不设定这是不证自明，而是选择一个具体事物，因为人感官的局限性，我们肯定是无法彻底证实的，是无法确定它是终极假设的。当我们需要简明地作出决策和论断时，选择不证自明论，显然是最有利的，当我们需要深入具体探讨一个问题，那就要抛开"不证自明"局限，尽可能回到具体场景来论证。

---

① 刘刚：《人从哪里来要往哪里去》，http://www.eeo.com.cn/2015/0505/275641.shtml.（2015-05-05）[2016-06-15].

三、不同侧面的信息验证

不证自明论简单明了，把自由建立在不可动摇的理论原则基础上，有其合理的一面，特别是在天赋人权论（自然权利论）被越来越多人接受的情况下。但是，总的来说，还是硬伤大大的，实际上，如果"人权（自由）"可以是不证自明的（天赋的，或者自然的），那么，"皇权"也同样可以是不证自明的，中国几千年来的历史不都是一直在宣扬"天赋皇权"吗？事实上，自由价值的依据并不是只能表述为天赋自由，它可以得到不同侧面的信息验证。自由选择的生活才有意义，这合乎生活的常识，合乎人的情感需求，可以从诸多事实中发现这套东西，没有什么神秘的。这些不同侧面的验证，表明自由的价值有相当的可靠性。下面，我们力求将这种可靠性展示出来。

（一）自由是生命的自然渴求

1. 自由是生命的自然渴求

黎巴嫩诗人纪伯伦说："我们已走得太远，以至于我们忘了为什么而出发。"回答自由的重要性，首先回到人是什么？人活着到底为什么？

人是什么？人是生命。生命的第一个基本特征是生，首先要保证自己活着。生命的第二个基本特征是个体，生命是个体的。生命属于自己，你有你的生命，我有我的生命，任何人的生命不能互相取代，我们都只能活在自己的生命，没有人可以代替我们活。生命的第三个基本特征是社会，人是社会的动物，人必须在人与人关系中展开自己个体的生命。

人活着到底为什么？生活的意义，如果仅仅是生，"不过是一件生物学的事实，有什么意义可说？一个人与一只狗，有什么分别？"[1]因此要回到第二个基本特征，生命是个体的，有意义的生命在于活出自己的生命。"天地生我养我，是要为完成我之为我，而不是要完成我之为他人"[2]，每个人都是独一无二

---

[1]　胡适：《人生有何意义》，北京，九州出版社，2013 年，导语。转引自 https://read.douban.com/ebook/2374844/.［2016-06-15］.

[2]　沈喜阳：《愿你养成你的自我 ——写给年满十五岁的儿子》，http://www.aisixiang.com/data/67197.html.（2013-08-31）［2016-06-12］.

的。你在这个世界上的价值，就在于你与众不同。所以，每个人首要的选择，是应该成为你自己，选择自己的生活。有意义的生命在于活出自己。但是，人又是社会的动物，必须在人与人关系中展开自己个体的生命，什么样的人与人关系才能让个体活出自己的生命呢？享有不受他人干涉的自由，才能让人活出自己的生命。在我们每个生活经验中，我们都会看到这样的事实——"每个人都想由着自己的愿望而行事，当他按自己愿望行事而受到限制时，就很自然地产生痛苦的情绪。于是，你盼望摆脱限制和束缚，就像盼望快乐那样。所以，无论是谁都会像热爱快乐一样热爱自由，无论是谁都会像追求快乐一样追求自由，事情似乎就这么简单"①。自由就是这样，它是一个人生命中自然而然的渴求。人们会追求快乐一样追求自由，不过，如果站在人与人关系的角度讨论，自由优于快乐。快乐是个人的主观感受，每个人快乐各不相同，而自由是客观的。当人们只讨论什么样的生活是个人追求的最好生活，快乐可以理解为最好的，而当我们讨论什么样的人与人关系是人们最能活出自己价值的生活，那么，自由才是最好的，只有自由这种客观的标准更适合于评价人与人的关系。

综上所述，围绕人的自然特征，从人与人关系看，我们可以推导出——自由是生命本能的渴求。人之异于禽兽，人的尊严所系，是因为拥有自由，这是东西方世界人性的共通点。将自由认定为人的自然特征，早在古希腊就有这样的观点，西塞罗认为："人都是一样的。他们都有着最基本的人的自然特性。他们都不愿意无缘无故就被人杀掉；他们都不愿意被当做奴隶；他们都不愿意无罪而被判失去自由；他们都不愿意被剥夺学习的权利。他们都追求自由。任何一个地域文化文明中的人，都是人，都具备这样的自然天性。"②

2. 如果人实在是生来就是为了过自由生活的唯一动物，如何解释自愿为奴呢？

自由是生命的自然渴求，为了我们的论证提供了坚实基础，但是，并不能推论出"个人的生活只有在自由选择的意义上才是有价值的"。完整论证人实在

---

① 邓嗣源：《自由、消极自由、积极自由及其它》，http://www.21ccom.net/articles/sxwh/shsc/article_20140606107265.html.（2014-06-06）[2016-06-15].

② 转引自林达：《我是查理，我也是我自己》，http://www.21ccom.net/plus/view.php?aid=119421&ALL=1.（2014-06-06）[2016-06-15].

是生来就是为了过自由生活的唯一动物，还需要解释自愿为奴的现象。人与人关系大致可以分为自由的关系、奴役（强制）的关系和爱的关系，其中爱的关系并非一种独立人与人的关系，如果爱与被爱是自愿的，那么，爱就是自由的表现，如果爱是被迫或者奴役他人的，那么，爱就是一种奴役的关系。因此，人与人关系可以归结为两种：自由的关系、奴役的关系。从人与人关系谈人的需求，自由是生命的自然渴求，同时，奴役的关系对一些人来说也是生命需求。[①]托克维尔写到："我总是以为，自由是最重要的事物；我总是以为，它是高尚品格与伟大行动的最丰富源泉之一。无论是安逸稳定还是物质享受，都不可能使我远离它。然而，我发现，我所处时代的大多数人——我意指那些最受尊敬的人，因为其余人的看法对我没有意义——都只是谋求使他们自己尽可能适应一个新的主子，而让我彻底感到不安和恐惧的是，他们把对奴役的喜好当成了美德的一部分。"[②]人类不仅向往自由，而且有自愿为奴的倾向，不过，我们认为只有自由才是生命的自然渴求，是真正的需求。正因为自由是生命的真正需求，因此，"个人的生活只有在自由选择的意义上才是有价值的"。那么，为什么说自愿为奴不是生命的真正需求，或者至少不是普遍意义上个体的真正需求呢？回答这一问题，要看看人为什么会自愿为奴？

自由，植根于人的本性，没有人天生就是喜欢受压迫受奴役的。人为什么会自愿为奴？

---

① 有的理论将人的需求区分两种：对安全的渴望和对自主的渴望。"人性中有两种基本渴望：一种是对安全的渴望，一种是对自主的渴望。人既希望拥有安全，又希望实现自主。但是，当二者无法兼得时，人有可能首先放弃自主，选择安全。"（包刚升：《政治学通识》，北京：北京大学出版社，2015 年版，第 109 页。）按照这一理论推论，那么就是安全优于自主（自由），对权力服从优于自由。在笔者看来，如将这一结论当成人与人关系领域的判断，那么，这一结论显然是错的，在逻辑起点就错了。从人与人关系看，将人的需求区分为安全和自由是不科学的，首先安全本身就包含自由，安全既可来自对权力的服从也可来源于自由；其次，作为分类，与自由相对应的应该是奴役（强制）关系，而不是安全。因此，不存在安全优于自由的问题，而只存在强制是否优于自由的问题。当然，从个人本身的需求，的确可以将需求区分为安全和自由，但是，如果这一区分直接用于人与人关系领域的判断，那么，得出的结论就错了，因为这是两个不同的问题。关于人的需求有种种的划分，对于政治哲学来说，需要区分这是人与人关系方面的需求，还是个人本身的需求。很多政治哲学理论的错误就是源于将这两种需求混为一谈。

② 致 Sophie Swetchine（1856 年 1 月 7 日）. 转引自王建勋：《中国的宪政之路：从中央集权走向联邦主义》，http://www.china-review.com/ma.asp?id=36298.（2015-08-22）[2016-06-15].

　　首先，是权力的压迫。有一个被经常引用的例子很有说服力，例如一个被绑匪绑架的人质，为了生存，会选择与绑匪配合，可能会自愿让绑匪奴役。作为理性的人，他不可能热爱绑匪，但是，因为绑匪的压制，他会被迫服从，随着时间流逝则可能选择自愿服从绑匪。面对强权，大多数人都是不敢反抗，自愿为奴。因为反抗有可能失去生命，所以不敢反抗，只有生存下去才能谈对自由生活的追求，于是选择自由生活的意志自由被限制了。如果不能战胜强权，奴役会成为一种习惯，自由反而成为了一种压迫。或许你会觉得强权最多只能压制一部分人，不可能压制大多数人，毕竟法不责众。事实上，强权只压制一部分人，就可能通过社会传递机制让大多数人为奴。王汎森在《权力的毛细管作用》对此做了详细的论证。该书以"大义觉迷"案为引子，论证了"权力像水分子的毛细管作用一样，渗入到每一个角落，凡人的日常生活都可能受到影响"。清代"文字狱"的政治压力下，文化领域自我抑制、自我删节的现象无所不在。清代文字狱所产生的巨大政治压力，通过无所不在的毛细管的传导，使得人心极度恐慌，因而造成"自我压抑"，其影响恐怕还超过公开禁制的部分，形成一套自我约束、检制标准，从而使官方对历史、对思想资源达到垄断目的。①

　　其次，在奴隶生活长大。"他们生下来就是奴隶，同时是在奴役状态下受教育"。② 这如关在笼子中的鸟，在长期的禁锢中，只会屈从或顺从，"在笼子里出生的鸟认为飞翔是一种病"③。"不自由的劳动者习惯了这种不自由的生活，并不感到这是不舒服的负担，他们不懂什么是自由，也不知道他们将从自由里得到什么。离开了主人的关心只会有损于他们自己，他们没有能力经营和生产自己必需的东西，因而会陷入贫困"④。正如戈培尔所讲"谎言被重复一万遍就成了真理"，自愿为奴尽管不符合人性，但是反复、强迫的灌输就会以为这是真理。奥威尔说过，"谁控制过去，谁就控制未来；谁控制现在，谁就控制过去"。⑤ 一

---

　　① 王汎森：《权力的毛细管作用》，北京，北京大学出版社，2015年版。

　　② 〔法〕拉·波埃西：《自愿奴役论》，王荫庭译，载《法国研究》1987年第1期，第60页。

　　③ 智利裔墨西哥籍剧作家亚历桑德罗·佐渡洛夫斯基的名言。

　　④ 〔奥〕米瑟斯：《自由与繁荣的国度》，韩光明等译，北京，中国社会科学出版社，2015年版，第61页。

　　⑤ George Orwell, Nineteen Eighty-Four, New York：The New American Library, Inc.1961, p.32. 转引自汤卫根：《论〈1984年〉中的权力运行机制》，载《当代外国文学》2006年第3期，第91页。

且你的信息来源被人控制，你就可能被一步步教化成奴隶。不仅强权让你成为奴隶，奴隶也亲手将枷锁套在自己的孩子身上，奴隶受惯了奴役而且还从奴役他人得到满足，奴隶的后代仍然是奴隶，奴役就这样一代一代地传递。

第三，由于奴役体制的原因，某些处于奴役的人能获取更多利益，因此，他们自愿选择受奴役。在很多官僚受到特别保护或者政府介入经济较深的国家，不少人也会选择自愿受奴，因为官僚体制保护或者通过官商勾结可以获得更多利益。

第四，因为懒惰和惧怕风险。自由是人的一种本性，懒惰也是人的本性。弗洛姆说，"逃避自由"是人的天性。奴役之所以成功，一个原因就是它帮助人们逃避自由，帮助人们懒惰，省去自主思考的烦恼，省去承担责任的压力。人是向往自由的，但人又恐惧和逃避自由。自由带来的不只是欣喜和解放，幸福与舒适，也有可能使人陷入孤独和焦虑中，使人处于痛苦抉择的逃避中。为什么会逃避自由？诺贝尔经济学奖得主丹尼尔·凯尼曼"损失厌恶"理论能解释其中的心理机制。丹尼尔·凯尼曼发现人们对损失的感受性要大于对收益的感受性，比如赌客去赌场赌博，随身带了 3000 美元，赌客赢了 100 元，这时要求他离开赌场可能没什么；但如果是输了 100 元，这时同样要求他离开赌场可能就很难。虽然这里同样是 100 元钱，但后者对心灵的刺激程度是明显大于前者的。基于"损失厌恶"心理，人们倾向于采取回避损失的行动。尽管自由能带来收益，但是，也有出现损失的风险，于是，有些人选择逃避自由。

第五，因利害关系而自愿为奴。例如，当今国际社会的偷渡客，偷渡让他们在新的国家处于次等居民甚至被奴役的命运，但是，为了更好的物质生活，他们毅然选择自愿为奴。

第六，因为"融入并服从群体"的本能而自愿为奴。"对权威和群思的服从意味着人类一个根深蒂固的需要——几乎是天生的——把自己融入群体并遵守它的规范"[1]。融入并服从群体是人的天生的本能，有生物学、心理学、文化研究的依据[2]。

---

① 〔美〕迈克尔·G·罗斯金等：《政治学与生活》，林震等译，北京，中国人民大学出版社，2014 年版，第 11 页。

② 〔美〕迈克尔·G·罗斯金等：《政治学与生活》，林震等译，北京，中国人民大学出版社，2014 年版，第 11—12 页。

第七，为摆脱奴役而被奴役。最典型体现在暴力革命，为了获得暴力革命的胜利必须建立严格的组织纪律，追随者的天职就是服从。严格纪律组织起来的革命队伍很可能走向奴役。

第八，因亲权而自愿被奴役。亲权是一种自然的权力。不管什么社会，父母对未成年的子女亦必然享有一定的支配权，这是人类以至动物自然而然的本能。没有这种支配权，幼儿难以长大成人，生命难以繁衍传承。基于血缘的亲情，子女对于父母的强制通常都能接受，而且因为一代传一代，被奴役并不是永远，总有出头之日，子女未来总能摆脱被奴役，而且对他的后代拥有奴役的权力。亲权这样一种自然权力，在一些社会被进一步推展为"皇权天赋"、君权神授，成为整个社会奴役架构，人们在这样框架下自愿受奴。

通过以上关于自愿为奴的解释，我们可以看到自愿为奴不是生命的真正需求，或者至少不是普遍意义上生命的真正需求：

首先，前述第一种至第三种原因，自愿为奴其实是被强制为奴。因为他们处于不自由的社会，不得不为奴，拉·波埃西对此有一个简单而很有说服力的论断："如果今天有一批全新的人物诞生，他们既不习惯于奴役状态，也不希望自由，他们甚至连奴役和自由这些名词也不知道，如果让他们选择是做奴隶还是做自由人，他们会作出什么选择？毫无疑问，他们会服从他们唯一的理性，而不是选择服从一人的专横"[1]。卢梭有一句名言："人生而自由，却无处不在枷锁之中"。正是因为枷锁使人们不自由，而不是人天生应该不自由。如果能摆脱不自由社会，人们还是会选择自由，而不是为奴。

其次，前述第四、五种自愿为奴现象本质上仍然是自由的。人们可能因为懒惰或者利害关系而自愿为奴，这种自愿为奴，是自愿接受别人指挥，而不是自愿被强制，因此，这一层面的"自愿为奴"一般没有被他人干涉，客观上仍然是自由的。不过，值得警惕的是，因为懒惰惧怕风险而自愿为奴，也将助长整个社会的奴役。让我们乐观的是，人有追求利益满足的强烈愿望，但是大多数人，如果不是体制所迫，他们总是选择自由而不是受奴役地追求利益。

第三，前述第六种自愿为奴现象——"融入并服从群体"而自愿为奴。人是社会动物，"融入并服从群体"可能是自由的需要，也可能是自愿为奴。如果

---

① 〔法〕拉·波埃西：《自愿奴役论》，王荫庭译，载《法国研究》1987 年第 1 期，第 58 页。

是自愿的选择，其实还是对自由的追求，只有因为被压迫才是自愿为奴，可见，这种自愿为奴本质上还是强制为奴的。如果不处在奴役体制之下，如果有可能抛开奴役体制，人们肯定是优先选择自由而不是受奴役。

第四，前述第七种自愿为奴现象——人们为摆脱奴役而自愿为奴，这种自愿为奴，主要是自愿接受别人指挥，因此，仍然是自由的。当然，也可能走向真正为奴，这只能归于长期专制的结果，长期专制让他们丧失了独立自治能力。这种真正为奴现象，究其根源而言，仍然是被强制为奴。

第五，前述第八种自愿为奴现象，只是在亲权领域，如果推演到君权等政治权力，可以说是统治者谎言，是统治者强制的结果。康德曾经警告说："如果一个政府建立的原则是对人们的仁慈，像父亲对他的孩子一样，换句话说，如果它是父爱主义式的政府，这样的一个政府是能被人想象出来的最坏的政府。"[①]

综上所述，说自由是人的真正渴求，人不会自愿为奴，并不是就人的现状而言，而是就人的未来（潜能）而言，只有抛开束缚人自由的体制，自由才会成为每个人现实的需求。[②]抛开特定的社会环境和细节，只要不处在奴役体制之下，只要有可能抛开奴役体制自由选择，自由乃是人的自然天性，是生命的真正需求，正因为如此，"个人的生活只有在自由选择的意义上才是有价值的"。正如古希腊阿尔基达马所言："神创造的人全是自由的，而自然也不让任何人成为奴隶"[③]，人实在是生来就是为了过自由生活的唯一动物，"自由是自然的，同时可以断定，我们不仅生而自由，在我看来，就是保卫自由的意向也是

---

① Immanuel Kant, On the Old Saw: That May Be Right in Theory But It Won't Work in Practice, pp.58—59（E.B.Ashton trans., 1974）. 转引自郭春镇，林海：《对接的"父爱"——评〈侵权责任法〉第56条中的"医疗权"》，载《私法》2011年第2期，第36—52页。

② 关于这一点，看看布坎南的论述会更清楚一些，"关于完备的人的假设，在这里是指大多数人会倾向于选择独立，应相信他们有能力确定自己的目标。不过如果据此认为这些看法是人们的本能反应就大错特错了。但是如果构建合适的、便于人们走向独立的制度，那么有很大一部分人改变依赖状况也不是什么天方夜谭的事。"（〔美〕詹姆斯·M.布坎南：《为什么我也不是保守派：古典自由主义的典型看法》，麻勇爱译，北京，机械工业出版社，2014年版，第75页。）在合适的制度下，人们才会走向独立，追逐自由。

③ 转引自〔苏〕涅尔谢相茨：《古希腊政治学说》，蔡拓译，北京，商务印书馆，1991年版，第111页。

天然的"①，只要拨开迷雾，人都会选择自由。为了论证自由是人的自然天性，一种重要的理论方法是回到自然状态。在有政治国家的状态，人们关于人与人关系的看法很大程度上受到政治国家的影响，一旦回到没有政治国家的自然状态，我们就能清楚了看到人需要什么。霍布斯、洛克，以至当代的诺齐克等都论证了"在自然状态下，自由是人自然的权利"，此不赘述。在自然科学领域，人们经常通过实验室的证明来论证某个观点，而社会科学领域思想实验则被广泛应用。"科学实验的目的是分离出那个关键的变量——即它存在时，相应的结果就会出现；它不存在时，相应的结果就不会出现。思想实验基于相同原则，但区别在于，我们不需要也无法将思想实验中的那个变量真正分离出来。或者说，我们只能在想象中将其分离。"②自由是生命的真正需求，就是基于思想实验的论断，只要我们理解了思想实验的原理，就不会困惑于为什么人会自愿为奴。刘瑜在《中国人想要什么样的民主？调查结果令人震惊》也有一个类似的比喻："如果一个家长对孩子说'你做完了作业才能吃冰淇淋'，甚至'如果你不做作业我就打你屁股'时，孩子因此飞快做完作业的话，很难因此推断这个孩子爱做作业——虽然这个孩子可能的确爱做作业，但很难在这种情形下做此推断。"③只有在没有外在压力下，才能看到一个人的真实需求，只有在思想实验所虚构的没有外在压力的前提下，才能得出自由是人的天然渴求的论断。

自由之所以重要，就在于自由是人人所求，上面我们已基本完成了这样的论证。当然，这样论证无法达到百分百确证，毕竟总还有一些人有一些时候真的不想自由，总还有一些人（例如婴幼儿）被公认为不应该享有充分自由，不过，这不影响我们的结论，因为我们只是想论证"基于最大多数成年人的长远利益自由最好"。

3. 既然人人都想自由，为什么人类大多数时期还是缺乏充分的自由？

可能还会有这样一个疑问，既然人人都想自由，为什么人类大多数时期还

---

① 〔法〕拉·波埃西：《自愿奴役论》，王荫庭译，载《法国研究》1987 年第 1 期，第 58 页。

② 〔英〕朱利安·巴吉尼，彼得·福斯：《简单的哲学》，陶涛译，北京，中国人民大学出版社，2016 年版，第 128 页。

③ 刘瑜：《中国人想要什么样的民主？调查结果令人震惊》，http://www.360doc.com/content/15/1209/13/27494174_519083781.shtml.（2015-08-22）〔2016-06-15〕.

是缺乏充分的自由？叔本华说："人虽然能够做他所想做的，但不能要他所想要的。"在自由社会问题上，人类不是不能要他所想要的，而是很难要到。每个人都向往自由，但是自由与自由是冲突，人类有它的劣根性，人们追逐个人自由同时通常也会支持压迫他人的政策，进而让社会成为一个暴力、欺诈和冷漠的场所。自由虽然是人的根本需求，但是它并不是一个独立存在的东西，它其实与人内心中的那些奴役他人和被他人奴役的念头反复对话、博斗和共舞着的。前面已经论证了"抛开特定的社会环境和细节，人们会选择自由而不是奴役他人或者受他人奴役"，不过，没有人能抛开具体的社会而存在，人们只能生活在特定的社会结构中。显然，并不是在所有的社会结构中，人们都会以自由的方式而不是奴役方式对他人，只有在某些社会结构中自由才能成为可能。"如何让自由成为可能"，第五章还将继续讨论这个问题。马基雅维利的分析对于理解这一问题也有帮助。在《君主论》一书中，马基雅维利指出社会中的人可以分为两类：一是少数人，即贵族，他们希望指挥或者统治他人；另一种属于多数人，即人民，他们只希望不被人统治。在笔者看来，不管是希望统治他人的人，还是希望不被他人统治的人都希望自由选择，但他们的自由是冲突的。人们向往自由，但是自由是冲突的，马基雅维利的解决方案之一是"统治者需要通过欺诈的手段把他们的统治隐藏起来，不给被统治者发觉"，这也是历史上大多数社会形态的选择，这样的选择最终只能让一部分获得自由，而大多数人受奴役。[①]自由社会的选择则是让所有人都得到自由，这样的话就需要一种更加复杂的社会机制，或许是因为复杂性，人类摸索了很久，近两三百年来才终于在某些国家中实现。在马基雅维利之后的思想家，如霍布斯、洛克等所探讨的解决方案，就不再是通过欺诈，而是通过人们都认同的自由政体来解决自由与自由的冲突（即统治者必须遵循自由的原则而不是采用欺诈奴役的手段来统治），在这样的

---

①　也有研究指出马基雅维利并非只是主张君主制，他的君主制是一种伪装。卢梭在《社会契约论》这样评论："马基雅维利无疑是一个很诚实的人，是一个好公民，但由于他依附于美第奇家族，所以不得不在他的国家遭受压迫的情况下，把他对自由的爱伪装起来。"（Jean-Jacques Rousseau, on the Social Contract, in The Social Contract and Other Later Political Writings, trans. Victor Gourevitch（Cambrige：Cambrige Universty press, 1997），Ⅲ, ⅵ, 95. 转引自〔美〕史蒂芬·B. 斯密什：《耶鲁大学公开课：政治哲学》，贺晴川译，北京，北京联合出版公司，2015年版，第141页。）

政体中，人人享有自由接近于实现。接下来，显然还有一个疑问，既然发现了自由社会，为什么不马上过渡这样的社会呢？这主要是因为过渡到这样的社会是有成本的，而且这样的社会还在摸索中并且还有问题，如果过渡成本足够低而且这样社会足够理想，绝大多数人自然都会要求马上过渡到这样社会。

4. 人不能因为自己天然是什么就认为在道德上应该追求什么？

最后，可能还会有这样一个质疑，人不能因为自己天然是什么就认为在道德上应该追求什么？这个质疑包括两个方面：一是"是什么"不能推导出"应该怎么办"；二是道德应该追求什么不是天然决定。对于前者，自由是人的天然渴求，并不仅仅是人的事实特征（是什么），也是对人的道德追求（应该怎么办）的一个判断，因此，"自由是人的天然渴求"可以推导出"个人的生活只有在自由选择的意义上才是有价值的"。对于后者，"自由是人的天然渴求"可以理解为一种思想实验的结论。人类生活太复杂了，如果拘泥于纵向横向的无数细节，你根本无法明白或者简明明白人到底应该追求什么。思想实验的目的就是通过虚构实验直接探明人应该追求什么，因此，"自由是人的天然渴求"就是指"人应该追求自由"，两者具有逻辑上的同一性。

5. 小结

以上我们阐述了：自由是人在人与人关系领域的自然需求。每个人都会重视自己的自由，但是，这并不能推论出"人会重视他人的自由"。人为什么要重视他人的自由呢？如果我是奴隶主，我为什么要放弃做主人的权力？回答这一问题，需要回到论题本身，我们想证明的是"基于普遍利益，自由是最好的公共生活之道"。站在普遍利益立场上，自然不仅要重视自己的自由，也要重视他人的自由。

（二）价值的主观性

在前面的论证中，我们看到——自由是人在人与人关系领域的自然渴求，因此，"个人的生活只有在自由选择的意义上才是有价值的"。不过，如果不从人与人关系角度看人的需求，而是从个人的需求本身看，那么，需求是多样的。马斯洛将人的需求分为 5 个层次：生理需求、安全需求、社交需求、尊重需求和自我实现需求。没吃饱，人只有一个烦恼；吃饱了，人就有无数个烦恼。人的需求总是没有止境的，正如萨瓦特尔所描述的"最开始的时候，我们居住在岩石下，后来我们住在山洞里，接着我们在树冠上安家，再后来呢，我们就开始修筑围栏、堡垒和摩天大楼。""我们满足了需求之后才开始思量怎样才能更多地、更好地满足欲求。""我们即便得偿夙愿，心中依旧不能感到慰藉和平静，反倒是更加揣揣不安，摆脱不了更多和更好的狂热，无穷无尽的更多和更好。"①人的需求是没有止境的，这是人类生活美妙之处，也是人类的问题所在——"人类的问题是不知道自己渴求什么"②。人的需求是多样的，是无止境的，甚至可以说人类不知道自己需要什么，一句话，人的价值需求是主观的。

　　价值是主观的，人类甚至不知道自己需要什么，但是，人类又必须知道自己要什么，这样才有生活动力，才会有价值。如何在"不知道自己需要什么"中"找到自己要什么"呢？一个最有效的办法是留给人们自由选择，因为任何外来的指示最后只有经过自己的体验才能确定是有价值的。从人与人的关系看，价值是一种主观评价，没有人能替别人判断价值大小，自由才是让人们能找到价值的最好方式。密尔在《论自由》中对此做了经典的论证，自由是个人幸福之所系，无论他的选择在别人看来是错或者对，厌恶或者喜欢，低级的或者高级的，但只要只涉及个人自身，别人就不能干预。价值的主观性意味着，在自由的状态下，每个个体才会获得较大的幸福，因为每个人对价值的判断和排序不尽相同，只有自由选择才更可能实现个人追求，同时也只有自由的环境才能创造更多的选择。价值的主观性，自由选择对于我们价值追求的意义，能得到诸多生活常识的印证。例如，个人饭量是每个人的体验，统一配给必然会产生营养和消化问题。我们在生活中想要的东西，包括物质和非物质的，都是个人的主观体验。尽管每个人深受传统文化影响，父母、老师、朋友、舆论等都影响着我们的观念，但是，最终只有我们自己才能体验到什么对我们是重要的，任何人（包括政府）都不能代替我做选择。怎样让人类生活美妙呢？从人与人关系角度看，只能是自由，给人们充分自由展示和满足他们需求。讲到这里，

---

　　① 〔西〕萨瓦特尔：《政治学的邀请》，魏然译，北京，北京大学出版社，2014 年版，第 92—93 页。

　　② 〔西〕费尔南多·萨瓦特尔：《政治学的邀请》，魏然译，北京，北京大学出版社，2014 年版，第 93 页。

你可能会质疑，既然"人类的问题是不知道自己需要什么"的问题，凭什么说给人们自由选择更好呢？正如第一节所明确的，我们所讲的"好"并非至善而是最不坏，自由是最不坏的选择。如果让某些高人来解决人的需求问题，最好的结果至多只能一时之选，长期来看毕竟是糟糕的，总是只能满足某些人某些时间的利益，必将带来更大的坏处。

价值的主观性，除了生活常识的印证外，理论界也做了诸多的论证。奥地利学派认为，任何产品与服务的价值，都是主观价值，依赖于个人对它们的主观评价。经济学家陈志武说："我们必须承认一个基本前提，就是任何当事人自己比别人更知道什么对自己最好，不管是农民还是知识分子，个人最知道怎样做对自己更好，人对属于自己的东西最在乎，最愿意想尽办法去保护，这是再天然不过的人的本质。"[1] 每个人都是自己利益的最好判断者，这一规则在经济学界的广泛认同，是经济学最基本的公理。政治学家罗纳德·英格尔哈特通过数据统计提供了论证。他说：生活在允许你自由选择生活方式（住在哪儿，跟谁结婚，如何表达自己的性欲望，等等）的国家，幸福来得更多。1981 年以来，由于自由选择的增多，52 个国家里有 45 个国家的幸福程度都提高了。[2]

价值是主观的，因此，好的公共生活安排是给个人自由选择。不过，对此也有一个有力反驳："既然本人对于自身福利最为关心和了解，那么，好的公共生活安排应该是最能综合每个人意志的多数意志而不是自由"。显然，这个反驳混淆了对于自身福利的了解和公共生活的安排，一个人能选择对其自身有利的并不意味着"集合每个人偏好是可能的"。著名"阿罗不可能定理"也是这方面的一个典型论证。阿罗在兰德公司任职时，他的同事赫尔墨将对策论应用于国家关系的研究，但是有个问题令他感到十分棘手：当将局中人诠释为国家时，尽管个人的偏好是足够清楚的，但是由个人组成的集体的偏好是如何定义的呢？当阿罗开始去推理时，他才发现这个问题无解，正如他此前的发现一样："少数服从多数"的排序规则通常无法将个人的偏好加总为社会的偏好。经过公

---

① 笑蜀：《给农民土地永佃权可不可行？——于建嵘、陈志武对话中国农村土地制度》，http://www.infzm.com/content/trs/raw/36453.（2008-02-11）[2016-06-15].

② 〔美〕马特·里德利《理性乐观派》，闾佳译，北京，机械工业出版社，2011 年版，第 21 页。

理化的推导，他证明了后来被称为"阿罗不可能定理"的发现：如果众多的社会成员具有不同的偏好，而社会又有多种备选方案，那么在少数服从多数的选择机制下不可能得到令所有人都满意的结果。阿罗不可能定理说明，依靠简单多数的投票原则，要在各种个人偏好中选择出一个共同一致的顺序，是不可能的。

（三）自我所有权

自由为什么是天赋的？也可以从自我所有权理论得到证明。如果我们不考虑细枝末节上的差异，那么，自然权利理论可以归纳为一句话，我们拥有自身。罗斯巴德在《自由的伦理》一书扉页引用伊莱沙·威廉斯的话对此作了精彩的概括："每一个人对于他自身享有所有权，他身体的劳动和他的工作完全是他自己所有，对于这些除了他自己之外他人并没有权利。从而，当他将任何事物从自然的原本状态取出时，他在物品中加入了他的劳动，并且加入了其他一些他拥有的东西，从而使得这个物品变成了他的财产……所以任何人对他自身、他的行为和他的劳动所形成的财产都有一个自然权利（或者说成为其所有者）。接下来的结论当然是，没有人可以对其他人的人身和财产享有权利。并且如果每个人都对其人身和财产享有权利，他当然也有权利去保护它们……从而拥有对侵犯他的人身和财产的行为进行惩罚的权利。"[1] 人的身体属于自己，这是再明显不过的事情。如果人不对自己的身体拥有权利，他存在的每一刻都是非法、反现实的[2]。桑德尔对此也有类似的概括："如果我拥有自身，那么我就必须拥有我自己的劳动力。（如果有其他人能够命令我去工作，那么，那个人就是我的主人，我也就可能是个奴隶。）如果我拥有我的劳动力，那么，我就必须有资格获得我的劳动成果。（如果他人有资格获得我的劳动成果，那么这个人就拥有了我的劳动力而拥有了我。）"[3] 从自我所有权出发，可以清楚看到：人对其人身财产的自由有天然合理性。洛克在《政府论》这样论述："每人对他自己的人身享

---

①〔美〕穆瑞·罗斯巴德：《自由的伦理》，吕炳斌译，上海，复旦大学出版社，2012年版，扉页。

② 菁城子：《天赋人权是神秘主义吗？》，http://blog.sina.com.cn/s/blog_64e900e10101h394.html.（2013-12-01）[2016-06-11].

③〔美〕桑德尔：《公正》，朱慧玲译，北京，中信出版社，2012年版，第72页。

有一种所有权。除他以外任何人都没有这种权利。他的身体所从事的劳动和他的双手所进行的工作，我们可以说，是正当地属于他的。"① 既然自我所有权是那么的合理和不可辩驳，没有自由的人生怎么会有意义呢？

关于自我所有权一个典型的批评是——人是社会动物，人不仅属于自己而且属于社会，所以，为了社会利益可以而且应该牺牲个人的某些利益。对此，诺齐克提出了有力的反驳，社会不是一个生物体，个人有自己独特的生命，社会并没有这样的生命，而且每个人的生命只享有唯一一次生命机会，个人的分量自然显得异常重要，不应该为社会牺牲某个人的利益。如果你认为诺齐克的反驳不够有力，因为他只是强调个人生命重要，那么，也可以看一下洛克的论证——站在人类角度同样也可以得出自我所有权的结论。洛克认为劳动是万物之母，世界是人创造出来的，那些致力于改善和发展自然的人，才是人类恩人，应该拥有他们劳动的财产。洛克写道："上帝将世界给予人类所共有；但是，既然他将它给予人类是为了他们的利益，为了使他们尽可能从它获得生活的最大便利，就不能假设上帝的意图是要使世界永远归公共所有而不加以耕植。他是把世界给予勤劳和有理性的人们利用的（而劳动使人取得对它的权利）……不是给予好事吵闹和纷争的人们来从事巧取豪夺的。"②

关于自我所有权另一个典型的批评是——人的能力有限，至少有相当一部分人缺乏足够的能力安排自己的生活（拥有自己），因此，总有一部分人的生活应由他人安排，而不是人人自我所有，人人享有相同的自由。的确，人的能力有差别，最典型的差别是成年人与孩童的差别，这一点本论题考虑到了，本书所提到的人除特别强调外是指成年人。除了这一差别外，其他差别都不值一提，绝大多数人都拥有足够的理性、自我意识选择自己的生活，能够赋予生活以意义，都拥有自我所有权。

---

① 〔英〕洛克：《政府论（下篇）》，叶启芳等译，北京，商务印书馆，1996年版，第19页。转引自〔美〕史蒂芬·B.斯密什，《耶鲁大学公开课：政治哲学》，贺晴川译，北京，北京联合出版公司，2015年版，第195页。

② 〔英〕洛克：《政府论（下篇）》，叶启芳等译，北京，商务印书馆，1996年版，第22页。转引自〔美〕史蒂芬·B.斯密什，《耶鲁大学公开课：政治哲学》，贺晴川译，北京，北京联合出版公司，2015年版，第195页。

（四）普遍性检验

什么道德准则才是好的呢？康德指出，只有当一个道德准则可以被普遍推广及他人时，才构成道德准则。人类不是一个人，而是众人。罗斯巴德在《自由的伦理》一书中也表达了类似的观点："如果我们试图给人类树立起一套伦理，并要成为一套行之有效的伦理，其理论必须适用于所有的人，无论时空。这是自然法的一个显著贡献——适用于所有的人，无论时空。"[①] 因此，通过可否普遍推广及他人来判断是否为道德准则，有相当的合理性。在康德看来，这一理论是绝对不可违反的，因此也称为"绝对律令"。据此，康德提出"人是目的"，每一个人都是作为目的存在的，而不仅仅是他人意志所任意使用的手段。康德的这一理论在东西方文化中都可以找到它的痕迹，几乎可称为人世间的黄金法则，中国人有"己所不欲，勿施于人"的古训，《马太福音》也讲到："你们愿意人怎样对待你们，你们也要怎样待人。"[②] 尽管对于黄金法则还有一些不同看法，但是，它是那么接近常人可感知的真实，几乎可以做到不证自明，以至于人们愿意忽略所有的不同意见而相信它。根据"绝对律令"和黄金法则，怎样的道德是处理人与人关系最好准则呢？自然是一个自由的社会，在这样的社会里，每个人都不得强制他人（不仅仅把他人作为手段），也不受他人强制（不仅仅成为他人的手段）。

（五）来自正义（平等）的验证

人对自己生活价值的把握首先来自是否自由，前面已经论证了自由是人生价值的直接前提。不过，有一些人喜欢和他人比较，只有在这比较中感到正义（平等），他才觉得有价值。"正义一词的含义常常比较宽泛和模糊，时而指公平和正当，时而指善或福利"[③]。大多数时候人们将正义理解为平等，"我们认为正义的本质即公平，公平的本质即平等待人"[④]。在这里，我们从平等的角度理解

---

① 〔美〕穆瑞·罗斯巴德：《自由的伦理》，吕炳斌译，上海，复旦大学出版社，2012年版，第89页。

② 转引自〔美〕史蒂芬·B.斯密什：《耶鲁大学公开课：政治哲学》，贺晴川译，北京，北京联合出版公司，2015年版，第176页。

③ 熊逸：《正义从哪里来》，北京，民主与建设出版社，2015年版，第19页。

④ 〔美〕公民教育中心：《民主的基础》，刘小小等译，北京，金城出版社，2011年版，第275页。

正义的。从人们内心需求看，正义也是人的内心需求，有一些理论也认为，从人与人的关系讨论价值必须考虑正义。就是从正义理论出发，我们也可以得出自由是各类价值中最优先的价值。

讲到正义，一个著名的理论就是罗尔斯基于"无知之幕"的论证。在罗尔斯看来，"正义是社会制度的首要价值，正像真理是思想体系的首要价值一样"[①]。"无知之幕"，即一个人在对自己的社会处境暂时失明的情形，没有人知道他在社会中的阶级地位和社会地位，也不知道他的财产，以及他的智识、力量等。罗尔斯在《正义论》就是建立在这样的假设基础上的。罗尔斯认为"只有当你不知道自己可能是谁时，才能想清楚什么是正义。"[②]"无知之幕"可以摒除个人私利的考虑，因此在此场合下得出结论可以是"公平"和"正义"。约翰·罗尔斯认为，原初状态的人们在不知道他们的处境将会如何的情况下会选择这样的社会法则："所有的社会基本善——自由和机会、收入和财富及自尊的基础——都应该被平等分配，除非一些或所有社会基本善的一种不平等分配有利于最不利者"[③]。自由和机会、收入和财富及自尊同时平等分配是不可能的，自由的平等分配会带来收入差距以及机会的不平等，机会平等分配也会带来收入财富不平等。罗尔斯显然注意到这一点，他对此安排了优先序列，首先是自由对于其他价值的优先性，其次是机会优先于收入和财富的平等，自由与机会的平等分配会带来收入和财富的不平等，所以，社会和经济的不平等应当使处于劣势地位的人受益，应当让"最小受惠者的最大利益"。罗尔斯这些观点在关于正义的两个著名原则中充分展示："第一个原则，每个人对与其他人所拥有的最广泛的平等基本自由体系相容的类似自由体系都应有一种平等的权利。第二个原则，社会和经济的不平等应是这样安排的，使他们：（1）在与正义的储存原则一致的情况下，适合于最少受惠者的最大利益；并且（2）依系于在机会公平平等的条件下职务和地位向所有

① 〔美〕约翰·罗尔斯：《正义论》，何怀宏等译，北京，中国社会科学出版社，2009年版，第3页。

② 〔美〕约翰·罗尔斯：《正义论》，何怀宏等译，北京，中国社会科学出版社，2009年版，第106页。

③ 〔美〕约翰·罗尔斯：《正义论》，何怀宏等译，北京，中国社会科学出版社，1988年版，第292页。

人开放。"①正义原则并不是并列的，罗尔斯强调第一个原则更为基本和优先，第二个原则中，公平的机会优先于差别原则（"最小受惠者的最大利益"）。在罗尔斯看来，"自由的优先性有两层含义。首先，自由的价值高于一切。自由只能为了自由本身才能被限制，除此之外，自由不受任何东西的限制。其次，自由与经济利益之间不允许交换，即任何对第一个正义原则所要求的平等自由的违反都不能由较大的社会经济利益而得到辩护或者补偿。例如，以少数人的自由为代价而换取绝大多数人的福利，这是正义原则所不允许的，而且由此得到的福利也被认为是没有价值的"②。既然自由优先，那么，第二个原则社会和经济的不平等安排何以可能呢？罗尔斯区分基本自由和非基本自由，基本自由是优先的，不允许与经济利益之间交换，而个人对生产资料的财产权并没有被列入具有优先性的基本自由的清单，因此，第二原则是可能的，即为"最小受惠者的最大利益"可以限制非基本自由。应该说，罗尔斯的自由主义理论并不那么纯粹，他所定义基本自由的范围小于本书所讨论的自由，但是，从他的理论中，我们仍可以看到自由优先于其他价值。那么，为什么自由优先于其他价值？为什么个人对生产资料的财产权没有被列入基本自由的清单呢？前者，罗尔斯认为各主体间的价值立场无法达到实质的趋同，所以，"权利优先于善"，即社会制度应该在承认人的自由的基础上，为每个人选择自己的偏好创造基本的公平和正义。后者，罗尔斯认为：在原初状态中，人们的行为是由动机决定的，这个动机就是追求合理利益的欲望；当人们的某种福利水平被满足之后，追求物质利益的欲望就会弱于追求自由的欲望；而人们的欲望则由社会条件的有利或不利所决定，当社会条件不利时，追求物质利益的欲望可能更强，而当社会条件有利时（满足了差别原则的要求），追求自由的欲望就压倒了其他的欲望。③

---

① 〔美〕约翰·罗尔斯：《正义论》，何怀宏等译，北京，中国社会科学出版社，2009 年版，第 237 页。

② 姚大志：《罗尔斯与自由的优先性》，http://www.cssn.cn/zhx/zx_wgzx/201406/t20140623_1223258.shtml.（2014-06-22）［2016-06-15］.

③ John Rawls, *A Theory of Justice*, Cambridge, MA: Harvard University Press, 1971, pp.542—543. 转引自姚大志：《罗尔斯与自由的优先性》，http://www.cssn.cn/zhx/zx_wgzx/201406/t20140623_1223258.shtml.（2014-06-22）［2016-06-15］.

在当代政治哲学，另一位以平等为核心概念的理论家是德沃金。德沃金在《认真对待权利》一书中指出，存在三种不同类型的政治理论：以目标为基础的理论、以义务为基础的理论和以权利为基础的理论。以目标为基础的理论，目标是功利主义强调的社会总福利，因此可能使个人完全淹没于整体之中。以义务为基础的理论目标，过于强调个人对义务的遵守，因此可能使个人丧失自主性。以权利为基础的理论，更强调对个人的自由与自主的捍卫，比其他两种理论更具有优越性。德沃金的政治理论是以权利为基础的理论，所有权利中最基本的是平等权。"这一最基本的权利便是对于平等权的独特观念，我将称之为受到平等关心与尊重的权利"[①]。按照德沃金的界定，平等关心和尊重的权利概念实际上包含了两种不同的权利：第一种权利是受到平等对待的权利，就是说，像其他人所享有的或被给予的一样，同样分享利益和机会。第二种权利是作为平等的人受到对待的权利。这不是一种平等分配利益和机会的权利，而是在有关这些利益和机会应当如何分配的政治决定中受到平等关心和尊重的权利。[②]第一种权利强调的分配的平等，第二种权利强调的是自由的平等，在德沃金看来，第二种权利是更根本的要素，也就是说自由优先于平等，这一点与罗尔斯的第一正义原则的立场是一致的。

回到近代政治哲学，卢梭对平等有深入的研究。《论人类不平等的起源和基础》一书提出了私有制是人类不平等的起源，不过，卢梭并没有提出废除私有制，在他看来，毁灭社会，取消"你"和"我"的区别，回到自然状态，是一种荒唐的想法，已不再可能。卢梭关注平等，不过就自由与平等而言，卢梭更看重自由，《社会契约论》开篇的名言就是："人生来是自由的，却无往不在枷锁中。"[③]《社会契约论》得以铺展开来的基本前提，就是"人生来是自由的"，可以说，自由才是卢梭价值体系的核心。卢梭的自由观与本书讨论的自由有所不同，但也与其有相通之处。自由是不受他人干涉的自由，是选择的自由，是个人主义的自由，卢梭也相信这一点，只是他又加入一些积极自由的因素，他

---

① 〔美〕德沃金：《认真对待权利》，信春鹰等译，北京，中国大百科全书出版社，1998年版，第7页。

② 〔美〕德沃金：《认真对待权利》，信春鹰等译，北京，中国大百科全书出版社，1998年版，第358页。

③ 〔法〕卢梭：《社会契约论》，何兆武等译，北京，商务印书馆，2003年版，第4页。

认为人类不仅拥有选择做什么的自由，还拥有选择要成为什么的自由。每个人都有自爱的欲望，都想要保卫自己的自由，只有每个人都保全各自的自由，这种社会秩序才是正义的，但事实上在以往以及现存的社会状态中，人无往不在枷锁中。怎样摆脱枷锁达到自由呢？卢梭的方案是社会契约。通过社会契约，每个人将自己完全转让给集体公意，这样对集体服从就是对个人意志的服从，就是自由。公意并非个体意志的总和，而近似于一个共同体的普遍利益，因为每个人都推动了这种意志的形成，所以当我们服从公意，我们只不过是服从自己。可以说，即使像卢梭这样重视平等，站在穷人和被压迫者立场看问题的人，自由仍然是各类价值中最优先的价值。在自由与平等关系方面，卢梭坚持自由优先，虽然私有制带来不平等，但卢梭并没有主张废除私有制，卢梭只是主张政治要对人们追求私有财产的活动进行督导，减轻不平等所带来的伤害，并控制公民的占有欲。当然，这里引用卢梭观点并不是说我们完全赞同他，卢梭的自由概念有太多积极自由的因素以致让自由有可能成为强制，在如何让自由成为可能的解决方案中，卢梭也得出有可能高度束缚个人意志的结论：个人完全将自己转让给集体的意志。如果集体意志能真正代表个人意志，那么，对集体意志的服从，就是个人自由，不过，问题是，不管卢梭以及后来实践中，一直找不到建立公意的有效办法，结果反而是让那些塑造或者冒充公意的人侵犯个人自由。卢梭所向往的平等状态是退回自然状态的平等，如伏尔泰批评卢梭说"从来没有人像你这样花这么多心思把我们变成野兽"①，这样的状态卢梭也不想要，因此，在《论人类不平等的起源和基础》一书的结尾弥漫着一股深深的绝望感。我们不完全赞同卢梭的观点，但是，从他的论述可以看出，即使像他这样立场的人，只要不想回到野蛮状态，同样也可以得出自由优先的结论。

再看看中国，茅于轼对此有一段精彩的分析："对人类社会发展的道路，需要有一个合乎逻辑的分析，我试图称之为'社会科学中的牛顿定律'，为此我写过一篇文章。社会发展只能达到一个状态，才能够保持稳定。这个状态就是人与人平等。道理很简单，如果不平等，处于地位低下的人不会安定，不平则鸣。

① 转引自〔美〕史蒂芬·B.斯密什：《耶鲁大学公开课：政治哲学》，贺晴川译，北京，北京联合出版公司，2015年版，第231页。

过去的历史就是一部不平等引起的斗争史。所以平等是社会发展的目的地。但是还要进一步说明所谓的平等是什么意思。它不是财富拥有的平等，而是法律面前人人平等。因此财富的拥有是不平等的。我们不可能达到二者都平等，只能牺牲财富的不平等。这种不平等的保持有利于鼓励财富的创造，有其必要性。我们吃过大锅饭，结果并不好。当然，财富的不平等要有限度。'人与人平等，必然导致自由。因为不自由是因为有人有特权，可以干涉你的自由而不受限制。一旦人与人平等了每个人都有同样的自由。''自由不是为所欲为，而是人人有同样的自由空间。这就是人权。所谓人权就是没有特权，就是人与人平等。'"①从茅于轼的分析可以看出，平等要成为"社会发展的目的地"，只能是法律面前人人平等，是自由的平等，先定义自由，才能定义平等，自由在平等之上。

进一步讲，正义还可以分为两种类型，一种是利益（包括财富、荣誉、权利等有价值的东西）的平等，也称为分配正义；一种自由的平等，诺齐克称之为持有正义。分配正义，考虑的是现在的物品如何平等分配，而不管这些物品原来属于谁。分配正义存在侵犯自由的危险，因为它没有充分考虑物品原来属于谁，是谁的财产。但是只要坚持理性中道的论述，对分配正义的追求，也会得出自由优先的主张，例如罗尔斯。持有正义则认为，所有物品都是带着人们对它的种种权利进入世界的，世界上并不存在上帝对人类的赐予，世上任何可以利用的东西几乎都是有主的，因此，正义应该考虑的是平等对待每个人正当持有的物品（包括人身和财产），即每个人自由得到平等对待。在主张持有正义的人看来，自由不仅仅具有优先性，而且是自由至上，是神圣不可侵犯的。罗尔斯、德沃金、卢梭都是非常看重分配正义的，从他们的论述可以看到——只要不走极端，不愿意回到原始落后的状态，坚持分配正义的主张都会强调自由优先。

（六）"替代分析"

如果认为前面论证仍不足以论证我们的命题，那么，替代分析可以让我们进一步清晰看到自由的优先性。假如不赋予个人选择如何生活的自由权，那么，

① 茅于轼：《对中国社会的反思和展望》，http://blog.sina.com.cn/s/blog_49a3971d0100n69u.html.（2010–11–12）[2016–06–15].

就得授予集体或者少数掌权者来安排个人生活。由少数掌权者来掌控个人生活，这种专制手段已逐渐不为人们所认可。由集体来安排个人生活的理论和制度仍有很大的市场，但实际上并不是可行的。

首先，人与人之间的需要和偏好大相径庭，这种个体层面的偏好因其异质性而难以整合为整体层面的偏好，由集体来安排个人生活无法真正满足人们需要，个人的自由选择对于满足每个人的偏好是不可或缺的。这还可以用"计划经济"被人们抛弃来说明。1989年，正处于政治生涯挫折中的叶利钦到美国游览，在休斯顿一家超市，货架上的食品和家用百货应有尽有，每一类产品有十几种之多。据说叶利钦参观完超市后，一个人在车里抱头痛哭。随行人员过来劝说，他突然像狮子一样大吼："这几十年的社会主义都白搞了！[①]"

其次，如果个人不是自由的，那么他就没有理由为他的选择负责。如果一个人杀人放火是外界客观因素所决定的，惩罚于事无补、毫无用处，惩罚这个人显然是不合理的。如果个人不是自由的，还有一种说法是由集体负责，但集体负责最后就是没人负责。

第三，集体只是一个虚构主体，集体行为实际上也是由个人行为，由集体安排个人生活，最后就是由官员安排生活，因此，问题实际就是"信任官员还是信任我们自己"，到底谁更值得信任，显然，在多数事情上，相信自己更为稳固。

（七）历史的验证

李慎之曾有一个重要的论断："世界经过工业化以来两三百年的比较和选择，中国尤其经过了一百多年来的人类史上规模最大的社会试验，已经有足够的理由证明，自由和自由主义是最好的、最具普遍性的价值。"[②] 从世界到中国，这方面的事证已有大量的著作论述，此不赘述。

[①]　菁城子：《苏联经济往事：叶利钦的震撼》，http://blog.163.com/tianye_1993/blog/static/561294622015830105723336/.（2015-04-22）［2016-06-15］.

[②]　李慎之：《弘扬北大的自由主义传统》，见刘军宁：《北大传统和近代中国自由主义》，北京，中国人事出版社，1998年版，第4—5页。

第三节 自由是社会进步和繁荣的必要条件

第二节从目的（价值、权利）角度论证了自由是人的目的（价值、权利），所以自由是好的。但是，这样的论证无论如何完美总还有些缺陷，结果（手段）角度的论证在一定程度上能弥补这个缺陷。如罗素所言："即便是能够以简单的戒律做出决定，诸如不说谎或不偷盗，这种戒律的正当性证明也只能通过考虑结果得到。人们必须承认，一个诸如十诫之类的行为规范很难是正确的，除非以结果的善恶来确定行为的正当与否。因为在一个如此复杂的世界里，服从十诫不可能总是带来比不服从它更好的结果。"[①]一般来说，在人际互动中，评价一项行为好坏，结果本身的好坏会首先被考虑，只有当结果不好时，驱动这一行为的意图才会引起人们足够重视。所以，关于自由价值的论证，从自由能带来的结果角度论证更有说服力。自由之所以有价值，可以说是目标与手段的统一，这一节从手段角度论证，自由能带来好结果，我们将集中阐明"自由是社会进步和繁荣的必要条件"这一命题。

一、自由能带来什么好结果？

这一节讨论自由能给人带来好的结果，那么，什么是好结果呢？简单讲就是对人有价值的好东西。对人有价值的好东西，就是人们想要的，就是利益，或者幸福，或者个人潜能的充分发挥。自由能带来好结果，但并不是每个人都能得到好结果，而是充其量只能是"最大多数人的最大利益（幸福）"，或者是"整个社会的进步和繁荣"，而不是每个人的进步。"幸福"或者"社会的进步和繁荣"包含丰富的内涵，其中最重要的是物质财富的丰富。米瑟斯对此有精彩的分析："人的幸福和满足并不取决于食品、衣物和住房，而主要取决于人们内心的追求与渴望。自由主义并不是因为低估了精神需求、精神财富的重要性才将其目光仅盯在物质福利方面，而是由于它坚信，任何外面的调节都不可能触

---

① 〔英〕罗素：《伦理学要素》，万俊人译，北京，人民出版社，2003年版，第102—103页。转引自熊逸：《正义从哪里来》，北京，民主与建设出版社，2015年版，第49页。

及人们的最高或最深层的追求。自由主义仅仅是试图为人们创造一个外在的富裕条件，因为它知道，人们内在的、心灵的富足感不可能来自外部世界，而仅仅只能来自于他们自己的内心。自由主义除了为人们的内心生活发展创造一个外部的前提条件之外，别无它求。"[①]

自由能带来的不是每个人的幸福，而是"最大多数人的最大幸福"，或者是"整个社会的进步和繁荣"，为了进一步论证，我们把命题归纳为"自由是社会进步和繁荣的必要条件"。准确把握这一命题的含义需要注意以下两个方面：

第一，自由是社会的进步和繁荣的必要条件，而不是充分条件。并不是说"有了自由自然会进步"，自由只是提供一种可能性，但是，可以讲"没有自由，社会将停滞"。

第二，值得再次强调的是，自由是一个"度"的概念。最专制的社会，人们也有一定自由空间，正是存在这样自由空间，社会不至于崩溃，也有缓慢进步的可能。但是，正如哈耶克所论辩的"对所有人来说，部分人自由比没有人自由要好，许多人享有完全的自由也要比所有人享有有限自由要好。"[②]在一个具有更多自由的社会，进步与繁荣的可能性程度越高。

二、为什么说自由是社会进步和繁荣的必要条件？

人类社会无比复杂，如何证明自由是社会进步和繁荣的手段呢？这部分我们采用简化处理，将宏大的社会演变抽象成若干重要概念进行论证。

（一）知识论的论证

知识论，简而言之，就是关于知识的理论。知识论的论证就是将人类行为抽象为知识的运用，人类的进步抽象为知识的进步，然后探讨自由在其中的作用。诚如哈耶克所言"惟有将知识解释为人们借助过去的经验去适应环境的一

[①] 〔奥〕米瑟斯：《自由与繁荣的国度》，韩光明等译，北京，中国社会科学出版社，2015年版，第45页。

[②] 〔英〕哈耶克：《自由宪章》，杨玉生等译，北京，中国社会科学出版社，2012年版，第57页。

切方式，才可以把知识的增长和文明的增长等同起来"[①]，知识是人们借助过去的经验去适应环境的一切方式，包括智力所能掌握的知识，也包括默会知识。从知识论角度看，自由之所以是人类社会进步的必要条件，在于人类知识（理性）的有限性。证明这一命题，需要辨明两个关键的论点：人类知识（理性）是否是有限的，人类知识（理性）的有限性是否要求选择以自由作为社会组织方式才能促进社会进步。

1. 知识的有限性

从知识论角度，主张个人自由的依据在于知识的有限性。不可能有一个全知全能的人，个体的理性总是有限的，哈耶克正是基于这样一个基本假定推导出自由的必要性。具体而言，知识的有限性表现在以下几个方面：

（1）知识是分立的。每一个社会成员都只能拥有知识的一小部分，都不可能完全掌握分散在其他行动者之中的全部知识。任何组织和个人都不可能获得其行动所需要的全部知识，这一现象也称为"必然无知"或者"理性不及"。

（2）知识本身是局限的。首先，科学知识最终源于归纳，但是，归纳是从有限的事例推广到无限的定律，是从已过去的事情证明未来的事情，有限不能证明无限，过去不能证明未来，所有科学知识都是无法证实的知识。其次，科学知识只能在有限的、相对简单的现象领域做到相对成功，当适用于复杂的现象领域，科学通常是无知。第三，知识增长的同时，人的无知范围亦会不断地增加和扩大。第四，知识的对象——人类的生存状态和环境，并非一成不变的。在做出知识判断的时间段内，客观情势完全可能发生变化，这个时段内的情势变化无法被考虑在内，同时，知识结论本身也可能影响客观情势的变化，因此，知识注定不可能完全精确。

综上所述，知识是有限的，这种有限不是偶然、个别的有限，而是必然、普遍的有限。尽管很多全知论者也承认知识有限，但是，他们只能承认偶然、个别的有限。

---

① 〔英〕哈耶克：《自由宪章》，杨玉生等译，北京，中国社会科学出版社，2012年版，第49页。

2. 知识有限性决定了自由是社会进步和繁荣的必要条件

人类理性有着不可克服的局限，无法掌握全部知识，因而人类不能理性地设计未来发展。生活是由一堆可能性组成的，等着人去选择，这种选择能否成功充满偶然性，本质上是一种试错。哈耶克认为人类文明的进化是一个一个类似于自然选择的过程中，自然界中的物种对环境变化会做出一定反应（行为），同样，人类也对环境变化会做出一定反应，这种反应是人在理性局限下的反应，很大程度上是偶然性的选择。在人类对环境变化的各种反应中，有些反应方式相对其他方式显示出优越性和更高的适应力，被更多人效仿，直至最终占据统治地位。[①] 人类的反应方式（知识）就是这样自发性成长的。这种自发性成长得以实现的一个重要前提是：个体拥有根据自己知识（包括兴趣、偏好等）设定自己的目标，并有针对性选择实现这个目标的具体方式的可能性。这种可能性就是自由。为什么自由是人类的反应方式（知识）成长的重要前提？至少有这样五个方面的理由：

（1）在自由社会下，人类对环境变化做出的反应将足够多。如同密尔所讲：自由社会的好处在于"有多少个人就可能有多少独立的进步中心"[②]。因为理性的局限性，这一点非常重要，这为人类理性提供了可资比较和选择的多样素材，从而理性克服了一定局限。朱苏力举了一个极端的例子，在一种群居形成习惯的社会中，一个人独居寡处可能会被这个群体的其他人视为怪僻、异端。但是，按照哈耶克的论证逻辑，个体选择的这种生活方式不仅创造了一种替代的生活方式，更重要的是，一旦发生一场人们无法事先预知的迅速传播的瘟疫，仅仅由于这样一种生活方式的存在，不仅这个个体可能得以存活下来，而且他的生活方式有可能为他人效仿（而不是"知道"或"理解"，在哈耶克看来，人的更大能力是效仿，而不是知道），因此可能使这个群体免于灭顶之灾。[③] 同样的道理，个体的知识和技术创新有可能为他人以至整个人类改善自己的生存状

---

① 杨玉生：《译者的话》，见〔英〕哈耶克：《自由宪章》，杨玉生等译，北京，中国社会科学出版社，2012 年版，第 10 页。

② 〔英〕约翰·密尔：《论自由》，许宝骙译，北京，商务印书馆，2013 年版，第 83 页。

③ 朱苏力：《〈自由秩序原理〉读书笔记》，http://article.chinalawinfo.com/ArticleHtml/Article_3554.shtm.〔2016-06-15〕.

态而利用。中国文明的停滞，按哈耶克分析，就是因为缺乏足够的自由条件，个体不能自由选择，被迫服从于他人或群体预先设定的目标，对环境变化只能作出有限的反应，以致于让文明得以发展的新东西无法出现。理性的局限性决定我们无法预测谁的行为更有意义，"只有将自由给所有人，才会使少数人有可能充分地利用自由所提供的机会，才不会将对未来发展具有决定意义的新思想与新事物扼杀在摇篮"[①]。"人类的进步大都是通过以下方式实现的：即从一小部分人偏离大多数人的思想和生活习惯开始，直到他们的行为最终得到大多数人的认同和接受，从而形成了人的观念和生活方式的更新"[②]。

（2）在自由社会下，对环境变化具有优越性的反应方式才能在与其他反应方式竞争中充分显示出来，人类理性就可以通过某种手段加速这种反应方式的成长。没有自由的条件，我们难以辨认哪些是更具优越性的反应方式。

（3）在自由社会下，知识创造的积极性能得到激励，稀缺的知识能得到相对有效的分配。理性的局限一个突出表现是知识分立，即知识是分立在所有人的心智中，这些零散的知识不可能被汇集到一个人的头脑中。基于这一基本事实，既然我们不知道如何最有效地集中利用稀缺资源，我们就只能充分给个体自由，调动所有个体的积极性，让他们尽量有效率地利用这些资源。一旦赋予自由，只要（权利清晰、无害于他人），知识将在个体间自由交换，进而得到相对最有效的分配，创造知识的人因为得到最为合理的报酬，必焕发更强的创造力，这正是人类的继续生存和繁荣根基所在。

（4）让个体自由试错，才不会使一个错误成为社会的灾难。理性的局限导致每个人都有可能犯错误，所以，才需要给每个人以判断的自由，如此才能避免一个人的错误成为全体人的错误。不让个体自由试错，很可能会犯下无法挽救的灾难性错误。对社会的理解，每一个人知道的东西都是非常少的，本质上是无知的，专家也仅比普通人多懂一点点而已。在自由社会下，错误也会发生，但正如哈耶克所言："从总体观之，自由将释放更多的力量，而其所达致的结果

---

① 杨玉生：《译者的话》，见〔英〕哈耶克：《自由宪章》，杨玉生等译，北京，中国社会科学出版社，2012年版，第11页。

② 〔奥〕米瑟斯：《自由与繁荣的国度》，韩光明等译，北京，中国社会科学出版社，2015年版，第91页。

一定是利大于弊。"[①]

（5）自由的重要性用反证法来说明则更为直白。因为理性的局限，任何精英或政府都不可能了解社会成员之间分工合作的无限复杂的细节，从而不可能"设计"人类合作的秩序。为了有效建立"人类合作的秩序"，必须确立自由，实行产权的分立，通过竞争达到合作。苏联领导人戈尔巴乔夫访问英国时向撒切尔夫人问道：你是怎样做到让你的人民有牛奶有面包的？撒切尔夫人说：我做不到，是市场（价格）做到的！[②] 由于知识的分立，"让人民有牛奶有面包"成为中央计划经济的一大难题，但是，引入个人自由的市场经济却能解决这一问题。历史上此类的例证也比比皆是。罗马帝国的衰落，都与政府压制自由市场有关。

3. 对质疑的回应

基于知识有限性的判断以及上述五个来自生活常识的论断，我们推导出"自由是社会进步和繁荣的必要条件"。但是，也有人基于知识有限性的判断对此命题提出了一系列的质疑，能否有效回应这些质疑，直接影响到我们论证的质量。

（1）"人们软弱渺小、没有知识，没有能力担当自由"。

回应：这样的观点其实就是要区分出有知识的人和没知识的人，有知识有自由而无知识无自由。且不说这种观点是人为制造不平等和歧视，从逻辑角度看也是没道理的。知识有对错之分，区分有知无知并非绝无道理，某些场合下我们也给专家和政府更多决策权力，问题是，没有人能绝对垄断知识对错的判断标准，而且知识有限并非偶然、个别的有限，而是必然、普遍的有限，因此，我们只能给人们普遍自由，让人们在自由市场中选择更为可靠的知识，除了个别需要专家和政府决策的场合外，不能认定某些人有自由，某些人没自由，即使在专家和政府决策场合，也要对其加以一定的限制，因为他们也不能垄断知识。

---

① 〔英〕哈耶克：《自由秩序原理（上卷）》，邓正来译，北京，生活·读书·新知三联书店，1997年版，第31页。

② 方倚戈：《西方文明造就了改革开放的成功》，http://www.21ccom.net/articles/gsbh/article_20140307101873.html.（2014-03-07）〔2016-06-15〕.

（2）"我认识有限，所以我害怕自由，我希望别人为我决策"，可见，人们并不想要自由。

回应：所谓"并不想要自由"，是自愿选择的，本质上也是自由。当然，这样的自由只是退缩而求安全的自由，希望别人为我决策，希望别人为我承担责任，如果一个社会都是这样的人，自由是很难带来进步，不过，幸运的是，社会总是有一些人敢于冒险、敢于承担责任，正是这样一种积极向上的自由带来进步。因此，尽管有一些人害怕自由，但是，我们仍需给人们普遍自由，只有这样，社会才会进步。

（3）"信息是不对称，所以，需要政府干预而不是自由"。

知识的有限性还表现为信息不对称。如果病人知晓哪位医生更胜任工作，知晓不同医院的价格，可以得到性价比更高的治疗；反之，病人则可能得到价高质低的服务，因此，很多人认为信息不对称的自由交易会带来不公正的结果，必须由政府干预。

回应：只要存在分工，就会有信息不对称，消费者和专业化服务提供者之间总是存在信息不对称，正是因为医生对于医疗的了解几乎总是比患者多，因此，我们去看医生而不是自己治病。信息不对称是客观存的，如何减少信息不对称呢？有两种方法：一种是政府干预，一种是自由交易。最好的方法还是自由市场交易，或者消费者购买信息服务，通过学习、咨询、合作了解服务提供者的信息，或者消费者减少消费，这样专业服务提供者就不得不提供信息，广告正是市场演化而成的提供信息的手段之一。相反，如果政府干预，效果通常是适得其反，首先，政府干预同样需要成本，这成本最终是消费者承担的；其次，政府不是消费者，而且政府花的不是自己的钱，它缺乏足够动力去了解信息，一旦由政府提供信息，可能这些信息反而成为对消费者的误导。

（4）既然人是无知的，那么，如何肯定"自由是社会进步和繁荣的必要条件"的观点是对的呢？

回应：其实，我们讲知识有限，并非绝对无知的，而是人有知识，只是知识有限。我们讲"自由是社会进步和繁荣的必要条件"以及"自由是最好的公共生活之道"等命题是对的，仅仅指这是比较可靠的命题，而并非绝对正确。因为人有理性，所以能得出相对可靠的命题，同时，又因为理性有限，所以这些命题并非绝对正确。如果知识（理性）是绝对的，那么也谈上不上自由，一切按理性做就可以了；而如果人没有理性，如动物，就谈不上自由，法律上的限制行为能力人就没有充分自由。

（5）社会是由个人组成的，假如有很多证据表明"自由不能给某些个人带来好处"，那么，"自由是社会进步和繁荣的必要条件"的命题还成立吗？

回应：对于个人而言，自由是一种消极自由，是被动状态，这种状态并不能自然而然给个人带来好处，只是为个人的积极行动创造条件。事实上，由于个人知识有限，个人的积极行动也不一定成功。因为理性局限的普遍性，成功充满不确定性，成功的机会（包括成功应付未来灾难的机会）可能从任何方向降临。我们事先并不知道，谁注定成为幸运儿。如果一个自由社会，只有未知的少数人得到成功的机会，那么，自由对个人有何意义呢？首先，一个自由社会，机会是公平，每个人都有成功的机会；第二，我们虽然不一定从社会赋予我们自身的自由获得好处，但是总能从充分利用自由机会取得成功的那些人的行为获得好处。我们能自由地做某一特定事情的重要意义，与大多数人是否有可能利用那种特定机会毫不相关。如果因为某些人不能利用自由而扼杀自由，那相当于扼杀进步。第三，更重要的，不选择自由，又能选择什么呢？选择中央计划控制或者集权专制，这只能是文明的停滞，如古代中国。这种模式只能是普遍贫穷和不成功，除了独裁者以及依附在其身边的少数人，都应算不成功，如朝鲜。第四，自由留给个人多元的选择空间，即使不能获得世俗意义上的成功，但仍有可能获得个人主观感觉意义上的成功。总之，自由不能给每个人带来同样的好处，总是有一小部分人从这种组织形式中得到了特别多的好处，过得特别舒适，但是，自由给普遍意义上的个人带来最不坏的结果，给人类社会带来了繁荣与发展，是一种有利于全体人民的社会组织形式。今天，自由经济大行其道，就是一个典型的例证。

（二）利益论的证明

近代以来推动人类历史进步最有力的观念形态之一，就是"经济人假设"。所谓"经济人假设"就是：人是理性的动物，他理解自己的利益是什么，而且试图使自己的利益最大化。利益论的证明，就是将人类行为抽象为理性自利行为，人类的进步抽象为利益的满足，然后探讨自由在其中的作用。从利益论角度看，自由之所以应该成为社会组织方式，之所以构成人类社会进步的必要条件，在于人的理性自利本性。证明这一命题成立需要辨别两个关键的论点：人的本性是否是理性自利，人的理性自利本性是否要求选择以自由作为社会组织方式才能推动社会进步。

1. 人是理性自利的动物

人的本性是以自我为中心的，理性自利，这能得到生活观察结果的印证。从直接观察的角度，可以得出这样的结论，就是几乎所有人，都是以自我为中心的。所谓"自利"就是指，人们总在设法满足自己多样化的需要，其中包括了关心他人的需要。虽然有些行为表面看起来并非是以自我为中心，比如同情心，利他心。但不管是同情心，还是利他心，归根结底都是为了满足自己的需要，都是理性自私的结果。人们有时会为他人利益牺牲自己利益，甚至牺牲生命，但只要"自我牺牲"不是作为一种强制而强加到个人头上，是个人自愿做出"自我牺牲"，那么就可以理解为理性自私。就是自愿选择的"自我牺牲"，通常也是以自我为中心的，"为认识的人牺牲自己利益的人，比为不认识的人牺牲自己利益的人多；拔己一毛而利天下的人比比皆是，但舍己一命而救他人的寥寥无几"①。

或许你会质疑，如果真的这么解释"自利"，世界上有什么行为是利他行为？张五常认为，"每个人的任何行为，都是自私自利。""每个人在有局限的情况下会为自己争取最大的利益。无论是勤奋、休息、欺骗、捐钱……都是以自私为出发点。"②按照这一说法，没有行为是利他的。除此以外，还有一种解释——仍然假定自利是人的本性，但并不是说人的所有行为都是理性自利，当人们自愿利他可以理解为理性自利行为，而当人们被迫利他就不能理解为理性自利行为，而是被迫利他行为。一个人因为迫于法律、社会舆论压力做出利他的行为，就属于被强制的利他行为。以上两种解释，本书都是可以接受。本文不采用这样一种定义，即将"自愿的助人为乐、慈善行为"视为"利他行为"。根据本书对自利的解释，自愿利他仍然是满足自己利益的自

---

① 张维迎：《市场制度最道德》，http://www.infzm.com/content/61332/0.（2011-07-16）［2016-06-09］.

② 张五常：《经济解释（卷一）》，北京，中信出版社，2015年版，第90页。

利行为，这也是经济学上最流行的自利定义，正是这样的解释可以将自利理解为人的本性。

2. 人的理性自利决定了"自由是社会进步和繁荣的必要条件"

（1）自由能有效激发个人的积极性发挥。自由是一种顺应人的自利本性的体制。自由从不试图改变人的本性，拥护自由的人没有想过改变人的本性。计划体制和极权体制的逻辑是通过强制改变人的本性来达到善的行为，自由的逻辑不改变人的心，而是以自由规范人的行为，即以利人之行，实现利己之心，能激发个人的积极性。相反，如果一个社会不以自由为准则，而是以"强制利他"或者"利他的计划"作为生活最高规则，那么，结果会如何呢？人类是自利的，只有很有限的善心（利他），以"强制利他"或者"利他的计划"作为生活最高规则必将极大束缚个人的积极性，那么，这个社会文明的进步将大大延缓甚至停滞，而在现代社会下，甚至可能崩溃。如果说以"利他"或者"利他的计划"作为生活最高规则，对古代社会只是延缓了文明进展，尚能维护社会交往体系，那么，在今天，则可能导致崩溃，"文革"后期我国经济陷入崩溃边缘，以及苏联解体等都是明证，因为这样规则已不足以支撑广土众民、并有复杂交往关系的巨型社会。当然，如果按照张五常的解释，自由并非顺应人自利本性的体制，因为所有行为都是自利，不过，即使这样，我们仍然可以证明自由的重要性，以下论证在假定"所有行为都是利己"的前提下也是成立的。

（2）自由体制可以让一个追求自己私利的人以让他人得利的方式去实现私利。正如亚当·斯密《国富论》所言："我们每天所需要的食物和饮料，不是出自屠户、酿酒家和面包师的恩惠，而是出于他们自利的打算。"[1] 因此，肯求别人时唤起对方的利他心，不如唤起对方的利己心。"当每个人行事时，他想要的只是自己的利益，但一只无形的手将最终带来一种个人预料不到的结果……"[2] 亚当·斯密所讲的无形的手就是自由市场，在市场中，人们通过自愿交换实现

---

[1] 〔英〕亚当·斯密：《国民财富的性质和原因的研究（上册）》，郭大力，王亚南译，北京，商务印书馆，1972年版，第14页。

[2] 〔英〕亚当·斯密：《国民财富的性质和原因的研究（下册）》，郭大力，王亚南译，北京，商务印书馆，1972年版，第27页。

私利，如同米瑟斯所言："资本家若要发财致富，唯一的途径是像满足他们自身需求一样来改善同胞的物质供应条件。"[①] 一个追求自己私利的人，可以通过让他人得利的方式去实现自己的私利；也可以凭损人利己的方式去实现自己的私利。在怎样的约束条件下自利的个人会有利他的效果？亚当·斯密认为在"看不见的手"的作用下，人的自利具有促进生产和增进社会福利的一面，而"看不见的手"发挥作用的前提条件就是自由——不受他人干涉的自由。一个人财产不受他人干涉，有独立产权保障；一个人财产行为不干涉他人，损人利己必将受到法律的制裁，那么，人们自然而然就会通过自愿（市场）交换（让他人得利的方式去实现私利）来追逐自己的利益。正是有了自由体制的加持，自利的个人有了利他的行为，进而推动文明的快速发展。人类社会在短短两三百年的时间里创造出了令人惊叹的文明成果，究其原因，就是人类自利本性加上自由体制的作用。对此，《米塞斯日报》有一个精彩的解释："首先，自利——即改善我们现状的欲望——意味着追求进步。其次，如果人们的权利受到保护，要得到他人自愿的同意，意味着无人能将更差的结果强加于他人，不仅是更好的结果，而且好得不可思议的结果都有了足够的可能。在政府的高压之下，这两者都无法得到保证。正如伦纳德·里德那篇著名的文章《我，铅笔》（I，Pencil）所阐明的，市场的奇迹每天都在发生。铅笔廉价而充足，虽然无人知道制造铅笔所涉及的每件事。而其他的东西也是如此令人惊奇的安排。"[②]

（三）基于财富、幸福、安全的论证

前面两个部分，通过将社会进步简化为知识进步和利益满足来论证自由的必要性。社会进步是一个丰富多彩的概念，人们也经常将社会进步描述为财富、幸福、安全等，下面我们将探讨这些目标与自由的关系，以进一步印证自由的价值。

---

① 〔奥〕米瑟斯：《自由与繁荣的国度》，韩光明等译，北京，中国社会科学出版社，2015年版，第52页。

② 《米塞斯日报（77）：我们预测不了自由会带来多少好处》，风灵译，http://blog.sina.com.cn/s/blog_3d3fb2810102vv9e.html.（2015-11-12）〔2016-06-15〕.

1. 自由与财富

茅于轼 2012 年"米尔顿·弗里德曼自由奖"获奖演说对自由与财富关系作了精彩的论断："自由的扩大导致财富的迅速增加。全世界进入自由交换的市场经济二百年来，人口从 10 亿增加到 70 亿，平均年龄从 26 岁增加到 68 岁。二百多年的进步超过了人类有文字记载的几千年进步的近十倍。这样空前伟大的进步主要是平等自由造成的"①。迪尔德丽·麦克罗斯基《资产阶级之尊严：为何经济学无法解释现代世界》也有很形象的论证："1800 年全球的人均日收入，按今天的货币计算，大约是 1–5 美元，算作是平均 3 美元每天。""迄今为止，接受了中产阶级自由与尊严的许多地方，一般人的收入和消费都超过了 100 美元 / 天。""人类历史上，首次赋予了中产阶级以尊严和自由，得到的是：蒸汽机、自动纺织机、生产流水线、交响乐团、铁路、公司、废奴主义、蒸汽印刷机、廉价纸张、识字能力的普及、廉价钢材、廉价平板玻璃、现代大学、现代报纸、清洁饮水、钢筋混凝土、妇女运动、电灯、电梯、汽车、石油、黄石公园的假期、塑料、每年 50 万种英文新书、杂交玉米、青霉素、飞机、干净的城市空气、公民权利、心脏手术以及电脑。"② 自由水平与财富增长的正相关关系，有众多的数据佐证。不过，关键还是揭示内在的因果关系，前面已经从知识论和利益论进行了论证，下面通过"对质疑的回应"进行论证。

（1）勤劳而不是自由导致了财富增长。

这种观点很有市场，这里借用陈志武在《为什么中国人勤劳而不富有》一书的观点加以回应。陈志武认为，中国人勤劳，但仍贫穷，而发达国家的国民不怎么勤劳，却很富裕，勤劳是否有助于财富创造取决于制度环境，只有在一个自由的环境下勤劳才能有助于致富。在自由市场制度下才能发现真正需求，勤劳满足了他人的需求，才算创造了价值，也正因为创造了价值，勤劳得到了回报。而在计划管理体制中，政府很难发现真正的市场需求，比如在"大跃进"

---

① 茅于轼：《自由促进了财富的增长，把人们从贫困中解放出来》，http://www.21ccom.net/ articles/zgyj/gmht/article_2012050659038.html.（2012–05–06）［2016–06–15］.

② 〔美〕麦克罗斯基：《自由与尊严诠释现代世界》，风灵译，http://blog.sina.com.cn/s/blog_ 3d3fb2810102w0ft.html.（2016–01–23）［2016–06–15］.

时期，中国人很勤劳，干得热火朝天，结果还闹饥荒。[①]

（2）集权（甚至极权）国家也促进财富增长。

的确，集权（甚至极权）国家曾经也取得在某些时段的快速增长，但这只能是短期和局部的。第一，这类国家不可能是领先国家而一般只能是跟随国家，是领先国家的搭便车者。由于对个人自由的限制，它的优势是每一个社会都有的模仿能力，劣势是创新性和可持续发展力。这类国家在短期内依靠模仿能力甚至能取得超过自由社会的经济发展速度，但是，不具有可持续性。第二，这类国家通常只能关注于经济规模增长，无法满足自由的需求。只有市场才能真正发现人的需求，政府只能暂时以及在个别领域发现人的需求，政府推动的增长经常只是一时的货币数字，不是真正满足人们需求的财富，资本并没有增长，相反，还可能是浪费财富、资本的。只有市场推动的增长才是高质量的增长，能真正改善生活，增加就业，扩大人们的自由空间。第三，政府推动的增长，常常破坏人的积极性，最终只能是暂时性增长。

（3）合作创造财富，而不是自由创造财富。

如果我们每个人都要自己盖房子，我们得付出多大的代价？正是合作（交换和分工），我们才能得到更多的这些东西，才能有高水平的生活。但是，不同类型的交换和分工所产生的效益是不一样的，基于自由市场的交换和分工显然优于基于强制安排的交换和分工。合作创造财富没错，但是，由此并不能推断出自由不创造财富，恰恰是因为自由人们才能高效合作，才能创造财富；如果是强制推行的合作，那只会压抑财富的创造，至多只能创造有限的财富。合作创造财富的背后是自由创造财富，而不是相反。人类应该怎么更好地合作？张维迎在《博弈与社会》一书做出这样的论证：所有的合作必须建立在自由的基础上，所有的合作必须成为每一个自由人的利益所在，在这个基础上设计的体制，它才是可行的，也就是它才能成为一个纳什均衡。当然，有的观点认为，在计划体制下，人也会合作，正如张维迎所言"在人民公社的情况下偷懒是纳什均衡"，这样的合作是以"偷懒"为代价。"偷懒可能是一个纳什均衡，勤奋也可能是一个纳什均衡，依赖于游戏规则。不一样的游戏规则，纳什均衡就不

---

① 陈志武：《为什么中国人勤劳而不富有》，北京，中信出版社，2008年版。

一样。"①自由的基础上才能形成好的纳什均衡——好的秩序，而计划体制下，只能是坏的纳什均衡——坏的秩序。

人与人关系除了合作，还存在竞争关系，例如，B 和 C 都想跟 A 交换，A 只能选择一人，这样，B 和 C 就存在竞争关系，可以说，竞争也是财富创造的动力。如果仅有合作，没有竞争，就没有创造财富的动力。与合作一样，不同类型的竞争所产生的效益是不一样的，基于自由的竞争显然优于基于强制的竞争。交换、分工、合作、竞争等，只是中性词，产生正负作用的可能都有，只有基于自由才能更好地推动财富创造和文明进步。一个公认事实是，1800 年后人类财富实现了爆炸性增长，什么原因呢？马特·里德利在《理性乐观派》写道"不同的想法开始了交配"，但是，为何想法恰在此时此地学会了"交配"？答案是自由。②

（4）创新创造财富，而不是自由创造财富。

创新创造财富，但是如果不能保障自由权利，创新成果没有确定的回报，创新就缺乏足够动力。创新创造财富背后是自由创造财富，这方面哈耶克有精彩的论证："如果缺少个人的首创精神，无论在任何地方都有生命力的文明也不能得到成长。若真有这种情况，我们的首要任务便是重新唤醒这种精神，自由政体才会这样做，而极权政体却不然。"③创新是文明成长的前提，而自由才更可能创新。

（5）被认为非完全市场经济的中国取得举世瞩目的经济成就，因此，自由并非财富增长的前提。

因为政府对经济有较多的干预、庞大的国有企业以及政治体系与西方的不同，一些西方国家至今不认可中国的自由（市场）经济地位。关于自由经济的要求，亚当·斯密在《国富论》中有一个经典的描述的："只要不违背公正的法律，那么每一个人都有完全的自由以自己的方式追求自己的利益，以

① 张维迎：《中国坏的纳什均衡太多》，http://finance.ifeng.com/news/special/caizhidao282/.（2015-05-26）[2016-06-15].

② 〔美〕麦克洛斯基：《人类为何在近两个世纪突然富了起来？》，http://weibo.com/p/1001603979796341195440（华尔街日报中文网微博）.（2016-05-27）[2016-06-15].

③ 〔英〕哈耶克：《自由宪章》，杨玉生等译，北京，中国社会科学出版社，2012 年版，第16 页。

其劳动和资本与任何其他人竞争。"①按照这一标准，目前西方许多国家以及印度，也违背了某些"自由经济体系"前提，例如破坏私有财产的福利制度，走向民粹主义的民主政治；相反，在被认为不具备西方民主制度的中国，因为具备了某些"自由经济体系"的要素，获得经济上的繁荣。中国今天的繁荣正是自由经济的结果，而某些被认为是自由经济的国家因为庞大的福利制度陷入停滞。

当然，尽管具备了某些"自由经济体系"的要素，当前中国的社会秩序仍然离自由经济有一定的距离。自由是实现每个中国人"中国梦"的必由之路，自由的思想、自由的流动、自由的交易，才会有可持续的创造和奇迹。还必须积极拓展自由，否则，所谓"中国模式"，不过是转瞬即逝的昙花一现。"中国长期处在静止状态，其财富在多年前就已达到该国法律制度允许的最高限度。如果改变和提高他们的法治水平，那么该国的土壤、气候和位置所允许的限度，可能比上述限度大出很多"②。亚当·斯密这段话对今天的中国仍有警示意义，中国快速发展已经遇到某种瓶颈，如果不增加自由度，估计即将陷入停滞状态。

（6）高福利和高税收的瑞典为什么高度发达？

在《华尔街日报》和美国传统基金会发布的经济自由度指数排名榜中，瑞典基本上处于前二十名行列。可见，高福利和高税收压缩了自由空间，但是，瑞典总体上仍然是一个成熟的自由国家。正是自由让瑞典高度发达，才有了高福利和高税收的可能。

2. 自由与幸福

社会进步的标准有什么呢？一个广为认可的标准就是幸福。从自由与幸福的关系看，自由是幸福的前提。

首先，从幸福的体验看，一个实证的观察结果是"幸福标准因人而异"。奥地利经济学派的学者罗斯巴德在《人，经济与国家》一书对此作了明确的概括："绝对没有度量幸福或者满意程度增减的可能，认识到这一点至关重要。要

---

① 〔英〕亚当·斯密：《国民财富的性质和原因的研究（下册）》，郭大力，王亚南译，北京，商务印书馆，1972年版，第252页。

② 〔英〕亚当·斯密：《国民财富的性质和原因的研究（上册）》，郭大力，王亚南译，北京，商务印书馆，1972年版，第87—88页。

使任何度量成为可能，就必须有永久固定不变、客观给定的单位，这样其他的单位才可以与之比较。在人类评价领域并没有这样的客观单位。个人必须主观地判断某个变动的结果对他来说是更好还是更糟。他的偏好只能通过简单选择或者是排序的形式表达，例如，因为他去了音乐会而没有玩桥牌，他可以说这个选择对他更好，但若是他试图为偏好赋予单位并说'我选择了音乐会而没选择玩桥牌，我更幸福 2.5 倍'的话，那将是毫无意义的。"①幸福与否是个很私人的问题，是主观的感受，每个人对幸福有着不同的理解，取决于个人对它们的主观评价，也就是说取决于个人的自由选择。或许个人选择也有问题，但它总体上肯定优于他人以强制或计划的手段为他作出的选择，至少可以说，自由选择是最不坏的选择。

其次，从幸福的获得看，一个社会只有选择自由原则，才能获得普遍和高质量的幸福。尽管不存在人人都满意的社会福利函数，不过，根据我们的常识，还是存在一些绝大多数认可的幸福指标。例如，寿命，收入，教育，治安，环境，工作压力，信仰自由，精神追求富足等等，这些统统都与人们的幸福息息相关。不过，要达到这样一些幸福指标，前提只能是自由，如果放弃自由，而是把提高幸福指数作为好公共生活的标准制定政策，那么，免费医疗、免费救助、免费教育、免费住房、免费食物、保证就业、生活补贴等福利政策，可能会接二连三的出台。天下没有免费的午餐，羊毛出在羊身上，要得到一样东西就得付出代价，或者是付出自己的劳动，或者是支付价格来购买。换句话说，个人必须对自己的幸福负有责任，要得到幸福，就必须付出努力。但如果想得到幸福，又不想负责任，那么就得让别人来埋单，但别人不会当冤大头，别人不会积极工作为你买单。一个国家根据幸福指数制定政策并没有错，但是，如果放弃自由——强制一些人为另外一些人买单，大量出台福利政策，陷入福利病，人们失去了努力工作的激励，个人在事业上奋斗的意志随之消减，整个社会将陷入停滞。要得到普遍和高质量的幸福，还是得依靠自由。人想活着，想活出自己的生命，人追求自由，这是人的本性，但是，所有人都向往自由，没有任何一个人的自由比他人更重要，个人自由不得伤害他人自由，这就是自由

---

① 转引自汪昱栋：《为什么国有企业没有未来？》，http://blog.sina.com.cn/s/blog_ab5cdad70102 w2hn.html.（2016-02-19）［2016-06-15］.

的边界。只要有界限清晰的自由，不准强制他人为自己的幸福买单，人们在追求自己幸福的同时就会给他人带来幸福，所有人就会努力地追求自己的幸福，而不是"等、靠、要"，社会每个人幸福就会因此增加，文明就会因此进步。或许你会质疑，"追求幸福的自由"并不等于幸福本身，我们也许只有自由，却没有幸福。的确，有可能出现这种情况，但又有什么办法呢？你有"追求幸福"的权利，意味着你有追求幸福的责任，你不主动追求幸福，又想得到幸福，那可能意味着你对他人强制，你每获得一份不劳而获的幸福，就有一部分人为之套上枷锁。

3. 自由与安全

安全是人身财产本身没有受到危害、损失，或者不存在受到危害、损失的风险。自由是人身财产的自主行为没有受到干涉，某些对自主行为的干涉（如抢劫），意味着安全被侵犯，但是，某些对自主行为的干涉，并不会导致人身财产受到直接的危害、损失，而只是意志受到压制。某些情况下自由意味着安全，某些情况下自由与安全无关，而另一些情况下，自由则带来不安全。安全意味着没有暴力，也意味着确定性。自由本身就是充满不确定性，不确定就含有不安全；自由带来权威的分散，有可能增加不确定性和暴力，诺贝尔文学奖获得者索尔仁尼琴曾说："对一个国家来说，拥有一个讲真话的作家，就等于有了另外一个政府。"[①] 同时，自由带来贫富差距，这也可能会增加暴力。自由对于安全有正面的价值、也有负面的价值，因此，厘清自由对安全的价值，关键在于判断"正面价值大于负面价值，还是负面价值大于正面价值"。本书的结论是正面大于负面，自由才能带来普遍的、长远的安全价值。

首先，从确定性角度看，没有绝对的确定，绝对的确定意味着文明停滞，意味着个人的无意义，而且，在实际上也不存在能保证绝对确定的社会制度。极权主义和计划经济的社会倒是将"绝对的安全"作为其理想目标，但是，这样的目标需要国家完全控制其公民的生活。国家完全控制生活的极权主义手段在减缓市场带来的不确定性，必然导致公民面对国家的恐惧，这也是安全受到

---

① 转引自段晓刚：《向公众公开讲真话的索尔仁尼琴》,《北京文学（中篇小说月报）》2009 年第 1 期，第 148 页。

威胁。自由充满不确定性，但是，不确定只是一个中性词汇，不确定性意味着不安全的同时也蕴含着文明的希望。自由社会充满不确定性，极权主义和计划经济的社会同样也有不确定性，相较而言，自由社会更值得选择，因为它更能给社会带来文明和个人带来希望，也更能带来安全，正如弗里德曼所论证的，"广泛地使用市场可以减少社会结构的紧张程度……市场所涉及的范围愈广，纯然需要政治解决的问题愈少，从而需要达成协议的问题愈广"，反之，社会生活中的政治手段往往"趋向于削弱一个稳定的社会所必需的社会结合在一起的力量。"① 杰斐逊曾写道："欧洲人深信，若无独立于个人意志之外的权威力量管束人的身体与道德，则方方面面的组织中的人们将不会受秩序与正义的束缚……而我们（新兴的美利坚民主的创建者）则坚信，人是理性的动物，有天赋的权利与内在的正义感，良好的政府需告知民众可自行选择人生，同时以民众的意志为准忠于职守，如此方能为民众扬善避恶。"② 两百多年的历史证明，后者是一个更优的选择。

其次，从暴力角度看，自由本身就是和平（安全）的手段，自由本身就是安全的手段。人活着需要别人的东西，实现这个目标的手段，大概两种：第一，"强盗的逻辑"，通过"抢"来实现。第二，自由的逻辑，通过购买，不伤害别人自由的方式为自己得到好处。如果自由能成长，那么，安全自然能得到保障，反之，"如果商品不能越过国界，那士兵将越过国界"。当然，自由也可能引发一些暴力的火花，如权威的分散、贫富的差距等。自由不是尽善尽美的安全手段，问题是，没有尽善尽美的安全手段，极权主义和计划经济的社会倒是也能控制暴力发生，并一定程度上克服权威的分散、贫富的差距，但是，也带来个人的恐惧、权利的剥夺、创新的匮乏和共同贫穷。极权主义和计划经济的社会虽然能带来安全，例如改革开放前社会治安很好，可以做到"路不拾遗，夜不闭户"，但是其背后却是权利得不到尊重的结果，为了治安好，小偷不得不承受他本不该承受的惩罚，普通百姓也出让相当一部分权利给政府以便政府更好地控制社会。某些厌恶风险、恐惧未知的人群会更渴望政府更多的干预，而不是

---

① 〔美〕弗里德曼：《资本主义与自由》，张瑞玉译，北京，商务印书馆，2005年版，第28—29页。

② 转引自〔英〕阿道司·赫胥黎：《重返美丽新世界》，庄蝶庵译，北京，北京时代华文书局，2015年版，https://book.douban.com/reading/34154590.〔2016-06-08〕.

自由的社会，但是，就普遍长远的安全利益而言，自由才是最可信赖的，政府干预会带来短期的安全利益，但只有自由带来的安全利益才是持久牢固的。

三、自由的价值是目的和手段的综合

本节的论证方法，关注的是宏观和整体的利益，实质上是将自由作为社会进步（如知识进步，利益满足，经济增长，秩序维护等）的手段来论证自由的价值的。这种论证方法的优点在本节的引言部分已阐述。下面看看它的缺陷：首先，所有价值都是以人为中心，也就是由人来体验的，社会（他人）无法根本上确定一个人的价值追求，诸如知识进步、利益满足、经济增长、秩序维护等都只能在一定程度上而不能根本反映社会进步，因此，这种论证方法只能大概而不能根本上解决自由的价值。其次，在某种意义上说，每一个人在道德上都是平等的，正如康德所说，人是目的本身，任何人都不能被当作其他人目的的手段，个人不能被当成社会实现其目的的手段。从实践看，这种论证方法认为幸福才是最高目标，自由能带来最大多数人的最大幸福，所以才要重视自由，结果很可能会造成——为了整体幸福而牺牲一部分人利益，甚至忽视自由本身是幸福的一个直接源泉，为了幸福牺牲自由本身。

以上缺陷表明——基于手段论证只能是大概地、总体上解决自由价值的问题，如果坚信这种论证方法，那么，就要注意，例如，当以下这种极端情况出现时，基于目的的论证也有重要的价值。假设我们发现有另外一种方式，例如极权主义或者强政府控制的社会在某些条件之下可以让人们生活水平显著提高，也可让国家免受外敌之威胁，这时候我们是不是就可以不要自由了？显然不能，生活水平的真正提高，要求每一个人活得有尊严，而这种活的方式也是一种自由的状态。假设用反自由的方式可以提高某些方面的生活水平，但是，我们也不能因此抛弃自由，因为自由涉及到人的尊严，自由乃是人之为人的重要标志。

总之，基于目的和基于手段对自由价值的论证方法，各有优劣，不存在一种方法否定另一种方法的问题。如果我们选择基于手段论证自由价值，别忘了在某些极端情况下要考虑基于目的的论证作补充；如果我们选择基于目的证明自由价值，别忘了在某些极端情况下要考虑基于手段的论证作补充。

第四节　自由在各种公共生活规范中具有最高的价值

一个美好社会的基础，是由一组公共生活规范支持，除了自由，还有平等、民主、法治、真理、幸福、美德、博爱、容忍和正义等，所有这些规范对人都有重要意义，都是评价公共生活的价值规范，那么，自由与这些规范是什么关系呢？我们的观点是"自由是最好的公共生活之道"，自由在各种公共生活规范中具有最高的价值，如弗里德曼所言："以自由主义名义进行的思想运动把自由强调为最后目标，而把个人强调为社会的最后实体。"[①] 个人自由是一个美好社会的前提，是最优先的价值。自由优先于其他价值规范，是就普遍长远的利益而言，就总体规则而言，因此，不能认为——"其他规范的适用一旦侵犯自由，就会毁掉自由，只是这种侵犯达到一定程度，才可能会毁掉自由"；也不能认为——"其他规范的适用一旦侵犯自由，就造成不可挽回的损失，损失主要是针对普遍长远的利益，而对某些个别短期的利益则有可能带来收益，人的生命具有不可逆性，某些时候我们也需要为了某些个别短期的利益而压制自由。"著名的当代政治学家萨缪尔·亨廷顿曾针对大多数发展中国家指出："首要问题不是自由，而是建立合法的公共秩序。人类可以有秩序而无自由，但不能有自由而无秩序。"[②] 按照这一观点，那么秩序优先于自由，而不是自由优先于秩序。但是，在我们看来，萨缪尔·亨廷顿这一观点显然是只能在某些国家的某些特定时期成立，从长远和普遍利益角度看，显然仍然是自由优先于秩序，自由优先于其他价值规范。

问题是，"自由优先于其他价值规范"的依据是什么呢？为什么是自由优先于其他规范，而不是其他规范优先于自由呢？这个问题可以从两方面加以理解：第一，就各种价值规范与人的关系而言，自由对人具有不可替代的优先性。第二，就自由与其他价值规范关系而言，自由是所有价值的成长所必需的摇篮。下面，分别述之。

---

① 〔美〕弗里德曼：《资本主义与自由》，张瑞玉译，北京，商务印书馆，2005 年版，第 5 页。
② 〔美〕萨缪尔·亨廷顿：《变化社会中的政治秩序》，王冠华等译，北京，生活·读书·新知三联书店，1989 年版，第 7 页。

一、自由对人的价值具有不可替代的优先性

自由之外的其他规范对人也有重要意义，但是，就普遍长远的利益而言，自由是最优先的。这一点第二节、第三节已经阐明。第二节假定自由就是好的，第三节假定自由能带来好的结果，第二节集中阐述了"对于好，自由是不可替代的"，第三节集中阐述了"对于好的结果，自由是不可替代的"。或许你会质疑，第二节、第三节主要只是强调自由对于人的价值的不可替代性，如果只是不可替代，能说明自由优先吗？这就要回到以赛亚·伯林那一句名言："一件东西是什么，就是什么：自由就是自由，不是平等、公平、正义，不是文化，也不是人类的幸福或平静的良心。"[①] 自由与其他价值规范有根本的不同，存在着某些内在冲突，既然自由是不可替代，其他价值规范就不是不可替代的，当其他价值做规范与自由有冲突时，就应该服从于自由。也就是说自由优先于其他价值规范。当然，我们强调"自由具有不可替代性"是基于这样的前提：在公共生活规范层面，就普遍长远利益而言；同样，自由优先性也需具备这样的前提。

可能你还会进一步质疑，为什么其他价值规范和自由存在某些内在的冲突，为什么其他价值规范不是不可替代的？这一点本书分散在各章节加以解释。第一章"公共生活哲学（理论）有好坏（对错）之分"，论及了科学真理多元性，因为真理多元，所以，可以得出自由高于真理的结论；第二章"为什么不将自由界定为能力"阐明了自由优先于能力，"为什么不将自由界定为欲望满足"阐明了自由优先于"欲望满足"；第三章第二节"来自正义（平等）验证"阐述了自由优先于正义（平等）；第三章第三节"自由与财富"之"对质疑的回应"阐明了自由优于勤劳、集权、合作、创新，而"自由与幸福、自由与安全"则阐明了自由优先于幸福和安全。第六章还将就自由与道德、平等、民主等关系谈自由的优先性。

---

① 〔英〕以赛亚·伯林：《两种自由概念》，见以赛亚·伯林：《自由论》，胡传胜译，江苏，译林出版社，2011 年版，第 174 页。引用时综合陈晓林的翻译，参见以赛亚·伯林《两种自由概念》，陈晓林译，https://www.douban.com/group/topic/13882818/?cid=168460269.（2010-09-08）〔2016-06-09〕.

二、自由是所有价值的成长所必需的摇篮

哈耶克对此有一个经典的分析："一个古老的发现是，道德和道德价值，只有在自由的环境里才会成长，一般而言，人民和各阶层只有在长期享有自由的情况下，才会有高尚的道德标准——这和他们所拥有的自由程度成正比。另一个古老的观点是，只有在自由的行动受着强有力的道德信念引导时，自由社会才会良好地工作。"① 前一个古老的发现说明——公共生活规范（道德和道德价值）本身也有好次之分，并不是所有的规范都能天然成长为对人有意义的好规范（高尚的道德），自由的环境下才会成长为好的规范。另一个古老的观点说明——自由状态的实现也有赖于其他规范的引导。自由与其他公共生活规范是相互依存的关系，但并不是不分主次的依存，自由优先于其他规范，正如哈耶克所言："在这些道德标准成长壮大的自由社会里，一旦它们变得无所不适，也会毁了自由，同时也就毁了一切道德价值的基础"，其他规范之所以对自由有价值的前提是"与维护自由相契合"，否则也会毁掉自由，进而毁了一切道德价值的基础。②

一句话，自由是伦理的起点，是所有价值的根源。为什么自由是所有价值的根源呢？哈耶克认为"只有在个人既做出选择，又为此承担起基本责任的地方，他才有机会肯定现存的价值并促进它们的进一步发展，才能赢得道德上的称誉。"③ 这一点完全可以从自由的概念中得到逻辑自洽的论证。自由即不受他人干涉，也不得干涉他人，不受他人干涉意味着个人自主选择，不得干涉他人意味着自己承担责任，如果不是自己承担责任，就是他人承担责任，那么就是干涉他人。自由意味着个人自主选择，并为此承担起基本责任。因此，哈耶克所谈的"只有在个人既做出选择，又为此承担起基本责任的地方"就是"只有

---

① 〔英〕哈耶克：《自由企业的精神和道德因素（哈耶克1961年12月6日在纽约第66届美国产业大会上的讲话）》，冯克利译，载《天涯》1999年第5期，http://www.readers365.com/tianya/tiya1999/tiya19990523.html.〔2016-06-15〕.

② 〔英〕哈耶克：《自由企业的精神和道德因素（哈耶克1961年12月6日在纽约第66届美国产业大会上的讲话）》，冯克利译，载《天涯》1999年第5期，http://www.readers365.com/tianya/tiya1999/tiya19990523.html.〔2016-06-15〕.

③ 〔英〕哈耶克：《自由企业的精神和道德因素（哈耶克1961年12月6日在纽约第66届美国产业大会上的讲话）》，冯克利译，载《天涯》1999年第5期，http://www.readers365.com/tianya/tiya1999/tiya19990523.html.〔2016-06-15〕.

在自由的地方",也就是说,"只有在自由的地方,他才有机会肯定现存的价值并促进它们的进一步发展。"问题是,是不是只有在"个人既做出选择,又为此承担起基本责任"的地方,价值才能成长?如果这一观点不成立,那么自由是伦理的起点也就不成立了。对此,我们可以用反证法加以理解,假如个人做出价值选择不须承担责任,那么,他就可以随便做出选择,就不重视其选择是否合适,而且因为不用自己承担责任,选择是否正确更难以得到检验,这样,价值就很难成长。值得注意的是,我们的结论是"价值很难成长",而不是"不能成长",事实上,某些特殊情况下也可能成长,因此,"自由是所有价值的根源"这一结论的成立必须基于与"自由是最好的公共生活之道"一样的前提条件,即"就普遍利益而言"。消灭自由之所,将会是道德极度败坏之所,不过,这也是就普遍长远而言的,短期来看,说不定也可能改善某些道德。

事实上,在强调"自由是所有价值的根源"的同时,我们也要看到"其他价值对自由成长有积极的作用",比如密尔的《论自由》声称自由权利原则"仅适用于能力已经成熟的人们",能力成熟就包含着其他价值的成熟。但是,两者的重要性完全不可相提并论,自由是其他价值的根源,其他价值并不是自由的根源。自由不以其他价值为条件,正如哈耶克所批评的,"在给予人们自由之前,他们必须先有美德"完全是一种错误的看法,他引用麦考利的观点论证说:"如今许多政治家有一种习惯,以为在人们没有学会使用自由之前,就不该让他们自由,此乃一个不证自明的前提。这种教条堪与古老的故事中那个蠢人相比:他决定在没有学会游泳之前绝不下水。如果让人们一直等到他们全都变得聪明善良时才获得自由,他们也就只好永远等下去了。"① 尽管其他价值对自由有重要功能,自由不应该在其他价值具备之后才能获得,换句话说,自由是其他价值的根源,而不是其他价值是自由的根源。缺乏道德基础的自由社会,是个让人们不那么愉快的社会。但即便如此,它也要优于既无自由又无道德的社会,有自由,就有可能产生好的道德信念。

自由是所有价值的根源,还在于它为思想发现提供可能性。自由不仅为

---

① 〔英〕哈耶克:《自由企业的精神和道德因素(哈耶克 1961 年 12 月 6 日在纽约第 66 届美国产业大会上的讲话)》,冯克利译,载《天涯》1999 年第 5 期,http://www.readers365.com/tianya/tiya1999/tiya19990523.html.〔2016-06-15〕.

"自由主义"，而且也为文明社会的其他"主义"创造了发展的基础。如果自由被消灭了，各种主义就不能生存，更谈不上繁荣。没有英国这样的自由社会，很难设想马克思会写出《资本论》这样的著作，当年马克思先是被普鲁士迫害，被赶到了法国；到了法国，被法国政府派的流氓殴打，被迫逃到了比利时；比利时政府也不欢迎他，又被赶回了法国，最后到了英国才算是安顿下来了，进而写出《资本论》。可以说，只有在自由的土壤上才能产生对自由主义的最强有力的挑战者。无论什么"主义"——自由主义、社会主义乃至新儒家等等，都必须从自由开始。一个人可以信仰任何一种主义，但是首先必须造就或认同一个允许各种主义生存和发展的土壤，而落实到社会实践中，只有自由才能提供这种土壤。正因此，王小波讲："知识分子活在世上，除自由主义外，无它种立场可取。"[1] 王小波的话或许有些绝对，一个人当然可以不是"自由主义者"，但一个人如果不相信"自由优先于'主义'"，那么，他的主义很可能就没有生命力。

第五节　对质疑的回应

论证"自由是最好的公共生活之道"，我们还必须对质疑进行有效地回应，这样才能保证命题的科学性。虽然"自由是最好的公共生活之道"已经有了诸多论证，但针对该命题的责难仍然是不绝如缕。如果没有敌人的话，守卫的兵士就去睡觉了，自由理论的发展很大程度上得益于对它的质疑。自由理论的问题不在于面临多少质疑，而在于遭遇质疑时，怎样回应。"即便我们的解释看起来已经完美了，仍应该寻求其他的解释方式。因为一般来说，我们追求的是最优的解释，而要想判断我们的解释是否最优，就必须调查其他的解释方式，看看它们会不会更好一些。"[2] 以下就是通过调查公共生活之道的其他解释，以及对相关质疑的回应来进一步论证"自由是最好的公共生活之道"。

---

① 王小波：《王小波全集（第九卷）》，昆明，云南人民出版社，2006 年版，第 181 页。

② 〔英〕朱利安·巴吉尼，彼得·福斯：《简单的哲学》，陶涛译，北京，中国人民大学出版社，2016 年版，第 139 页。

一、历史主义的质疑

"自由是最好的公共生活之道"是关于公共生活的一般性规则，因此，受到最有力的质疑来自历史主义。F·迈纳克认为，"历史主义的实质，就是用对历史上人类诸力量的个别化观察研究的方法，来代替对他们的一般化考察。"[1]历史主义认为，历史是发展变化的，而且在不同地区有不同呈现，因此，不能脱离当时当地的历史条件去观察生活，所有价值和观念只对特定的时代、民族和地域有效。按照历史主义的观点，自由必定是历史的和地方性的，"自由是最好的公共生活之道"之类的一般性规则是不存在的。在历史主义看来，"好坏对错"必须放在具体情境中才具有意义，因此，"自由是最好的公共生活之道"这一命题没有意义，甚至会产生误导。

回应：历史主义作为社会科学研究方法有其特殊功用，但是，并不否认其他研究方法的有效性。通过超历史、超时空和高度抽象的人性假设来论证生活的一般规则，也是社会科学的重要研究方法，被视为"社会科学皇冠上的明珠"的经济学，这门唯一被授予诺贝尔奖的社会科学，就大量采用这种研究方法。判断一个社会科学结论是否有效，关键看能否解释现实，而不是抽象程度高低。着眼于一般性规则的科学研究，其理论假设的高度抽象反而更能解释具有无限多样性的生活，因此，结论常常具有较高可靠性。历史主义的研究，所依据事实直接来源于生活，具有更强解释力，但是，生活中无数的细节常常无法为研究所完全覆盖，因此，结论也不一定具有较高可靠性。一般性规则的科学研究方法与历史主义的研究方法各有特色，各有可靠性的一面，不能因为历史主义而否认自由是最好的公共生活之道。本书之所以没有将具体的历史的论证作为主要研究方法，主要是因为主题的设定，我们主要研究基于普遍利益的公共生活规则，讨论普遍规则，基于抽象人的假设展开论证更为合适。

历史主义认为只认可对特定的时代、民族和地域有效的价值观念，不过，从历史主义研究的诸多结论也能一定程度上印证自由的优先性。在柏克看来，论证自由的正当性，方法就是追溯它的历史渊源，为此，柏克重述了从《自由

---

[1] 转引自《史学理论丛书》编辑部：《当代西方史学思想的困惑》，北京，中国社会科学出版社，1991年版，第114页。

大宪章》到光荣革命的历史，申明自由是英国人自古就有的，是先辈们留下的光辉遗产。梅因运用历史方法阐明一个重要的结论："所有进步社会的运动，到此为止，是一个'从身份到契约'的运动"。[①]梅因的观点虽然不能说明：自由自古以来都重要，但是，至少证明这是社会进步的方向，是近代以来最重要的价值观念。

二、自由的重要性是社会发展一定阶段的产物

这是历史主义质疑的颇有市场的一个重要论点，也是有一定说服力的观点。这种观点的一个代表是"文化三段论"："人类的文明第一个阶段是对自然的超越，成为万物的尺度；第二个阶段是形成人的这种群体性、社会性；在第三个阶段，生存和发展的问题都解决了，个体要从群体中再一次超越出来。"[②]根据这一观点，虽然古代或许就有"个体自由"的想法，但无法成为社会的主导观念，只是到第三阶段，自由才成为社会主导观念，才成为重要甚至最好的价值准则。因为没有严格考核，本书无从判断"文化三段论"是否成立。这里仅做一个假定性的思考，假设文化三段论命题成立，那么，它对本章的论证提出了哪些挑战，我们如何回应这些挑战？

（一）"个人的生活只有在自由选择的意义上才是有价值的"与文化三段论之间的关系

根据文化三段论，第三阶段个体从群体中超越出来，自由才凸显出来，如果"个人的生活只有在自由选择的意义上才是有价值的"，那么，如何解释前两个文明阶段个人生活的价值问题呢？文化三段论认为第一阶段、第二阶段几乎没有现代意义上自由观念，但是并非没有自由，"现代人类学也证实，早在原始阶段，私有财产就已经明显存在了"[③]，只是自由空间受到较大压制，人们通常只享有忠于社群前提下的有限选择权。正如萨瓦特尔所言："我敢肯定，没

① 〔英〕梅因：《古代法》，沈景一译，北京，商务印书馆，1959年版，第97页。
② 马连鹏：《从王权到文化》，载《中国经营报》，2013年5月20日第04版。
③ 〔英〕哈耶克：《自由宪章》，杨玉生等译，北京，中国社会科学出版社，2012年版，第200页。

有人——没有任何人——会真正相信他不自由，会真正相信他会像钟表一样机械或是白蚁那样毫不反抗地运转"①，不管在哪一个阶段都存在一定限度的自由。这一点自由选择的空间，就是个人生活可以有价值的前提。因此，"文化三段论"在逻辑上并不能推翻"个人的生活只有在自由选择的意义上才是有价值的"这一命题。

某些持"文化三段论"观点的人，可能还认为，"个人的生活只有在自由选择的意义上才是有价值的"的观念根本不可能在人类文明第一、二阶段产生。本书不想考察这观念有没有产生的可能性，即使没有产生，也不能否认这一命题的正确性，只是人们没有发现，就像还没有发现相对论的时代。此外，本书只讨论人类文明进入第三阶段的公共生活之道，即使有人可以证明"个人的生活只有在自由选择的意义上才是有价值的"的命题在人类文明第一、二阶段不成立，也不会减损本命题的适用性。

（二）"自由是社会进步和繁荣的必要条件"与文化三段论之间的关系

根据文化三段论，不同文明有不同历史规律，那么，"自由是社会进步和繁荣的必要条件"能否适用三个不同历史阶段呢？在第三节论证中，两个关键假定（知识有限性和人的理性自利）并不区分具体的历史阶段，如果区分历史阶段看，每个阶段人都具有知识有限性和理性自利的特征，问题是自由。第一阶段、第二阶段自由观念没有凸显出来，也正因为这个原因，人类在这个阶段进步缓慢，而到了第三阶段，社会终于有可能以成十百倍的速度发展，这段历史的变迁对比从另一角度佐证了"自由是社会进步和繁荣的必要条件"。

（三）文化三段论命题隐含着发展成为历史决定论的可能性

生产力发展了，人有更多的独立可能，于是个体自由意识的觉醒，以追求个人价值最大化为核心的个人主义文化兴起。生产力发展的确使个人独立更有可能，但是，如果认定生产力才导致个人自由，这就犯了历史决定论的错误，文化三段论命题隐含着这种错误的可能性，值得我们警惕。

---

① 〔西〕费尔南多·萨瓦特尔：《伦理学邀请》，于施洋译，北京，北京大学出版社，2015 年版，第 27 页。

三、多元主义的质疑

多元主义，也称为价值多元论，主张人类所追求的价值或目的（包括个人的目标和公共生活的目标）是多元的。多元主义与自由优先性关系比较复杂，某些多元主义与自由优先性的论断可谓是彼此需要、互为因果。正是自由优先，因此，才有可能有多元的价值判断；正是因为理性有限以及价值主观性（多元性），因此，自由才有必要处于优先的地位，自由才是最好的公共生活之道。但是，某些多元主义观点则认为自由只不过众多价值观中的一种，自由不能处于优先地位，自由不是最好公共生活之道。反对自由优先的多元主义有两种形式，即相对主义和族群文化多元论。

相对主义认为价值完全是个人主观的判断，人类不可能共享任何共同的价值观，各种价值观之间没有好坏或者高低之分。自由主义也认可价值的主观性，但同时强调人类可以共享某些有限的共同价值观（例如人都贪生怕死，人都向往好生活），在公共生活的价值选择方面，自由是最好的公共生活之道。相对主义和自由主义谁对谁错呢？显然，自由主义更可靠一些，正如前面论证的，它更符合我们的生活常识，我们都向往好的生活，但是好的生活又是多种多样，所以，自由是最好的。

族群文化多元论认为不同族群的价值选择不一样，自由或许在某些族群是最好公共生活之道，但是，其他一些族群却有不同的选择。自由主义认为人首先是人，然后才是某一族群的人，虽然不同族群的个人有不同的文化，但是，人还有一些的共同的特征，例如理性有限、自利、渴望自由等，正是人性这些共同特征决定了自由是最好的公共生活之道。当然，不同族群的人有不同的特征，因此，自由在不同族群有不同的表现。族群文化多元论和自由主义谁对谁错呢？在我们看来，自由主义更为可靠，族群文化多元论不认可不同族群的人有共同特征，而自由主义既强调人的共同特征又承认族群的差异，显然，自由主义更符合生活常识，这一点前面已有诸多论证。

四、自由不适合中国

这是多元主义质疑的一个论点之一，此类质疑常见形式有以下两种：

（一）自由来自西方，不适合中国

现代意义上的自由在中国是一个舶来品。自古希腊以来，西方人的自由就有个体自主决定的意思，把自由作为人之为人的根本标志，是希腊文明传递给现代西方社会的文化基因。但是，近代以前自由在中文甚为少见，仅有自由的文字基本上是局限于心理舒适层面，属于个性化的心理自由。自由基本上是在西方形成的一种社会制度和价值系统，近代中国开始有了引入自由的种种努力，却也有"水土不服"的现象。今天，中国人仍然没有显示出多少对自由的兴趣，面对有待进一步争取的自由，他们大多是旁观者。不过，这些并不能否定"自由是最好的公共生活之道"。理由如下：

（1）自由来自于西方，只是说在语言上来自西方，并不意味着自由的价值来自西方，"自由是最好的公共生活之道"表达的是对自由的价值判断。自由的价值来人性。从人性角度，无论是东方还是西方，都需要自由。人的自然特征，知识有限以及理性自利的本性都指向了自由。自由所追求普遍的社会模式，适用于所有国家，包括那些诸如像中国这样与西方具有全然不同历史和传统的国家。"自由主义并不是中国几千年文化中固有的传统。它传入中国不过一百来年。然而正如佛教一样，既然传入中国就必然会生根发芽，与中国传统相融，其意义与作用则远非佛教可比"[①]。

（2）自由引入中国出现种种"水土不服"的现象并不能否认自由的价值。自由的价值与自由何以可能是两回事，这一点第五章还将进一步来论述。中国人最早引进自由，更多是将自由视为富国强兵之武器，而不是视自由为人之所以为人的标志，这是导致"水土不服"的原因之一。至于为什么对自由缺乏兴趣，本章第二节"自愿为奴"这一部分已经分析了此类现象的原因，此不赘言。

（二）自由是对的，但问题是我们处理的是 13 多亿人的事情

保证 13 多亿人口的大一统很容易让人联想到需要更多的集权。人多地少，竞争激烈，生活压力大，似乎集权管理有一定合理性。13 多亿人口大国和小国

---

① 李慎之：《弘扬北大的自由主义传统》，见刘军宁：《北大传统和近代中国自由主义》，北京，中国人事出版社，1998 年版，第 1 页。

寡民的自由体制的确应该有所不同，某些国家可以采取自由决定的事宜，另一些国家可能需要采用集权，例如地广人稀的加拿大土地管理相对宽松，而地少人多的新加坡的土地管理就非常严苛。但是，不管人多人少的国家，人都是人，都有同样的人性，这决定了自由是最好的。在不同国家，体制上的表现应该不同，但这不能否认自由是最好的。

五、社群主义（共和主义）的质疑

在社群主义看来，任何个人权利的最终实现都依赖于其所处的共同体，共同体价值优于个人价值，一个政治共同体如果缺乏对共同体的德性观念，社会秩序也必将趋于动荡。自由是最好的公共生活之道，强调个人自由占据主导地位，人们之所以会组成社会，只是为了以公共权力确保个人权利的实现，这使共同体失去存在的必要德性基础，导致社会的崩溃。

回应：自由主义强调个人价值优于共同体价值，共同体价值只是为了保护个人价值；而社群主义则认为共同体价值优于个人价值。谁对谁错呢？如果我们把眼光放远，着眼于共同体的普遍长远利益，自由主义的观点更胜一筹。

电影《云图》有一段被广为传颂的台词："我们的生命不是我们自己，从子宫到坟墓，我们和其他人紧紧相连。无论前世还是今生，每一桩恶行，每一项善举，都会决定我们未来的重生。"但是，不管我们和其他人如何紧紧相连，所有对人有价值的东西最后都是由个人来体验，因此，个人价值才是公共生活哲学的落脚点。共同体价值之所以值得强调，就是因为它是个人价值的手段。自由主义认为共同体只需保证基本的安全以及自由等有限目标，个人价值就能实现，而且能最大程度地实现。社群主义认为共同体除了保证安全以及适当自由外还需要确保公共善（例如爱），只有这样共同体才能良好运转，个人价值也才能实现，因此，共同体价值优于个人价值。既然最后落脚点是个人价值，对比自由主义和社群主义可以得出这样结论——只要自由主义能实现，自然它就更胜一筹，因为它让个人在不依附于集体前提下实现价值，个人价值可以得到更充分的实现。可见，自由主义和社群主义谁更优问题在于自由主义的可行性，只有在自由主义不可行的情况下，社群主义才更胜一筹。本章第二节、第三节的论证以及第五章在理论上详细论证了自由主义的可行性，自由主义在诸多国家的良好运转也表明自由主义的可行。当然，某些特定的情况下，强调共同体价值优于个人价值，强调对共同体的爱心，才能实现自由主义，这时，社群主义观点也符合现实的需要，但是，着眼于普遍长远的利益，还是需要自由主义，这样才能保证个人价值的充分实现。

六、自由损害善

这是社群主义质疑的一个重要论点，社群主义认为共同体不能只依靠自由而是应该依靠德性才能存在，但自由损害德性，损害善。此类质疑常见形式有：

（一）自由不道德或无道德

这种观点认为，自由让人们只想到什么对自身有利，而不考虑到是非善恶。

回应：这是对自由的误解。自由强调个人很重要，这就是道德；自由要求不得伤害他人，这就是道德；一个自由的人，想从他人那里得到好处，只能通过交换，这样它不仅考虑自身欲望，更要考虑他人欲望，与他人换位思考，这也是道德。如果道德只定义为自愿的无私奉献，自由不反对，但也不倡导"自愿的无私奉献"，从这意义讲，自由是无道德。但是，这一点并不能说自由就没有价值，自由只是自由，它不包含无私奉献，无私奉献对社会的某些方面很重要，而自由则能给社会最大多数人的长远利益带来好处。如果道德只定义为强制的无私奉献，自由反对强制的无私奉献，从这意义上讲，自由是不道德的。但是这时，道德成了强制，这种道德本身就是错，不能用来证明自由没有价值。

（二）自由提倡价值中立、文化多元，导致了虚无主义和道德危机

回应：自由并非虚无主义，它坚持一个重要的价值准则——一个人的价值追求只有在不伤害他人的前提下才是自由的。只有在不伤害他人的前提下，价值中立、文化多元才是允许的。虚无主义和道德危机由自由主义来承担是缺乏依据的，事实上，不伤害他人前提下的价值中立、文化多元带来的，不仅是一个繁荣的社会，而且也是一个道德的社会。本章第三节阐述了自由能带来繁荣，第四节阐述了自由是道德的根源，此不赘述。

（三）自由的人如果选择毁灭自己或者他人，自由还是好的吗？

反对自由的人常常质疑自由主义太宽容，对普通的个人可能从事邪恶行为没有警觉，甚至束手无策。

回应：自由主义反对伤害他人的任何行为，也反对某些毁灭自己的极端行为（因为连带伤害他人）。自由的人选择毁灭自己或者他人，并不能说明自由不好，因为自由本身并不能接受这些行为。人性有恶的一面，自由反对恶，但是，自由对恶的制止是有缺陷的。

（四）自由对恶的制止有缺陷，自由还是好的吗？

某些人因为自由而选择伤害了自己，让自己人生更糟糕；某些人因为自由而选择伤害了他人，虽然伤害他人要承担相应的责任，但是有时责任永远也弥补不了伤害，有时缺乏适当的责任制度。

回应：自由有缺陷，那是再正常不过的事了，这是人的知识有限性决定的，如果一个国家硬要自由不出错的话，那就是要求这个国家的人不是人，而是不会出错的神。正因为知识有限性，所以需要确立自由的制度，通过自由试错找到较佳的人类秩序。自由有缺陷，并不能否认自由的必要性，因为我们只能这样选择。假如不给人们自由，而是选择让某些人直接安排社会关系，因为这些人也有局限，等于授权他人伤害自己，而且，因为缺少自由个人的制约，可能极大地放大伤害的范围，造成灾难性的结果。自由有缺陷，不自由则会造成更大的灾难。自由主义相信"自由的人绝少想到死；他的智慧，不是死的默念，而是生的沉思"[①]，自由的人绝大多数总是向善的一面，尽管自由对恶的制止有缺陷，这个缺陷也不至于造成不可挽回的灾难。

（五）自由带来垄断

这种观点认为自由带来垄断，而垄断可能造成对人的强制。

回应：从短期来看，自由市场可能带来某种垄断，但是，一旦垄断的公司能赚取高于平均水准的利润，就会吸引对手来竞争，从而消除垄断，消除超额

---

① 转引自〔西〕费尔南多·萨瓦特尔：《伦理学邀请》，于施洋译，北京，北京大学出版社，2015年版，第59页。

利润，因此，从长期来看，自由市场不可能带来垄断，某些经济学文献描述的市场垄断，只是一种虚构，几乎没有现实的例子。垄断不会持久存在，而短期内出现的垄断一般也不构成强制，一个垄断者只有掌握着他人不可缺少的东西才有可能实施强制，如"一片沙漠绿洲上的一处水源占有者"，但是，这种情况在自由竞争性经济体制中极为罕见。垄断构成强制，通常是政府管制造成的，这与自由市场无关。

（六）自由主张限制政府权力，将导致国家能力的弱化

回应：自由国家表面上缺乏很多专制权力，但是，自由主义的有限国家、宪政国家、民主国家也同时在增加国家能力。迈可·曼对英国与法国在近代的国家权力进行了比较分析。其结论颇出乎人们的意料：就国家的基础性权力而言，法国自中世纪以来的绝对主义国家并不比英国的宪政国家强大。英国政府能够汲取比法国更多的财政收入，能够更有效地动员社会各阶层，从而更有效地提供内部的统一秩序，维护国家的对外利益。[①]

（七）有些东西不应该通过自由市场来获得

桑德尔在《公正》提出了一个重要问题："是否有一些特定的德性和更高的善是无法在市场上得到尊重的，是金钱所不能购买的？"[②]桑德尔作出了肯定回答，于是，他否定自由至上。套用到本书，就是有些东西不应该通过自由市场来获得，因此，自由不是最好的公共生活之道。

回应：所谓自由不仅仅是自由市场，而是一个人的人身财产的自主行动。自由主义并不主张任何东西都可以通过市场交换，例如罗斯巴德认为："我可以将自己的鞋、房子、小车、钱等物赠予或者卖给另一个人，但是依据自然事实与人之本性，某些重要的物不具有可让与性，即其在事实上即便基于自愿也不能被让与。具体而言，人不能让与其意志，即其对自己的心智和身体之控制。

[①] 参见 Michael Mann, "State and Society, 1130–1815: An analysis of English State Finances," States, War and Capitalism, pp.73–123. 转引自李强：《自由主义与现代国家》，http://www.aisixiang.com/data/19748-3.html.（2008–07–18）〔2016–06–15〕.

[②] 〔美〕桑德尔：《公正》，朱慧玲译，北京，中信出版社 2012 年版，第 112 页。

每个人都控制着自己的意志和人身，因此每个人都'受制于'此种与生俱来的、不可让与的所有权。"①当然，到底哪些东西不能通过市场交换，自由主义和社群主义的回答是不同的，自由主义认为"每个人自己的意志和人身"不可让与，而社群主义某些决定共同体存续的善也是不可让与的。自由主义和社群主义的观点谁优谁劣，前面已论述，此不赘述。

（八）为最大多数的利益服务才是最好的公共生活之道

爱因斯坦1921年获得诺贝尔物理奖演讲称："不必深思，只要从日常生活就可以明白：人是为别人而生存的。"②将"为最大多数人的利益服务"认定为最好的公共生活之道，有很大的市场。持这种观点通常也反对自由主义。

回应："为最大多数人的利益服务"无疑是善良的，有一些人自愿这样做，是有利于社会的，是值得提倡的。但是，这不意味着利己就不好，正如第三节所论证，利己也会带来利他的效果，而且"人类是自利的，只有很有限的善心"，以"善心"作为生活最高规则必将极大束缚个人的积极性。如果强制大多数人这样做，反而抑制了文明的进步；如果因为"为他人谋利益"而伤害自由，则与"为最大多数人的利益服务"的善良愿望背道而驰。当然，对公权力和公职人员来说，"为最大多数人的利益服务"则是其应有职责，以公谋私为法律所禁止，不过，公权力和公职人员"为最大多数人谋利益"途径还是给人民以自由，可见，最后还是要回到"自由才是最好的公共生活之道"。

七、人们不希望自由

好的生活之道，最终都与人的选择有关，因此，不少观点以"人们不希望自由"质疑"自由是最好的公共生活之道"。所有的"好"最终都由人来体验，自由也不例外。"自由是最好的公共生活之道"是基于普遍长远利益而言，而且

---

① 〔美〕穆瑞·罗斯巴德：《自由的伦理》，吕炳斌译，上海，复旦大学出版社，2012年版，第191页。

② 〔德〕爱因斯坦：《我的信仰》，http://www.21ccom.net/articles/thought/zhongxi/20150606125520.html.（2015-06-07）〔2016-06-15〕.

"只有当自由已得到确立时，我们才能享受到自由的好处"[①]，这就是说自由的"好"通常需要经历相当长的时段才能为人们所认识，因此，如果只是某一特定条件下的特定人"不希望自由"，是不能驳倒"自由是最好的公共生活之道"。下面，针对此类质疑的常见形式一一分析。

（一）自由是强者的选择，但是，弱势群体通常不喜欢自由

一个人运用其自由所能达到的目的，与其资源密切相关。一般而言，掌握愈多的资源，愈能施展其自由，自由所能发挥的功用愈大。自由也意味着自主选择，并接受选择的后果。因此，拥有更多资源和心理更强大的人倾向于选择自由，而拥有更少资源和心理更软弱的，就会越想参加群众集体，从集体的安排中找到安全和价值。弱势群体有可能不喜欢自由，但并不等于自由不是好东西。"一个自由社会只有未知的少数人得到成功的机会"，一般来说，强者可能更有机会，但是，对其他人来说，也是好东西，至少是最不坏的选择。首先，"自由的好处并不限于自由的人，或者说，个人主要不是从他自己所能利用的自由之中获益"[②]。弱势群体假如不喜欢或者不能很好地运用自由，也能从他人对自由的运用得到好处。其次，"做某事的自由之重要性与想做这件事的人之数量，两者没有联系，而且还可能成反比"[③]。弱势群体假如不喜欢某些自由，也不能否认自由的重要性。"我们甚至可以进一步说：利用去做某件事的自由的机会愈少，对社会整体来说，这种机会也就愈珍贵"[④]。"如果我们假定只有大多数人行使的自由才是重要的，那么必将造成一个停滞的社会，它具有一切不自由的特征"[⑤]。第三，"在

---

① 〔英〕哈耶克：《自由企业的精神和道德因素（哈耶克1961年12月6日在纽约第66届美国产业大会上的讲话）》，冯克利译，载《天涯》1999年第5期，http://www.readers365.com/tianya/tiya1999/tiya19990523.html.〔2016-06-15〕.

② 〔英〕哈耶克：《自由宪章》，杨玉生等译，北京，中国社会科学出版社，2012年版，第57页。

③ 〔英〕哈耶克：《自由宪章》，杨玉生等译，北京，中国社会科学出版社，2012年版，第57页。

④ 〔英〕哈耶克：《自由宪章》，杨玉生等译，北京，中国社会科学出版社，2012年版，第56页。

⑤ 〔英〕哈耶克：《自由宪章》，杨玉生等译，北京，中国社会科学出版社，2012年版，第57页。

芸芸众生之中，哪些人会对文明进化作出巨大贡献是由许多人们无法把握的偶然因素促成的。而我们事先并不知道，谁注定会成为这样的'幸运儿'"①。虽然强者可能更有机会，但是，弱者也有，谁也无法注定成为"幸运儿"。

当然，尽管我们讲很多道理，但是，总还是有人不喜欢自由，怎么办？第六章我们将一步讨论这一问题。需要声明的是，有人不喜欢，并不能否认自由是最好的，只是在政策选择方面我们需要对不喜欢自由的人做出一些妥协，以保证社会的共存。

（二）自由是测试过自己的承受能力之后作出的一个选择

如林达所言："自由实在不是什么罗曼蒂克的东西，这只不过是一个选择，是一个民族在明白了自由的全部含义，清醒地知道必须付出多少代价，测试过自己的承受能力之后，作出的一个选择。自由和代价是两个分不开的话题。"②这一观点认为"没有承受能力就不能选择自由"，这对于一个社会如何迈向自由是有启示的，本书第五章还将有进一步阐述。这一观点并不能否认"自由是最好的公共生活之道"，只能说明自由有代价的。但是，如果人们因为有代价而不选择自由，自由还是最好公共生活之道吗？

回应：个人应该拥有自由是天赋的，与生俱来的，它不需要别人付出代价，社会成本为零，但是，一个人拥有自由，则有成本的，例如结婚自由就意味着可能找到不如意的伴侣。现实社会中，自由总是运用自由的资源绑定在一起，总是与一定制度框架绑定在一起，自由给不同人带来不同的收益，选择自由也会承担不同成本，于是，有些人基于收益成本的比较而不选择自由。不过，只要认真分析他们背后的思路，仍然可以看到，基于普遍长远的利益，自由是最好的公共生活之道。

第一，刘瑜曾做了一个很好的比喻：一颗钻石放在你面前，一个人告诉你，你现在就可以免费得到它，另一个人告诉你，你需要十年分期付款才能真正拥有它，你跟谁走呢？自由带来的钻石常常是后者，因此比较慢。自由带给民众

---

① 杨玉生：《译者的话》，见〔英〕哈耶克：《自由宪章》，杨玉生等译，北京，中国社会科学出版社，2012 年版，第 10 页。

② 林达：《美国的"自由"与"不自由"》，http://cul.qq.com/a/20131119/003761.htm.（2013–11–19）〔2016–06–15〕.

的好处，通常是漫长生长期之后的瓜熟蒂落，而激进主义短期内带给立竿见影的效果。[①] 再比如，想获得一样东西，对于拥有强制力（包括暴力优势和集体优势）的人，"抢"将可以立竿见影的效果，而采用自由的方式，我们只能立足于交换，这样周期常常比较长。因此，"抢"带来一时的好处，就长远而言，自由才是最有效的。有些人会因为短期的利益而放弃自由，但是，这并不能否认"基于普遍长远的利益，自由是最好的公共生活之道"。

第二，自由提供给我们的只是机会、可能性和远景目标，并不能提供能直接产生效果的对策，这也是自由被人们忽略的重要原因。问题是，人的知识是有限的。"假如真有无所不知的人，假如我们真能知道影响我们实现现时愿望的一切因素，并了解我们将来的需求和愿望，我们就没有理由倡导自由了"[②]。能直接产生效果的对策似乎可以解决一时的问题，但是因为人的无知对策不一定可行，而所产生的效果，因为人的需求不可预测而不一定有价值。"为了给不可预见和不可预言的事情留有发展的余地，自由是必不可少的"[③]。只有自由才能给我们长远发展的可能。

第三，某些特权者拥有受法律保障的强制他人的额外权利，因此，他们拼命压制自由。不过，从长远看，这也不是他们的利益所在。"我们的唯一主张是，保障一切劳动者的自由，保障使人类创造出最高劳动效率的劳动制度。自由主义的这一主张符合地球上所有居民的利益。我们之所以反对奴隶制，并不是因为这种制度对'奴隶主'有利，而是因为我们坚信这个制度对社会的每个阶层，首先对'奴隶主'会带来危害……（一位欧洲生活条件比古埃及法老的生活条件还要舒服，尽管后者拥有成千上万的奴隶）"[④]。

---

① 刘瑜：《给理想一点时间》，http://www.21ccom.net/articles/lsjd/lsjj/article_2011100146331.html.（2010-10-01）[2016-06-15].

② 〔英〕哈耶克：《自由宪章》，杨玉生等译，北京，中国社会科学出版社，2012年版，第53页。

③ 〔英〕哈耶克：《自由宪章》，杨玉生等译，北京，中国社会科学出版社，2012年版，第53页。

④ 〔奥〕米瑟斯：《自由与繁荣的国度》，韩光明等译，北京，中国社会科学出版社，2015年版，第62页。

（三）很多人选择自由，并非想自由，而是不得不自由

这种观点认为，选择自由是因为不得不，人们更向往的是为回避责任而逃避自由。M·斯科特·派克在《少有人走的路》对此做了形象描述："为个人行为承担责任，难处在于它会带来痛苦，而我们却又想极力规避这种痛苦。我请求贝吉里大夫替我安排时间，其实是逃避自行延长工作时间的痛苦，但这是我选择治病救人的必然后果。我向贝吉里主任求助，是希望增加他控制我的权力。我是在请求对方：'为我负责吧，你可是我的上司！'"① 为远离责任带来的痛苦，数不清的人甘愿处于附属地位，逃避自由，把自由和权力拱手交给命运、社会、政府、上司。现实生活中，很多大学毕业生选择自由职业，选择在有更高自由度的企业工作，乃是因为考不上公务员，可以说，他们选择自由是因为不得不自由。

回应：这里提到的自由并非完全是本书所讨论自由——不受他人干涉的自由，而是广义上的不受他人约束的自由。

在一个自由社会，"逃避自由"通常不是逃避"不受他人干涉"，而只是逃避"不受约束"，通过让别人约束而换取安全。这是自愿的，他的"不受他人干涉自由"并没有侵犯，因此，这里所提"逃避自由"并不能否认"自由是最好的公共生活之道"。不过，这样讲，并不是要夸奖"逃避自由"，我们社会还要有更多敢于自由、敢于冒险、敢于承担责任的人，这样社会才会进步，也正因为此，企业家才值得人们尊重。

而一个处在专制社会的人，自由可能让失去生命，失去眼前的利益，因此，有可能逃避的是"不受他人干涉自由"。假如能从专制走向自由社会，他可能会不习惯，所以，还是逃避"不受他人干涉自由"。这个问题说的是——人们不愿意承受自由的代价而不是不想自由，但是，"不愿意承担代价"不能否认自由的价值，前面"自愿为奴"以及"自由是测试过自己的承受能力之后作出的一个选择"两个部分对此都有论证，此不赘述。

---

① M·斯科特·派克：《少有人走的路：心智成熟的旅程》，于海生等译，吉林文史出版社，2011年版，http://www.yuexinli.com/yingyongxinlixue/shaoyouren/422.html.〔2016-06-15〕.

（四）自由只是一个机会

自由只是一个机会，如果不懂的利用，你的利益照样无法实现，甚至有的时候还意味着失败，乔纳森·弗兰岑《自由》的中文版封面上"自由带给我们的，原来是幸福之外的一切……"。[①]还有一些与此类似的质疑，例如，自由不能当饭吃？如果这样的话，那么，为什么要自由呢？

回应：的确，自由不会给你答案，不能证明你的努力就会成功，不一定能成就你的梦想，自由只是给你一个机会。自由不能保证让你的生活一定变好。一个不会唱歌跳舞的人，不会因为自由变得能歌善舞，一个很笨的人也不会因为自由变得聪明。对个人利益的实现，自由只是提供机会，而运用这一机会需要资源，如果没有相应的资源，自由可能就没有直接的价值。"如果表面上拥有自由的人缺乏使他们的权利生效的资源，自由就没有价值。如果所有的律师都收费，并且政府不提供帮助，你有没有钱，那么聘请律师的自由就等于零"[②]。但是，这些并不能否认自由是最好的公共生活之道。理由如下：

首先，绝对缺乏运用自由机会资源的人几乎没有，资源是可以通过努力获得的，只要愿意努力就有获得资源的可能。有的人运气不好，努力却失败了，但这也是因为人类理性的局限所在，上帝没有办法保证每个人成功。

其次，自由的价值恰好体现在它只是机会，想成功运用这一机会需要个人的努力，因此，自由起到激励的作用。同时，"我们的大多数个人努力，也是为了给别人的目标提供手段，以便让别人也为我们的目标提供手段"[③]，自由提供的激励既是利己，又可利他，从而成为社会进步的动力。

第三，假设不以自由作为最高准则，而是通过再分配确保个人运用自由的资源基本平等，那么，谁会有动力去争取资源，没有了动力，这必然导致社会停滞，共同贫困。当然，对于明显缺乏资源的弱势群体也应给予一定补助，但

---

① 〔美〕乔纳森·弗兰岑：《自由》，缪梅译，海南，南海出版公司，2012 年版。

② 〔美〕霍尔姆斯，桑斯坦：《权利的成本》，毕竞悦等译，北京，北京大学出版社，2011 年版，第 7 页。

③ 〔英〕哈耶克：《自由企业的精神和道德因素》，http://www.aisixiang.com/data/47289.html. （2011-11-28）〔2016-06-15〕.

这种补助是次要和辅助性。

第四，诚如哈耶克所讲："仅仅是因为我们能够自由地选择自己的手段，我们才能够自由地选择自己的目标"①，假设个人运用自由的资源来自再分配，而不是个人的自由选择，那么，这一资源对实现个人自由通常是无价值的。例如，很多人宁愿选择自费医疗，而不是公费。

第五，自由只是机会，而是充满危险的机会，但这不是我们拒绝它的理由。我们人生价值就在于成为强者。哲学家尼采称："要想在生活中硕果累累或得到最大享受，秘诀就是生活在危险中。"②

第六，如果我们不能很好地利用自由的机会，通常还是从他人对自由机会的运用得到好处。

（五）自由带来不公

"不患寡而患不均"，财富分配是人类社会一个永恒的主题，均贫富虽不是每个人所向往，但的确是具有相当影响力的诉求。那么，为什么这样的诉求不是最好的公共生活之道呢？均贫富不是最好的公共生活之道，在于它的实现必将导致社会的全面停滞，因为它侵犯了自由，打击了人们的积极性。但是，均贫富不是最好的公共生活之道，并不能说明自由是最好的公共生活之道，如果自由会带来贫富分化，会伤害一部分人的诉求，那么，为什么自由还是最好的呢？如何认识自由所带来的贫富分化呢？

回应：对自由的一个有力的反驳，就是自由带来不公，带来贫富分化。贫富分化固然令某些人厌烦，但是，却是我们追求幸福生活必须承担的自由代价，而且长期而言，自由能带来更公平的社会。

首先，自由竞争带来贫富差距，但是，这是为了更好满足消费者需求所不可避免的。富人的财产不完全属于富人，企业家在相当程度上是公众财富的托管人，企业家必须不停地把钱花在让消费者（包括生产消费和生活消费）满意的地方。消费者的选择是对企业家财富的投票，这种投票不可避免地将经营不

---

① 〔英〕哈耶克：《自由企业的精神和道德因素》，http://www.aisixiang.com/data/47289.html.（2011-11-28）〔2016-06-15〕.

② 〔德〕尼采：《快乐的知识》，转引自卢克·约翰逊：《谁是创业者的精神领袖？》，http://www.ftchinese.com/story/001057668.（2014-08-11）〔2016-06-15〕.

能满足消费者的企业家退出富人行列，或者财富大大缩水。事实上，不只是富人，所有人的财产都是如此，主要取决于能否满足他人的生产消费或者生活消费，如果能满足，财富就能得到保值或者增值，反之，则只能贬值。在自由市场里，贫富差距来源于市场中的每一个消费者。贫富差距固然与一部分人愿望相悖，但我们又能如何呢？消灭贫富差距，就是在压抑或者消灭消费者需求。例如，汽车的出现导致马车业者陷入贫穷，为了避免贫富差距，大概有这样一些措施：（1）控制汽车生产，但这等于限制消费升级。（2）选择补贴马车业者，这等于是花公众的钱，最终也将影响公众消费。（3）国有化。当汽车业马车业都属于国有资产，汽车业发展了，是国家在赚钱，马车业亏了，也是国家在亏钱，所有人都是国家雇工，拿同样的钱，这似乎消灭贫富差距的好方法，但这压抑了人们的生产积极性，本质上也是对消费的抑制。

其次，贫富差距与消费者选择有关，进一步讲，就是与一个人对社会的价值有关。一个对社会更有价值的人，自然应享受更多财富，这一点很多人能接受。很多人无法接受的是，因为自然禀赋、家庭背景等方面的起点差异而造成贫富差距，不过，不能接受又能如何呢？如果我们把大家调整统一起跑线似乎能更公平，但至少产生这样一些问题：（1）对自然禀赋、家庭背景高的人构成了强制，侵犯了他们的权利；（2）自然禀赋、家庭背景的差异并非天然形成，其实主要是人们过往财富积累的结果，强行平衡差异，就是摧毁人们创造价值的积极性，既然努力会被剥夺，为什么要努力？既然不用努力，也能获得财富，为什么要努力？

第三，自由带来贫富差距，但这是人类社会繁荣进步的必要代价。正如米瑟斯所言："如果我们得出生产资料的私有制给人类社会带来了繁荣与发展这一结论，那么，我们就可以明确断定：私有制并非财产拥有者的特权，而是一种有利于全体人民的社会组织形式，尽管一小部分人从这种组织形式中得到了特别多的好处，过得特别舒适。"[①]

第四，自由竞争，短期内会加剧贫富分化，但从长期看则会创造更为公平的社会。富人的财富包括用于再生产的资本财富和用于个人消费的生活财

---

① 〔奥〕米瑟斯：《自由与繁荣的国度》，韩光明等译，北京，中国社会科学出版社，2015年版，第69页。

富。前者由包括穷人在内的消费者决定，理论上，富人只是财富的托管者，因此，这方面差距较少引起不满；后者由富人个人享有，故引起来一些人的不满，但长期来看，只要保持自由体制，经济持续增长，富人享受必将逐步成为所有人的享受。相反，如果毁掉自由体制，剥夺富人财富，不仅富人享受不到，穷人也不可能享受。米瑟斯对此有精彩的分析："今天的奢侈品就是明天的必需品，这就是经济历史的发展规律。人类生活的一切改善和进步都首先以少数富人奢侈的形式进入人们的生活领域，过了一段时间之后，奢侈品就变成了所有人生活的必需品。奢侈鼓励了消费水平的提高，刺激了工业的发展，促进工业新产品的发明创造并投入大批量生产。它是我们经济生活的动力源之一。工业的革新与进步、所有居民生活水平的逐步提高，都应当归功于奢侈。"[1]

认为自由竞争不可能带来公平社会的观点，一个重要依据是资源的有限性。不过，这种观点显然是错误的。这种观点认为，资源是有限的，一个人拥有越多的资源，意味着他人拥有越少的资源，资源的有限性让自由成为零和游戏。这种看法似乎有理，其实是局限于静态视角的错误观点。资源多的人欲使其资源得到发挥，就要消费（或者生产），只能是为他人服务，资源少的人必因此而获益。例如，比尔盖茨的财富有数百亿美元，但是，如果微软不能生产为他人服务资源，那么，他的财富将极大缩水甚至一文不值。另一方面，资源有限，所以必须不断创造才能源源不断，这样，我们必须给创造更多资源的人以回报，也就是竞争才能激发更多创造。由于每个人创造不一，回报的结果就不一，承认这样的不平等正是创造之必要。而随着新资源的创造，原来的资源稀缺就会得到一定程度的改善，对原来享受不到这些资源的人就提供了公平的机会。

（六）自由敌不过民族主义和民粹主义

"如果我们考察近代以来世界的历史，就会发现自由主义在民族主义面前败下阵来的例子比比皆是。德国著名历史学家迈内克在《德国的浩劫》一书中反

---

[1] 〔奥〕米瑟斯：《自由与繁荣的国度》，韩光明等译，北京，中国社会科学出版社，2015年版，第71—72页。

思纳粹上台的文化思想原因时十分敏锐地注意到，德国软弱的自由主义一度曾颇有影响，但一战之后，在民族主义和社会主义的双重夹击下很快溃败。"[①]

回应：德国终究还是自由战胜了民族主义和民粹主义。民族主义和民粹主义在德国的实践恰恰证明了自由是最好的公共生活之道。"自由敌不过民族主义和民粹主义"只能说明自由的实现充满挑战，不能否认自由的价值。

八、源于决定论的质疑

决定论的极端形式是否认自由意志的存在，如果持这种观点，本书就没有存在的必要了。还有一些决定论肯定自由意志的存在，但是只给自由意志狭小的空间，认为生活主要还是被决定的，这类观点也对"自由是最好的公共生活之道"提出挑战。此类常见的质疑有：

（一）生产力决定论

生产力决定论认为人类社会是建构在物质生活资料生产基础上的，生产力水平决定经济关系，并进而决定政治、法律和道德关系，尽管后者对前者有反作用，但是，根本上是由前者所决定。按照这种观点，自由观念虽然对经济活动有一定影响，但是根本上是由经济关系所决定的，因此，"自由并非最好的公共生活之道"，最好的公共生活之道是由经济关系所决定的。

回应：生产力决定论虽然有相当影响力，但是，至少背离了以下两个基本事实：（1）如果没有自由，人还是人吗？"与其他无论有生命或无生命的物体不同，人类可以部分发明和选择我们的生活方式，选择我们觉得好的"[②]。自由不仅是人与动物的区别，是人的一种能力，更是人有尊严的前提，如果一切（或者绝大多数事情）都被决定，那活着还有什么意思呢？作为人为什么要接受被决定呢？生产力决定论至少背离人性。（2）人"除了满足活得更长这一本能

---

① 李大白：《李强：自由主义面临的最大挑战是什么？》，http://cul.qq.com/a/20150907/043672. htm.（2015-09-07）[2016-06-15].

② 〔西〕费尔南多·萨瓦特尔：《伦理学邀请》，于施洋译，北京，北京大学出版社，2015 年版，第 28 页。

之外，同时也在回应另一种欲求：活得更多、活得更好"[1]。"动物们渴求（即根据生存必须而努力追求）视为活着，人类活着则是为了渴求"[2]。人永远都在寻找"无穷无尽的更多和更好"，人类的问题是永远不会满足已有的需要，正是这个意义上，人性是不可预测的。生产力决定论将人类生活描述为物质生活以及由物质生活所决定的生活，显然大大矮化（缩小）人的可能性，因此，它无法正确地反映生活的规律。总之，生产力决定论背离了生活，缺乏科学观点所应有的可靠性，因此，这种自认为逻辑一贯的观点不足以推翻"自由是最好的公共生活之道"。

（二）理性决定论

爱因斯坦指出，"我相信，要消除资本主义的这些罪孽，只有一条办法，那就是建立一个社会主义经济。在这种经济制度下，生产资料归社会本身所有，并以有计划的方式加以利用。计划经济使生产适合社会的需要，使能工作的人都有工作，并将保证每个男女和儿童的生活。"[3]爱因斯坦对计划经济的推崇，很大程度上源于他对理性的推崇，他相信理性完全可以把握人的社会生活规律，因此，应该按照计划（理性的设计）安排人的生活。如果理性有这么大能耐，那么，最好的公共生活之道就是理性的设计，而不是自由。理性决定论认为应该由理性决定生活，而不是自由决定生活。

回应：人是理性的动物，理性让人的生活更美好，但是，人的理性能力是有限的。爱因斯坦推崇计划经济，很大程度上是因为他忽略了"人性是不可算计的"的基本事实。计划经济的推崇者自以为，人能获知社会总需求的具体数值，计算出精确总供给，从而编制生产计划，结果酿成巨大的社会灾难。人类区别于动物的一个基本特征就是人永远不会满足，人的需求是无穷尽的，人性是不可算计的。如果说自然科学是因为逻辑能力局限导致真理的有限性，那么，

---

① 〔西〕费尔南多·萨瓦特尔：《政治学邀请》，于施洋译，北京，北京大学出版社，2014年版，第14页。

② 〔西〕费尔南多·萨瓦特尔：《政治学的邀请》，魏然译，北京，北京大学出版社，2014年版，第93页。

③ 〔德〕爱因斯坦：《为什么需要社会主义？》，黄昭义译，http://www.aisixiang.com/data/73392.html.（2014-03-28）〔2016-06-15〕.

社会科学则还因为人性不可预测而导致更大的局限性。正是因为理性局限，所以，自由是最好的公共生活之道，这一点前面已论证，此不赘述。

九、其他质疑

（一）"自由是最好的公共生活之道"有绝对真理之嫌

"自由，就是对何谓正确不那么确定的精神"[①]，主张"自由是最好的公共生活之道"，不免有绝对真理之感，这有违自由的精神？自由的前提是理性有限，主张"自由是最好的公共生活之道"不也背离理性有限？"精确说明自由会产生什么？"的准确回答是"我不知道；没人知道。"如此看来，自由还是最好的公共生活之道吗？

回应：不存在绝对真理，理性有限，反对决定论，是自由主义的三个基本前提。问题是，这三个前提与"自由是最好的公共生活之道"存在矛盾吗？我们的回答是不存在矛盾。之所以误认为存在矛盾，主要是忽略人有理性能力而且迫切需要做出理性判断。理性有限并不否定人有理性，人有办法做出一些具有高度似真性，但非绝对正确的判断，"自由是最好的公共生活之道"就属于这类判断。正因为理性有限，所以自由是好的，正因为人有理性，所以能认识到自由是好的。人活在世上，需要认识到理性有限，承认不知道，为那些不可预测的东西做准备；又要发挥理性优势，预测那些可以预测的东西。人需要理性，需要依赖于一些相对可靠判断才能更好的生活，"自由是最好的公共生活之道"，就属于这种相对可靠的判断。相对可靠并不等于绝对正确，不过，假定"自由是最好的公共生活之道"错了，它所产生危害最小，自由为思想发现提供可能性，它不仅为"自由主义"，而且也为文明社会的其他"主义"创造了发展的基础。

（二）如果自由总是表现为一定范围的人群享有同等的自由，那么，自由还是最好的公共生活之道吗？

关于自由价值的分析，我们预设了一个基本前提即人人享有同等的自由，

---

① 〔美〕勒尼德·汉德：《自由的精神》，http://www.aisixiang.com/data/50801.html.（2012-03-03）〔2016-06-15〕.

"自由"意味着一个人享有不受他人干涉的自由，同时，也不得干涉他人。但是，在现实生活中，自由总是表现为一定范围的人群享有同等的自由。以参政权为例，先是贵族才有民主参与权，然后逐步扩大到能纳税的平民，接下来是全体的成年男人，最后扩大到少数民族和妇女。这样一个过程在很多国家是几百年时间。美国1920年才通过宪法19次修正案赋予妇女全国选举权；英国到1928年妇女才拥有全国选举权；法国到了1944年才赋予妇女全国选举权；瑞士直到了1971年才赋予妇女全国选举权。在今天，就是自由已经相当成熟的社会，也不是人人享有同等的自由，例如，某些移民的自由权就受到一定的限制。从世界范围看，也并不是每个地区的人的自由都是一样的。自由总是表现为一定范围的人群享有同等的自由，是一个客观事实，对这个现象应该如何看待呢？

回应：这并不影响第三章关于自由价值的判断。当自由表现为一定范围的人群享有同等的自由，那么，自由就是这一范围人群的最好的公共生活之道。没有享有同等自由的人，可以分为三种类型，一是受到奴役的人，二是拥有奴役他人自由的人，三是需要他人照顾的人。对于受到奴役的人，自由是这些人最好的公共生活之道，实现自由是他们中最大多数人的长远利益，这一点基本上没有什么疑问。对于拥有奴役他人自由的人，这要看多少人拥有这样的自由，如果是多数人拥有这样的自由，如多数暴政，那么，实现同等的自由（即多数人不能奴役少数人）是他们中最大多数人的长远利益，多数暴政让社会停滞、文明退步的例证太多了；如果少数人拥有这样的自由，实现同等自由对这些人本身很可能不是最好的，但是，从社会最大多数人的长远利益看，自由还是最好的公共生活之道。对于需要他人照顾的人，例如未成年人、残疾人等，自由当然不是这些人本身最好的公共生活之道，但是，他们可以从他人的自由中得到好处，一个因自由而繁荣的社会才能更好地照顾他们，从长远看，自由也是这些人最好的公共生活之道。

（三）人在事实上生而不平等，因此，自由不是最好的公共生活之道

自由是最好的公共生活之道，隐含一个基本的前提——人人享有同等的自由。但是，一个基本事实是人人生而不平等，柏拉图等诸多哲学家都主张采用等级制，不同等级的人享有不同的自由，按照这种主张，自由就不是最好的公

共生活之道。

回应：人生而不平等是一个事实判断，人人享有同等的自由是一个规范判断，这是两个不同范畴。"人人事实上不平等"并不等于"人应该就享有不平等的自由"。当然，不等于并不意味着不能推导，那么，"人人事实上不平等"是不是可以推导出"人应该享有不平等的自由"呢？我们的观点是不可以，理由如下：

首先，人某些方面生而不平等，但是在某些方面生而平等，人都是人，都有理性，都向往自由，因此，人应该享有同等的自由有其合理性和可能性。

其次，人某些方面生而不平等，例如父母与未成年子女的不平等，因此，应该享有不同的自由，这一点在家庭关系领域有它的合理性，但是，如果推广到整个政治共同体，那就不合理。从功利角度看，在熟人圈子，在家庭范围内，我们能在一定程度上判断不同人之间的能力差别，能在一定程度上判断不同人之间的价值偏好，因此，等级制可能在某种程度上有其合理性。但是，如果推广到整个政治共同体，每个人才是其自身利益的最佳判断者，只有自由，只有人人享有同等的自由，才符合共同体普遍长远的利益。从人性角度看，只要能选择在享有平等自由的社会生活，绝大多数人都不可能认同等级制，这一点第二节"如何解释自愿为奴"中已做了详细的论证。

第三，现实生活没有绝对相同的两个人，因此，总是有一些人在经济、政治以及社会关系方面拥有统治地位。在古代社会，这种统治地位表现为人与人之间拥有不平等的自由，总是有些人处于被他人强制的地位。在现代社会，这种统治地位有办法做到人与人的平等自由，每个人都是一样不受他人强制，处于统治地位的人只是表现在他人自愿合作的前提下可以命令他人，虽然还是有一些人是在他人的指令下生活，但并不是被强制，而是自愿服从，所以从不被他人干涉的角度看，人人享有平等自由。可见，尽管有些人处于统治地位，仍可以做到人人享有平等的自由。

（四）本章关于自由价值的论证充斥着各种假设，这些假设不等同于现实，所以由此得出的结论是不可靠的

回应：我们的论证的确从假设出发，这些假设当然也不等同于现实，但这并不意味着结论就不可靠。卢梭在《论人与人之间不平等的起因和基础》中有

一句精彩的论述："首先让我们抛开事实不谈，因为它们与我们探讨的问题毫无关系。"①现实生活比我们的假设丰富得多，但是，与我们所探讨问题无关的事实是可以抛开的。"一个现实的问题是人类智力的有限性。我们不能一下子处理所有的信息，必须选出重要的而忽略剩余部分"②。当我们想有效分析一个问题，只能将问题界定一个局部领域，抛开无关的事实，例如在经济学分析中，我们经常假定交易费用为零、市场中没有人、企业就是一个生产函数、完全利息、信息完全等。同时，人的认识机制决定了人只能通过假设来认识社会，主观假设总是与现实存在差距，不能因为假设无法等同于现实，就认定假设以及所推导出的结论不可靠，如果这样钻牛角尖，我们根本无法认识世界。判断一个假设是否可靠，不在于是否超现实的、超历史的，应该看它能不能解释现实，而不是看是否等同于现实，因为根本不存在等同于现实的假设。我们的假设确实非常抽象，与充满各种特殊事实的现实不一样，但是，只要这些特殊事实为假设所覆盖，能为假设所解释，那么，就可以抛开这些特殊事实。在前面论证中，我们提出的诸多假设都有很强的解释力，能解释包含各种特殊事实的现实，因此，由此得出的结论是可靠的。

当然，也有观点认为，我们前面论证提出的假设并不具有很强的解释力，充其量只能称为推测。我们的假设只是推测，这样的说法有一定的道理。正如我们只能根据现存的化石来推测动植物发展历程一样，人类认识社会在很大程度上也只是根据某些事实进行推测，但是，判断一个命题是否可靠，不在于它的前提假设是否属于推测，而在于这个推测是否优于其他推测，是否具有优于其他推测的解释力。

（五）自由只有在某种条件下才有可能，因此，自由不是最好公共生活之道

自由的确只有在某种条件下才有可能，这一点第五章有专门的论证，不过，要由这样一个前提推导出自由不是最好的公共生活之道，还需要有一个前

---

① 〔法〕卢梭：《论人与人之间不平等的起因和基础》，李平沤译，北京，商务印书馆，2007年版，第132页。

② 〔美〕迈克尔·G.罗斯金等：《政治学与生活》，林震等译，北京，中国人民大学出版社，2014年版，第33页。

提——实现自由的条件不可能具备。关于自由的条件不可具备的观点又可分为两种：第一，实现自由的条件是一个彻底的空想，不会有这种社会的存在，连近似达到这种社会的可能都不存在；第二，一个过渡到自由社会的国家，情况往往更糟糕。对于前者，本书第五章第一、二、三节对实现自由的条件有详细的论证，对于后者，第五章第四节也有专门的论证，自由的实现虽非必然但完全有可能，在某些时候，处在向自由社会过渡的状态有可能更糟，但是，就绝大多数人的长远利益而言，这个代价是值得付出的。

（六）"自由是最好公共生活之道"属于"过度简化的谬误"

"过度简化的谬误"指的是"试图用一种语言、根据一个原则或一个解释方法来不加批判地解释或描述一切事物。""有些人仅仅根据气候变化来解释历史，有些人仅仅根据经济力量解释历史，还有人则根据生物学因素，这些都是草率的过渡简化的例子，都属于'过度简化的谬误'。"[1]"自由是最好的公共生活之道"的确是简化的分析方法，但并不属于"过度简化的谬误"。首先，这一命题蕴含一个基本前提——历史的发展既非单因更不必然，影响历史有各种人类尚未了解甚至永远无法了解的复杂因素，因此自由最好。自由反对"一个解释方法来不加批判地解释或描述一切事物"。其次，我们并不认可"自由是最好的公共生活之道"可以描述一切公共生活，而是有种种限定条件，本章第一节我们已经对此作了详细的阐述。第三，自由是一个包容性很强的概念，自由不仅为"自由主义"，而且也为其他"主义"创造了发展的基础。自由作为公共生活之道或许在某些时候不是最好，但是，它最不可能产生灾难性后果。第四，自由最好并非自由至善，而是指它是带给我们最小或最可原谅的害处的制度，自由最好并不绝对排斥其他公共生活之道。

（七）人们的价值追求因为其自身价值观不同而不同，在公共生活状态的价值判断也各不相同，何以认为自由是最好的公共生活之道？

自由是最好的公共生活之道，我们前面已经论证，这是相当可靠的科学假

---

[1] 〔美〕哈罗德·泰特斯等：《老问题：西方哲学的经典议题》，李婷婷译，北京，新华出版社，2014年版，第236页。

定。作为科学假定，并不因为人们的不同判断而不存在，也不会因为很多人否认就成为错误。非自由社会，很多人自愿为奴；自由社会，也有很多人选择逃避自由，他们基于自己的价值追求不愿意承认自由是最好的公共生活之道。为什么自由最好呢？前面我们已论证，就普遍利益而言，自由最好。尽管人们的价值追求各不相同，但只要站在普遍利益的立场上，自然会认可"自由是最好的公共生活之道"。或许你会质疑，人们愿意选择普遍利益的立场吗？如果没有人愿意选择这一立场，"自由是最好的公共生活之道"也就没意义了，不过这样假设并没有太多的现实意义，人是追求利益的，普遍利益与个人利益虽不完全一致，普遍利益带来个人利益增长是大概率事件，自然会有一部分人选择从普遍利益看待问题。不过，普遍利益有可能陷入公地悲剧，因此，我们需要提倡基于普遍利益看问题。针对人们在公共生活状态的价值判断各不相同的现实，我们更需要大力提倡"自由是最好的公共生活之道"，而不是反而否认这一命题。

当然，总还是有一部分不愿意从普遍利益看问题。人性的魅力之处在于无限的可能性，不向往自由的人自有其一番道理，他们通常关注短期利益，不过就是从这些人短期利益的角度看，自由也是一个不坏的选择，从这意义上讲，即使你不愿意从普遍利益看问题，也有必要认可自由是最好的公共生活之道。首先，对于不向往而且不想利用自由的人而言，允许他人利用自由而不予阻碍，对自身也是有好处的。其次，由于不向往与向往自由的人共存于一个社会，他们之间会产生冲突，但是，解决这冲突的最好方法，仍然是自由，给他人自由，才更可能给自己自由。第三，自认为自己没必要也不想自由，或者把某些人看成不成熟不想自由，很可能导致独裁。认为某些人的成熟度不足于承担自由，这是独裁者的一贯思维，独裁者正是把自己看作为不成熟的人民的家长，所以独裁有理。显然，独裁不是一个好的选择。

（八）"自由是好的公共生活之道"优于"自由是最好的公共生活之道"

回应：这里涉及了三个问题——命题可操作性、命题确定性和命题真理性。如果我们主张"自由是好的公共生活之道"而不是"最好的公共生活之道"，那么，命题将更不容易被击倒（似乎也具有更具有似真性），但是，相应就更不具可操作性。我们将强调"最好"就为了表明自由优于平等、民主等其他规则，当自由与其他公共生活规则相互冲突时，自由优先，只有确定的表明"最好"，才能为我们的行动提供可操作性的指引。命题的界定要兼顾真理性和可操作性，不能为了命题看来更"似真"作一个模棱两可的判断，这样判断对于指导我们的行动就没有太多的意义。命题具有可操作性，必须让命题具有确定性，一个确定性的命题要具有科学性，关键是对其适用范围有适当的界定，主张"自由是最好的公共生活之道"，并非指自由在任何情况下都是最好的，而是就普遍长远利益而言，自由是最好的。

作为命题应该具有确定性，但绝不能将命题的确定性与命题是绝对真理混为一谈。"自由是最好的公共生活之道"并非绝对正确的科学真理，只是具有高度似真性的科学论断，坚持这一命题的同时，我们必须确认：（1）没有任何人（包括国家）能垄断判断"科学理论的对错和好坏之分"的权力，我们无法认定本命题反对者是绝对错误的，对于反对者和反对观点，都要保持一份宽容，绝对不能封杀异见；（2）本命题确实不是绝对真理，如果在今后研究存在有可靠证据支撑的例外，那么，就需要进一步修正命题本身或者命题的适用范围。

（九）自由只是自验预言

自验预言是指自我用行为来应验自认为会出现的结果。比如说：我认为我将在学校里表现非常糟糕，于是我就不那么努力地去面对我的作业与学习，结果我就真的表现糟糕，不出我所料。再比如：经济衰退可能是一个自验预言。因为经济衰退是指两个季度的 GDP 的下降，只有在衰退中度过六个月之后你才会知道你正处在一个衰退之中。不幸的是，GDP 下降的苗头一出现，媒体就报道可能会有一个经济衰退，然后人们开始恐慌，开始了一系列的连锁反应并最终导致了大衰退。[①] 有一种观点认为，自由（充其量只能说）是自验语言，因为人们认为人应该自由，所以在很多社会就实现了自由。

回应：这样的说法并不是全无道理，也有一些证据支撑，但是，如果将自由等同于自验语言，那么，就不符合事实了。自由之所以必要并不完全取决于

---

① 互动百科：《自验预言》，［2016-06-15］. http://www.baike.com/wiki/%E8%87%AA%E9%AA%8C%E9%A2%84%E8%A8%80.

个别人的意愿，否则，假如在某个社会，人们没有自由的需求，那么，就没有自由的必要。自由之所以必要，当然有人们需求的因素，还有一个重要的原因在于它是一个客观的判断，这不是某些一时的需求所决定的。

（十）关于自由的论证只是自以为是的完美闭环

关于闭环论证，连岳有一个精彩的论述："他们算是最虔诚的教徒：既然深信有全知全能的神，那么，这个神一定能治好病。病治不好，是不是可以反证没有神？不是，他们独特的逻辑可以圆上：那是我不够虔诚，或者，那是因为我做了错事受惩罚。就算此生清白，那也是前生有错。完美的闭环。一陷进去，基本出不来了。"[1] 关于自由的论证，也有一些人认为只是完美闭环。

回应：判断一个命题是不是闭环论证，关键在于他有没有经验支撑，当你将论证归结于不可验证的"事实"或者神秘力量，那么，就是陷入的闭环论证。显然，本书关于自由的论证都是建立在可验证的基础上。

（十一）幸福才是最好的公共生活之道

自由是人的本性吗？人们要的是物质幸福，驱动人们的是幸福，而不是自由。如果"幸福而非自由"才是人更重要的本性，自由还是最好的吗？

回应：从个人生活角度看，推动人们行动的可能是对幸福追求，甚至嫉妒等，自由反而不一定是很重要的动力。但是，本书研究的是公共生活，从公共生活的安排看，自由是人在公共生活领域的自然渴求，自由才能带来普遍长远的幸福，这一点第二、三节已经作了论证。我们当然可以选择幸福作为公共政策的目标，但是，如果只强调幸福本身，不是以自由为原则，而是幸福高于自由，必然会造成对自由的侵犯，带来的只能是共同贫穷，最后也将破坏幸福本身；要得到普遍和高质量的幸福，还是得依靠自由。换句话说，以幸福为目的不一定带来真正的幸福，以自由为原则才带来普遍长远的幸福，因此，自由才是最好的公共生活之道。幸福才是最好这一命题，初看起来似乎有理，但是，如果回到本书主题，回到逻辑的层面，还是经不起反驳的。

---

[1] 连岳：《好心魔鬼》，http://www.weixinyidu.com/n_2910838.（2016-02-01）［2016-06-15］．

（十二）世界宣告了自由，特别是在最近时代，但是在他们的自由里我们看到了什么呢？只有奴役和自杀。[①]

这句话源于陀思妥耶夫斯基的《卡拉马佐夫兄弟》，不过，人们经常脱离原文引用这句话。如果不考虑原文，自由造成奴役和自杀，那是什么原因呢？

回应：自由造成奴役和自杀，可能来自对自由的错误认识，例如将自由等同于能力或者幸福，自由就会带来奴役；也可能来自迈向自由社会的过程，因为在这个过程中，必然有利益争夺，难免会奴役和自杀。自由本身是反对奴役，说自由带来奴役，说明那种自由是有问题的自由，是需要改进的自由。自由带来自杀，当然也有可能，但是，这并不否认自由是最好的公共生活之道，自由不可能让一切都美好，世界上没有这样的东西。

（十三）有了自由却没进步，没有自由也能发展

很多号称自由的地方并没有带来文明进步，而很多例子表明一个不自由的社会，也发展出相当高的文明。

回应：社会进步包括很多因素，自由只是一个因素，更重要的是，自由带来的进步本身就有误碰误撞的偶然因素，有的社会运气好，其他条件具备，通过自由抓住了创新机遇，所以进步快。在大概率上，我们会看到自由程度越强社会进步程度越高，但是也不排除例外，自由程度高但社会进步程度并不高。至于一个不自由的社会也发展出相当高的文明，这一点不能否认，但是，这样的社会一旦文明发展到一定程度，就陷入死循环，例如古代中国。

自由本身是一个复杂结构，自由能否带来进步存在一个复杂联动机制。就政权的参与自由而言，古代中国的科举制在封建等级社会中开放了政权，人人都有可能参与政治，体现出优于西方的一面。但是，西方发展出现代文明，而古代中国却陷于死循环的黑洞。并不是每一项自由对一个社会的成功都是同等重要的，一般来说，经济自由、思想自由最重要，当社会发展到一定程度，政权参与自由的作用才逐渐呈现。

---

① 〔俄〕陀思妥耶夫斯基：《卡拉马佐夫兄弟》，http://www.sbkk8.cn/mingzhu/waiguowenxuemingzhu/kalamazuofuxiongdi/220966.html.〔2016-06-15〕.

（十四）所有社会都有自由的因子，谈论自由的意义似乎不大？

一个社会的自由只有程度的不同，而没有绝对的自由或不自由。在极度专制体制下，也存在自由，而即便自由程度极高的美国，也存在奴役，只要翻看美国史，就能找到明显例证。如果说自由是文明进步的因子，那么，实际上所有社会都存在自由的因子，这样看来，谈论自由的意义似乎不大？

回应：自由是社会进步的必要条件，所有社会都存在自由进步的因子，这并不意味着谈论自由没必要，还必须谈论自由的多少，一个社会自由程度越强，社会进步与繁荣可能性越高，我们从自由得到的好处越多。正如哈耶克所讲，"如果只有一个人享有自由，他因此所能够获得的好处远不及整个社会处于自由状态带来的好处多"。"随着能利用自由之人数的增加，我们从他人自由之中获得的好处便愈来愈大"。①

（十五）浪漫主义的质疑

"马，本来自由自在的在山间撒野，渴了喝点山泉，累了就睡在地上晒太阳，无忧无虑。可是自从有了伯乐，马的命运就改变了，给它的头戴上笼辔，在它的背上置放鞍具，栓着它，马的死亡率已经是十之二三了，然后再逼着它运输东西，强迫它日行千里，在它的脚上钉上铁掌，马的死亡率就过半了。马本来就是毫无规矩毫无用处的动物，让它吸取日月之精化，天地之灵气，无用无为，还得以享尽天年，教化它，让它懂得礼法，反而害了它的生命。人何尝不是如此呢？在规矩的约束下我们是否也丧失了本我，成天遵循别人制定的礼义，逼迫自己去做不愿意做的事情，有限的生命还剩下多少呢？"②

回应：这是网上颇为流行的一段话，流行说明它说到很多人的心坎上，但是看不到支撑它的证据。自由的确是要追求摆脱约束，但是摆脱某些约束也可能毁掉自由本身，因此，我们需要理智地分析能摆脱哪些约束，而不是通过无实证根基的浪漫主义想象来设想自由的边界。浪漫主义很符合我们感情的需要，问题是能在现实生活中实现吗？

---

① 〔英〕哈耶克：《自由宪章》，杨玉生等译，北京，中国社会科学出版社，2012年版，第57页。

② 《"马赛克"人生（四）》，载《青春期健康》，2009年第8期，第32页。

第四章 | 多一个角度看自由应该是什么

关于自由的概念，有各种不同解释方法，作为入门者，你应该寻找它们相通之处。不是说"一定要用不同解释方法才能探寻更好的自由内涵"，单一的解释方法有时候也非常棒，你可以坚持其中一种解释方法，但是，也得理解其他解释方法的内在逻辑。人是社会动物，你不能无视他人主张，必须与他人对话并寻找共识。

汗牛充栋的自由话题简洁到极致只有一个，就是"自由是什么？"学通自由的概念，一切自由的问题都将迎刃而解。我们能否很好地秉承自由理念生活，很大程度上取决于生活中想到自由时呈现的"自由概念"。自由两个字的确简单，但是，这两个字又可延伸出无数的内容。自由的定义不能一劳永逸的解决，一个自由主义者应该持久地追问、求索、争论、反思："何为自由？"

"尽管几乎每一个道德家都颂扬自由，但自由这个名词意义很模糊，所以几乎能够容纳绝大部分的解释"[1]。第二章已经明确本书所讨论的自由指不受他人干涉的自由，从自由状态角度看，是指一个人不受他人干涉的状态，从自由权的角度看，是指一个不受他人干涉的自主空间。但是，一个人不受他人干涉的状态到底是什么样的状态，一个不受他人干涉的自主空间到底有多大，则是一个有待进一步讨论的问题。在伯林看来，不受他人干涉的自主空间是可以采用多种原则加以界定的。"不管以什么原则来划定不受干涉的领域，无论它是根据自然法、自然权利或功利原则，还是某种康德所谓的绝对命令、社会契约之规定或人们借以澄清和卫护他们的信念的任何其他概念，自由在这一意义之上，都是'免于……的自由'（liberty from…），就是在虽变动不居的但永远清晰可

---

① 顾肃：《自由主义基本理念》，江苏，译林出版社，2013 年版，第 58 页。

辨的界限以内不受任何干扰"①。

第二章着眼于初步描述什么是自由，而这一章则是在明确自由价值的基础上深入探讨自由应该是什么。本章第一节通过对强制的进一步定义来讨论自由概念。如何让一个人处于不受他人强制状态？哈耶克认为，这有赖于确定一个明确的个人私域——自由权，"这只有通过国家保护个人的私人领域免受他人干涉，以及划定个人的私人领域才是可能"②。本章第二节至第八节分别通过伤害、法律、正当程序、自然权利、功利主义、保守主义等视角讨论个人私域（自由权），以进一步明确自由的概念。自由到底是什么，这一问题并没有简单的解决方案，以为对自由的界定可以做到绝对精确，这在动机上可能是好心，在后果上则把许多人置于绝境。本章所述的八种理论也不能从根本上解决自由的概念，但可以帮助人们描述这些问题，并给出一般的指导。

第一节　强制视角下的自由

本书所讨论的自由是不受他人干涉自由，这一点已明确。伯林对此有经典的阐述："正常的说法是，在没有其他人或群体干涉我的行动范围之内，我是自由的。在这个意义上，政治自由是一个人能够不受他人阻碍的情况下自主活动的空间。如果我被别人阻止去做我本来可以做的事情，那么，在这个限度之内，我是不自由的；如果这个空间被别人压缩到某种最低限度以下，那么，我就可以说，我受到强制或者奴役。"③干涉，指的是直接或间接、有意或无意地使一个人希望

---

① 〔英〕以赛亚·伯林：《两种自由概念》，见以赛亚·伯林：《自由论》，胡传胜译，江苏，译林出版社，2011年版，第175页。引用时综合陈晓林的翻译，参见 https://www.douban.com/group/topic/13882818/?cid=168460269.（2010-09-08）〔2016-06-09〕.

② 〔英〕哈耶克：《自由宪章》，杨玉生等译，北京，中国社会科学出版社，2012年版，第43页。

③ 〔英〕以赛亚·伯林：《两种自由概念》，见以赛亚·伯林：《自由论》，胡传胜译，江苏，译林出版社，2011年版，第170页。引用时综合陈晓林的翻译，参见 https://www.douban.com/group/topic/13882818/?cid=168460269.（2010-09-08）〔2016-06-09〕.

不得实现。某些无意干涉，并不构成对自由侵犯，如有人从图书馆借走了我所需要的书，一般来说，极其轻微的干涉不构成对自由的侵犯。在各种干涉中，最典型的是强制——"某些人故意在我本可以自由行动的范围内，对我横加干涉"①。关于强制有各种定义，最宽泛的定义是把对他人的各种影响都视为强制，本节所讨论的强制是指故意的干涉。强制通常都构成了对自由的侵犯，因此，人们讨论不受他人干涉自由，一个最主要的角度是从强制角度讨论的，本节就是从强制角度讨论自由。除了强制外，自由还可能因为其他干涉受到侵犯，但是，强制是最主要的、最典型的，从这个角度阐述基本上可以刻画出自由的最主要内涵。

从强制视角看，自由是免于他人强制的自由。通过强制视角进一步确定自由的内涵，需要明确两个问题，首先是强制的定义，这样才能使自由的定义精确化；其次，哪些强制是正当的强制，正如哈耶克所讲"自由并非你没有强制，只是受到最低限度的强制"②，自由，准确地讲是指除了正当强制（最低限度的强制）之外的不受他人强制。一个受到除了正当强制禁令之外的强制就是不自由，遵守政府正当强制的禁令不能视为不自由，而如果违反正当强制禁令则将被剥夺自由。为了简明的阐述，本书中，强制一词，如果不加特别注明，就是指非正当强制，事实上，多数讨论自由的文章也是这样处理的，强制指非正当（通常是非官方）的强制，从而有别于正当（通常是官方）的强制。

一、强制是什么？

哈耶克对此有经典的阐述，他认为，强制"乃是指一个人外部条件受他人控制，为了避免更大的恶果，他被迫为实现他人的目的工作，而不能按照自己的计划行事。"③结合这一定义，我们可以从以下几方面判断一个人是否处于被强制状态：

---

① 〔英〕以赛亚·伯林：《两种自由概念》，转引自以赛亚·伯林：《自由论》，胡传胜译，江苏，译林出版社，2011年版，第170页。引用时综合陈晓林的翻译，参见 https://www.douban.com/group/topic/13882818/?cid=168460269.（2010-09-08）〔2016-06-09〕.

② 〔英〕哈耶克：《自由宪章》，杨玉生等译，北京，中国社会科学出版社，2012年版，第42 -43页。

③ 〔英〕哈耶克：《自由宪章》，杨玉生等译，北京，中国社会科学出版社，2012年版，第42页。

（一）受强制者受到他人控制

强制仅限于来自人的强制，不包括自然因素对人的限制。"除了人为因素之外，没有任何其他的东西可以构成强制。像独自生活在荒岛上的鲁滨逊，就不可能会受到强制，尽管他并不能离开荒岛，而且物资也很缺乏，但他是自由的"①。哈耶克指出，英语中把来自于环境的强制称为"compulsion"，而把来自人的强制叫作"coercion"，他所讨论的强制是指"coercion"②。

（二）受强制者被迫按照他人的目的工作

这里所谈的"按照他人的目的工作"并不仅仅指只能"丝毫不差地按照他人的目的工作"，更多情况指，受强制者还可以有选择，只是被强制者"除了选择他人强设于他的所谓的较小危害之情境以外，他既不能运用他自己的智识或知识，亦不能遵循他自己的目标及信念"③。强制是一个人肆意操纵另一个人选择的某个条件或某个可能性，进而让受强制者被迫按其目的工作，而不是非得控制受强制者的一切。只要强制者迫使受强制者按其目的工作，即使是为受强制者好而进行的，也属于强制，强制不考虑是否对受强制者好这一因素，如斯蒂芬·霍普金斯所言"任何一个必须遵从另外一个人意志的人，其实跟奴隶没什么两样，即使他的主人可能对他不错"④。

而如果是人们自愿接受的"约束"，就不能理解为强制。例如，加入 FIFA 的组织就必须接受越位规则，对越位的限制不能被认为是"侵犯自由"。我们绝不能以"凭什么要侵犯自由"为名，否认体育比赛里存在的各种规则，当人们同意其规则而参加比赛的时候，规则是"经同意的约束"，所以不是侵犯自由。一个自由职业者放弃自由职业，选择做公司雇员——意味着根据他人安排工作，虽然这样的选择可能有些不情愿，但是，我们仍认为他是自由。当我们为了得

---

① 甘权仕：《哈耶克的自由概念研究（硕士论文）》，重庆，西南政法大学，2011年，第20页。

② 〔英〕哈耶克：《自由宪章》，杨玉生等译，北京，中国社会科学出版社，2012年版，第189页。

③ 〔英〕哈耶克：《自由宪章》，杨玉生等译，北京，中国社会科学出版社，2012年版，第42页。

④ 转引自风灵：《爱的真谛——有感于冉云飞〈给你爱的人以自由〉》，http://blog.sina.com.cn/s/blog_3d3fb2810101c1nt.html.（2010–01–20）［2016–06–08］.

到他人的服务，而不得不答应他人的条件，虽然答应有时是被迫或者不情愿的，但是，也不能说这是强制。类似的，还有权力，在一个很多人自愿合作并为其自身目的共同工作（或者生活）的社群中，其领导人的权力通常不是强制。哈耶克认为，"汽车大王亨利福特的权力、美国原子能委员会的权力、基督教救世军最高司令的权力，以及（至少直到前不久为止）美国总统的权力，都不是那样为他们所选定的目标而去强制某些人的权力。"[①]

是否按照强制者目的工作有时是一件很难判断的事。例如哈耶克指出"甚至要是有人用令人厌烦的喧闹声将我赶跑，我们还不能说，这些做法强制了我"。[②] 对此，霍伊反驳："如果有人试图通过高奏音乐把邻居撵走，这算不算强制呢？这是否应根据音乐的吵闹程度而定呢？国家在什么时候才有理由禁止高奏音乐呢？"[③] 强制不仅以造成损害的威胁为前提，而且要以实现别人的某种行为的意图为前提，哈耶克认为仅仅令人厌烦的喧闹声而没有强迫他人按照自己目的行动，就不能认定是强制。问题是"动机常常是不可证实的东西"，我们有时很难证明一个人有没有强迫他人按照自己的目的行动。如果是一个不能辨认自己行为的精神病人，他令人厌烦的喧闹声不能认定为强制，而如果是一个正常的成年人，他造成的令人厌烦的喧闹声把邻居撵走，就很难不被视为强制了。因此，虽然强制意味着强迫他人按照自己的目的行动，但是，动机具有不可证实的特征，我们有时无法通过动机来判断是否属于强制，这时，我们需要借助于强制的强度，当影响他人的行为达到一定程度就是强制，而不考察这个人是否存有"强迫他人按照自己目的行动"的动机。

（三）强制控制足以使受强制者被迫按照强制者的意图行动

哈耶克认为，强制的确可以像康芒斯所阐述的解释为"一种无处不在、不

---

① 〔英〕哈耶克：《自由宪章》，杨玉生等译，北京，中国社会科学出版社，2012 年版，第193 页。

② 〔英〕哈耶克：《自由宪章》，杨玉生等译，北京，中国社会科学出版社，2012 年版，第190 页。

③ 〔美〕霍伊：《自由主义政治哲学》，刘锋译，北京，生活·读书·新知三联书店，1992 年版，30 页。转引自甘权仕：《哈耶克的自由概念研究（硕士论文）》，重庆，西南政法大学，2011 年，第 25 页。

可避免的现象"，但是，他只关心那些严重形式的强制、国家应该关心的强制，自由指的是没有这种强制[①]。人是社会的动物，人的行为总是或多或少地受他人的影响，但这不能都被称之为强制，只有强制者对受强制者施加的影响足以控制受强制者按照强制者的意图行动，才能称为强制。哪些影响能产生强制的效果呢？强制的效果很大程度上取决于受强制者的精神力量，但是，正如哈耶克所讲，我们在这里关心的却是可能对正常的普通人具有影响力的强制[②]。就正常普通人而言，具有强制效果的行为主要有以下类型：

首先是暴力，正如哈耶克所讲"假如有时候用强力和暴力这些用语代替强制的话，这会使人产生较少的误解，因为用暴力行为相威胁是强制的重要表现形式。"不过，哈耶克同时也强调"但是，这些用语并非强制的同义词，因为有形的暴力威胁不是强制的唯一方式。"[③]

其次，是欺骗和迷惑。哈耶克认为，欺骗和迷惑与强制相同，都是操纵他人赖以作出决策的基本事实的方式，以达到让他人去做欺骗者或迷惑者所想让他做的事。因此，一旦欺骗或迷惑成功，被欺诈者与被强制者一样沦为他人的工具，去实现他人的目的，而不是追求自己的目的。[④]

第三，是垄断。垄断一般情况下不构成强制，哈耶克认为"假使一个垄断者不能掌握住那种真正不可缺少的东西，那么无论他的要求对于那些指望其服务的人会是多么不快，他也无法实施强制。"[⑤]就好比一个著名的画家非要高价才给人画像，而画像对个人来说并非生存必需，因此画家的行为就算不上是强制[⑥]。只有在很特殊的情况下，垄断才构成强制。"如果事情关系到一片沙漠绿

① 〔英〕哈耶克：《自由宪章》，杨玉生等译，北京，中国社会科学出版社，2012年版，第197—198页。

② 〔英〕哈耶克：《自由宪章》，杨玉生等译，北京，中国社会科学出版社，2012年版，第196页。

③ 〔英〕哈耶克：《自由宪章》，杨玉生等译，北京，中国社会科学出版社，2012年版，第193页。

④ 〔英〕哈耶克：《自由宪章》，杨玉生等译，北京，中国社会科学出版社，2012年版，第204页。

⑤ 〔英〕哈耶克：《自由宪章》，杨玉生等译，北京，中国社会科学出版社，2012年版，第194页。

⑥ 甘权仕：《哈耶克的自由概念研究（硕士论文）》，重庆，西南政法大学，2011年，第24页。

洲上的一处水源占有者，那么这位垄断者无疑地可以实施不折不扣的强制"[1]。因为水源的唯一性和不可缺性，迫使人们为了得到水而不得不按垄断者要求行动。哈耶克认为，依靠资源垄断来实施强制"在繁荣兴旺的、自由竞争性经济体制中，即便不是可能，那么肯定也是极端情况下的罕见例外。"不过，他同时认为"在一个完全社会化的国家里，存在着对就业的全面垄断，国家作为惟一的雇主以及生产资料的所有者，拥有不受约束的强制权力。"[2]

行政垄断很容易构成强制，而一个自由市场中的垄断很难构成强制，因为市场竞争的存在，市场垄断即使产生也不会持久存在。市场垄断的产生是效率的结果，最有效率者才能垄断，不过，垄断一旦形成，也可能让消费者在一段时间内蒙受价高之苦，直至新的竞争对手进入。现在有一种趋势，似乎越来越多的人将某些市场垄断视为强制而主张通过《反垄断法》加以反制，如果是这样的话，哈耶克提醒对我们很重要——市场垄断构成强制属于罕见的例外。

以上从正面角度回答何种影响能产生强制的效果呢？这一问题也可以从反面来回答，一般来说，以下几种不构成强制。

第一，那些人与人之间因亲密关系产生的强制，一般情况下不属于政府应当禁止的范围。哈耶克举例说，"一个情绪不佳的丈夫、一个爱发牢骚的妻子或是一个歇斯底里的母亲会把生活搞得无法忍受。但是，在这种情形下，社会除了使人们完全自觉自愿地对待这种关系外，做不了什么事情。"[3]

第二，商品服务的提供和雇佣，在一般情况下是不会构成需要政府加以禁止的强制。为了得到他人的商品或者服务不得不答应他人的条件，为了获得报酬不得不在别人指示下工作，但是，在一个自由竞争的经济体制下，这并不会引起强制。"因为如果一个人想以高得不合理的价格向其提供其产品或服务，如果其能在其他人那里买到这些产品或服务，或者这些产品或服务的替代品，那么这个人就不构成对他的强制。""只要市场上存在其他的就业机会，雇主就不

---

[1] 〔英〕哈耶克:《自由宪章》，杨玉生等译，北京，中国社会科学出版社，2012年版，第194页。

[2] 〔英〕哈耶克:《自由宪章》，杨玉生等译，北京，中国社会科学出版社，2012年版，第195页。

[3] 〔英〕哈耶克:《自由宪章》，杨玉生等译，北京，中国社会科学出版社，2012年版，第197页。

能对雇员产生强制。解雇可能会减少雇员的收入，从而给其带来痛苦，但如果存在有许多被雇佣机会的情况下，解雇只能算作温和的强制，对于一般人来说将不会有丝毫影响。"①

第三，人们根据其偏好选择与谁交往（交易）一般不构成强制。哈耶克举例说，"一个女主人仅仅在一个人在着装和举止方面遵循一定的规范时才邀请他参加聚会；抑或是一个人只有当他的邻居表现出符合习惯的行为方式时，才愿意与他交谈，那么，这当然不是强制。"② 人们根据价格选择商品或雇佣关系，或者根据偏好选择与谁交往，都会对他人产生一定影响，但是，在自由竞争体制下，没有人能垄断一个人与他人可能发生的商品、服务以及人际交往关系，他人还可以做出其他选择，所以不构成强制。

第四，为使他人服从道德规则或惯例而形成的赞同或反对的舆论对他人所产生的压力并不是强制。"哈耶克指出，道德规范不但不会对人产生强制，相反，道德规范和惯例的存在对促进个人努力起着十分重要甚至是不可或缺的作用。众所周知，道德规范与惯例的约束力小于法律，并且不是必须遵守，也就是说，道德规范和惯例是允许被打破的。道德规范和惯例的约束力来自于舆论。舆论的赞同或反对常常会给在行为过程中的人们产生压力。也正是有这种压力使人们对那些受到尊重的道德规范和惯例的失范行为被限制在对行为人来说具有相当重要意义的情况下才能发生，也使社会中的行为具有了最低限度的一致性。这种最低限度的一致性正是社会秩序得以形成的前提。由此可见，社会舆论的压力不仅不会阻碍个人的努力，相反还有助于个人的努力。因此，这种压力也不能作为严重的强制来加以禁止。"③

第五，每个人基于文化背景的选择不是强制。每个人的目标都不可能来个人的绝对选择，总是一定文化背景强加给他的，因此，有人将此夸大为"在追求目标的过程中总是存在他人的强制"。个人可以自由地追求自己所认定的目

① 甘权仕：《哈耶克的自由概念研究（硕士论文）》，重庆，西南政法大学，2011 年，第 24 页。
② 〔英〕哈耶克：《自由宪章》，杨玉生等译，北京，中国社会科学出版社，2012 年版，第 194 页。
③ 甘权仕：《哈耶克的自由概念研究（硕士论文）》，重庆，西南政法大学，2011 年版，第 24 页。哈耶克关于此问题的阐述，见〔英〕哈耶克：《自由宪章》，杨玉生等译，北京，中国社会科学出版社，2012 年版，第 207—209 页。

标，尽管这些目标可能是文化所赋予的，尽管对目标的追求需要在组织和社会结构中进行，只要其间不涉及他人有意的强迫，不要求个人为集体而牺牲，那么，个人便是自由的。

通过强制的定义，我们可以大体把握自由的内涵。但值得注意的是，自由并非没有任何强制，某些强制是允许也是必要的，这些强制我们称之为正当强制。所谓自由，就是除了正当强制之外的不受他人强制。下面，我们进一步讨论什么是正当的强制。

二、正当强制

自由并不要求废除一切强制，而只是要求把强制限制在可能的最小范围之内，并受到法律的严格约束。如何让社会中的个人达到不受他人强制的状态呢？哈耶克认为，"强制不能完全避免，因为防止强制惟一办法还是强制的震慑。"[①] 防止强制只有依凭强制，自由并非没有任何强制，而是允许且必须存有某些强制制度，即正当强制。所谓正当强制包括个人的防御性强制和政府的防御性强制。个人的攻击性强制，如对别人进行殴打或盗窃，是违法的，是不正当的；个人的防御性强制，使用暴力保护自己的人身和财产免受攻击性强制的侵犯，则是正当的。但是，如果强制的垄断权已经被正当授予国家，那么个人防御性强制就是不正当的了；同时，政府的强制，也并非就是正当的，正当的政府强制必须"限于防止个人之间的强制所必要的限度内"[②]，也就是说必须是防御性强制。在自由社会，强制的垄断权已经被正当授予国家，个人的强制除个别私人救济场合已不具有正当性。因此，我们的问题主要是如何判断政府强制的正当性，一个人面对的政府强制，如果是正当的，那么，他是自由；如果所面对的政府强制是不正当的，那么他的自由是受侵犯的。

正当的政府强制必须仅"限于防止个人之间的强制所必要的限度内"，即防止个人的攻击性强制和个人不正当的防御性强制。政府要实施其强制力，需

---

① 〔英〕哈耶克：《自由宪章》，杨玉生等译，北京，中国社会科学出版社，2012 年版，第42 页。

② 〔英〕哈耶克：《自由宪章》，杨玉生等译，北京，中国社会科学出版社，2012 年版，第43 页。

要具备运作的资金，这样，政府不得不采取税收强制措施。税收强制虽然表面上不是"防止个人之间强制的措施"，但是，最终目的是为了防止个人之间的强制，因此，一般来说，它也具有正当性，一个人遭受税收的强制不能视为不自由。当然，税收除了用于防止个人之间的强制之外，也用于"为无劳动能力者或老弱病残者提供照料，为道路交通或情报资料服务提供设施。"理论上，税收如果超越这些限度提供福利服务就很难证明其正当性了，如果只是有限用于这些方面，则是可以接受，不构成不正当，因为"一定程度上，我们大多数人将认为做出这样的贡献是有利的，因为他们懂得反过来我们也将得益于他人为实现我们目标而做出的类似的贡献"[①]。

正当的政府强制必须限于"防止个人之间强制所必要的限度内"以及为保证这种强制的必要强制（例如税收等）。政府一旦失去控制，也会对个人自由产生损害。如何保证政府强制具备正当性呢？哈耶克认为，只有通过划定私人领域并确保国家保护个人的私人领域免受他人干涉，才是可能的[②]。如何正当划定私人领域呢？不应该由一个人或者一个团体的意愿来决定，否则，这些个人或者团体就会有利于自己的权益划为私人领域，这样，进行强制的权力就会被转移给这个人或这个团体。哈耶克认为，划定私人领域必须通过对一般性规则的承认和遵守来确定的。个人私域并不表现为人人相同的具体确定的行为模式，相反地，个人私域的划定应当由每个人根据一般性规则自行决定，"抽象且一般的法律规则只提供了一种个人必须在其间行动的框架，而在这个框架中，所有的决定却都是由行动者本人做出的"[③]。一般性规则使个人私域得以划定，从而使自由得以成立并存在，政府只有按照一般性规则强制才是正当的。何为按照一般性规则的强制呢？哈耶克指出强制规则应具有"一般性"、"公知性"和确定性以及适用于所有人的平等性[④]。政府只能按照一般性规则强制，不应该由一

---

① 〔英〕哈耶克:《自由宪章》，杨玉生等译，北京，中国社会科学出版社，2012年版，第205页。

② 〔英〕哈耶克:《自由宪章》，杨玉生等译，北京，中国社会科学出版社，2012年版，第43页。

③ 〔英〕哈耶克:《自由秩序原理（上册）》，邓正来，三联书店出版社，1997年版，第189页。

④ 〔英〕哈耶克:《自由宪章》，杨玉生等译，北京，中国社会科学出版社，2012年版，第321—335页。

个人或者一个团体的意愿来决定如何强制，而且须让人们事先知道，具有可预见性。"一般性规则"只是规定一个框架，在这个框架下，所有的决定都是行动者本人做出的；这一点跟命令不同，接受命令的人只服务于发布命令的人（或组织）的目标，没有机会运用自己的知识或遵从自己的偏好。在保证政府强制正当性方面，哈耶克提出通过一般性规则的承认和遵守划定私人领域，假若立法机构合乎程序通过的法案违背了这些一般性规则的话，司法上可判其违宪。

三、小结

通过上面的讨论，我们进一步明确了自由的范围。自由，表现为不受他人的强制和不受政府非正当强制。政府的强制原则上不构成对自由的侵犯，只有在不正当的情况下才是对自由的侵犯。而他人的强制，原则上就构成对自由的侵犯，除了法律允许的私力救济外。通过强制视角明确自由领域继承了消极自由定义的优良传统，可以让我们避免陷入积极自由的陷阱。不过，这一视角下的自由领域划定方法，也存在以下缺点：（1）强制只是干涉的主要形式，通过强制视角可以明确自由的主要范围，但是，并不完整。干涉，包括故意干涉和过失干涉。强制只是故意的横加干涉，但是，某些无过错的干涉、过失干涉、某些故意的轻微干涉也可能侵犯自由，这些显然无法通过"强制视角下的自由"加以探讨。（2）这种划定方法，在论述方法上属于排除法，表达显得拐弯抹角，不能让我们直接确定自由的领域。（3）如果想通过这种方法划定自由领域，"只有通过划定私人领域"才能实现，这样问题就回到通过其他方法划定自由领域的层面，本章接下来几节就是对这个问题进一步探讨，也可以说是对这一视角的补充。

第二节 伤害视角下的自由

本书所论述的"自由"是公共生活中的自由。但即使在公共生活领域，"自由"一词含义很多，不只是只言片语就能说清它的含义。柏林在《两种自由概念》中指出，对自由的定义有两百多种①。怎么掌握自由定义呢？一个权威的解释是《人权宣言》第四条的定义："自由，即有权做一切无害于他人的任何事情。"短短十八个字，从正反两方面给出了"自由"的定义包含两个内容：首先，自由是一种权利，是一种行为可能性，它受到应该保护；第二，这种权利的行使必须无害于他人。

人的天性不仅酷爱自由，而且希望滥用自由，不受任何限制地为自己谋利益。自由滥用的结果就是压制别人的自由，窒息社会的活力。罗素在《什么是自由》中开篇就说："若说我们可以有太多的任何种类的自由，那么我们得接着补充一句：只有一种自由是我们所不希望的，那便是减少他人自由的自由"。②对自由最不正确的一种定义就是将自由视为纯粹个人的事，是个人任意行为，这种定义恰恰不是自由，而是对真正的自由的背叛。如果自由是可以任意行为，则每一个人都会受到其他人的伤害，最终结果就是所有人的自由都会受到伤害，甚至失去。自由必须有所限制，但是，如果限制自由的因素无限扩大也会毁掉自由，对自由唯一的限制只能是侵害他人的自由，如同《人权宣言》第四条所言："除了保证其他社会成员能享受同样的权利之外，每个人自然权利的行使并不应受到限制。"

一、伤害视角下的自由内涵

从伤害角度确定自由的内涵，密尔作出了经典的贡献，他在《论自由》一书提出了两条自由权利原则："第一，个人的行为只要仅涉及自身而不涉及其他任何人的利害，他就不必向社会承担责任。其他人在为了他们自己的利益而认为有必要时，向他提出忠告、指教、劝说以及回避，这些是社会对他的行为正当地表示不喜欢或者责难时所能采取的唯一举措。第二，对于损害他人利益的行为，个人则需要承担责任，并且在社会认为需要用这种或那种惩罚来保护它

---

① 〔英〕以赛亚·伯林：《两种自由概念》，转引自以赛亚·伯林：《自由论》，胡传胜译，江苏，译林出版社，2011年版，第168页。引用时综合陈晓林的翻译，参见 https://www.douban.com/group/topic/13882818/?cid=168460269.（2010-09-08）〔2016-06-09〕.

② 转引自苏小和：《我们如此不了解自由——《我们怎样阅读中国》节选》，http://www.21ccom.net/plus/view.php?aid=3127.（2010-01-20）〔2016-06-08〕.

自身时，个人还应当承受社会的或法律的惩罚。"①第一条自由权利原则规定一个人的行为如果不涉及其他主体（以下称为涉己行为），那么他拥有完全自由。"他的独立性是绝对的。对于他自己，对于他的身体和心智，个人是最高主权者"②。如果其他人为了他们自己的利益，不喜欢这个人的行为，那么他们只能提出忠告、指教、劝说以及回避。第二条自由权利则规定如果一个人行为损害他人利益（以下称为涉他行为），那么就应该承担补偿责任。如果社会认为有必要还可以进行惩罚。③

一直以来，密尔通过伤害原则划定自由内涵的理论受到两个根本性的批评：（1）根本不存在不影响他人的行为，因此这样的划分是没有意义的；（2）并不是所有伤害他人的行为都为法律所干涉④。这样两个批评完全是对密尔自由原则的误解。人是社会动物，任何个人都不能完全独立，一个人的行为势必影响到他人。其实，密尔也注意到这一点，他明确地指出："我充分地承认，一个人所做的对于自己的祸害会通过其亲近的人们的交感作用或利害关系而严重地影响到他们，也会在较小的程度上一般地影响到社会。"⑤所有行为，包括表面只影响自己的行为，都或多或少地影响他人。同时，密尔也承认"首先，绝不可假定，由于对他人利益的损害或有可能造成损害这一点就足够成为社会干涉的正当理由，所以没有什么时候不能把这种干涉解释为正当。"⑥伤害只是限制自由的必要条件，而非充分条件。既然如此，那么，哪些可称为涉己行为，属于个人自由范畴？哪些可称为涉他行为，属于法律干涉的对象？

（一）借助直接伤害和间接伤害的区别来判断

在密尔看来，涉己行为指的是只伤害本人的行为，但他同时强调："我在这

①〔英〕密尔：《论自由》，顾肃译，江苏，译林出版社，2010年版，第99页。

②〔英〕密尔：《论自由》，顾肃译，江苏，译林出版社，2010年版，第12页。

③柯华庆，刘荣：《共同自由》，上海，三联出版社，2014年版，第51页。

④〔英〕密尔：《论自由》，许宝骙译，北京，商务印书馆，1959年版，第95—96页。

⑤〔英〕密尔：《论自由》，许宝骙译，北京，商务印书馆，1959年版，第96页。

⑥〔英〕密尔：《论自由》，许宝骙译，北京，商务印书馆，1959年版，第112页。

里说仅只影响[①]到本人，意思是说这影响是直接的，是最初的；否则，既是凡属影响到本人的都会通过本人而影响到他人，也未可知。"[②]密尔所强调的影响，指的是"直接"与"最初"影响，由此可见，一种个人行为只有直接地伤害到他人才属于涉他行为领域，伤害自己以及由此引发的间接伤害他人的行为一般都属涉己行为，都属于个人自由范畴。直接伤害与间接伤害，为了明确自由内涵提供直白的标准，一般来说，只有直接地伤害到他人才是法律干涉对象，否则就是自由范畴。例如，如果一个人不注重保护身体，甚至损害自己的身体，他就不仅给自己的亲人带来痛苦，而且也使社会丧失了劳动力，给社会造成危害。这类行为没有直接伤害到他人，只是对社会秩序产生了一点影响，不属于法律干涉范围。

但是，直接伤害并非判断自由内涵的完美标准。首先，何为直接？何为间接呢？现实生活中，我们常常为此困惑，除了根据语言本身的含义，我们还要寻找其他辅助的标准。其次，间接伤害如果很严重呢？事实上也很多严重的间接伤害行为应该为法律所禁止。例如，诈骗行为，如果仅限于直接伤害受法律干涉，那么，只要赔偿受害者即可，但是，很多情况下还必须接受刑事处罚，这里就有考虑间接伤害的因素。如果不考虑对社会秩序的间接伤害，很多刑法条款就无效了。第三，直接伤害和间接伤害并无明确的不可逾越的鸿沟，很多伤害都是从直接向间接转化和蔓延的。

（二）借助义务的背弃或者权利的侵犯来判断

密尔举例说，"如果一个人由于不节制或挥霍无度而无力偿付债务，或以负有一个家庭道德责任而无力赡养和教育，这当然应该受到谴责，就是施以惩罚也算正当。但是，谴责或惩罚之点乃在他背弃了对家庭或债主的义务，而不在他的挥霍浪费。"[③]挥霍浪费，这种伤害自己的行为，属于个人自由范畴，但是，如果违背了对家庭或债主的义务，就是法律干涉对象，如果只是对家庭其成员或债主的信心有所影响而没有背弃对家庭或债主的义务，那就是个人自由的范

---

① 伤害一词，在《论自由》一书，密尔经常表达为涉及或者影响。参见李强：《自由主义》，北京，东方出版社，2015年版，第182页。

② 〔英〕密尔：《论自由》，许宝骙译，北京，商务印书馆，1959年版，第13页。

③ 〔英〕密尔：《论自由》，许宝骙译，北京，商务印书馆，1959年版，第97页。

畴。可见，判断一个人是否伤害他人，需要看是否"背弃了他对一个或多数他人明确而可指定的义务"[①]。

除了"义务标准"外，密尔还提出权利标准："个人有些行动会有害于他人，或对他人的福利缺乏应有的考虑，可是又不违反其任何既得权利的程度，这时，犯者便应当受到舆论的惩罚，虽然不会受到法律的惩罚。"[②]这句话表明，权利是否受到侵犯是判断是否受法律干涉，是否自由的标准。

不过，义务（权利）来源于法律规定，如果法律规定本身就是侵犯自由的，那么，这个标准就不可靠了。为了判断是否属于"应受法律干涉的伤害他人"，除了借助的义务（权利）标准，还可以看伤害是否存在，伤害达到什么样的程度。

（三）借助于伤害程度来判断

伤害他人才能为法律所干涉，并不意味着所有伤害他人的行为都必须为法律所干涉。密尔认为，伤害必须是确定、可觉察的。"情事一到对于个人或公众有了确定的损害或者有了确定损害之虞的时候，他就被提到在自由范围之外而被放进道德或法律的范围之内。"密尔举例说，"没有一个人应该单为喝醉了酒而受到惩罚；但是一个士兵或一名警察则应当因为在执行任务时喝了酒而受到惩罚"。[③]在今天，一个醉酒驾驶自行车的人不为法律所干涉，而一个醉酒驾驶机动车则属于危险驾驶罪，两种驾驶都有危险性，但是，只有危险达到一定程度（醉酒驾驶机动车）才为法律所禁止。确定、可觉察的伤害，不仅意味着伤害是看得到的、是存在的，而且还意味伤害必须达到一定程度。

伤害必须达到一定程度才为法律所干涉。这一问题也可以从反面来回答，什么样伤害可以不为法律所干涉呢？一般来说包括以下典型形式：

一是观感方面的损失和不适，如密尔论述的"当个人在自慎或个人尊严上具有缺点而招致他人观感方面的损失和不适时，人们可以表示对他的厌恶，可以远避他或指示他怎样避免或补救他的行为带给他的灾祸，但却不可以对其实

---

① 〔英〕密尔：《论自由》，许宝骙译，北京，商务印书馆，1959年版，第96—97页。
② 〔英〕密尔：《论自由》，许宝骙译，北京，商务印书馆，1959年版，第89—90页。
③ 〔英〕密尔：《论自由》，许宝骙译，北京，商务印书馆，1959年版，第97页。

施惩罚"①。所谓个人缺点，密尔举例说包括鲁莽、刚愎、自高自大、放纵、挥霍等②，对于这些缺点只能指望人们不报以好感，而不能法律干涉。"自由是有代价的，我们必须容忍不同的声音。若因为可憎而限制其自由，或许有一天，我们会发现，自由面临各种莫名的限制，什么都不能看，什么也不能做"③。

二是纯粹因信仰或者兴趣不同而受到伤害。例如，一个吃猪肉的人，可能令穆斯林厌恶，但不能因此而干涉人们吃猪肉。当一个行为对他人产生的伤害仅仅是因为他人对此行为的好恶，那么，就是涉己行为，完全不能成为被他人所干涉的理由。一般来说，一个人的思想和信仰这些精神层面的东西是无法实证的，并且他一个人自己思想什么，信仰什么不可能对他人造成侵害，因此绝对属于个人自由的范畴；如果据此行动对他人产生的影响，仅只是因为他人思想和信仰的好恶，同样也属于个人自由的范畴。

三是在他人自由自愿和不受欺骗的同意下引发的伤害。这类行为虽然影响他人，但并不违背了他们的意志。

四是轻微的影响。

五是个人的歧视。例如，某人拒绝与某个商人交易，商人因未达成的交易受到歧视，但这种伤害不应为法律所干涉。歧视的受害者（商人）和受到歧视前处于同一处境，因此，没有哪个国家或个人能宣称有权要求别人一定得和他交易。

六是不肯仗义帮忙的行为。某人遭遇意外，他人不肯帮忙而造成的伤害，这种不肯帮忙行为属于自由行为，不应为法律所干涉。与此类似的，具有亲情和友情关系的人之间，一方不愿意按另一方所期望的方式行动而造成的伤害，如子女不愿意按照父母期望就业，一般也不应为法律所干涉，属于自由范畴。

七是为他人树立坏榜样的行为。

八是仅影响传统风俗和公共道德的行为。传统风俗和公共道德是社会秩序组成部分，影响传统风俗和公共道德有时也被认为是伤害他人，但是，如果仅影响传统风俗和公共道德而不伤害具体个人的人身财产，一般不应为法律所干涉，属于自由范畴。

---

① 〔英〕密尔：《论自由》，许宝骙译，北京，商务印书馆，1959年版，第94页。
② 〔英〕密尔：《论自由》，许宝骙译，北京，商务印书馆，1959年版，第93页。
③ 电影《性书大亨（又译"人人都恨弗林特"）》台词。

伤害需要达到什么程度才为法律所干涉，显然也是没有确定和统一标准，需要具体问题具体分析。通过前面阐述，我们可以归纳出"直接、确定、背弃义务的伤害他人"应为法律所干涉，为确定自由内涵提供了一个简单的指引，而进一步明确自由内涵，我们还必须结合伤害行为具体类型来分析。

（四）借助于是否背弃普遍利益来判断

"在许多情事下，个人在追求一个合法目标时，不可避免地，因而也就合法地引起他人的痛苦或损害，或者切断他人本来有相当的理由希望得到的好处……社会并不承认那些失意的竞争者免除此类痛苦的权利，无论是法律的还是道德的权利，而且，只有在所使用的获得成功的手段背离了普遍利益所容许的方法（即采取欺诈或背信、使用强力的手段）时，社会才感到有责任予以干涉"[1]。例如，一家新超市的开张，可能让某些零售小店难以生存，损害小店的财产利益，但是，这种损害不应为法律所禁止。同样，我开了一家饭店，价廉物美，打垮了邻居的饭店，一般情况下，并不认为我侵犯对方的权利，不需要赔偿对方。但是，我饭店排污排到邻居的饭店，那么就是需要赔偿对方。

竞争是一个比谁更优异的竞优过程，具有刺激创新、激励进步的作用，属于"普遍利益所容许的方法"，因此，竞争造成竞争失败者的损失，但不属于伤害。例如，汽车业的兴起打垮了马车业，很多马车驾驶员失业了，但汽车公司并不需要赔偿。不过，随着实践的发展，不正当竞争、某些垄断等竞争形式（结果）逐渐被认为是伤害。在法律上，自从1890年美国实施《谢尔曼法》以来，至今已经有超过90个国家和地区仿效，建立了类似的竞争法或竞争政策，其目的是"维护和促进竞争行为，遏制和惩罚反竞争行为"[2]。不过，正如薛兆丰先生所论证的，"回顾美国反垄断法实施的百年历史，大量经典案例表明，那些阻止横向联合、阻止纵向联合、阻止分区域经营、阻止企业间自愿缔结的价格联盟、阻止企业自由搭售商品的判例，到后来都被证明是由于法官误解了竞争的内在逻辑，仅从朴素和自发的对'竞争'和'合作'的理解而作出的……这些武断的标签和干预，对市场造成的危害，往往比带来的好

---

① 〔英〕密尔：《论自由》，顾肃译，江苏，译林出版社，2010年版，第100页。

② 薛兆丰：《经济学通识》，北京，北京大学出版社，2015年版，第397页。

处更大。"① 因此，对各种商业竞争和垄断保持谦逊，不能轻易视为伤害，仍然是非常重要的。

什么是普遍利益所容许的方法呢？密尔认为，就是"不采取欺诈或背信、使用强力的手段"，即不强制他人，按照本书关于自由的定义，也可以说是自由的方法。前面，我们已论证了"就普遍利益而言，自由是最好的公共生活之道"，可见，自由的方法也就是普遍利益所容许的方法，这些不同的表述在本质上是相同的。从密尔对贸易自由的阐述，我们也能清楚地看到这一点，"贸易乃是一种社会行动。谁只要从事于向公众出售不论什么样的货物，谁就做了对他人的利益和社会一般的利益有影响的事，因而他的行为在原则上也就进入社会管辖的范围。正因为这样，所以一度曾有人主张，政府有义务在所有被认为重要的情事上限定商品价格并规定制造程序。但是现在，经过一段长期斗争之后，大家才认识到，要做到价廉而物美，最有效的办法还是让生产者和销售者都完全自由，而以购买者可以随意到处选购的同等自由作为对他们的唯一制约。"② 正常的自由贸易属于普遍利益所容许的方法，不过，密尔并不认为所有的贸易都不应被政府干涉，如果贸易采用背离普遍利益所容许的方法，那么就应干涉，"如防止借用掺杂的办法进行欺诈；又如工厂中的卫生预防措施或危险作业工人的保护办法可以强使厂主实行到什么程度等问题"③。

（五）通过程序来判断

前面我们主要通过"伤害的实质内涵"明确自由的范围，在现实生活中，伤害还是一个程序性概念，即通过民主的立法和公正的司法过程来确定伤害的标准。

总之，纵观《论自由》一书，密尔关于伤害的论述散布全书的很多地方，如果要做一个简要的归纳，那么，以下这段话是合适的："如果一个人的行为既没有违反对于公众的任何特定义务，也没有对自己以外的任何个人发生什么可觉察得到的伤害，而由这种行为产生出来对社会的损害也只属非必然或者可以

---

① 薛兆丰：《经济学通识》，北京，北京大学出版社，2015年版，第399页。
② 〔英〕密尔：《论自由》，许宝骙译，北京，商务印书馆，1959年版，第113页。
③ 〔英〕密尔：《论自由》，许宝骙译，北京，商务印书馆，1959年版，第114页。

说是推定的性质，那么，这一点点的不便利，社会为着人类自由的更大利益之故是能够承受的"[1]。这段话谈的是不构成伤害的情形，从其反方面解释，透过这一表述可以看到伤害的基本内涵。

二、背离伤害原则的法律

依据伤害原则，只有伤害他人行为才为法律所干涉，其他行为属于自由范畴，但是，各国均或多或少存在一些背离伤害原则的法律，即本应属于自由的行为却为法律所干涉，本应属于法律干涉的行为则不受法律限制。

（一）背离伤害原则法律的主要类型

除了伤害原则，现实生活法律制定还存在这样一些原则：

1. 法律家长主义原则，也称父爱主义原则。这一原则主张为了被强制者自己的幸福、利益和价值，法律可以限制其自由，政府可以直接或间接地限制其做某些事情。禁止自杀，禁止决斗，强制戒毒，阻止他人自杀，对不具有伤害他人危险性的精神病患者限制居住，强制要求骑摩托者戴头盔，汽车驾乘人员系安全带等等，都是该原则的体现。

我为你好，所以能干涉你，这种家长式保护思想在很多文化中得到肯定。人们虽然愿意自己幸福，但他们的理性不足于能看清幸福的方向，当事人理性的不足是法律家长主义存在的正当性理据。不过，当事人理性不足，家长理性同样不足，因此，自由主义主张以伤害原则确定自由边界。按照伤害原则，家长式保护是得不到证明的，至少在当事人是成年人时，因为当事人并没有伤害谁，只是别人认为他在害自己。

2. 法律道德主义原则。这一原则主张个人的行为只要违背了一个社群所接受的道德准则，就应该受到法律的禁止或者惩罚，试图限制法律对不道德行为的压制是错误的。

3. 冒犯原则。即"法律应禁止那些虽不伤害别人，但却冒犯别人的行为"。冒犯行为是指使人愤怒、羞耻或惊恐的淫荡行为或放纵行为，如公然的淫荡行

---

① 〔英〕密尔：《论自由》，许宝骙译，北京，商务印书馆，1959 年版，第 98 页。

为、虐待尸体、亵渎国旗等。这一原则主张，冒犯行为虽然没构成也不可能引起对别人的伤害，但是，公然侮辱了公众的道德信念、道德感情和社会风尚，等于在心理上强奸公众，因此，法律应予惩罚。

除了上述三项原则外，还有一些法律看似与伤害原则无关的法律：（1）纯粹技术性的规定。例如，行车靠右（或靠左）的交通规则，如没有这样规则，在路上开车就很麻烦，效率很低。有了这样规则，就大大提高了通行的效率，也能让我们更准确地界定何为伤害。再比如质量标准规则、知识产权规则等，它们的制定初衷也不是为了防止伤害，而是让我们更清晰的界定权利和伤害，以提高人与人之间交易合作的效率。（2）只是为了让生活有所安排的中立规定。例如父母亲离婚时的子女监护权归属争议，父母亲对子女都没有存在伤害情况下，子女监护权可以由父母亲商定，但是商定不了，法律就需要介入。可能爸爸经济情况比较好，妈妈对小孩比较有耐心，那么是经济重要还是耐心重要？其实无论做哪方面的选择，都很难说是为了避免小孩受到伤害，我们不是根据伤害来确定选择的，法律做出这样的选择只是为了提供一个遵循的依据，从而让生活有所安排。①

（二）一个自由主义者如何看待"背离伤害原则的法律"

为了解释这些"背离伤害原则的法律"，一些自由主义者倾向于重新界定自由的概念，认为自由不仅仅指"不伤害他人"，或者倾向于将伤害界定为没有确定边界的概念，通过改变边界，家长主义、道德主义、冒犯原则统统被列入自由范围。本书不想采用这样的观点，我们认为自由就是自由，是不受他人干涉，是不伤害他人。

那么，如何看待这些"背离伤害原则的法律"呢？

首先，"自由是最好的公共生活之道"是指"就普遍利益而言的总体规则"。换句话说，如果考虑到个别、短期的利益和社会的某些特定情况，那么，自由就不一定最好，因此，可以采用一些自由之外的手段作为公共生活规则。一个自由主义者应该认可某些"自由之外手段"存在的必要性，不过，是抱着"警

---

① 黄荣坚：《法律人的第一堂课》，http://mt.sohu.com/20151121/n427502141.shtml.（2015-11-21）〔2016-06-07〕.

惕、怀疑"的心态认可，是随时准备对其发起挑战的。

其次，"自由是最好的公共生活之道"并非绝对真理，只是一个相对可靠的观点，自由主义者应该抱着容忍的态度与其他观点共存。事实上，社会生活是一个不同个体的共存问题，自由主义者有自己的信仰，但是，他们从不会想消灭其他观点，他们愿意妥协，愿意容忍，希望在自由竞争中让自己观点取胜，而不是用革命手段消灭其他观点。对他们来说，即使不同意，也能容忍某些"背离伤害原则的法律干预"现象的存在。卖淫，自杀，随意吸毒，随意的生小孩等等，这些行为共同特点是属于伤害自己的涉已行为。从理论上看，这些自由出自个体自愿，无害于他人，应该得到绝对保障的，但是，自由主义普遍愿意接受对这些现象的禁止。吸毒在世界上所有国家和地区的法律中，都是不合法的，某些国家对于某些毒品采取放松管制的状态，例如在荷兰的大麻，但也不代表吸毒行为的合法化。性交易在大部分国家的大部分地区都是不合法的，即使合法的地区也是限制重重。1987 年，荷兰通过一些有严格限制的法律条文，如允许医生为患有绝症的病人实行安乐死，但在多数国家，安乐死合法化的提案均被立法机构否决。

第三，为了他人利益，个人某些时候需要做出牺牲。密尔认为，"每人都要在为了保卫社会或其成员免遭损害而付出的劳动和牺牲中担负一份责任。"[1]也就是说，为了他人利益，我们个人需要做出牺牲，为了我们的利益，他人也需要做出一定牺牲。哪些利益是需要他人做出牺牲的呢？按照密尔的理论，就是"法律明文规定成员在默契中认作权利的确切利益"[2]。权利是什么呢？密尔认为权利是社会应当捍卫个人持有的东西，哪些属于社会捍卫呢？根据总体功利确定，也就是说，为了社会总体功利，某些特定情况下允许背离自由原则。

第四，至于那些纯粹技术性或者中立的规定，看似与伤害原则有关，但其目的是为了公众普遍利益，是为了减少伤害，因此，并不属于"背离伤害原则的法律"。

---

① 〔英〕密尔：《论自由》，许宝骙译，北京，商务印书馆，1959 年版，第 89 页。

② 顾肃：《重译密尔＜论自由＞序》，载《社会科学论坛》2010 年第 11 期，第 203 页。

三、小结

关于伤害原则，一个常见的批评是"几乎就不存在不伤害他人的行为"，例如哈耶克指出："时常有人，特别是约翰·斯图尔特·密尔，试图通过区分仅仅对行动者产生影响的行为与那种也对其他人产生影响的行为来限定应该不受强制侵犯的个人领域。不过，因为几乎不存在什么可能不影响他人的行为，因此这种区分并没有证明是有用的。只有通过确定每个人受保护的领域界限，这种区分会有意义。"① 这样的批评对于伤害原则的坚持者而言是不值得一谈的，是站不住脚的。伤害与影响他人完全是两回事，只要能适当的界定"伤害"，这一信条仍然是非常有效的，能在生活中运用这一原则理解自由，也能很好地在各种批评声中不陷入虚无，保持对自由的基本定力。

针对伤害原则另一个常见批评是，"根据伤害原则，自杀是自由的，但是，这一点违背人类的天性"。其实，如果按照批评者的观点——自杀违背人类的天性，那么，自杀是否自由并不取决于伤害原则，取决于人类天性本身、取决于自由本身的特性。如果将人类的天性定义为人有保存自己的需求，将自由本身的特性定义为一定要保存自己自由的本质，那么，自杀就不是自由的。例如，当火车在轨道上跑的时候，它可以尽量发挥它机器的功能，它可以自由自在的快慢，但是它不能有越过轨道的自由，越过轨道的自由就是违背自由的自由，就是危害自由的自由，就是结束自由的自由，那不是自由，那是自杀。②

"自由即有权做一切无害于他人的任何事情"是对自由最权威的定义之一，不过，如果视野放宽一些，就会发现对这一定义的质疑不绝于耳。但是，如果因为存在批评声而放弃这一基本信条，那么，就太可惜了，让我们丧失了最重要的自由武器之一。事实上，各种针对这一原则的批评声都或多或少存在偏见和误解，我们不能因为批评而放弃这一原则。

---

① 〔英〕哈耶克：《自由宪章》，杨玉生等译，北京，中国社会科学出版社，2012年版，第206页。

② 百度百科：《自由》，http://baike.baidu.com/link?url=_4P_TKfd9N88B0Ru3fyh3gO3u_qoKtBt V6jXFsMLgRSa-Iy3t9Gwkc1NGwL2Xck4fSp47x6lHB6JYb1rQiCv0KOVhL2nu_yMoTf1sCycyJ7.〔2016-06-12〕.

第三节　法律视角下的自由

从法律视角看，自由状态是法治下的个人状态，康德曾经说过："如果一个人不需要服从任何人，只服从法律，那么他就是自由的。"[1] 根据哈耶克在《通往奴役之路》里的观点，法治原则最能清楚地把一个自由国家的状态和一个非自由国家的状况区分开来。自由权是法律规定的权利，自由状态是法治下的状态，不过，这里的法律具有特定的含义。法律可以保障自由，也可以压制自由，它不必然是自由的朋友。张维迎说："如果法律本身不合乎天理的话，依法治国就不是法治了。秦始皇搞的也可以叫依法治国，而且每个东西都有很严格的规定。由于很多法律不合乎天理，所以不是法治。"[2] 这一观点两千多年前就为亚里士多德所揭示，法治意味着：第一，法律得到了良好的遵守；第二，有关的法律是良好的法律[3]。自由不仅仅是遵守法律这一层含义，还包含着所遵守的法律是良好的法律这另一层含义，两层含义才构成完整的自由。从自由状态看，自由是良法下的个人状态，从自由权看，自由是良法规定的权利。

一、何为良法？

什么是判断良法的天理呢？"法律能否成为自由的准则"的大部分争议都与如何界定"良法"有关。良法的标准可以从三方面界定："内容标准"、"形式标准"与"过程标准"。内容标准认为法律必须体现自由人权等内在价值，追求实质法治，其中最为人们所认可的是保护个人权利，限制政府权力。形式标准对"良法"之要求完全限于法律本身，注重法律的公开性、普遍适用、相对稳定、不自相矛盾等内在品质。过程标准，包括立法的民主和司法的独立等。

---

① 转引自〔英〕哈耶克：《通往奴役之路》，王明毅等译，北京，中国社会科学出版社，1997年版，第82页。

② 张维迎：《法律本身不合乎天理的话依法治国也不是法治》，http://finance.ifeng.com/a/20140811/12901362_0.shtml.（2014-08-11）〔2016-06-07〕.

③ Aristotle, Politics, trans.by C.D.C.Reeve, Indianapolis：Hackett Publishing Company, 1998, 115.

（一）内容标准

良法是以自由为价值内核的法律，是维护个人自由的法律。在本章第一、二节以及第四、五、六、七节，我们已经分别从不同的角度论述良法的内容标准，此不赘述。就法律本身，人们在实践中总结出一系列重要的良法原则：①比例原则，也称为利益均衡，要求法律限制公民某些权益，应对公共利益与个人利益进行合理衡量，如果法律目标的实现对相对人的权益可能造成不利影响，则这种影响应被限制在尽可能小的范围和限度之内，二者有适当的比例，"不可用大炮打小鸟"。②法律保留。该制度强调任何情况下对基本权利的限制都必须以代议机关（国会或议会）通过的法律为准，行政机关不得代为规定，行政机关实施任何行政行为皆必须有法律授权。③"法无明文禁止皆自由"。先有自由，后有法律。自由不是来自法律赋予。法律规定自由是为了更好地保护自由不受侵犯。法律没有规定的自由，公民同样拥有。美国宪法第九修正案规定："本宪法对某些权利的列举，不得被解释为否定或轻视由人民保留的其他权利。"未列明的权利仍然由人民"保留"，这就意味着权利先于政府建立而存在；否则那些权利就不可能被"保留"。④自由还意味着公民个体有权不服从仅体现统治者意志的法律，不服从恶法是一种权利。如果没有这种权利，法律只能是哈耶克所说的"立法者的强权"。⑤自然法信念。即社会对自然法这种"位阶更高的法律"有宗教般的信仰，要求社会确立若干神圣不可侵犯的法律原则，假如没有这样的神圣原则，由于理性的局限，单靠利益的平衡，社会很难长久拢得住。⑥抽象性，它不为任何人或团体的具体目的服务。⑦自由只能为自由的缘故而被限制。这是罗尔斯的名言。同样的精神早在《人权宣言》就有体现：每一个人行使其自然权利，只以保证社会上其他成员能享有相同的权利为限制。

良法，首先是内容要达到良法标准，即实质法治。但是，实质法治也存在不少局限，因为理性局限，一味强调实质法治，将导致理性建构主义，同样也可能导致奴役。实质法治的缺点之一是把好观念都加到法治头上，设计得太完美，结果成了不可能实现的乌托邦。实质法治的缺点之二是构成实质法治基础的自然法本质上是变动不居的社会观念，但司法追求"迟来的正义非正义"，要求在有限的时间内对案件作出确定的裁断，如果一味追求实质法治，法治也将难以实现。

（二）形式标准

在形式上，良法主要包括三个基本要素，即法律普遍适用原则、法律可预期原则和法律纠纷的有效解决原则。

1. 法律普遍适用原则：它必须普遍地应用到社会上的每个人，人人皆服从于法，违法都可以被审判。国家与任何个人一样，都受到同样的限制。法无授权不可为，如哈耶克所论述的——首先必须着重指出的一点是：由于法治意味着政府除非为了执行某一已知的规则，否则就绝不能对一个个人实行强制，法治就是对任何政府的权力，包括对立法机构的权力的一种限制①。

2. 法律可预期原则。包括：①法律不能溯及既往。②法律必须透明，包括制定过程透明，制定之后必须公示出来，为大众所知晓；③法律的制定还必须符合一定的程序，由具有立法权的机构按照规则制定的法律才是有效的；④法律条文必须明确，不模糊，不能存在内部矛盾，不能朝令夕改；⑤法院的判决是可以预见的。法律可预期原则也可以概括为哈耶克《通往奴役之路》的著名断言："撇开所有技术细节不论，法治是指政府在一切行动中都受制于事前规定并宣布的规则的约束，这种规则使得一个人有可能十分肯定地预见到当局在某一情况中会怎样使用它的强制权力，和根据对此的了解计划他自己的个人事务。"②

3. 法律纠纷的有效解决原则。包括：①法律必须通过公正的程序被诚信地适用，国家政府应当遵行立法、行政、司法权力分立和制衡的原则，排除权力的任意行使；②法律上的纠纷最终必须由独立公正的第三方来裁决，从而维护社会的基本正义，维护个人的权利不被国家权力肆意侵犯；③法律必须得到执行。

"良法"必须建立在形式法治框架的基础上。形式法治保证了法律的可预期性，对政府的专断进行了一定的限制，也能在一定程度上保护个人的自由和权利。仅有形式法治并不足于保证法治。形式法治能保证一定范围的自由，但是，还需实质法治支撑。

---

① 〔英〕哈耶克：《自由宪章》，杨玉生等译，北京，中国社会科学出版社，2012年版，第324页。

② 〔英〕哈耶克：《通往奴役之路》，王明毅等译，北京，中国社会科学出版社，1997年版，第73页。

（三）过程标准

良法，除了内容以及形式上的要求外，还体现为社会过程上的特定内涵。良法不能仅仅从实质法治和形式法治得到解释，正如刘瑜所提出的质问："真的存在一个完全脱离'人治'的'法治'吗？法律难道不是人制定、解释和执行的吗？脱离了人的因素，法律难道不仅仅是一堆纸片，可以被揉成一团扔到垃圾桶里去吗？"[①]法律是在人与人关系中展开的，在立法上，它是政治博弈的过程，各种利益集团在这里展开了激烈斗争；在司法上，证据认定和法律解释的博弈过程，也是需要决出胜负的战斗。立法面临共存需要（众人认可的合法性），少数服从多数是一个重要准则。司法尽管会受到政治、舆论、偏见的影响，但它该是中立的不偏不倚的程序和技术。但是，仅有立法的民主和司法的独立仍不足以保证良法，以下两个方面也很重要：

在政治架构上，一个制衡体系是保证良法的一个重要前提，刘瑜对此有精彩的分析："在一个充分制衡的政治体系里，法官的声音只是诸多声音中的一个而已：司法力量需要与行政、立法、媒体、市场、公民社会相博弈平衡。在这个意义上，在美国社会，其实谁说了也不算，总统说了不算，议员说了不算，媒体说了不算，法官说了也不算。也许，只有在一个谁说了都不算的社会，理性本身才可能说了算，人治社会才会转变为法治社会。"[②]

在法律规则发现问题上，开放试错是法律演进的重要方法。波普尔认为，真理不可真正客观把握，只能通过不断试错而趋近，同样，法律也是如此。冯兴元以普通法为例对此做了详细的分析："虽说普通法是法官立法，其实是法官发现法律。诉讼双方的原告和被告到场，法官听取两者的陈述，根据过去的判例和陈述的事实提出自己对案件的裁决。如果两边都同意，官司问题就告解决。如果法官对过去的判例不满意，可以提出自己的理由，通过不同于过去判例的方式做出裁决，由此修正甚至推翻过去的判例，形成一个新的判例。对于这个新的判例，以后别的法官也会连同现有所有其他判例一并参照。他可以根据新的判据和理由接受、修正或者推翻这个判例。由此可见，普通法是一种真正与时俱进的法律，它是一种基于波普尔意义上的开放试错

---

① 刘瑜：《民主的细节》，上海，上海三联出版社，2011年版，第227页。
② 刘瑜：《民主的细节》，上海，上海三联出版社，2011年版，第230页。

的演化秩序。"①普通法以判例的接受、修正或者推翻生成法律,大陆法则是通过法律的修改以及授予法官依据基本原则的裁量权来发展法律,无论是普通法还是大陆法都必须以开放试错的演进才能让法律成为良法。

二、当法律有悖自由,怎么办?

斯诺登揭露美国监控措施,美国政府的监控措施是经过合法手续批准的。监控措施是否合法,很容易界定。但是,经过法律程序的监控手段是否侵犯自由,则见仁见智。斯诺登认为这些经过法律程序的政府行为违背这个国家保护自由的立国宗旨。人类一直追求自由,通过法律给自由设下许多的定义和规则,但法律毕竟是由人来制定和实施的,有悖法理伦常的事情时有发生,不可能每一个规定、每一项实施都及时彰显自由,只要愿意睁开眼的人都能看到这一点。当我们认为法律有悖自由,面对不自由的法律,不外乎有三条道路。

第一条是体制化的,主要是立法途径。在一些国家,司法机关通过重新阐释宪法,也具有类似于立法的功能。立法途径,通常以代议制的制度设置,将民意转化为政治议题,通过专业化、程序化的协商议政途径,形成新的法律或是改变和废除旧的法律。这条道路是法律变革的主要道路,是政治现代化的最主要成果,但是也存在内在的缺陷,这种少数人起草、采用少数服从多数通过的法律时常无法呼应相当部分人的立法诉求。②

第二条道路,是公民不服从的道路。公民不服从,也称公民抗命,是公开而直接地反对某项已经生效的具有普遍约束力的法案,并对自己的"违法"行为承担法律后果。罗尔斯在"正义论"里面对"公民抗命"有详细的定义:(1)是一种针对不正义法律或政策的行为:它不仅包括直接的"公民抗命"——直接违反要抗议的法律,例如,在马丁·路德·金发动的黑人民权运动中,黑人故意进入被恶法禁止他们进入的美国某些地方以显示法例的不公义;也包括间接的"公民抗命",例如,现代的社运或民运通过违反交通法规来引起社会

---

① 冯兴元:《也谈保守主义》,http://www.aisixiang.com/data/77828.html.(2014-09-13)[2016-06-07].

② 叶竹盛:《法律变革的两条道路》,载《南方窗》2015年第2期,http://www.nfcmag.com/article/5272.html.[2016-06-07].

注意某项政府政策或法律的不公义。（2）它是违法的行为：它以违法方式来抗争。故此，它是比一般示威行为激进的抗争方法，因为后者是合法的，而它却是非法的。（3）它是一种政治行为：它是向拥有政治权力者提出来的，是基于政治、社会原则而非个人的原则，它诉诸的是构成政治秩序基础的共有正义观。（4）它是一种公开的行为：它不仅诉诸公开原则，也是公开地作预先通知而进行，而不是秘密的。（5）它是一种道德的、非暴力的行为：这不仅因为它是一种表达深刻和认真的政治信念，是在试过其他手段都无效之后才采取的正式请愿，也是因为它是在忠诚法律的范围内（虽然是在这范围的边缘上）对法律的不服从。这种忠诚是通过公开、和平以及愿意承担违法的后果来体现的。①公民诉求通常有两种解决渠道，一是体制内的，一是体制外的。通常认为只有在体制内诉求渠道不通之时（穷尽救济），公民才可以诉诸不服从的权利，采取集会示威游行或者故意违法的抗议形式，对权力造成直接的外部压力和制约。公民抗命个人通常要付出巨大代价，最好的方法是你既不顺从，而政府也找不到要用暴力对付你的理由，尽管体制有问题，我们也应尽量避免同整个体制去对立，而通过现有法律基础上的辩论和推进法律的变革来实现进步。

什么情况下才可以选择公民不服从（抗命）的道路，边沁的观点也值得参考的。边沁认为，只有当反抗政府的行为的公正性不仅是对政府的一个部门，而对政府全体都成立的时候，才可以允许去反抗。而且对于每个具体的人来说，反抗行为要根据他所能作出的最好选择进行判断，反抗的时机便是——"反抗可能带来的灾难（指对整个社会而言），在他看来少于服从可能带来的灾难"②。公民抗命的最大挑战是秩序。公民抗命是否正当，需要看其诉求的价值是否高于秩序。

第三条道路。当我们认为法律有悖自由，怎么办？如果符合程序正义，那么，妥协也是一个可行的选择。法律不可能对于已发生的事件，获得一个绝对

---

① 〔美〕罗尔斯《正义论》，何怀宏等译，北京，中国社会科学出版社，2009年版，第286—288页。引用文字参照罗尔斯《公民抗命》，http://blog.sina.com.cn/s/blog_4b88f6450102v41b.html.（2014—10—14）〔2016—06—07〕.

② 〔英〕边沁：《政府片论》，沈叔平译，北京，商务印书馆出版社，1997年版，第209—212页。

的、唯一正确的答案，必然存有不同的意见。寄希望于法律能达成真理般的结论，无疑是幻想制造一个"永动机"。"任何国家部门都不比法院更为重要，也没有一个部门会象法院那样受到公民那么彻底的误解"①。对于法官，我们应避免将之视为真理和上帝的代言人，法官的判决不可能有真理般的结果。只要法律程序具备正义，尽管我们可能得不到有利的结果，妥协也是一种必要的选择。"即使判决并没有准确地判定过去发生的事实真相，争端各方只要确信他们受到了公正的对待，他们也会自愿接受法院的裁判结果"②。在一些法治成熟的国家，人们会自愿接受这样的结果，而在一个法治尚不成熟的国度，我们需要的就是培养这样的理念和行为，进而让规则深入人心。

三、小结

将自由界定为法律下的权利（状态）是一个被广为接受的自由定义。法律是最好的自由尺度之一。因为人们阅历以及信仰不同，每个人评判自由的尺度往往会带上自己的主观感受。在法律空间中，人们更不会忽略他人的存在和过分夸大自己主观感受。在一个成熟的法治社会，立法通常能广泛吸收社会民意，司法能遵循公正中立的程序，法律因而能较为客观理性地判断自由界限。"如果一个人的自由受到侵犯而欲告无门，那么此时此刻，侵权者实际上已经对此人宣战，而此人实际上也等于回到了一种自然状态。这时，此人需要奋起而捍卫自己的基本权利，而其结局是不可预料的，很可能是可叹可悲的"③。法治保障才不会陷入人对人强制的野蛮状态，自由才有可能。不过，法律视角下的自由，至少存在以下两个缺点：（1）不完整。良法的标准本身需要借助于自由的其他界定方法，而且，法律也无法解决生活中的各种问题，"从法律上说，当今世界已无奴隶制；但实际上，据联合国的统计，全世界大约有两千七百万人仍生活

---

① 〔美〕德沃金：《法律帝国》，李常青译，北京，中国大百科全书出版社，1996年版，第10页。

② 陈瑞华：《刑事审判原理论》，北京，北京大学出版社，1997年版，第44页。

③ 冯兴元：《治理体系的现代化：哈耶克法治思想的视角》，载《东方早报》2014年9月30日，http://news.163.com/14/0930/09/A7COCSMI00014AED.html.（2014-09-30）〔2016-06-07〕.

在奴隶制下"①。（2）可能陷入不准确。现实生活人们经常采用公正而不是自由作为衡量良法的标准，如果采用公正作为良法的标准，将自由定义为法律下的权利（状态）就不准确了，只有以自由作为法律内核，自由才可以定义为法律下的权利（状态）。

第四节　正当法律程序视角下的自由

正当法律程序发端于英国，一开始只具有程序性的含义，美国宪法在继承这一原则的同时赋予其实质性的含义，其他国家虽未必采用"正当法律程序"这一术语，但是，大多或多或少包含正当法律程序的制度。从法律视角看，自由状态是法治下的个人状态，而法治意味着：第一，法律得到了良好的遵守；第二，有关的法律是良好的法律。正当法律程序原本的程序性含义与法治概念的第一层含义对应，而美国实质性正当程序的含义与法治的第二层含义对应。因此，自由的含义在一定范围内也可以通过正当法律程序加以明确。

一、程序性正当程序

正当法律程序条款源自 1215 年的《自由大宪章》第 39 条的规定："任何自由人，如未经其同级贵族之依法裁判，或经国法判，皆不得被逮捕，监禁，没收财产，剥夺法律保护权，流放，或加以任何其他损害。"美国的正当程序条款体现在宪法第五、第十四修正案的规定。第五修正案规定："不经正当法律程序，不得被剥夺生命、自由或财产。"第十四修正案规定："任何一州，都不得制定或实施限制合众国公民的特权或豁免权的法律；不经正当法律程序，不得剥夺任何人的生命、自由或财产；在州管辖范围内，也不得拒绝给予任何人以平等法律保护。"第五修正案针对的是联邦政府的权力，第十四修正案主要针对各州。

---

① 〔英〕安德鲁斯：《各种主义》，徐龙华译，北京，新星出版社，2015 年版，第 4 页。

伦奎斯特大法官在 1986 年的"丹尼尔斯诉威廉姆斯案"中指出,"追溯'正当法律程序'条款,可发现其源头乃《自由大宪章》,其最初的也是普遍的意义在于,通过对政府的行为施加一些程序性的限制,预防政府行为违反程序正当性要求,从而防止权力的不当行使对个人产生压迫的后果。"[①] 正当法律程序条款对个人生命、自由或财产的保护一开始是程序上的,因此,也称为程序性正当程序。

那么,什么是程序性正当程序呢?其核心取自英国的自然正义原则,即"任何人不得在涉及自己的案件中担任法官","任何人在遭受不利影响前都要被听取意见"。之后,正当法律程序在实践中越来越发展,越来越完善,远远超越了这两项规则,包括适当通知当事人、法官中立不偏私、让当事人充分地陈述意见、提交证据予以举证、法庭上充分地对质与辩驳、双方提供的证据相互质证、获得律师帮助、对不利证据予以披露、在听证的基础上予以裁断、知悉裁决的依据和理由,等等。程序性正当程序早期主要适用于刑事处罚有关的事项,后来逐渐发展为各项诉讼制度,现在已广泛适用于各类行政行为和立法行为,甚至一定程度地适用于政治行为和社会公共组织的行为,例如立法机关、行政机关以及一些社团组织规定的听证程序。

程序性正当程序不涉及自由权本身的实体内容,但是,自由权实体内容的实现必然需要通过一定的程序,因此,程序性正当程序也是自由权的一部分,程序性正当程序不断完善的过程,也就是自由内涵不断得到清晰化的过程。甚至可以说,只有程序性正当程序得到保障,自由才能得到保障,自由的内涵才能清晰,正如美国 F·福兰克弗特大法官所言"自由的历史,基本上奉行遵守程序保障的历史"[②]。谁也不能保证自由权能得到彻底实现,程序性正当程序也不能保证自由权的实体内容得到实现,但是,它保证了更普遍的、更长远的自由权。没有任何个别案件能做到每个人满意,通过程序性正当程序能最大限度地达到正

---

① 474U.S.327(1986),at331.转引自马玉丽:《美国宪法的正当法律程序研究(博士论文)》,山东,山东大学,2015 年,第 82 页。

② See the opinion of the Court delivered by Justice Felix Frankfurter in McNabb V.United States, United States Supreme Court Reports(87 Law.Ed.Oct.1942Term),The lawyers Co-operative Publishing Company,1943,pp.827—828.转引自季卫东:《法律程序的意义》,季卫东:《法治秩序的建构》,北京,中国政法大学出版社,1999 年版,第 8—9 页。

确的实体结果，能最大限度地在社会公众中获得承认，从而保证法律获得最大限度的信赖，自由得到最大限度实现。从另外一个角度看，谁也不能清晰把握和确保自由权实体内容，这样只能退而求其次，"程序的公正与合理是自由的内在本质，多数情况下，一项严苛暴戾的实体法与一项相对宽松的实体法相比，人们宁可通过公正的程序实施前者，也不愿以不公正的程序实施后者"[1]。

二、实质性正当程序

正当程序条款一开始只停留在程序内容上，即合法权益受到判决影响的任何当事人，都享有被告知控诉的性质与理由、陈述意见并获得听审的权利。在19世纪后期，美国最高法院逐渐将正当法律程序创造性地扩大到实质性正当程序。实质性正当程序是指法律必须符合公平正义的要求，即立法对公民的生命、自由和财产的规范必须要有充分、正当且令人信服的理由，而且对所有拥有此权利的人一视同仁。一项法律，即使其已按照法定程序在立法部门通过，如果不符合公平正义的标准，法院可以以正当法律程序条款予以审查，并宣布其违宪。一个堕胎手术可以帮助我们理解实质性正当程序与程序性正当程序的区别。比如某州法规定医生一年内最多可实施十例堕胎手术，违反者将被吊销行医执照。某医生在一年内实施了超过规定次数的手术，面临执照被吊销的危险。此时，该医生首先可寻求实质性正当程序的保护，主张该州法因干涉其职业自由或者干涉了病人的堕胎自由权而无效。若诉求获得法院支持，则该州法将被废止。若该实质性诉求未获法院支持，他可寻求程序性正当程序之保护，主张该州在适用此项法律时并未采取公平的程序，即合理告知并给予听证的机会。如果法院支持其理由，则该州不能在未履行告知听证的义务下吊销其执照。[2]自由是良法下的个人状态，立法是达致良法的最主要途径，但是，谁也不能保证人制定的法律就一定是良法，实质性正当程序通过对法律的审查在一定程度上让

---

① See Christopher Osakwe, The Bill of Rights for the Criminal Defendant in American Law, in Human Rights in Criminal Procedure. 转引自马玉丽：《美国宪法的正当法律程序研究（博士论文）》，山东，山东大学，2015年，第64页。

② 马玉丽：《美国宪法的正当法律程序研究（博士论文）》，山东，山东大学，2015年，第98页。

法律更可能是良法，从这意义上看，自由的内涵在某些方面可以通过实质性正当程序来揭示。那么，什么样的实质性正当程序才能让法律更可能是良法呢？或者说，什么样的实质性正当程序才能让我们更好地审视法律的自由内涵呢？

实质性正当程序判断标准的核心就是法律或者政府行为的目的正当与否，具体而言，要推翻一项法律或政府行为需要具备三个条件：1. 存在剥夺行为；2. 剥夺的是生命、自由、财产权利[①]；3. 剥夺行为不具有足够的正当性。争议的焦点在于如何判断是否具备正当性。美国最高法院在运用实质性正当程序的实践中创造性地发展出了宽严不同的检验标准——宽松审查标准和严格审查标准。宽松审查标准主要被用于对涉及公民财产权或者经济权利的法律是否符合实质性正当程序的检验，该审查标准基调是尊重立法，如果一项法律具有一个正当的目标，只要该目标与立法存在一定程度的联系，该法都会得到支持，不再考虑其采用的手段是否是以最小的代价。严格审查标准主要被用于公民的基本权利与自由，除非有证据表明一项法律是实现紧迫而重要的政府利益且代价最小之方式，否则法院通常将推翻该法。这些基本权利包括《权利法案》列举言论自由、信仰自由、选举权、和平集会自由、政治性结社等各项自由，还包括《权利法案》未列举的，如结婚、生育、节育、保持身体完整、堕胎、教育和抚养孩子的自由等，实质性正当程序的一项重要功能是作为发现宪法未列举权利的直接依据。

三、小结

自由是法律下的自由，但是，法律也可能成为侵犯自由的工具。程序性正当程序能在较大程度上有效防止法律在执行过程中侵犯自由，实质性正当程序则能在较大程度上避免立法本身侵犯自由。自由体现为一系列抽象的标准，当落实到丰富多彩、复杂多变的生活，不可避免地可能背离自由本身，正当法律程序在其中起着重要平衡器功能，让法律成为自由的法律。《权利法案》在两百多年来的实践中以简洁的条文面对复杂而且活生生的现实生活，正是依靠正当程序才逐步打破甚至已经存在了几百年的习惯势力（如种族偏见），确立人的自

---

① 在美国司法实践中，对"生命""自由""财产"的解释不断扩展，已形成包括契约自由、婚姻、监护、家庭、生育、人格尊严、财产权等在内的庞大的权利体系。

由。不过，通过正当程序揭示自由的内涵，需要落实到一个个具体的案件，在个案中把握特定情况下自由的边界，因此，正当程序只能是作为理解自由内涵的补充，并不足以完整把握自由的内涵。同时，正当程序保护的不仅仅是自由权，也可能包含某些福利权，符合正当程序并不等于自由。

第五节　自然权利视角下的自由

自然权利是一切生物所固有的，不为人类独有，不过本书只探讨人的自然权利。自然权利理论认为，自由是一种自然而然、理所当然的权利。所谓"自然"通常被理解为源于神、自然法或人的本性（理性、自由意志）。自然权利是人作为一个自然的存在者生来就具有的，只要是人类的一分子，这种权利就是他生来就有的。自然权利也是不可剥夺的、不能转让的权利，即使在必要的时候，这种权利也只能通过委托的方式交给政府或者他人代理行使，这种委托绝不是"让渡"，因为一旦受托人辜负了这种信任或者"委托"，委托人有权利取消委托[1]。自然权利不可剥夺、不能转让并非就不可限制，每个人的自然权利同样重要，因此，自然权利可能因为侵犯他人自然权利而受限制，不过，要注意的是，自然权利仅受自然权利限制，自然权利的内涵不会因为他人的福利而减损。

从自然权利阐述自由有着源远流长的历史，不过，理论表述众说纷纭，缺乏统一的认识，人们都只是根据自己对自然权利的理解来表达自由的内容。霍布斯指出人的自然权利就是自我保存的天性，洛克认为生命、自由、财产是人的自然权利[2]，《独立宣言》规定的是生命、自由和追求幸福的权利[3]，《人权宣

---

① 杨帆：《自然权利理论研究（博士论文）》，吉林，吉林大学，2007 年，第 10 页。

② 英国哲学家洛克在《政府论》中对"自然权利"作了这样界定："人们……生来就享有自然的一切同样的有利条件，能够运用相同的身心能力，就应该人人平等，不存在从属或受制的关系"；"人们既然都是平等和独立的，任何人就不得侵害他人的生命、健康、自由或财产。"（〔英〕洛克．政府论（下）》，叶启芳等，译．北京，商务印书馆，1996 年版，第 6 页。）

③ 美国《独立宣言》对"自然权利"作了这样解释："人人生而平等，他们都有从他们'造物主'那边赋予了某些不可转让的权利，其中包括生命权、自由权和追求幸福的权利"。

言》中确认的是自由、财产、安全以及反抗压迫，以自然权利为理论根据的各种宪法法律以及国际条约中所表述的人权也是各有特色。就自然权利的内容而言，有的主张自然权利就是自由权，有的则主张自然权利除了自由权还包括福利权。显然，我们认为自然权利不包括福利权，而仅仅是自由权，只有这样才能准确揭示自由的内涵。下面，结合针对自然权利理论的批评声音谈谈如何通过自然权利理论解释自由的内涵。

一、自然权利只是人们的虚构？

针对自然权利理论一个典型批评是"自然权利只是人们的虚构"，边沁嘲笑自然权利理论是"踩在高跷上的废话"。事实上，自然权利有坚实的理论基础，是一套逻辑上完全可以自圆其说的理论，其可靠性并不比功利主义逊色。自然权利理论基础有各种各样的表达形式，其中一个典型就是自我所有权。所有将自然权利仅视为自由权（不包括福利权）的理论，大体都强调自我所有权，即我们拥有自身。桑德尔在《公正》一书对此也有概括，他认为自由至上主义者的道德核心就是自我所有权[①]。从自我所有权出发，自然权利理论形成了一套具有逻辑可靠性的理论，人的身体属于自己，所以也就拥有他身体劳动形成的财产权，所以，人身权和财产权是自然而然。这一点在第三章第二节已论证，此不赘述。

如果说自我所有权能解释自然权利的来源，那么，批评自然权利纯属虚构的观点还有一个重要的理由——自然权利本身具有很大的模糊性，谁也说不清楚权利到底包含什么内容，每个人都可以任意理解。事实上，对于人有什么样的自然权利，自然权利理论有很确定的回答，并非可以任意解释的。首先，每个人都拥有自己的身体。包括有形身体自由，也包括无形的身体自由，如健康，言论等。其次，是财产权。显然，并不是每个人所拥有的财产都是正当的，例如盗窃而来的财产就是不正当的。财产权应该是对正当财产的权利。财产权的正当性不在于和别人财产比较的差距有多大，而在于财产来源本身的正当性，具体包括：对无主物占有（初始占有）的正当性，对有主物占有的正当性。后

---

① 〔美〕桑德尔：《公正》，朱慧玲译，北京，中信出版社，2012年版，第72页。

一个问题比较好解决。一个人要从他人那里获取财产，只有两种途径，一是与他人自愿交换，二是运用暴力手段（包括欺诈）强行占有他人财富。能得到保护（正当）的财产权只能是与他人自愿交换获得的财产。争议比较大的是，对无主物占有（初始占有）的正当性。

对财产权持有是否正义，要归宿到"最初获得的正义"，即"对于无主物的占有"的正义。与人类对自身的权利不同，人类中的每一个个体最初对于外部世界的土地、河流、矿产等资源并不存在排他性的权利。那么，什么情况下对于无主物的占有是正义的，首先，当然是先占先得，"占"在这边是有其特定含义的，一个对物质产品的实际控制"只能延伸至自己劳动生产的物品。他不能在自己能力所及的范围之外，享有真正的所有权"[1]。其次，需要看"一个物品归于某人所有对其他人的影响"，洛克等学者认为，只要这种占有不会导致使其他人的状态"变坏"（或者还留有足够好的和同样好的东西给其他人共有），那么，就是正义的。那么，如何判断是否会"变坏"呢？诺齐克认为，一个物品归于某人所有，其他人的物质条件并不会低于无人占有时的状态。一个物品归于某人所有，只是有可能导致贫富差距，并不会导致"其他人的物质条件并不会低于无人占有时的状态"，这就不属于状态"变坏"，例如现在出生在美国贫困家庭的孩子的物质条件，当然要优于无人占有的史前时代，虽然贫困家庭的孩子比富裕家庭的孩子物质条件差，但是，相对于在财产没有归属于富裕家庭时，贫困家庭的孩子的条件并不更差。[2]

二、权利都是互相交叉？

自然权利理论的反对者认为"所有权利都是互相交叉"，例如，可以认为抽

---

[1] 〔美〕穆瑞·罗斯巴德：《自由的伦理》，吕炳斌译，上海，复旦大学出版社，2012 年版，第 80 页。

[2] 不过，有些自然权利理论否认根据"对其他人的影响"来确定所有权，例如罗斯巴德认为，"任何人，无论何时何地，都适用这些基本规则：对自己享有所有权，对其占领并开发的无主资源享有所有权；以及所有从基本所有权衍生出来的所有权——通过自愿交换或赠与的方式"（〔美〕穆瑞·罗斯巴德：《自由的伦理》，吕炳斌译，上海，复旦大学出版社，2012 年版，第 90 页。），也就是说不必考虑"对其他人的影响"。

烟者伤害了非抽烟者身体健康，但是如果禁止，那非抽烟者就伤害了抽烟者身体行动自由。既然所有权利的交织一起，我们何以判断谁伤害谁，何以对伤害行为惩罚，由此，讨论自然权利有什么意义呢？

这样的看法显然是没有正确理解自然权利理论的浅薄批评。如果自然权利这么容易驳倒，那么，自然权利研究者好像就是弱智似的，但是，总不至于几千年来有这么多的弱智。事实上，自然权利对侵权有明确定义，可以较为清晰的辨认，不至于把所有权利交织一起以至于无法辨认。如果说功利主义是根据社会总收益与社会总成本来确定权利的界限，那么，自然权利理论则是根据"人的权利内容（人拥有什么）"以及"何为侵权"的明确界定来确定权利的边界。

什么是侵权呢？自然权利者主张很明确，就是未经受害人同意而侵犯其人身财产。侵犯可能是侵犯他人的人身（如人身攻击），也可能是侵犯了他人的财产（如抢劫或者擅闯私地）。什么是侵犯呢？就是使用暴力或者类似暴力的手段对其他人的人身或者财产进行攻击。定义明确了，那么如何判断侵权呢？

还是回到"抽烟"问题，抽烟者伤害了非抽烟者的身体健康，但是如果禁止，那非抽烟者就伤害了抽烟者的身体行动自由，表面上看，似乎不管怎么做，都是侵权。如果这样的话，权利有何意义呢？显然，这种表面上的看法误解了侵权的含义，并非所有对权利的影响都是侵权。人是社会动物，人的行为总是或多或少影响他人，但并不是所有影响都是侵犯权利。判断一个行为是否构成侵权，必须考虑以下两个方面：

1. 是否为攻击性行为

暴力影响他人的行为可以分为攻击性和防御性，攻击性行为是侵权行为，是不允许，而防御性行为作为防卫手段是允许的，是对侵权行为的正当惩罚手段。

罗斯巴德在《自由的伦理》一书举了一个典型的例证。"假设我走在大街上，看见 A 抓住 B 的手腕并抢走了他的手表。毫无疑问，A 侵犯了 B 的人身和财产。我们可以简单地从这一幕推断出 A 是刑事罪犯，而 B 是无辜受害者吗？当然不可以——因为仅从观察，我们不能得知 A 确实是小偷，抑或 A 仅仅是从先前盗窃其手表的 B 手中拿回自己的手表。简而言之，尽管直到 A 发起攻击的那一刻，手表一直属于 B 的财产，但是我们不知道 A 发起攻击的那一刻，A 才是手表的合法所有者，只是其后手被 B 被抢。因此，我们并不知道两人中谁才是财产合法的或正当的所有人。"①

判断是否为攻击性行为，需要判断财产权是否正当，对正当财产权的暴力行为就是攻击性侵犯，是侵权；而对不正当财产的行为则有可能是防御性的行为，是合法的。刚才的例证，如果 B 的财产是正当的，那么，A 侵犯了 B 就是侵权，而如果 B 的财产不是正当的，那么，A 侵犯了 B 则有可能是防御性行为。

2. 暴力以及类似暴力强制手段才构成侵权

判断财产权是否侵犯，需要考虑的第二个要件是"手段"。人是社会动物，人的财产行为总是或多或少影响他人，并不是所有的影响都属于侵犯。怎么样的影响才属于侵犯呢？安·兰德给了一个直接明确的定义。"我们如何判断权利受到侵犯？""如果一个人不是出于自由自愿的选择而被迫采取行动，那他的权利就受到了侵犯。权利无法受到侵犯，除非是运用武力。一个人无法剥夺另一个人的生命，无法奴役他，也无法阻止他追求幸福，除非是动用武力。""所以，我们可以在一个人和另一个人的权利之间划上一条清楚的分界线。这是一条客观的分界线，不因观点差异而改变，也不受多数人的意见或社会的硬性规定左右。任何人都没有权利率先向另一个人动用武力。"②兰德的观点很有代表性，罗斯巴德也持类似的观点。怎么样的影响才属于侵犯呢？暴力，或者类似暴力的行为③。

侵权的定义清楚了，侵权的构成要件也明确了。但是，回到"抽烟"问题，似乎还是不好解决。如果认定抽烟行为是一种攻击性行为，伤害了非抽烟者身体，那么，禁烟就是防御性行为的，是正当的。如果认定禁烟行为是一种攻击性行为，伤害了抽烟者的身体行动自由，那么，禁烟就是不允许的。抽烟行为和禁烟行为，到底哪一种是攻击性行为呢？功利主义者按社会总收益大于

---

① 〔美〕穆瑞·罗斯巴德：《自由的伦理》，吕炳斌译，上海，复旦大学出版社，2012 年版，第 99 页。

② 〔美〕安·兰德：《什么是西方价值观》，http://www.21ccom.net/articles/thought/zhongxi/20150203120476.html.（2015-02-03）〔2016-06-09〕.

③ 〔美〕穆瑞·罗斯巴德：《自由的伦理》，吕炳斌译，上海，复旦大学出版社，2012 年版，第 285 页。

社会总成本的原则来划定哪一行为是攻击性行为，然后加以制止。但是，自然权利理论则从自我所有权的角度来讨论的，单纯从身体享有的所有权角度看，那么，禁烟、抽烟都是攻击性行为，但是，引入财产权就不一样了，结合财产权，就可以较好地辨别"手段的攻击性与暴力性"，从而判断什么行为构成侵权行为。连岳在《何谓教养》一文中引用了《好汉两个半》的一个情景："有天早上，Alan 在吃早餐，别墅的主人裸体走进餐厅开冰箱，拿饮料。Alan 尖叫一声，以示震惊。男主人冷冷地说：闭嘴！别忘了这是谁的房子。"[①] 这个片断很能说明问题，如何判断人身权是否受侵犯，财产权是一个很重要的标准："产权是谁的，谁说了算。"

如果抽烟者只是在自己家里抽烟，那么，禁止抽烟，还涉及到对抽烟者财产权的侵犯。虽然在家里抽烟也在一定程度上影响了他人，但毕竟影响甚小，而禁止抽烟不仅侵犯人身权而且侵犯财产权，因此，在家里抽烟通常是一个人的法定权利。再看看在酒店抽烟的例子，如果抽烟者作为一名顾客在某一家禁烟的酒店里抽烟，那么，他就侵犯了其他顾客的财产权（因为其他顾客为住这家禁烟酒店付费），也侵犯了酒店所有者的财产权，因为他违反了酒店的约定；如果抽烟者作为一名顾客在某一家允许抽烟的酒店里抽烟，那么，他就不构成侵权，因为他基于与酒店所有者约定而拥有在酒店抽烟的权利，其他因此受害的顾客则是因为接受约定自愿受害；如果酒店没有禁止抽烟也没有允许抽烟，那么，我们就要从双方补充协议或者交易惯例来明确其约定。可见，自然权利理论对待禁烟、抽烟这样的行为，不仅仅从身体行动自由，而且从禁烟、抽烟所在场所的权利主体的所有权来判断是否侵权。

与禁烟、抽烟类似，并更具有典型性的行为，是言论自由。罗斯巴德对此有精彩的分析："以言论自由这种人权为例，言论自由是指每个人都有权畅所欲言，但是有一个问题被忽视了：一个人在什么地方享有这种权利？在他正在侵入的地产上他显然没有此种权利。简而言之，只有在他自己的地产上，或者在经过他人同意作为赠与或者基于租赁合同允许其居住的地产上，才享有此权利。因此，事实上并不存在单独的言论自由权，只存在人的财产权，即基于自己的

---

① 连岳：《何谓教养？》，http://chuansong.me/n/2567746.（2016-03-02）[2016-06-11].

意愿或者基于与其他财产所有人的协议而实施行为的权利。"①

在自然权利理论者看来，人身是人的身体财产，所有的权利都可以落实到具体的私有财产权。在自己的财产权范围内行事，就是合法正当的。一些行为之所以不好辨别是否侵权，一个重要原因，没有将人身和财产都综合成财产权来一并分析。罗斯巴德对此有一个经典的论断，"任何一种人权同时是财产权。如果不以财产权利作为标准，则人权失去了其绝对性和明确性，并因此变得模糊、容易受到攻击。"②

三、自然权利把人原子化？

一些自然权利理论的反对者认为，自然权利把人原子化，人人都有独立的不可侵犯的自然权利，但是，人是社会动物，每个人权利如果是独立而不能合作有什么意义呢？显然，这也是没有正确理解自然权利理论的浅薄批评。自然权利理论并没有否认人的社会性，人是社会性的动物，社会交往是不可避免的，人们通过社会交往结合在一起，社会交往的形式就是契约，包括私人契约和社会契约。在自然权利者看来，"财产权本身便意味着就该财产订立契约之权利；或者放弃财产，或者与他人的财产进行交换"③。正因为可以订立契约，可以交换，可以合作，权利才称之为权利，这是自然权利的本意，权利的契约性将人们结合成社会动物。契约自由是与自我所有权一样的自然法则。

（一）私人契约

人的自然权利，其中最基本的为自由处分自己财产权；同时人们还应保持彼此之间的诚信，不诚信履行契约就是侵害他人的自然权利。由此可合理推演出一个规则：人们可自由签约并应恪守自己订立的契约。契约自由作为一项重

---

① 〔美〕穆瑞·罗斯巴德：《自由的伦理》，吕炳斌译，上海，复旦大学出版社，2012年版，第166—167页。

② 〔美〕穆瑞·罗斯巴德：《自由的伦理》，吕炳斌译，上海，复旦大学出版社，2012年版，第166页。

③ 〔美〕穆瑞·罗斯巴德：《自由的伦理》，吕炳斌译，上海，复旦大学出版社，2012年版，第189页。

要的自然法则，它的内涵一直在变化。一开始，无论是财产权还是人身权都是可以自愿交易的，例如卖身为奴在人类历史的很长一段时间内都是合法的。后来，观点出现分化，一些人认为私人之间的契约自由通常只适用财产权领域，生命权、言论自由权、选举权等等人格权、政治权利常常被认为不可交易；而另一些人则认为这些权利在一定范围内仍然可以交易，甚至类似生命这样至高无上的东西，也是有价，例如死亡赔偿金。

契约应该得到执行是与自然权利一样的自然法则，不过，与自然权利作为至高无上的自然法则不一样，契约的强制执行受到一些限制，如罗斯巴德认为"只有当不履行契约意味着窃取他人财产时，该契约才可强制执行"[1]。自然权利者并不主张任何自愿订立的契约在自由社会中均可强制执行，例如自愿的奴役契约不具有可强制执行性。罗斯巴德对此有精彩的分析："人们拥有的一切有体物都具有可让与性，即基于自然事实这些有体物的所有和控制可以被让与或者转让他人。我可以将自己的鞋、房子、小车、钱等物赠予或者卖给另一个人，但是依据自然事实与人之本性，某些重要的物不具有可让与性，即其在事实上即便基于自愿也不能被让与。具体而言，人不能让与其意志，即其对自己的心智和身体的控制。每个人都控制着自己的意志和人身，因此每个人都受制于此种与生俱来的、不可让与的所有权。由于人的意志和对自己身体的控制都不可让与，因此他对自己的人身和意志进行控制的权利不可让与，这就是《独立宣言》'人的自然权利不可让与'这一著名立场的基础。换言之，即使人们有意让与这些权利，这些权利也不得被让与。"[2]美国宪法第1条第10款特别规定：任何一个州都不得"通过任何公民权利剥夺法案、追溯既往的法律或损害契约义务的法律"。但是，到20世纪初，美国最高法院开始缓慢地对契约权利加以必要的限制，特别是劳动契约领域。人的自然权利决定契约具有神圣性，但是，这种神圣也不是绝对不可干涉的，自然权利理论认为当契约与自然权利冲突时，自然权利优先，无论是私人契约还是社会契约，只有不侵犯自然权利的契约应当得到执行。

---

① 〔美〕穆瑞·罗斯巴德：《自由的伦理》，吕炳斌译，上海，复旦大学出版社，2012年版，第189页。

② 〔美〕穆瑞·罗斯巴德：《自由的伦理》，吕炳斌译，上海，复旦大学出版社，2012年版，第191页。

（二）社会契约

在这个问题上，洛克作了经典的阐述。洛克认为生命、自由、财产是个人的天赋权利，是人之为人的权利。每个个体都享有平等的生命、自由与财产权，人与人之间不可互相侵犯生命、财产与自由，这也是世间最根本的自然法。因为权利不可侵犯，每个人还享有执行自然法的权利（权力），即惩罚、阻止和要求赔偿等权利。为了分析问题，洛克通过思想实验方式，设想了一个自然状态，即一切权威（主要是国家）都不存在的状态。在洛克的自然状态里，每个人都被认为有保护生命、自由与财产的执行权，能针对违反自然法侵犯他人自然权利者施加惩罚，由于每个人都成了自然法的裁判、法官和执行者，所以自然状态很快变成战争状态，生活在自然状态的人不是性情温和、追求和平和相互协作的人，而是各式各样的猛兽。因此，必须通过社会契约的方式，由公共权威（政府）进行公正的裁判并执行惩罚，以达成一种稳定的、人所共知的对自然法能够确认的状态。人们必须执行社会契约，服从政府，但是，契约本身并不是至高无上，契约受到自然权利的限制。当人民组成政府时，人们只是让渡亲自惩罚侵犯自然权利行为的自由，而不是自然权利本身。洛克认为，人民为了克服自然状态的不方便而缔结社会契约成立政府，人民必须执行契约即服从政府，但是，对政府的服从不是绝对的，前提是政府必须是基于社会普遍同意的原则组成，并且必须依据自然法的来治理，不得侵犯人民的自然权利，否则，人民可以推翻政府。也就是说，人们交出亲自执行自然法的权利之后，获得了反抗政府的权利。

社会契约使人们在社会层面的合作成为可能，而不至于陷入战争状态。不过，需要注意的是，自由主义所主张的社会契约同卢梭式社会契约有本质上的不同。卢梭认为人们通过社会契约达成的公意高于个人，个人应该服从公意。自由主义（自然权利理论）所主张的社会契约不是公意也不是合意，而是达成保障自然权利的权威，执行社会契约的目的不是追求某个共同的目标（公意或者合意），而是避免每个人追求自身利益陷入战争，形成一个具有合法性的执行自然权利的公权力。判断社会契约是否达成，不是公意，不是合意，而是政府是否具有合法性，是否能正确执行自然法，保障人们的自然权利。社会契约的目的是组成政府保障自然权利，避免回到自然状态，而不是追求高于个人共同的目标。

四、自然权利包括福利权？

自然权利理论在揭示自由内涵有独特的优势，清晰明确，不证自明。但也有批评意见认为，即使自由是自然权利，但是，自然权利也并不等于自由，自然权利应该包括福利权。自然权利作为理论假说，可以不同解读，说自然权利包括福利权，也未见不可，但是，只要我们将自然权利视为适用于所有人的权利，那么，自然权利只能是自由权。"若有人主张霍恩索伦或者波旁家族有统治他人的自然权利，要驳斥这一观点，只需指出其不是适用于每个人的统一伦理：因为每个人在伦理秩序中的序位取决于其恰巧是或者不是霍恩索伦家族成员。同样，如果有人认为，每个人都有享受一日三餐的自然权利，很显然这是一个伪自然法或者自然权利理论；因为在大多数时候或者地点，为所有人，甚至大部分人口提供一日三餐是不可能的"[①]。君权神授、统治他人的权利不是自然权利，未经自由交易而要求他人（或者政府）提供某种福利的福利权也不是自然权利，因为它们不能适用于所有人。只要我们将自然权利定义为适用于所有人无论时空的权利，那么，人自然而然、理所当然的权利只能是自由，只有自由对每个人都适用并能保证人类生存，因此，自由的内涵可以通过自然权利理论加以界定。或许你会质疑，为什么将自然权利定义为适用于所有人无论时空的权利呢？这就要回到本书主题，因为我们探讨的是基于普遍利益的公共生活之道，所以要讨论普遍的，也就是适用于所有人的权利。

五、现实生活中，并不是每个人都拥有完整的自然权利？

自然权利是人作为所应有的权利，因此，它应该是普遍的，无论何时何地所有人都拥有的；它应该是不可侵犯，否则人就不可能成为真正的人。不过，现实生活中，并不是每个人都拥有完整的自然权利，总是或多或少遭到一些克减，为什么呢？原因其实很简单，就是应然世界和现实世界的区别。现实世界没有完全

[①]〔美〕穆瑞·罗斯巴德：《自由的伦理》，吕炳斌译，上海，复旦大学出版社，2012年版，第89页。

体现自然权利要求，不能否认自然法存在，也正因为现实世界没有完全体现自然权利要求，所以，我们应该发现自然法并让它成为现实世界评判标准。自然权利法则要得到没有任何克减地适用，只能在纯粹自由主义社会，"只有在自由社会是唯一能够无论时空，将统一的基本规则适用于每个人的社会"[①]。"任何其他社会制度都不可能成为普遍适用的自然法，因为如果存在一个人或集团对另一个人或集团的强制统治（并且所有规则都涉及此项霸权），就不可能对所有人适用同样的规则；只有没有统治阶级、纯粹自由主义社会才能够满足自然权利和自然法则的要求，更重要的是，才能达到树立全人类普遍伦理的条件"[②]。

如果人的自由是自然权利，是每个人都拥有的人类本性内在固有的普遍权利，那么，如何解释现实生活复杂的自由形态？自然权利一般都是作为消极限制而存在的，在不违反自然法的条件下，人们可以按其意愿自由行动，并通过他们的自主行为创造出更多自由形态。比如，财产自由通过买卖契约，就创造出包括买卖双方的权利义务在内的复杂的自由形态；再比如，选举权、监督权等各种各样的自由形态则是通过社会契约而形成，当然，社会契约只是思想实验，目的只是解释其中根本机理，实际生活中能称为"社会契约"的现象是一个复杂漫长的历史过程，正是因为复杂漫长，所以，不同国家在选举权、监督权等方面呈现出不同自由形态。

六、小结

对自然权利理论的批判并非全无道理，但不可否认的是其中许多论断建立在对自然权利理论曲解、误解和道听途说的基础之上。以客观中道的观点来看待，自然权利理论是相当可靠性的。自然权利来源于个人的理性和自由意志，自然权利高于实在法，不仅仅是实在法所授予的，也不能为实在法所剥夺和取消。这是自然权利理论的优势，由它揭示的自由内涵，高于实在法，不能为人们所任意改变。但是，这也是自然权利的劣势，它只是描述应然世界，并没有

---

① 〔美〕穆瑞·罗斯巴德：《自由的伦理》，吕炳斌译，上海，复旦大学出版社，2012年版，第89页。

② 〔美〕穆瑞·罗斯巴德：《自由的伦理》，吕炳斌译，上海，复旦大学出版社，2012年版，第90页。

告诉人们怎样从现实世界走向应然世界，只能用来评价现实生活的不足，却无法告诉人们如何一步一步地改变这个不足。罗斯巴德在《自然的伦理》一书引用伦纳德·里德的观点提出"一键到位"标准来改变现实世界的不足[①]，但是，这显然是无法实现的。

针对自然权利理论，人们批评"权利是因时而异、因人而异、因地而异，而自然权利所描述的权利却是普遍的"，但是，不管现实生活权利如何多样，自然权利都可以提供一个衡量的尺度，因为所有的行为都可以基于自然权利所描述的抽象行为加以判断。当然，自然权利理论与现实生活中的权利形态会有一些不同，于是，现实生活中的权利是否违背或符合自然权利总会有争议，这也是自然权利理论的不足。这种不足，功利主义理论和保守主义理论能在一定程度上克服。

第六节　功利主义视角下的自由

与自然权利理论不同，功利主义认为自由只能建立在功利的基础上才能得到解释和证明。自然权利理论主张"权利本位"，自由是人的本性，是一切正义和道德的根源，自由的内容源于"人对自身的所有权"。功利主义则主张"功利本位"，"最大多数人的最大幸福"是一切行为和事物的评价标准，自由的内容按"最大多数人的最大幸福"原则确定。功利主义在实践中受到很多批评，但其具有符合直觉的可靠性。"凡是我们感到快乐的事情，一般是对自己有利的；凡是我们感到痛苦的事情，一般是对自己有害的"[②]。因此，功利主义视角下的自由内涵讨论完全可以达到比较可靠的结论。

---

① 〔美〕穆瑞·罗斯巴德：《自由的伦理》，吕炳斌译，上海，复旦大学出版社，2012年版，第329页。

② 张千帆：《跟着感觉能走多远？》，http://cul.qq.com/a/20151228/038146.htm.（2015-12-28）〔2016-06-11〕.

一、功利主义是什么？

"自然把人类置于两位主人——快乐与痛苦——的主宰之下。只有它们才能指示我们应当干什么，决定我们将要干什么。是非标准，因果联系，俱由其定夺。凡我们所行、所言、所思，无不由其支配"[①]。这是功利主义最为经典的表述。功利主义可以分为方法论（事实科学）的功利主义和价值论（规范科学）的功利主义，前者讨论人类行为是什么，后者讨论人类行为应该如何。

作为事实科学的功利主义，认为人类的行为完全以功利为动机，并以此作为解释人类行为的方法论。以边沁为代表的功利主义认为功利就是快乐和痛苦，所有值得欲求的东西之所以值得追求，或者是因为它们本身的快乐，或者是因为它们是增进快乐避免痛苦的手段。快乐与痛苦是能够换算的，痛苦仅是"负的快乐"，每个人都在追求个人的最大快乐值。

作为规范科学的功利主义，包括私人伦理和公共伦理。私人伦理承认个人追求自身利益的正当性，但同时认为个人幸福（利益）的最大化以不伤害他人的利益为边界。公共伦理认为应该做出"能达到社会最大功利"的行为，能增加一个社会最大功利值的即是正当的，反之即为不正当。功利主义的理想是实现社会上所有人功利的最大化，由于这一理想目标经常不可能实现，只能退而求其次，因此，功利主义的通常表述是最大多数人的最大幸福。在《政府片论》正文的开篇，边沁指出，自己找到了道德方面改革的新东西，即"'最大多数人的最大幸福是正确与错误的衡量标准'这一基本原理"[②]。是否促进最大多数人的最大幸福是衡量一切社会行为（包括权利）的终极标准。只有幸福才是值得追求的；在幸福（即快乐）面前，其它一切都是实现目的之手段。功利主义认为，功利就是快乐，每个个体的快乐同等重要，所谓"社会最大快乐"是每个人快乐值总和的最大化。某些功利主义认为，一个人的收入增加，其收入在边际上的功用（增加的快乐）会减少，如果每个人对收入的多少有相同的享受，那么，富人的边际收入功用低，而穷人的边际收入功用高，因此，减少富人收入，增加穷人的收入，可以达到社会最大快乐，从这意义上讲，功利主义有导向平均主义的可能，今天的

---

① 〔英〕边沁：《道德与立法原理导论》，时殷弘译，北京，商务印书馆，2000年版，第57页。
② 〔英〕边沁：《政府片论》，沈叔平译，北京，商务印书馆出版社，1997年版，第92页。

福利经济学的一个重要基础就是功利主义。不过，这只是部分功利主义者的观点，另外一些功利主义则认为，人与人之间功利指数是不可比，一个富人对一元钱的看法，甚至可能比一个街头乞丐重要的多，社会功利最大化关键在于给每个人自由，这样才能让每个人利益最大化进而社会利益最大化，而不是劫富济贫。还有一些功利主义则认为，仅从财富的分配角度看，劫富济贫可能可以增加社会整体的快乐，但是，财富如果不创造何来分配，劫富济贫抑制了财富创造，因此不可能增加社会整体的快乐。一个好的社会需要给每个人自由，激发每个人创造财富的动力，劫富济贫只能有限的范围实施，否则将影响财富的创造。

本章的主旨在于讨论自由应该是什么，因此，只讨论作为规范科学的功利主义。功利主义可能是平均主义（福利主义）的，也可能是自由主义的，我们所探讨的功利主义是自由主义的，这种功利主义认为个人自由对于社会功利至关重要，不可因为社会功利限制个人自由。那么，为什么本书只讨论自由主义流派的功利主义呢？这与本书的主题有关，本书从普遍利益角度讨论公共生活问题，自由的概念以及自由的价值都是从这个角度讨论的。基于普遍长远利益，自由是最好的公共生活之道，相应地，能达到普遍长远利益只能是自由主义流派的功利主义。

二、利益最大化是划定权利的准则

功利主义将权利置于现实的利益关系中来理解，权利对于享有权利的人来说就是利益和好处，义务则意味着负担。功利主义认为，利益是权利的本质范畴，应根据"最大多数人的最大幸福"（即利益最大化）划定权利，从这一最高功利原则演绎出具体的权利以及法律制度的建构。

自然权利理论认为，权利内容是确定的（源于自我所有权），权利与权利的分界线是明确（任何人都没有权利率先向另一个人动用武力），因此，损害通常是单向的，甲给乙造成损害，法律需要决定的是如何制止甲，如何保护乙的权利。而功利主义则主张，损害是相互，甲给乙造成损害，但如果你不允许甲损害乙，意味着你损害了甲，因此，应该按照利益最大化原则划定权利界限。

科斯1960年发表的论文《社会成本问题》以"斯特奇斯诉布里奇曼"案为例做了说明。某糖果制造商在生产中多年来一直使用两个研钵和杵，后来某医生迁居临近房屋内，在前八年，糖果制造商使用的机器并没有对医生造成损害，但此后医生在花园尽头紧挨制造商炉灶处造了一间诊所，他发现糖果制造商的机器发出的噪声和震动使他难以使用他的新诊所，噪声妨碍他用听诊器检查病人的肺部疾病，他还发现在此不能进行任何需要思考和集中精力的工作，便提出诉讼要求糖果商停止使用机器。① 在这个案例中，如果医生不在该处兴建诊所，糖果制造商本来不会对任何人造成损害，但有了这间诊所以后，他固然给医生造成了损害，但医生不让他使用机器也对他的生产造成了损害。"损害具有相互性，避免对乙的损害将会使甲遭受损害，因此，必须决定的真正问题是：是允许甲损害乙，还是允许乙损害甲？"② 功利主义认为，"关键在于避免较严重的损害"③。"只有得大于失的行为才是人们所追求的……在设计和选择社会格局时，我们应考虑总的效果"④。因此，应该根据"利益最大化"的标准来划定糖果制造商与医生的权利，如果授权糖果制造商继续使用机器的利益最大化，那么就把权利授予给糖果制造商，如果授权医生不让糖果制造商使用机器的利益最大化，那么就把权利授予给医生。

三、利益最大化如何判断？

为了进一步明确功利主义视角下的自由内涵，必须对利益最大化进一步细化，提出可操作性的分析模式。

（一）情境功利主义和普遍功利主义

功利主义在理论上包括两种标准：（1）情境功利主义。情境功利主义强调

---

① 〔英〕罗纳德·科斯：《论生产的制度结构》，盛洪，陈郁译校，上海，上海三联书店出版社，1994 年版，第 149—150 页。

② 〔英〕罗纳德·科斯：《论生产的制度结构》，盛洪，陈郁译校，上海，上海三联书店出版社，1994 年版，第 142 页。

③ 〔英〕罗纳德·科斯：《论生产的制度结构》，盛洪，陈郁译校，上海，上海三联书店出版社，1994 年版，第 142 页。

④ 〔英〕罗纳德·科斯：《论生产的制度结构》，盛洪，陈郁译校，上海，上海三联书店出版社，1994 年版，第 191 页。

的是"在此时此刻这个情境下，该怎么做才能促进全体快乐值。"而不是问若将此道德律推广到每个人身上会对全体快乐值造成什么影响。举个例子，像说谎一般来说是不对的行为，但在某些情境下，情境功利主义者会认为说谎是对的，像善意的谎言、为保守国家机密而说谎等。对情境功利主义的定义可以参考下面一句话："某个行为仅在全体快乐值不低于其他等同行为所产生的全体快乐值时为善，此为情境功利主义。"（2）普遍功利主义。普遍功利主义重视的是"若每个人都按照我现在遵守的道德律做出行为，这个世界会变成什么样子？"最明确的例子是"穷人可不可以夺取富人的财富？"按照情境功利主义，这似乎是可以接受的，因为这可以促进最大快乐值，但普遍功利主义提醒我们，若每个人都这么做，那社会会变成什么样子？[①]

    情境功利主义、普遍功利主义分别代表着两种不同理论倾向，那么，我们应该采用哪一标准作为划定自由内涵的标准呢？功利主义其实是从结果（利益）来倒推自由的内涵，本书讨论的是基于普遍长远利益的公共生活之道，从利益倒推自由内涵就必须建立在普遍长远利益的立场上，因此，本文采用普遍功利主义的立场。例如，在婚姻中，一方违背忠诚义务（如婚外同居），肯定也是基于人性需求，能得到一定幸福感，对方在某些特定情况下甚至可能不会感到痛苦，但是，如果着眼于普遍利益，按照普遍功利主义，一个社会放任违背忠诚义务的行为，必然严重破坏社会的稳定。因此，婚姻关系中人身自由不包括违背忠诚义务等婚外同居行为。

    运用普遍功利主义作为划定自由的界限，最常用的原则之一是伤害原则，这一点密尔有详细的论证。社会利益是个人利益的总和，个人才是其自身利益的最关心者和最佳判断者，禁止伤害他人符合利益最大化原则，因此，"自由即有权做一切无害于他人的任何事情。"关于伤害原则，第二节已有详细论述，这里不再展开。除了伤害原则外，交易费用是判断利益最大化的另一种重要方法。

---

① 百度百科：《功利主义》，http://baike.baidu.com/link?url=UqXC2h9oUGzESDagYTKNEg6o-QH5V2GJEx6Ya65mUVcv1n8-vLh2UIVByUgWMyobYqYeTrk6eYTyQqtYAfAr-pQ71forTPcxjrdqQ3D8fSS.［2016-06-09］.

（二）通过交易费用判断利益最大化

这一点已为科斯定理所揭示。科斯定理，即"只要财产权是明确的，并且交易成本为零或者很小，那么，无论在开始时将财产权赋予谁，市场均衡的最终结果都是有效率的，实现资源配置的帕累托最优。"[①]科斯定理亮点之一就是不变，因此也称为不变定理，只要权利明确，不管权利赋予谁，市场的运作效果都不变，都能实现资源配置的帕累托最优，即社会整体利益最大化。一个典型的例证就是科斯1960年发表的《社会成本问题》一文所提出的养牛和种麦的例子。张五常在《经济解释（卷四）》对此案例做了阐释。这例子说，有两块相连的土地，二者地主不同，一块用作养牛，另一块用作种麦。因为牛群常常跑到麦地去吃麦，给麦地的主人造成了损害，应该如何解决这个纠纷呢？一个简单方法就是在麦田建设围栏。科斯假设了两种情况，一是养牛的人对麦的损害负责，须以市价赔偿种麦地主的损失，也就是将"是否让牛吃麦权利"赋予种麦地主；二是养牛的人不对麦的损害负责，不必赔偿种麦地主的损失，也就是将"是否让牛吃麦权利"赋予养牛的人。在第一种情况下，牛吃麦造成损害，但牛肉产量会增加。如果肉的升值高于麦的损失，牛主乐意赔偿，麦主也会乐意接受让围栏建在麦田中间，虽然损失一些麦子，但是得到了赔偿。只要肉的升值高于麦的损失，肉和麦都有价格指引，麦主就会乐于多种麦给牛吃，牛主也乐于赔偿，但是，当肉的升值低于麦的损失，双方必将都拒绝这样做，因此，最后围栏会落在牛吃麦的边际收益等于麦的边际损害那个位置。科斯定理的令人震撼之处在于——在第二种情况下，科斯经过推导证明，围栏会落在与第一种情况同样的位置。第二种情况下，养牛的人不对麦的损害要负责，但是，种麦的人为减少麦的损失，只好给牛主钱，以围栏来限制牛群的行动，结果，科斯证明，在不考虑交易费用的情况下，围栏会落在与第一种情况同样的位置——牛吃麦的边际收益等于麦的边际损害那个位置。[②]由此，科斯得出结论（也就是科斯定理）：只要权利界定清楚，不管界定为谁所属，市场的运作会使栏杆的位置不变，在这个位置上，土地得到最充分的利用，社会整体利益最大。当然，界定牛主要赔偿麦主，麦主收益更多，反之，牛主收益更多，但是，就

---

① 科斯本人从未将定理写成文字，这是比较流行的说法。

② 张五常：《经济解释（卷四）》，北京，中信出版社，2015年版，第58页。

土地资源效率而言，不管权利界定为谁所属，市场的运作会使土地得到最充分的利用。

再回头看看"斯特奇斯诉布里奇曼"案，法院判决确定了医生享有不让糖果制造商使用机器的权利，但当然也有可能通过当事人之间的讨价还价来修改法院判决所作的安排。如果制造商支付给医生一笔钱，且其数目大于医生将诊所迁至成本较高或较不方便的地段所带来的损失，或超过医生减少在此地看病所带来的损失，或多于作为一个可能的建议而建造一堵墙以隔开噪声与震动所花的成本，医生也许愿意放弃自己的权利，允许制造商的机器继续运转。如果制造商胜诉，情况就会反过来，医生会同制造商讨价还价，付钱给制造商以促使他不继续使用机器。此案的基本情况与牛损坏谷物的例子完全一样。在市场交易的成本为零时，法院有关损害责任的判决对资源的配置毫无影响。[①]

科斯定理说明，如果不考虑交易费用，只要权利界定清楚，在市场运作下，"利益最大化"与权利的归属无关。既然不管归属于谁都能实现利益最大化，那么，根据功利原则划定权利也就没什么意义了，只需确保权利界定清楚就可以了。显然，问题并没有这么简单，因为交易费用永远不可能等于零，因此，根据利益最大化划定权利问题本质上就是交易费用的问题。一个人达成其利益所要花费的费用可能是交易费用，也可能是自身劳动的费用，利益最大化可以通过降低交易费用，也可以降低自身费用，不过，权利（自由）分析的是人与人关系，只需从交易费用角度探讨。如果权利归属于种麦地主交易费用低，那么，权利就应划给种麦地主，如果权利归属于养牛地主交易费用低，那么，权利就应划给养牛地主，可见交易费用决定了权利的配置。

讨论交易费用，要注意传统规则。市场交易成本的探求也需要成本，而且往往可能甚高，以至于无从判断或误判。降低成本，需要规则，如果有人不按规则办，就会受到惩罚的，那么人们就可以对他人行为有一个比较可靠的预期，打交道时就会比较简单，用不着提防，可以节省大量的时间与精力。人们倾向于认同历史流传下来的传统规则，因为它更能得到大家认可。于是，

---

① 〔英〕罗纳德·科斯：《论生产的制度结构》，盛洪，陈郁译校，上海，三联书店，1994年版，第150—151页。

一个社会的道德、习俗、制度等传统规则就非常重要了。正是存在这些共同认可的能约束所有行为主体的传统规则，自由社会的参与者不必担心他人任意侵犯自己的权益，无需就生产和生活中的各种纠纷逐一谈判，大大节省交易成本。

公权力也与交易费用有密切的关系，稳固的公权力有可能降低交易费用。以农耕民族和游牧民族关系为例，中国历史上的农耕民族和游牧民族大概以长城为界，产权划分是清楚，但最后产生的主要不是自愿交易，而是暴力掠夺关系。产权清晰，除了划分清楚，更重要的是能得到保护，这需要有一套法律及一个政府控制暴力掠夺，否则具有暴力优势者就会选择暴力掠夺而不是交易。历史上大部分时间，除了清朝，农耕民族和游牧民族不在同一个国家之下，产权保护无法实现，又分属不同的文化，交易费用偏高，因此，自由交易并没有很好的发展起来。

影响交易费用有传统规则、公权力等多种因素，归纳起来，主要就一个因素——制度的创设。既有人力和物质资源确定的情况下，制度的创设对交易费用的降低具有决定性作用。回到养牛和种麦的案例，在相当长的历史时期，人类并没有对类似"养牛地主和种麦地主的权利"的清楚界定，而是采用传统的处理办法——道德办法，"井水不犯河水"，禁止让牛吃麦，即禁止市场交易。产权清晰过程是一个产权创设的过程，需要为产权的竞争和交易创造各种消极和积极的条件，消极条件如保护私人财产，契约自由的法规以及有关货币、市场和信息渠道等制度，积极条件如公司法、专利法、产品标准、交易标准等。夏季奥运会的26个大项里，有17个大项起源于英国，一个重要原因就是英国人善于制定运动的游戏规则，正是有了规则才迅速推广到全球。对自由内涵的揭示，自然权利理论主要是一种批判性学说，优势在于判断一项规则自由与否，功利主义则是富有建设性的理论，功利主义不仅仅要衡量权利赋予哪一方交易费用低，还努力通过制度创设降低整体交易费用，从而让自由的内涵不断得到细化。

如何创设更好的制度降低交易费用？在《企业的性质》一文，科斯问了个一直被忽略的问题：既然自由是繁荣的钥匙，市场里为什么还会有企业？为什么大家不"各自为战"，那不是完全"自由"的市场了吗？为什么那么多人要牺牲"自由"，"卖身"于企业呢？在企业里听命于上级，可是有背"自由"宗旨的？在功利主义这看来，自由虽然很重要，但它是有成本的，企业是一种节约成本的机制。一个人"单干"的话，要同时处理上游购货、自家生产研发、下游销售各方面的问题，这样运作的成本是很高的，也违反劳动分工和专业化原理，不利于在竞争中胜出。于是，为了节约这些成本，人们就组成"企业"。自由交易有成本，于是一部分交易转移到企业内部，企业内部的行政性"指令"替代了在市场中进行交易的"合约"，这是企业存在的原因。不过，企业本身也有成本，比如，厂长经理们要监督、激励员工，调动员工的积极性；再比如，厂长经理们也需要约束、激励的。[①]《企业的性质》一文虽然是讨论"市场里的交易成本"和"企业内部交易成本"的权衡问题，同样也可以适用到整个社会制度设置问题，当市场运作成本很高的时候，就会被替代，比如被"企业"替代，或者被"政府"替代，就需要引入政府指令，以及政府对交易积极条件的设置。

关于交易费用的讨论，还有一个重要的思路就是直接测算交易成本，比较不同类型制度的交易成本，讨论最佳的制度选择。所谓"成本"，包括生产成本和交易成本。生产成本，是"生产产品所需耗费的物化劳动和活劳动的货币表现"是生产出一个产品新耗费的劳动。而交易成本泛指除生产成本以外的经济制度的运行成本，是随同交易行为产生的信息搜寻、条件谈判与交易实施等的各项成本。交易成本，包含以下内容：（1）个人达成一笔交易所要花费的全部时间和货币成本，包括传播信息、广告、与市场有关的运输以及谈判、协商、签约、合约执行的监督等活动所花费的成本。（2）公共成本。霍尔姆斯、桑斯坦在《权利的成本》一书通过周密的分析得出这一个结论：私人自由有公共成本。这不仅适用于获得社会保障、医疗保障和食品券的权利，还适用于私有财产权、言论自由权、免除警察滥用职权的权利、缔约自由权、信教自由权以及全套具有美国传统特征的权利。[②]他们认为，从公共成本角度，权利的设定必须关注以下问题：①对每种权利，我们想要花费多少钱？②假定资源用于保护一种权利就不能再用于保护其他权利，那么如何最佳地配置权利？③什么是以最

---

① 徐建国：《科斯：市场是有成本的》，http://blog.sina.com.cn/s/blog_ab5cdad70102vkkb.html.
（2015-06-05）〔2016-06-11〕.

② 〔美〕霍尔姆斯，桑斯坦：《权利的成本》，毕竞悦等译，北京，北京大学出版社，2011年版，第160页。

低的成本提供最大的权利保护的最好形式？④目前界定和实施的权利是否以公共认可的方式再分配财富？①

四、功利主义与自然权利理论殊途同归？

功利主义与自然权利理论对自由内涵的探讨遵循着不同理论方法，但是，正如功利主义与自然权利理论都能推导出"自由是最好的公共生活之道"一样，如果站在共同体普遍长远利益的立场上，功利主义与自然权利理论在自由内涵的问题也有可能做到殊途同归。

功利主义非常强调权利清楚界定，"权利界定是市场交易必要的先决条件"②。科斯定理隐含着一个重要前提权利明确，权利明确的情况下，市场运作才能使实现资源配置的帕累托最优。以空气为例，没有明确的产权界定，空气严重污染，污染是"公地悲剧"的体现。只要界定产权，比如开放这个排污市场，不把空气视为公共产品，使各种直接或间接的界定空气产权的方式有利可图，企业家就会不断地想办法去界定它，比如新的节能减排技术或空气净化技术。那么，怎样的权利才是明确的呢？能够保证高效率的权利应该具有以下三个条件：（1）明确性，即它是一个包括财产所有者的各种权利及对限制和破坏这些权利时的处罚的完整体系；（2）专有性，它使因一种行为而产生的所有报酬和损失都可以直接与有权采取这一行动的人相联系；（3）可转让性，这些权利可以被引到最有价值的用途上去。显然，这三个条件均是自然权利理论所强调的，每个人拥有自身（包括其财产），由此拥有对侵犯其人身和财产进行惩罚的权利，以及就财产订立契约的自由。

自然权利与功利主义不仅在权利明确这一点可以做到殊途同归，同时，在权利具体划分上，也具有相当高的重合性。在功利主义看来，权利归属和设置主要取决于如何让交易费用最低。一般情况下，依据自然权利确定的权利归属，遵循人本性的权利规则，交易成本最低。例如，自然权利基于人的自然本性提

---

① 〔美〕霍尔姆斯，桑斯坦：《权利的成本》，毕竞悦等译，北京，北京大学出版社，2011年版，第166页。

② 张五常：《经济解释（卷四）》，北京，中信出版社，2015年版，第62页。

出财产私有权，在功利主义看来，财产私有，最不会存在分歧和争议，交易成本最低。在功利主义看来，每个人在价值上是平等的，没有尊贵卑下之分。某些功利主义会将平等引向平均主义和福利主义，但是，只要坚持自由主义立场，认同价值的主观性，着眼于普遍利益，那么，功利主义必然坚持个人自由的立场，这样也就在理论上做到与自然权利理论殊途同归。

功利主义不仅与自然权利理论殊途同归，而且同伤害视角下的自由和强制视角下的自由做到殊途同归。功利主义虽然强调最大多数人的最大利益而不是某个人的个人自由，但是，在坚持自由主义立场的功利主义看来，每个人追求自己的个人利益就会导致公共利益的增长（第三章第三节已论述），人们总是最关心自己的利益，相对于政府，每个人才是关于他自身利益的最佳判断者，只有个人自由才能保证每个人利益和社会利益的最大化。因此，确保个人自由，保证个人利益不受伤害以及个人意志不受强制，才能实现最大多数人的最大利益。密尔《论自由》是"从功利主义角度论证了伤害视角下的自由"的典范，哈耶克《自由宪章》是"从功利主义角度论证了强制视角下的自由"的典范，这里不再重复他们的论述。

五、小结

自然权利理论将自由视为人的价值的直接前提，是一种直接的自由观。功利主义将功利视为人的价值的直接前提，自由是功利的手段，是一种改良式自由观。自然权利理论，以定理式的推定认为侵犯自然权利的人应负责任。功利主义则认为，"（物理行动上）造成损害的人，不一定要负赔偿、缴税或禁止活动等法律责任，因为这是两个不相容活动之冲突，若是造成损害的活动价值高，则造成损害之人并无理由要负不法责任。"[1] 如果说自然权利理论的优势是有高度，为我们提供超越于现实的理想标准，那么，功利主义理论的优势就是贴近现实，是一种更具实践性的理论。正如边沁所言"难道一种理论竟然会以追求人类的痛苦为目标"，功利主义具有很强的说服力。不过，若

---

[1] 〔英〕罗纳德·科斯：《论生产的制度结构》，盛洪，陈郁译校，上海，三联书店，1994年版，第191页。

没有自然权利论者的解释和论证的支撑，功利主义很容易滑向平均主义和福利主义。

第七节 保守主义视角下的自由

本书的主题是基于人类普遍利益研究自由的价值和自由的内涵，在这一章第一节至第六节都是从这个角度分析的。保守主义则是基于具体历史条件的政治哲学，基于保守主义揭示的自由内涵与普遍利益视角下的自由内涵并不相同，之所以选择从保守主义进一步研究自由，主要是为了提供一个认识自由的比较视角，切不可因此而否认前面关于自由概念的分析。在保守主义看来，自由是源自于传统的权利义务，权利义务乃是相随产生的，而非来自普遍的自然权利。如果把自由概念的探讨当成找路，普遍主义的自由分析是通过判断基本方向寻找自由，而保守主义的自由分析是慢慢地熟悉各条路线来寻找自由。

一、保守主义是什么？

保守主义是一种强调既有价值或现状的政治哲学。保守主义一般是相对激进而言的，而不是相对进步而言的。保守主义并不反对进步，只是反对激进的进步，宁愿采取比较稳妥的方式。在不同的语境或者历史阶段下，保守主义拥有不同的含义，保守主义的思想大体出现在 18 世纪末 19 世纪初期，一开始就存在着明显的分野，以法国思想家梅斯特尔为代表，反对任何改革思想，属于"十足保守派"，以英国思想家柏克为代表，信奉"为了保存而变革"的原则，一方面主张对现状应该持维护和继承的态度，同时认为有的方面必须变革，没有变革，也就没有保守，无法保存既有的好东西。1970 年代以后，一部分保守主义，吸收了古典自由主义内核发展成为新保守主义。[①] 本章讨论的保守主义是

---

① 包刚升：《政治学通识》，北京，北京大学出版社，2015 年版，第 85 页。

坚持自由内核的保守主义，包括以英国思想家柏克为代表的保守主义和新保守主义。这种保守主义在思想上主要包含以下原则：

（一）尊重传统的原则

传统是凝聚的是先辈的经验，代表着久经检验的制度和实践，是比任何个人的理论想象更为重要的智慧来源。传统也凝聚了感情，赋予个人以社会和历史的归属感，保证了社会的秩序和安全。

（二）经验主义原则

人类的理性不仅有限而且容易出错，那些抽象的思想原则和宏大的社会设计方案是不可靠的，解决问题应注重经验和模仿，依据实践环境和实践目标来形成我们的行为。

（三）人类的不完善

因为人自身的不完善，所以人类也创造不出完善的社会秩序。人类有能力将人间变成地狱，却没有能力将地狱变成天堂，只能期待一个存有某些弊病的、有序的、自由的社会。人是有限的、追求安全的动物，人倾向于在一种熟悉的、经过反复验证的稳定和有秩序的社会中生活。人也是容易腐化的动物，经常被贪婪的欲望所污染，维护社会秩序需要有强大的公权力和严格的法律。

（四）社会有机论

社会就像一个活的有机体，是根据自然需要所形成的。社会不是个体自愿契约的产物，而是通过漫长积累的各种习俗、制度、道德、情感联结起来的有机体。社会各种制度和结构，如个人、家庭、教会、企业、政府，按照长期文化传统各行其责、相互协调，才能维持健康和稳定。

（五）重视等级的原则

在一个有机的社会中，社会地位的等级化是自然的和不可避免的。虽然一些人对等级制感到不满，但是，只要是自然的等级制，就不会导致激烈的冲突，是社会稳定和有序的必要。

（六）重视权威的原则

权威是社会凝聚力的源泉和基础，是保护个体自由和权利免遭侵犯的必要。权威不是个人自由契约认可的结果，与社会一样是自然形成的，社会的领导权应属于素质优秀的贤人而非群众领袖。

（七）重视财产权原则

财产是人的个性的外化，人们根据财产来定义和评价一个人。财产私人所有会增进人们的权利和责任意识。财产权更是个人权利的基础，没有财产权，其他自由可能随时被剥夺。"没有任何东西比财产权利更为神圣的了，财产权使得个人的利益考量高过那些华丽却不实际的理论"[①]。

二、保守主义的自由观

保守主义，并不是基于普遍利益而是因时因地因人因特定文化传统来探寻自由的概念，因此，保守主义的自由观主要是寻找自由的方法论。

（一）自由是具体的、历史的

自由是具体的某个人的权利，并没有普遍的高于任何传统的"只要是人就有的权利"，因为只有英国人、美国人等等诸如此类的人，而不存在抽象的、普遍的、没有历史传统、没有特殊规定的人。人只有在社会中才可以享有自由，自由是社会共同培育的一种福利，不存在个人的自然权利。自由是源自于对传统的继承，是与道德、政府、法律、宗教等其他社会因素结合在一起的，自由所带来的种种好处只有在有序的社会环境内实现。在保守主义看来，自由不是

---

① Carl B.Cone, Burke and the Nature of Politics, University of Kentucky Press, 1957 ASIN B0006AV4NG. 转引自维基百科》, https://zh.wikipedia.org/wiki/%E4%BF%9D%E5%AE%88%E4%B8%BB%E4%B9%89. 〔2016-06-11〕.

天赋的（或者人的本性赋予的），不存在与生俱来的自由，自由是人们生活在社会中的一种"状态"，这种状态或结构不是抽象的、普遍的和无条件的，脱离了具体的历史条件和现实环境的自由就不能称为自由。

（二）自由主要是实践性知识

所谓知识可以分为技术性知识和实践性知识两种。技术性知识指的是可以用清晰明确的语言（如数据和公式）来加以精确地归纳和表述，例如工程方案、菜谱、自行车零件规格、前后齿轮的大小与链条长度的关系等。实践性知识是指类似于理解和智慧等无法或者没有必要用精确的数据和公式来表述的知识。一个学骑自行车的人不管他怎么了解自行车的构造原理，假如他不到屋外去练习，就永远无法学会骑车，可见，一个学骑自行车的人可能了解一些关于自行车的技术性知识，但是，让他真正能骑自行车则来自于实践性知识。人类几乎每项活动都涉及这两种知识，不只需要技术性知识，而且需要实践知识，不过，在不同领域，这两种知识的重要性有很大差异。一个人看得懂乐谱，并不一定能唱出好歌，一个人知道了有关十四行诗的所有规则，但他也不一定能写出好的十四行诗来。在音乐、绘画、烹调、体育以及社会政治等领域，实践性知识格外重要，实践性知识是技术性知识的基础，技术性知识只能给实践一种肤浅的指导，它无法深入到实践之中，如果仅仅用抽象的技术性知识去指导具体的实践无异于削足适履。①

自由作为社会政治领域的知识，主要是一种实践性知识，表现为习俗或传统的做事方式，它不可避免地具有不确定性，无法清晰以确定规则表达出来。当然，自由也包含一定的技术知识，在社会政治领域，技术知识和实践性知识是一体存在，无法彻底分开，无法彼此替代。作为实践性知识，自由是一种谨慎、经验和智慧实践的成果，而不仅仅是抽象的推理和判断。正如柏克所言"极端的自由（这是自由的抽象完美的形式，但同时也是真正错误所在）在哪里也得不到，也不应该在什么地方寻求它"②，任凭这种抽象自由的泛滥，破坏了

---

① 刘军宁：《保守主义》，北京，东方出版社，2014年版，第39页。

② 〔英〕埃德蒙·柏克：《自由与传统》，蒋庆等译，北京，商务印书馆，2001年版，第228页。

人们的理智，毁弃了实际的自由，最终将摧毁人类社会的一切基础。自然权利理论把自由看作是抽象而又普遍的，是纯粹理性的产物。功利主义虽然重视经验，但总体上仍然是一种演绎逻辑，从最高的功利原则演绎出具体的权利。保守主义自由观是彻底经验论逻辑，坚信自由具有无限多样化的表现，不可归纳为抽象的形而上学的原则，"为了获得自由，自由必须受到限制。要精确地计算出应有的节制程度，在任何场合都是不可能的事"①。

（三）自由与秩序、政府、道德和正义相关联

自由是由着自己的愿望而行动的状态，但是，作为社会成员的个人不可能有绝对自由，所有讲道理的自由理论都认可人的社会自由必须受到一定限制。自然权利理论认为自由只为自由所限制，自由以他人自由为界，因为人人享有相同的自由。功利主义理论认为自由应该根据最高功利原则确定其界限。保守主义也强调对自由的限制，一方面，自由必须尊重他人合理的自由，"个人的自由、团体的自由和众人的自由都不能找到任何凭借和渠道来侵犯社会中的任何个人或任何类别的人的（合理）自由"②；另一方面，真正的自由不仅与秩序、政府、道德和正义相关联，而且与社会其他因素密不可分，柏克指出，"我应该中止我对于法国的新的自由的祝贺，直到我获悉了它是怎样与政府相结合在一起的，与公共力量、与军队的纪律和服从、与一种有效的而分配良好的征税制度、与道德和宗教、与财产稳定、与和平的秩序、与政治和社会风尚相结合在一起的。所有这些（以它们的方式）也都是好东西，而且没有它们，就是有了自由，也不是什么好事，并且大概是不会长久的"③。在保守主义看来，自由依秩序、政府、道德、正义的存在而存在，而且随秩序、政府、道德、正义的消失而消失。如果把正当视为社会最高原则，自由是与正当融合在一起的，真正的自由是与社会其他要素和谐共存的产物。柏克相信无道德的自由，不是自由而是罪恶。他在《法国革命论》一书中指

---

① 〔英〕埃德蒙·柏克：《自由与传统》，蒋庆等译，北京，商务印书馆，2001年版，第228页。

② 〔英〕埃德蒙·柏克：《自由与传统》，蒋庆等译，北京，商务印书馆，2001年版，第106页。

③ 〔英〕埃德蒙·柏克：《自由与传统》，蒋庆等译，北京，商务印书馆，2001年版，第11页。

出：既没有智慧又没有美德，自由又是什么呢？它就是一切可能的罪恶中最大的罪恶了。"要形成一个自由的政府，也就是要把自由和限制这两种相反的因素调和到一个融贯的作品中去，则需要有深思熟虑和一颗睿智、坚强和兼容并包的心灵。"①

（四）自由来源于传统的保存和纠正，来源于权力与权力之间的让步和妥协

重视传统是保守主义最鲜明的特色。传统是后人从先人那里一代一代继承下来的各种不同理念、价值观、处事态度、行为规则。自由并不全部隐含在传统之中，但是，自由必然有相当一部分是通过传统表现出来。有些传统是自由的，有些传统则是很不自由的，不过，这些不自由的传统并不是可以轻易抹掉，他们对于秩序也有相当的贡献。传统不是自由的全部，却是自由最重要的来源，自由就生长在这种历代沿袭一致的传统之中。遵从传统并不是放弃人的独立思考，而是将传统作为探寻自由的指南和向导，通过传统的保存和纠正，让自由成长壮大。

自由也来源于权力与权力之间的让步和妥协。这一点柏克有精彩的断言："自由，是存在于不同势力对垒的夹缝中，倘若一支势力打垮了其他的势力，自由就没有了安身之处。"② 所以，当英国的君主制因法国革命的原则而动摇时，他便来扶持君权（《法国革命论》）；当议会因宫廷帮的阴谋而弱化时，他便来增援议会（《论当前之不满情绪的根源》）；当议会欲宰割殖民地时，他则保卫殖民地（《论课税于美洲》《论与美洲的和解》《致布里斯托长官书》）。

（五）人只有在社会中才能享有自由

人是社会动物，因此，自由具有社会性。自然权利学说认为理想的社会是自由个体之间的契约，是通过人的"自然权利"转让契约形成的。功利主义认为"共同体是个虚构体，由那些被认为可以说构成其成员的个人组成"，社会利益仅仅只是个人利益的总和。保守主义认为人只有在社会中才能享有自由，而

---

① 〔英〕埃德蒙·柏克：《自由与传统》，蒋庆等译，北京，商务印书馆，2001 年版，第 315 页。
② 〔英〕埃德蒙·柏克：《美洲三书》，缪哲选译，北京，商务印书馆，2003 年版，第 303 页。

社会是自然的和历史的过程，有组织的社会是文明漫长积累的产物，虽然社会也有个人契约结合的因素，但更主要是依靠忠诚和情感联接起来的社群。保守主义看来，"自由不是孤立的、无联系的、个人的、自私的自由……我所说的自由是社会的自由"[①]。自由的社会性意味着自由是一种相互间的义务责任关系，"想要得到某些自由，就得为个人的自由做些牺牲"[②]。当然，这种牺牲以合理自由为界，而且，个人的自由在价值上仍然是优先的，"公民的要求在时间上是最先的，在资格上是最高的，在衡平上是最优越的"[③]。

（六）财产权是一切权利的基础

在各种权利中，保守主义最重视财产权，财产权是一切权利的基础，自由传统正是建立在财产私有制神圣不可侵犯的基础上。柏克对此有详尽的论述，他指出，"财产之为物，是自由赖以行动的资粮，是自由赖以保全的手段"[④]，"公民社会所要信守的首先的、原始的信念乃是针对公民的所有权"。法国革命的"罪恶"就在于破坏了财产私有制，"几乎没有一个野蛮的征服者曾在财产权方面制造过一场如此之可怕的革命"[⑤]。"正是对财产权的蔑视，以某些妄想的国家利益来反对财产权原则，导致了其毁灭法国的罪恶，并将整个欧洲带入最紧迫的危机之中"[⑥]。

三、小结

保守主义的优点避免过于激进的毛病。自然权利原则（包括某些功利主义原则）讨论自由很可能有过于激进的毛病，有可能会带来严重的社会代价。自

---

① 〔英〕埃德蒙·柏克：《自由与传统》，蒋庆等译，北京，商务印书馆，2001 年版，第 106 页。

② 〔英〕埃德蒙·柏克：《自由与传统》，蒋庆等译，北京，商务印书馆，2001 年版，第 69 页。

③ 〔英〕埃德蒙·柏克：《法国革命论》，何兆武等译，北京，商务印书馆，1998 年版，第 142 页。

④ 〔英〕埃德蒙·柏克：《美洲三书》，缪哲译，北京，商务印书馆，2010 年版，第 268 页。

⑤ 〔英〕埃德蒙·柏克：《法国革命论》，何兆武等译，北京，商务印书馆，1998 年版，第 142 页。

⑥ 〔英〕埃德蒙·柏克：《自由与传统》，蒋庆等译，北京，商务印书馆，2001 年版，第 51 页。

然权利的原则认为，权利是天赋，是与生俱来的。权利不容侵犯，侵犯人民权利的政府是暴虐的政府，人民有权以革命的方式推翻，但是，自然权利本身又存在专断的特点，很容易出现各说各的，于是可能导致整个社会产生激烈的对抗。法国大革命血流成河，自然权利理论假定似乎也有一份责任。保守主义对自由的表述常常含混不清，这是其缺点。通过强制、伤害以及自然权利等揭示自由内涵相对简洁明确，但是，这些要素很大程度上取决于人的心理，而心理又是受传统文化影响，因此，保守主义对自由的探讨常能起到一定的补充作用。

第八节　自由是什么：从应然到实然

本书所讨论的自由主要是普遍自由，人无论其身份、地位、民族、财产和能力等不同而应当普遍享有的自由。不过，现实生活中自由则总是表现为某种特殊的形态，在不同时间、地点条件下不同人所享有的自由总是呈现的不同状态。自由是什么，除了从普遍视角认识，还要回答实际生活中真实的自由应该是什么。这个问题虽然由于实际生活的复杂性而比较难以回答，但总还须给出一个明确、具体的答案。因为这种自由是真实的，是可以看得见的，是同我们每个人的生活都有直接关联的。应然自由最后都要落实到现实生活中，指导人们的现实生活，否则就没有理论价值。围绕应然自由在现实生活中的落实，有两个问题值得注意：一是"既然自由最终要落实到现实生活，讨论普遍自由有意义吗？"二是"现实生活的具体自由形态是怎么形成，如何将应然自由落实到实际生活？"前一个问题主要回答有何用，即应然自由对现实生活有什么理论指导意义；后一个问题则是回答怎么办？

一、既然自由最终要落实到现实生活，讨论普遍自由有意义吗？

如何将自由落实到实际生活呢？解决这个问题有两种思路：一种是规范主义的思路，先看看人应该有什么自由，然后再讨论如何落实；一种现实主义的思路，直接讨论现实生活实际是什么，然后再讨论如何改进。本书采用的是规范主义的思路，这种思路在很多现实主义者看来是没有必要的，特别是普遍自由的研究，常常被批评为"哲学上的虚构"，"从来没有，也永远不会有任何现实性"，是神秘、无法实际运作的设想。

阿克顿："法律是具有地域性和民族性的。自由则没有地域性和民族性。"[①]在阿克顿看来，自由是普遍的，是每个人无论身份、地位、民族、财产和能力等不同而普遍享有的权利。不分地域性和民族性的普遍自由是自由研究的主流，但是，并不是唯一的分析维度。科学的操作方式是从世界之中切割出一个局部，建立理想化模型来描述这个局部。自由的研究属于规范科学的范畴。当我们切割的局部是"普遍个体的应然行为规范"，那么，我们所研究的自由就是普遍自由。当我们切割的局部是"特殊个体的应然行为规范"，那么，我们所研究的自由就是特殊自由。在阿克顿看来，法律主要体现为特殊的自由规则，因此，法律是具有地域性和民族性的。自由的普遍性和特殊性，取决于人们选择的理论视角。有的理论研究只讨论普遍自由，有的理论只讨论特殊自由，有的则试图综合两种不同视角。普遍自由和特殊自由两种理论视角各有优劣。普遍自由的研究超脱具体实际，因此得出的结论能顾及长远的利益，但是，应用到实践面临具体化的难题；特殊自由的研究，考虑的视角更为局限，因此得出的结论经常不能顾及普遍长远的利益，但是，应用到实践能更接近现实；综合视角的研究，更有可能顾及普遍利益和特殊利益的平衡，但得出的结论则常常自相矛盾的。

人们经常批评普遍视角的自由研究，认为其将自由看成是一元的、普遍的，忽略其背后多元价值观念的相互博弈，很难解释为什么自由在世界各地以及在历史的各个阶段存在很大的不同。普遍视角自由研究的目的并不是要解释现实的自由为什么呈现为各种特殊的形态，而是致力于探寻未来应该如何，进而解释现实的不足和改进的方向。普遍视角的自由研究在解释现实方面有所不足，但因为不拘泥于具体现实约束，得出的结论通常更能顾及普遍长远利益。普遍视角的自由研究并不关注现实生活中五花八门的自由形态，只是关心从中抽象或者验证指导未来的理论。从人类历史发展的角度看，不同时代不同地区呈现自由的确不一样。"19世纪初的美国，一个女人若是化妆、喷香水、穿时装，

---

① 〔英〕阿克顿：《自由与权力》，侯健等译，北京，商务印书馆，2001年版，第312页。

而且还不以为耻，那么她很有可能就是妓女"①。在18、19世纪，自由权主要是私有财产权，再后来，经过长期抗争，公民们才不断获得政治权利，以参政权为例，先是贵族才有民主参与权，然后逐步扩大到能纳税的平民，接下来是全体的成年男人，直到少数民族和妇女。实际呈现的自由的确是特殊的自由，但是，这并不能否定普遍视角自由研究的科学性。正如刘军宁所言"如果一切理论和哲学与现实完全吻合，没有体现更多的省思，那么理论与哲学就完全是多余的"②，理论本身就是超脱于某一具体现实，与现实不能完全吻合，不仅不能说明其违反科学性，反而是证明其意义的前提。前面所描述的不同时代的自由，离不开自然权利等普遍视角自由研究理论成果的指引，这正是普遍视角自由研究的价值所在。现实是一团麻，基于普遍视角的自由研究为现实指引了方向。普遍自由，包含着"一种至高的悖论"③：它超越了所有现存的法定权利，缺乏具体的实在，但也正因此它能成为指引我们未来的规范。正因为"自由的普遍内涵"与现存任何法定权利存在差距，才有政治哲学研究存在的空间，才有我们努力的空间；如果这真的有一天普遍自由彻底与现实的法定权利一一吻合了，那么，政治哲学也就没必要了。

　　普遍视角的自由研究有其理论必要性，但是，它的理论价值充其量只能停留在方向指引上，具体设计现实生活的自由规则，需要将人还原到社会之中，在具体的历史、文化、传统、现实中去考察自由。如果我们仅仅基于普遍视角研究自由，那么，自由对于人类来说，都应该是同一的，无具体差别的，世界上每个地区的人的自由都应该是一样的。回答自由是什么，还需要考虑它在不同时间、地点条件下呈现的不同状态，展示它在历史发展和现实运作中的复杂性，在多元价值观念的相互博弈中设计自由的规则，只有这样才能让自由的理想真正落实的生活中。总之，还需要回答特定条件下的自由内涵，在前面的论述中，保守主义的思路更倾向于回答特定条件下自由的规则，是对普遍自由研究的补充。

---

　　① 〔美〕撒迪厄斯·拉赛尔：《叛逆者》，杜然译，太原，山西人民出版社，2013年，内容简介。

　　② 刘军宁：《天堂茶话》，北京，东方出版社，2015年版，第123页。

　　③ 〔美〕史蒂芬·B.斯密什：《政治哲学》，贺晴川译，北京，北京联合出版公司，2015年版，第10页。

二、现实生活的具体自由形态是怎么形成，如何将应然自由落实到实际生活？

从应然到实然，如果是个人问题，相对比较简单，"个人应该如何"到"个人实际如何做"主要取决于个人意志，而公共生活问题就复杂了，从"社会应该如何"到"社会实际如何"，存在相当复杂的机制。回答这一问题，首先，有必要先了解实际生活的具体自由形态是怎样形成的，搞清楚了这一逻辑链条，才能回答如何将应然自由落实到实际生活。

自由是不受他人干涉按自己意愿行事。没有什么比自愿本身更能展示自由，没有人阻止我们按照自己的（现实的或潜在的）愿望行事，我们就是自由的。但是，人是群居动物，人的行为总是影响甚至伤害着他人，如果没有适当的规则防止自由被滥用，那么，以自愿为基础的自由模式终将陷入相互攻击和自我拆台之中。那么，限制自由的规则，或者说自由权是怎么形成的呢？人是有意识的动物，理论上看，自由权可以理解为社会上不同个体的意识交融的结果，更简单讲，一切自由权都是人们同意的结果。不过，这种同意并非少数服从多数，并非当代人的同意。同意不仅仅是一个当代人同意的概念，而是一个过去的人，当代的人，未来的人的"同意"。

薛兆丰在《权利从来是人赋而非天赋的》一文中这样定义权利，"权利是得到社会认可的、大部分人主动维护的选择的自由。任何在现实中能够行使的权利，都离不开他人的背书和支持。换言之，我们可以倡议某种权利，并声称它是一种'自然权利'或'天赋权利'，但除非它得到普遍的尊重和维护，它就只是应然而非实然的关于权利的主张而已。"[1] 薛兆丰区分了应然权利和实然权利，"自然权利"或"天赋权利"只是应然权利，实然权利必须得到社会认可的、以及大部分人主动维护和选择，是通过人际冲突和妥协形成的，是历史演变的结果。武力曾经是实然权利形成的一个重要的决定性因素，近代以来，民主成为一个重要因素，但是，民主也不是完美的方法，它有可能演变成"多数人暴政"。

如何将应然自由落实到实际生活？如何形成好的自由规范？这需要一个复

---

[1] 薛兆丰：《权利从来是人赋而非天赋的》，http://blog.sina.com.cn/s/blog_49d53fbc0101huga.html.（2013-11-25）[2016-06-11].

杂的机制，第五章"自由何为可能"就是对这个问题回答，不过，这只是宏观的回答，微观的回答还要考虑具体法律规则的设计。19 世纪，贵族政体的自由，比共和政体的自由，似乎更符合当时的现实，但是美国例外。二战后，德国日本摆脱了专制，实现民主，对他们来说，应该是共和政体更符合当时现实。市场化后的原社会主义国家，中国相对于东欧，在经济上似乎更为成功，说明中国当时没采用休克疗法，而是采用渐进式的自由，似乎更符合实际需要。一个国家如何结合国情设计自由规则，是一个复杂的问题，本书限于篇幅的限制不加以讨论。

第九节　小结

"道德理论家可能会合理地认为，在抽象意义上没有'污染权'。但是实证主义者知道，在美国的法律中，河水上游的土地所有者可以获得污染下游的土地所有者的权利。这两个观点不是针锋相对的，不过如在黑夜里擦肩而过的两个人"[①]。自由到底是什么，同一论题，不同流派的名家，其观点各有异趣，遥相呼应。自由内涵有不同视角，并不是说要综合不同视角看才能探寻更好的自由内涵，单一视角的定义有时候也非常棒。之所以谈不同视角，主要是有助于对话，有助于达成共识。

"在法学院里，他们告诉你，法律是了不起的科学，是尽善尽美的理性。事实上，它是罗马法、圣经、教会法、迷信、封建残余、狂乱的虚构和冗长死板的制定法的大杂烩。教授们努力从混乱中得到秩序，在鬼都找不到的地方需求意义"[②]。讲到自由，大体也是如此，自由也是一个大杂烩，上述的努力不过是"从混乱中得到秩序，在鬼都找不到的地方需求意义"。法国一位著名的作家有

---

① 〔美〕霍尔姆斯，桑斯坦：《权利的成本》，毕竞悦等译，北京，北京大学出版社，2011 年版，第 5 页。

② 〔美〕伊弗雷特·图特：《美国佬律师》，1944 年版。转引自〔美〕德恩里科，〔中〕邓子滨：《法的门前》，北京，北京大学出版社，2012 年版，第 1 页。

一个比喻对理解自由很有启发，他说，判断力也可以比做一座钟表，最普通的钟表只能告诉我们钟点，这也就够了，唯有最精致的钟表能报出几分几秒，把时刻的最小差别分辨出来①。本章的阐述充其量就是最普通的钟表，自由是什么，值得我们持久地追问、求索、争论、反思。

① 〔英〕休谟：《人性论》，石碧球译，北京，九州出版社，2007 年版，第 11 页。转引自〔英〕休谟：《敏感的人如何面对命运的波折？》，http://cul.qq.com/a/20160216/025880.htm.（2016-02-16）〔2016-06-11〕.

第五章 | 自由何以可能

古人虚构出了神仙从而能遨游天上人间。自由是美好的，但是，美好的东西也可以是虚构的，虚构可以让我们的生活变美。讲自由的好，得解决一个前提——自由是可能的，不是虚构的。

自由不是建立在概念天国的空中楼阁，不是你用概念和逻辑就能够推演出来的，它深深地根植于一个国家的经济、政治、文化条件。"自由蕴含着许多表面上人们看不出来的内容——它们的存在依附于众多的条件。当我们说自由是进步的目标以及本质时，我们的意思是指自由是众多事物相互作用的结果。自由无法同它得以产生和存在的事物割裂开来，否则，就会成为无源之水、无本之木。这些事物就是独立性、文化素养、繁荣、文学、宗教、健康的公共舆论——强有力的高质量的道德水准，一种长期的历史过程的训练等。这也就是为什么说是上述这么多因素为自由作出了自己各自的贡献。"[1]

第四章讨论自由的概念，这一章则讨论自由之所以成为可能的条件。当我们讲某些社会是自由的社会时，绝不是说这个社会的自由秩序是天上掉下来的，而必然要体现为一种制度、观念和传统演化的结果。首先是制度，没有一套制度支撑，自由社会不可能运转。制度泛指规则或运作模式，是人们有目的建构的存在物，乃是观念的结果，制度背后带有价值判断在里面，从而规范、影响制度内人们的行为，因此，我们在第二节讨论自由的观念基础。而第三节，我们则讨论传统，不管是制度还是观念，都得益于传统的演化。不过，这些让自由得以确立的条件不是从天上掉下来的，第四节讨论自由何以实现。第五节讨论"自由何以不可能"，由于人类认知能力局限性，无论怎样论证，都无法充分

① 〔英〕阿克顿：《自由与权力》，侯健等译，北京，商务印书馆，2001年版，第318—319页。

展示"自由何以可能"的各项条件，换一个角度从"何以不可能"论述，可以进一步丰富我们的认识。

第一节 自由的制度基础

正如斯克拉顿所讲"英国人尊重的个人自由是一种特殊的个人自由，是社会进化的产物，是各种制度的遗产，一旦失去这些制度的保护，这种自由不可能持久。这种意义上的自由是公认的社会安排的结果，而不是社会安排的先决条件"[①]，没有一系列精妙复杂的制度设计，自由的实现是不可想象的。一个好的制度设计就会有利于自由秩序的生存；反之，一个坏的制度设计可能导致自由秩序的崩溃。"自由是非常脆弱的，它无法自己保卫自己，需要人类社会发展出一套制度来保卫它。自由总是脆弱的，它可能面临专制压迫，也可能沦为'大多数人的暴政'的牺牲品，我们需要探索一种能捍卫自由的政治制度"[②]。一种能捍卫自由的制度，包括财产私有、市场经济、有效国家、有限政府、法治、分权制衡、公民社会等。

一、以市场为主导的私营企业经济

自由表现在经济制度主要有以下两方面：

第一，私有制。"如果没有一个把保护私有财产作为自己主要目标的政府，似乎不太可能发展出先进的文明"[③]，遵循人自利本性的自由是经济繁荣和文明进步之源，这一点第三章第三节已论证，此不赘述。经济上的自由，简而言之

---

① 〔英〕斯克拉顿：《保守主义的含义》，王皖强译，北京，中央编译出版社，2015 年版，第 5 页。

② 盛洪：《怎样用自由保卫自由？》，http://www.china-review.com/ma.asp?id=4447.（2000-07-01）［2016-05-22］。

③ 〔英〕哈耶克：《致命的自负》，冯克利译，北京，中国社会科学出版社，2000 年版，http://www.readers365.com/Academic/yingguojuan/68/007.htm.［2016-06-08］。

就是，"在私有制下人们普遍享有进入或退出商品和劳务交易、获取资源的自由"①。私有经济不仅是一个经济效率的问题，也是一个事关权利（自由）的问题。私有经济，人们以自己的劳动谋求自己的生存和发展，是一种自然秩序，这不是哪个人或哪种理论编造出来的，而是人类的一个自然而然的共识。正如自然权利理论所论证的，人拥有自身，拥有自己的劳动力，因为拥有自己的劳动力，就必须有资格获得自己的劳动成果，在经济上自然而然应该选择私有制，这是人自然本性的体现。私有制之所以重要，还在于它关系到政治和其他自由。"经济自由是政治自由的必要前提……自由市场通过分散权力，可以防止政治权力的任何集中。把经济和政治权力集中在同一个人手里，肯定会给人民带来暴政"②。私有产权意味着，只要不违法，政府也好，民主也好，都无权过问个人的财产活动。以私有产权为基础的经济自由为个人创造了一个不受政府控制的生活领域，成为自由、个人自治赖以生根和获取养料的土壤，进而对人类的一切精神和物质的巨大进步产生了深远影响。当个人拥有不被随意侵犯的私人财产时，他才真正有机会和能力摆脱他人的强制，才有资本选择和追求自己想要的生活。陈志武通过对计划经济的剖析形象地阐明了这一点："计划经济的时候，无论农村还是城市，所有的工作都是由国家、集体提供，大家都是国家的人。当只有国家可以提供饭碗的时候，公民怎么可能去跟政府谈权利？当你没钱、没饭吃的时候，你不可能有底气去伸张你的权利，因为一旦国家权力的具体代表——'领导'不高兴，你的工作、住房、养老、医疗以及子女教育，全都没有了。计划经济时代，公民权利就是这样消失的。相比之下，如果政府没有国有资产、没有过剩的收入，政府就得从老百姓手里要钱，在那种状态下，老百姓才更有伸张自己权利的可能。"③

第二，市场竞争制度。市场竞争制度，即商品和服务的分配及其价格主要由自由市场的竞争来决定，除确保契约以及财产权依据法治原则得以履行和保障之外，政府无权过问市场经济中各当事人的活动。市场竞争制度，并非对经

---

① 〔美〕詹姆斯·M.布坎南：《为什么我也不是保守派：古典自由主义的典型看法》，麻勇爱译，北京，机械工业出版社，2014年版，第44页。

② 〔美〕弗里德曼：《自由选择》，张琦译，北京，机械工业出版社，2013年版，第4页。

③ 陈志武：《国有制下无真正的平等竞争和法治》，http://business.sohu.com/20130528/n377265296.shtml.（2013-05-28）〔2016-06-08〕。

济完全放任自流，而是包含为市场竞争创造各种消极和积极条件的一系列制度，保护私人财产、契约自由的法律以及有关货币、市场和信息渠道等制度属于消极条件，公司法和专利法等方面的具体法律则属于积极条件。欧肯提出竞争秩序由七项构成性原则组成：一个有运作能力的价格体系、币值稳定、私有制、开放市场、契约自由、责任，以及经济政策的恒定性（指推行前六项原则的政策）。这七条原则的推行，是个人自由选择权的最好保障，是私有产权制度的进一步延伸。[1]

二、有效国家

"人类进入文明的主要标志就是在私人之上建立所有人都必须服从的公权力组织"[2]。自由主义的诉求有一个前提或预设，即存在一个有效的政府。一个权力崩溃或失控的社会将如地狱，如野蛮的丛林战争时代，弱肉强食，暴力就是公理，人们将无法享受他们的自由。自由从根本上依赖于有力的政府行为，自由主义和无政府主义更是风马牛不相及。一个良好的政府之下，才会有自由。福山将政治秩序视为一个功能系统，他认为良好的政治秩序由三个要素构成，即国家（State）、法治（Rule of Law）、问责制（Accountability）及三者之间的平衡。有效国家是良好的政治秩序的第一个要素。"从全世界范围来看，那些最终'赶超'的，即开始向高人均收入水平转型的国家，主要是具有长期政府历史的国家，比如中国，比如日本，比如韩国。而表现糟糕的国家，比如几乎没有政府历史的非洲国家，从未出现这种'文化演进'，或者文化规范和国家能力建设的共同演化。Gennaioli 和 Rainer 有一篇有趣的文章，他们指出在非洲之内，那些在欧洲人到来之前只有酋长，并无更高层政治结构存在的地区，今天是最贫穷的。"[3]并不是所有的国家都能发挥其相应职能，依据国家职能发挥（国家能力）的情况，可以将国家分为有效国家、虚弱国家和失败国家。有效国家，

---

① 冯兴元：《竞争秩序助中国早入富国俱乐部》，http://www.infzm.com/content/111709.（2015-09-10）[2016-06-08]。

② 张千帆：《宪政原理》，北京：法律出版社，2011年版，第1页。

③ 王也：《Hans-Joachim Voth：用经济史解读东西方文明的"大分流"》，http://cnpolitics.org/?p=5669.（2014-08-28）[2016-06-08]。

法律被人民广泛认同并遵守，政府能有效统治；虚弱国家，政府无法有效统治，违法、犯罪和腐败现象弥漫；失败国家，没有全国性的政府或者只有象征性的全国政府，军阀、民兵武装以及黑社会等暴力威胁随处可见。虽然虚弱国家和失败国家也会有一定的自由，但在今天，只有有效国家才能真正确立自由。近两百年来，尽管自由是财富大爆炸和人类文明巨大进步的重要基础，但是，自由社会的成长之路却充满坎坷，这与自由主义在其理论体系较少涉及国家权力稳固的命题或许有一定的关系。

三、有限政府

关于政府，有一个颇有震撼力的判断："任何人都不可以抢东西，但是政府职员却可以'合法'抢东西。"如果说抢劫犯是流寇，那么，政府则有可能成为坐寇。如何让政府不成为坐寇呢？一个关键的选择就是有限政府。一个自由社会还必须是个小政府的社会，或者说政府对生活的影响力相对较小的社会。亚当·斯密在《国富论》中指出政府仅限于履行以下职能：第一，国防的职能，"保护本国社会的安全，使其不受其他独立社会的暴行与侵略。"第二，司法的职能，"为保护人民不使社会中任何人受其他人的欺侮或压迫，换言之，就是建立一个严正的司法行政机构。"第三，"建设并维持某些公共机关和公共工程。这类机关和工程，对于一个大社会当然是有很大利益的，但就其性质说，设由个人或少数人办理，那所得利润决不能偿其所费。所以这种事业，不能期望个人或少数人出来创办或维持。"[①] 尽管斯密之后，人们从不同角度对此阐述，但是大体上都离不开上述三项职能。争议较大的是第三项，这项职能也被称为提供公共物品的职能，其理论基础是外部性（市场失灵）。围绕市场失灵，有两种对立的观点，一是解决市场失灵需要依靠政府，二是解决市场失灵只能依靠市场本身。事实上，很多曾被认为"市场无法提供的公共物品服务"实际上仍可以用市场方式的解决，应该重新审视公共物品是否确为无法经由市场机制提供，一旦发现了私营企业提供这类服务的有效方式，就应当优先采用私营企业的服务。有

---

① 〔英〕亚当·斯密：《国民财富的性质和原因的研究（下册）》，郭大力，王亚南译，北京，商务印书馆，1972 年版，第 254，272，284 页。

限政府另一个值得注意的问题是政治与宗教、政治与教育分离，有的政府将宗教、教育等价值观问题视作为公共物品，有的政府更是将此作为强制人民服从的手段，这些都是背离有限政府原则的。政治与宗教、政治与教育分离也是保障个人权利的必要条件，如果政教合一，国家可凭借其强制力来推行某种宗教信仰、价值体系，那么，信仰自由、言论自由以致其他诸多个人自由都将成为空话。有限政府的核心原则是权利保障原则，基本人权不允许政府侵入，也不允许民主政治侵入，人权和"少数服从多数"没有关系。人们从自然状态结合成为社会并成立政府的目的，就是要保障人的不可转让、不可剥夺的基本人权，不管是财产私有权，还是信仰自由、言论自由等基本权利，都是政府只能保障不得干预的对象。

四、法治

国家能力是否有效直接关系到自由能否确立，不过，国家能力也只是一个工具，起到什么样的作用，取决于怎么用它。大跃进时期的中国，国家能力突飞猛进，但却产生了很大的灾难。一个能保证自由的国家，还必须是法治的国家，法治是自由政治制度之根基。哈耶克曾引用别人的一句话来说明这一点，这就是："剥离掉一切表层之后，自由主义就是宪政，亦即'法治的政府而非人治的政府'。"① 由英伦开头的现代政治文明，首先就是法治文明。人们通常将政府形式的分类为君主制和民主制，但是，对自由而言，关于政府最有意义的划分不是君主与民主，而是法治和人治。"自由总是脆弱的，它可能面临专制压迫，在民主体制中也可能沦为'大多数人的暴政'的牺牲品"②。君主的权力如果缺乏有效的约束，很可能导致对自由的侵害，但民主制也不必然就会捍卫自由，可能表现为民粹主义和多数暴力。经过无数次试错之后，现代文明世界普遍接受法律对权力的约束和引导，并且将之作为政治文明的第一要件。不过，正如著名政治学者福山认为的，"当代国家的所有组件中，高效的法律机构也许是最难构建的，甚至比民主选举制度的建立还更为困难，例如，拉丁美洲绝大

---

① 〔英〕哈耶克：《自由秩序原理》，邓正来译，北京，三联书店，1997 年版，第 243 页。

② 许知远：《托克维尔去哪儿了（三）》，http://www.ftchinese.com/story/001054662?page=2.（2014—01—30）〔2016—06—09〕。

部分国家都已经民主化了，但法治却普遍软弱，尤其是司法腐败相当流行。"①

如何建立一个法治的制度呢？第四章第三节法律视角下的自由从内容、形式、过程三个方面论述了良法的标准，事实上也是法治的标准。关于法治标准另一个颇有普遍影响力的标准，是"世界正义工程（the World Justice Project，简称 WJP）"提出定量指标。2006 年，时任美国律师协会主席、微软公司首席律师诺伊康发起了名为"世界正义工程"的计划，开始创建第一个国际法治综合指数。2007 年，"世界正义工程"经过与 100 多个国家的上千名专家反复推敲，提出了 WJP 的法治概念："一个以规则为基础、由四个普适性原则支撑的系统；这四个原则分别是：一、政府及其官员、代表负有法律责任；二、法律明确、公开而稳定，保障人身安全和财产安全在内的基本权利；三、法律制定、实施与执行的程序是可接近的、公平而高效；四、审判者、律师或代理人、司法官员提供接近正义的机会，他们人员充足，能干、独立而有德性，有着充分的资源，体现了他们所服务的共同体的构成"。在上述法治概念的基础上，WJP 提出了法治的具体指标体系：因子框架。2008 年至今，这一因子体系先后演变出多个版本，2014 年 6.0 版因子体系共含九个因子。因子 1：有限的政府权力，它测量法治的传统要件：统治者遵守法律。因子 2：腐败的缺席，腐败可以直接说明政府官员滥用权力的程度或履行职务的程度，因而对于法治指数的测量而言，腐败是最佳的替代性指标。因子 3：开放的政府，它测量政府的开放程度，这也是公众有效监督的基础。因子 4：基本权利，它测量"实质法治"的核心内容。WJP 选取"基本权利"的标准，是《世界人权宣言》《公民权利和政治权利国际公约》《国际劳工组织关于劳动的基本原则和权利的宣言》等等国际法文件。因子 5：秩序与安全，该因子衡量三类威胁秩序与安全的事物：犯罪、政治暴力，以及社会认可的、报复个人怨恨的暴力行为（私力救济）。因子 6：有效的监管执行，它测量规则被执行和实施的效果。因子 7："民事司法"，测量普通人能否通过民事司法制度和平、有效地解决纠纷。因子 8："刑事司法"，包括犯罪调查体制、犯罪审判体制、矫正体制、法律正当程序与被告的权利等。因子 9：非正式司法。九个因子之间构成了一个衔接递进的完整体系：因子 1、2

---

① 叶竹盛：《法治的关键时刻》，http://www.nfcmag.com/article/5025.html.（2014–10–08）［2016–06–09］。

测量政府及其官员遵守法律与滥用权力的程度，因子 3 测量政府与公民之间的互动合作关系，因子 4、5、6 从正面测量公民权利保障和法律实施的效果，因子 7、8、9 则从反面测量法律与权利被保障的程度，也就是在法律被违反、权利被侵害的状态下法治自我修复的程度，从而提供了一幅完整的法治图景。[①]

五、政治权力的分权制衡

一个自由的制度还应该是对权力进行充分制衡的制度。制衡的机制包括三权分立、司法审查、联邦制、媒体监督、非政府组织（包括政党）监督、投票、公众参与等。

从权力内部看，就是实行立法、司法、行政以及中央地方等各种权力分立，使它们相互制衡，才不致某一个部门独大而造成权力的过分集中，或者各种权力集中于少数人手中而造成独裁。分权制之中两个关键点是行政中立和司法独立，即区分政府的政治（立法）职能和执法（行政与司法）职能，并保证后者的价值中立性。行政中立，要求行政机关系统中的公务员文官，尤其指事务官，由专门技术的人员来担任，对于政治事务保持中立超然的地位，以国家、人民的整体利益为行动准则。谁来保障司法独立呢？如果由立法来监督，有可能导致多数暴政，如果由行政来监督，则情况会更糟糕——司法的行政化，因此，出路在于：一是制定严格的司法程序法，司法判决不受民意左右，但又需要汲取民意以避免司法专横，这需要复杂的制度设计；二是专业化的法官群体，司法应交给对司法结果负有长期责任的专业群体来完成，不受行政权力的干预，也在民主与政治决策之外。

从权力外部看，需要通过权利对权力进行制约。人民有权选择自己代表来表达自己的意愿，参加国家的管理，可以通过言论、结社等自由制约国家权力。不过，自由主义反对至高无上的人民主权，不承认有抽象的"人民公意"之类的东西（除极其有限的自然法）可以作为一切权力的合法性来源，认为任何权力都必须在充分制衡的机制下运作。"自由建构于权力之间势均力敌的相互斗争

[①] 孟涛：《法治的测量：世界正义工程法治指数研究》，载《政治与法律》2015 年第 5 期，第 17—27 页。

和对峙的基础上。权力之间的互相制衡使自由得以安然无恙"①。

权力分立、相互制衡是自由主义的基本政治原则之一。充分制衡第一大的好处防止政府的自利。如果缺乏相互制衡的多元权力中心，没有力量约束最高权力滥用权力，政府机构都会逐渐蜕化为服务于自身利益的特殊利益集团，政府职能错位与缺位在所难免，就不可能保证自由。充分制衡第二大的好处是提高政治决策的理性成分。行政机关与立法机关，行政机关与法院，中央政府与地方政府，政府与公众、社团以及媒体，精英与大众……当一个力量试图说服另一个力量，尽管背后有利益的考量，但都必须拿出"理性的论证"，通过充分制衡作出的决策，是利益较量，更有利益与理性之间的妥协。虽然在制衡过程中，理性无法完全战胜利益，但是，着眼于社会整体利益的理性本身也是有局限的，从这意义上讲，制衡的决策，让各方利益都能沾点光，一般不至于"赢者全赢，输者全输"，也在一定程度上克服理性的局限。

不过，也要看到，制衡在改善公共生活和保障个人自由同时，也存在很多无力解决的问题，政治学家福山针对美国国会超级委员会未能就预算达成协议，悲愤地指出"现在的美国奉行的是'否决政治'"②。制衡与否决有导致政治瘫痪的可能，也正是如此，制衡必须同法治、效率等结合起来。首先是法治，通过法律一元化防止分权制衡带来分崩离析。"实际上，现代法治国家的原理归根结底就是一句话，以一元化的法律体系来支撑多元化的权力结构，使得分权制衡的制度设计通过统一的法律规则而运转自如、协调相洽"③。第二，有效国家。制衡不能损害政府的有效统治，让违法、暴力和腐败现象弥漫。

六、一个健康的公民社会

公民社会是防止暴政，保障个人自由的有效的途径之一。"自由之花，盛开于社会繁荣的土壤之中。社会衰退，自由亦消减。只因当社会衰退时，政府才

---

① 〔英〕阿克顿：《自由与权力》，侯健等译，北京，商务印书馆，2001年版，第312页。

② 〔美〕弗朗西斯·福山：《"否决政治"让美国瘫痪》，http://www.ftchinese.com/story/00104
1877?page=1.（2011–11–23）〔2016–06–09〕.

③ 季卫东：《法治中国路线图》，http://www.21ccom.net/plus/view.php?aid=95266&ALL=1.（2013–
11–13）〔2016–06–09〕.

会觉得有必要频繁而彻底地插手民众的事务"①。公民社会，始终是社会治理的重要形式，是自由权的体现，很多公共事务可交由公民自发自愿的民间社团办理。只要不违法，公民社会独立于政府之外，无需政府插手，也与民主决策无关，外人无权过问。

七、小结

人类个体为了实现各自的目标，建立了各种各样的关系，形成了各种契约、规范、习俗和法律，个体利益要借助这些制度来实现，离开它们，连生存都堪忧，更不可能追求情感、尊严等较高层次的目标。人类历史形成各式各样的制度，而迄今最繁荣、同时又最能让个体在其中自由追求自身目标的制度，便是法律保障下的自由制度。

一个自由的制度有很多衡量标准，不过切忌将这些标准当成目的。需要特别注意的是，制度只是一种工具而非目的本身；真正决定一套制度价值的普适标准，是这一制度对自由的保护能力，正如托克维尔在《回忆录》所强调的："在思想上我倾向民主制度……自由、法制、尊重权利，对这些我极端热爱——但我并不热爱民主……我无比崇尚的是自由，这便是真相。"②

自由有一系列的制度条件，但千万不要以静态的观点来看待这样一些制度条件。自由的制度不是一天造成的，而是一个不断的改进与摸索前进的过程，准确地讲是一个试错过程。既然是试错，就有可能挫败的结果，需要做好承担的准备。如果把制度区分为政府主导建立的制度和个人博弈形成的制度，政府主导对于自由制度形成很重要，但是，大部分自由制度不是民主政府或专制政府创造出来的，而是在政府看不到的地方发展出来的。政府需要有所节制，给个人自由和私人产权充分的空间。

自由是一种好的价值，要实现这种好的价值，就需要有一套保证这套价值得以实现的自由制度。但是，如果认为"制度建立起来，自由社会就会到来"，

---

① 〔英〕阿道司·赫胥黎：《重返美丽新世界》，庄蝶庵译，北京，北京时代华文书局，2015年版，https://book.douban.com/reading/34154590/.〔2016-06-08〕.

② 〔法〕托克维尔：《回忆录》，《全集》XII，第37—38页。转引自张芝联：《序言》，见〔法〕托克维尔：《旧制度与大革命》，冯棠译，北京，商务印书馆，1997年版，第vi页。

显然是陷入"制度决定论"的错误。制度的有效运行，除了制度本身，还需要其他社会条件的支持与配合，例如，下面进一步讨论观念以及传统等问题。

第二节　自由的观念基础

自由尽管可以通过制度来保护，但是制度总归是由人来执行的，而人又是由其观念所主导。制度一词的意思是，随着时间的推移，对人们适当行为的一般认知[①]。自由之所以可能，还需要从观念层面寻找基因。不是光有了制度，光设计一些制度，就可以带来自由，历史上墨西哥拷贝过美国的《宪法》，结果完全失败，这跟一个社会的文化基因有很大关系。任何自由权利在现实中行使，离不开他人的认可。权利如果没得到普遍的尊重和维护，它就只是应然而非实然的权利主张而已，而权利之所以能得到尊重和维护，则取决于人的观念。"从长远来看，每个国家都必然按照与大多数人一致的想法来统治"[②]。可以说，如果没有相应的观念作为基础，自由是不可能到来的。自由不仅仅是一个概念名词，是一种制度安排，还是一种追求和理念。就社会而言，要让自由生根发芽，需要自由精神已融入人们的文化基因和生活习惯，"规章只不过是穹窿顶上的拱梁，而唯有慢慢诞生的风尚才最后构成那个穹窿顶上的不可动摇的拱心石"[③]；而就个人而言，正如查理·芒格说：要得到你想要的某样东西，最可靠的办法是让你自己配得上它[④]。你想自由，最可靠的办法是让你配得上，也就是养成自由的观念。

自由是一种观念，这有点让人"丈二和尚摸不着头脑"。不是说自由是一种状态，是一种权利吗？怎么又变成一种观念？说自由是一种观念，讲的是自由

---

① 〔美〕詹姆斯·M.布坎南：《为什么我也不是保守派：古典自由主义的典型看法》，麻勇爱译，北京，机械工业出版社，2014年版，第43页。

② 〔奥〕米塞斯：《自由市场及其敌人之五：资本主义与人类进步》，风灵译，http://blog.ifeng.com/article/44753093.html.（2016-05-13）〔2016-06-08〕.

③ 〔法〕卢梭：《社会契约论》，何兆武译，北京，红旗出版社，1997年版，第70页。

④ 〔美〕查理·芒格：《在南加州大学毕业典礼上的演讲》，风灵译，http://www.aisixiang.com/data/74663.html.（2014-05-11）〔2016-06-08〕.

背后的东西。自由状态、自由权利能否实现，其背后是人的观念。如果说自由是一种天赋人权，那么，它的实现并非天赋，需要制度的保障，需要社会形成一种自由的文化。从这意义上看，自由不仅仅是一种状态，一种权利，也是一种制度，一种观念。自由的观念体现于人们生活世界当中，包含非常丰富的内容，这里只讨论其中最基础的部分。自由观念最基础的部分大概包含这样一些内容：个人主义，理性主义，多元主义，自我责任，非暴力，诚信等。

一、个人主义

自由之所以可能，需要观念的基础，其中最主要的是个人主义。个人主义是发现社会如何运转的认识方法论，也是判断社会应该如何运转的价值哲学。

方法论意义上的个人主义是关于人认识社会的研究方法，它认为社会是由个人构成的，只有认识构成社会整体的要素——个人，才能认识社会整体。方法论上的个体主义主张把任何事物还原到个体层面来看待和分析，反对用"集体"的偏好来取代个人的偏好。所谓"集体意志"只是一个指代词，其背后是一些具体个人的意志，而且往往只是少数掌权者的意志。类似"国家、阶级、阶层、团体、企业、社区、班级"等集体名词，其集体行为实际上都是一种借喻说法，这是因为这些集体本身并不能真正行动，如果说它们在行动，那是指它们背后的一些人在行动。

价值哲学意义上的个人主义是关于人应该如何的一套哲学，是一种价值体系。它认为个体是所有的价值最终承受者，反对"集体"、"国家"这样的抽象实体有凌驾于个体之上的价值；主张个人自由是一个社会最基本的出发点，是判断社会政策和公共价值观的最终标准。个人主义"首要的道德关切是个人而不是作为整体的社会，道德首先关心的是个人的兴旺发达而不是个人与他人的互动合作"[①]。但个人主义并非在一般意义上反对集体，个人主义完全认同基于自愿而形成的集体组织。个人主义一般也确认个人理性、知识的有限性，因此

---

① Ronald Hamowy, edt.The Encyclopedia of Libertarianism, SAGE Publications, Inc.2008.P.241. 转引自马德普：《如何正确看待自由主义》，http://www.rmlt.com.cn/2014/0530/274294.shtml.（2014-05-30）［2016-06-08］.

主张个人自由是人生一切建构和社会一切活动的起点，反对消灭个人选择的极权主义式计划体制。在个人主义看来，没有什么抽象的集体利益，集体利益是由每个具体个人的利益构成的，不存在一个凌驾在个人利益之上的集体利益。人想过得更幸福，就有必要与更多人合作，需要创建和加入各种集体，但所有这些都应该是为了促进个人利益。个人主义者，并不完全排斥所谓的公共利益，只是不能容忍"公益"这些听起来很高尚的词汇成为扼杀个人权利的借口。集体只是实现个人利益的手段，如果把手段当目的，变成否定和侵犯个人利益的东西，那就与创建集体的初衷南辕北辙了。不过，集体是否侵犯个人利益，可能看法各异，因此，最重要的是保证个体有不加入或者退出集体项目的自由。

值得注意的是，个人主义并非只考虑自己不考虑他人的极端利己主义。正如犹太法师希勒尔所言：如果我不为了我自己，谁会为了我；但如果只是为了我自己，我将成为什么样的人。个人主义所强调的个人第一，并非绝对、无条件的，是在限定范围内的个人第一。哈耶克认为，"个人主义者得出结论说，在限定的范围内，应该允许个人遵循自己的而不是别人的价值和偏好。而且，在这些领域内，个人的目标体系应该至高无上而不屈从于他人的指令。就是这种对个人作为其目标的最终决断者的承认，对个人应尽可能以自己的意图支配自己的行动的信念，构成了个人主义立场的本质。"① 在个人主义看来，个人绝非孤立的个体，如一个个毫无关联的孤岛，而是在公共生活中的个人，在大多数情况下，恰恰需要人们组织起来，在家庭、企业、社团等社会组织中，来实现个人的理想。个体与他人并非如霍布斯所说处于一种"所有人对所有人的战争"之对立的境况中，个人主义也意味着个人对他人的义务与责任。所有人在尊严上都是平等的，每个人都具有同样的自由，或如康德所说"任何人都不能被当作其他人的手段"，个人主义下的个人不但需要谋求个体的发展，同时也需要尊重他人的自由，并通过自由结成集体来实现各自的利益。

二、理性主义

理性，是指要求认识都建立在可质疑、可验证的基础上，通过符合逻辑

---

① 〔英〕哈耶克：《通向奴役之路》，王明毅等译，北京，中国社会科学出版社，2012 年版，第 62 页。

的推理获得结论、意见和行动的理由，而不是诉诸无法论证的、因人而异的直觉或情感的体验。与个人主义一样，理性是方法论，是认识社会如何运转的方法；也是价值哲学，是判断社会应该如何运转的价值标准。

（一）为什么理性是"自由成为可能"的认识方法和价值标准？

"理性"并不是人们思考问题的唯一方法，例如宗教思维就和"理性"无关，很多个人的情感问题也和"理性"没什么关系。那么，我们为什么需要理性呢？为什么理性是自由成为可能的认识方法和价值标准？

首先，理性相对而言能认识长远的利益。同样是打针，小孩子多半会哭闹反抗，而成年人却不会哭闹反抗，还会积极配合医生。为什么呢？很大程度上理性能力的不同，小孩子只看到眼前的痛苦，成年人不但看到了打针的痛苦，还看到了疾病痊愈的畅快。理性能认识长远的利益，自由的价值也在于长远利益，理性有助于认识自由的价值。

其次，理性相对而言更能达成长远的利益。缺失理性的自由有很大的概率会误入歧途，会给人类带来痛苦甚至灾难。

第三，理性是人类共存的前提。每个人对世界都有一定认识（包括理性和非理性的），人与人发生关系需要互相交换"认识"，如果要让认识具有可交换性，我们需要对思考问题的看法有基本的一致，也就是采用"理性"的方法。

第四，理性是人的一种需求。正如胡塞尔所言："我正由于欠缺明晰性和萦绕不散的怀疑而倍觉痛苦……我必须赢得明晰性，否则我就不能生活下去！"[1]当然，我们也可以说非理性也是一种需求，但是，就普遍个人的长远利益而言，就人类的共同生活而言，理性是更重要的人性需求。"如果人们都在公平交易的原则下生活，让理性，而不是暴力作为裁判，那么最后一定是最好的产品，最佳的表现、最有能力的人胜出"[2]。

---

① 胡塞尔：《回到事物本身（1906 日记）》。转引自施皮格伯格：《现象学运动》，于炳文，张会占译，北京，商务印书馆，1995 年版，第 81 页。

② 转引自曹长青：《安·兰德 vs. 奥巴马》，http://caochangqing.com/gb/newsdisp.php?News_ID=1883.（2016-02-04）[2016-06-08].

（二）怎样的理性让自由成为可能

理性主义的逻辑，本身也可能是违反自由精神的，高举理性主义的法国大革命就是明证。要让自由成为可能需要怎样的理性主义呢？

1. 唯理论与经验论都是理性的方法

理性包括两大流派，唯理论（狭义的理性主义）和经验论。典型的唯理论认为，人类首先本能地掌握一些基本原则，如欧几里得几何学的公理，以及传统的形式逻辑的同一律、矛盾律、排中律等，随后可以依据这些推理出其余知识。在唯理论看来，从感觉经验得来的观念常常是混乱模糊和带有欺骗性的，因此可靠的知识不能来自感觉经验，只有像几何学那样从极少几条完全清楚明白的"自明"公理出发，通过清楚明白、准确无误的推理得来的知识才是可靠的。唯理论代表人物有笛卡尔、斯宾诺莎、莱布尼兹等。典型的经验论认为知识应建立于对事物的观察，而不是直觉或迷信，感性经验是知识的唯一源泉，主张一切知识都通过经验而获得，并在经验中得到证明。经验论的代表人物有培根、洛克、休谟等。

唯理论与经验论的逻辑方法截然不同，但是，都是可达成科学或者伪科学结论的方法。唯理论从"若干公理"出发演绎出一个系统的理论体系，公理作为常人可感知的真实，几乎做到不证自明，由此推理的结论具有相当的科学性，如果公理与事实偏离，由此建构的理论则会陷入谬误，甚至酿成人类灾难。经验论，强调通过观察的结果进行理论归纳，是达成科学结论的有效方法，但是，所有经验都是过去和个别的，过去不能推导出未来，个别不能推导出一般，因此，经验法也可能导致错误的结论。唯理论与经验论作为理性方法各有利弊，只要加以适当的运用，都是达成自由的思维方法。还有一种选择是融合唯理论和经验论来进行理性思考，事实上，大部分人关于理性的理解都融合了唯理论和经验论。例如，被公认为唯理论的大师笛卡儿和康德，都吸收经验论的观点。笛卡儿认为只有一些具有普遍必然性的真理（包括数学以及科学的认知及形而上学基础）可以单纯靠推理得到，其余的知识需要借助生活经验以及必要的科学手段。康德开始时是一位理性主义者，但是经过休谟的熏陶，他成了理性主义者以及经验主义者的综合体。另外，很多经验论的代表人物，也引入自然法等唯理论的主张。

2. 理性是对什么是正确不那么确定的精神

理性的目标不是寻求绝对的确实，人们通过理性目的获得一种可能是或者看上去是真实的结论。所有的结论都是可以再讨论的。理性是这样一种思维方式，就是对什么是正确不那么确定的精神，它主张人的平等、宽容，主张一种自由意志与另一种自由意志之间的相互"不干预、妥协、礼让、双赢"，"凡不承认异己者的自由的人，就不配争自由，就不配谈自由"①。在很多情况下，没有必要得出一个我对你错的结果，如非形势所逼，宁可选择搁置争议。不过，"相信一切人和怀疑一切人，其错误是一样的"，理性主义者并非相对主义，理性主义者相信在特定时期人们也需要统一结论来指导行动。如何达成这样的结论？理性主义者相信程序正义，愿意借助外在程序或者权威进行决断，如法庭的裁判，投票或其他形式的表决，专业人士的裁决等。真理是相对的，我们需要一个权威的程序来做出决断。理性需要怀疑权威，同时也需要对权威的尊重。在缺乏一个能够令人信服的公共权威的情况下，"难以说清道理"似乎成为人们一个共同的感慨②。

3. 运用理性需要充分认识其局限性

理性是自由成为可能的认识方法和价值标准，但是，切不可将之绝对化。从根本上说，只做正确之事和意志自由在逻辑上是矛盾的，自由需要做正确之事，不过，切不可将"正确"绝对化。我们需要充分认识理性的局限性。就事实的认识而言，理性是有限的，不可能有绝对正确。人类的理性不可能达到绝对的真理。人们面临的是一个复杂的、不确定的世界，不可能获得关于世界的完整信息，更因为人对信息的计算能力和认识能力有限性，不可能从所获得的信息归纳出绝对的知识。在事实问题上，理性并不能使人免除偏见，如果只是盲从理性反而可能加剧偏见。就价值判断而言，理性只能在某些价值观做出相对正确的判断。理性如果过分地干预人的价值观，让价值观完全服从于理性，

---

① 中国社会科学院近代史研究所中华民国史组：《胡适来往书信选（上册）》，北京，社会科学文献出版社，2013年版，第356页。

② 秦小建：《宪法对社会道德困境的回应》，http://article.chinalawinfo.com/ArticleFullText.aspx?ArticleId=83007.（2014-05-05）[2016-06-08].

则有可能成为恶的工具。理性只是认识人欲求和世界的方法，其目的就是去成就、导引欲求，而不是让欲求去服从构想出来的理性。达成自由，需要理性，需要做正确之事，但是，在正确之事问题上必须持有弹性的态度，否则就走向自由的反面。

4. 保持独立，不要轻易被激愤情绪所控制

"千万不要恨你的敌人，这会影响你的判断力"[①]。理性要求我们有几分证据说几分话，有九分论据的时候不能持十分的观点，有可能的话尽量避免诉诸直觉而不是实证论据来支持自己观点。当然，并不是说要拒绝情感激励，只是不能激愤情绪所控制，"高尚的生活是受爱激励并由知识导引的生活……没有知识的爱与没有爱的知识，都不可能产生高尚的生活"[②]。

自由主义反对决定论，它从不认为理性能战胜激情，但自由主义作为一种以理性主义为基础的学说，也曾经在以激情为基础的民族主义、民粹主义以及宗教原教旨主义面前败下阵来。在自由主义看来，理性让自由更为可能，而激情很可能隐藏着毁灭自由的基因，因此，要强调理性，防范被激情所控制。

5. 尽量保持诚实、理性的态度

阿道司·赫胥黎在《重返美丽新世界》对此有精彩的描述。回到现实生活中，相关的事实经常是令人捉摸不定的；而且，我们常常没有时间来搜集相关证据，或权衡证据的轻重。于是，我们只能被迫采取行动，不但所依赖的证据不足，而且所凭据的逻辑也不是那么站得住脚跟。这是所有自由主义者的困境。怎么办？阿道司·赫胥黎指出：我们力所能及的只是在条件允许之时，尽量保持诚实、理性的态度，并响应别人提出的那些有限的真理和不那么完美的推理。[③]

---

① 电影《教父》台词。

② 〔法〕罗素：《真与爱——罗素散文集》，江燕译，上海，三联书店，1988年版，第11页。

③ 〔英〕阿道司·赫胥黎：《重返美丽新世界》，庄蝶庵译，北京，北京时代华文书局，2015年版，https://book.douban.com/reading/34154590/.〔2016-06-08〕.

三、多元主义

多元主义，也称为价值多元论，主张人类所追求的价值目标（包括个人的目标和公共生活的目标）是多元的。价值多元论是与理性密切相关的另一种自由观念。因为理性局限，人类在事实科学无法得出绝对正确的结论，科学结论具有多元性，在价值判断层面更是如此，人类仅能共享某些价值判断，而且这些有限的可共享的价值判断也没有绝对的好坏标准。"价值多元论"是自由主义重要的价值准则，其核心观点主要有以下三点：（1）人类的个人以及公共生活的价值目标是多元的；（2）多元价值之间经常存在着一些冲突；（3）对于这种价值冲突，有一部分存在共享价值判断标准，有的则是不可通约的，无法用一个合理的标准加以仲裁和解决。

（一）多元主义是自由的必要保障

既然价值之间是多元和不可通约的，无法断言某一选择就是唯一最好的价值选择，那么就应该让个人享有自由选择的权利，公权力对这些选择采取中立的立场。价值多元论与自由观念可谓是彼此需要、互为因果。人性丰富是人格自由的必要保障，统一的价值观固然是某些人的美好愿望，但它是对世界丰富性和复杂性的敌视，本身就为专制提供了最好的精神土壤，正如阿伦·布鲁姆所言"最成功的暴政不是用武力确保一通天下，而是使人们意识不到还有其他可能性，把还有其他道路可走当作是不可思议的事情，使人们失去对外部世界的感觉。"[①]

第三章第三节阐述了自由是繁荣之母，换一个角度看，也可以说"多样性是繁荣之母"。多样性和自由可谓是一体两面。否认价值多元性，强制实施一元化的价值观，常常造成社会发展停滞，甚至可能酿成灾难。在很多人看来，多样性意味着"失控"——让一千种花朵自由绽放，任何事情都有可能发生！谁喜欢这样呢？还是让我们稳妥一些吧，把杂草除掉，种上自己喜欢的花朵，这样会显得更美观、整洁。但是，消除了多样性，无论对于生物系统，还是社会、

---

① 〔美〕阿伦·布鲁姆：《美国精神的封闭》，战旭英译，江苏，译林出版社，2007年版，第204页。

文化，或者市场而言，都是一场灾难。①不对多元价值采取宽容的态度，就没有创新的可能，不对多元价值采取宽容的态度，赢者通吃，带来的往往就是灾难与毁灭。

（二）怎样的多元主义让自由成为可能

并不是所有的多元主义都让自由成为可能，正如第三章第五节所论述的，相对主义否认自由的优先性，族群文化多元论否认自由价值的普适性。如果要让自由成为可能，需要坚持怎样的多元主义呢？

多元主义一个基本主张是承认某些重要的普遍价值准则。多元主义主张价值判断的多元性，同时，也强调存在着少数超越具体文化差异的共同的价值准则，如"对生命的热爱和尊重、共同的正义感和程序正义原则、对平等权利的普遍重视，甚至还包括个人主义的基本出发点"②。正是因为承认某些基本价值的普遍性，多元主义同怀疑主义、相对主义、虚无主义相区别，同时，因为只是强调少数基本价值的普遍性，多元主义与教条主义者、专制主义相区别。

多元主义的另一个基本主张是容忍。天底下没有哪两个人是完全一样的，每个人都有自己个性的。容忍他人的个性，也是保护自己的个性。但是，容忍有其适当的限度，超过了限度，便是鼓励别人来侵犯自己的自由③。面对不同的个性、利益分歧，要懂得容忍。仅仅容忍还不够，还要人们重返各自的起点，反过来检视各自的出发点和基本立场，然后：一是寻找共识，不管人们价值判断如何冲突，总是能共享一些原则，在辩论一项公共政策之前，我们必须寻找到这些原则，才能让辩论有实质性的成果。二是妥协，也就是认输，让渡一部分权利，双方达到共和。罗振宇曾对"认输能力"的条件作了精彩的分析："1. 输赢无关存亡，赢家不能通吃。2. 输赢反复重来，输家还有机会。3. 看客决定输赢，输家须留脸面。"④如果我们要一个妥协，大体也需要这样的制度条

① 〔美〕德内拉·梅多斯：《上帝的花园杂草丛生》，http://blog.sina.com.cn/s/blog_64849d890102v1xc.html.（2014-09-16）〔2016-06-08〕.

② 顾肃：《自由主义基本理念》，江苏，译林出版社，2013年版，第35页。

③ 羽戈：《容忍何时才比自由更重要？》，http://blog.sina.com.cn/s/blog_6e943cde0102vkdx.html.（2015-03-30）〔2016-06-08〕.

④ 2014年5月30日罗胖曰。

件。三是抗议，"有时须用抗议的精神来补救"①。宽容，就是让我说话，也让你说话，谁也不能一个人说了算；我有说话的自由，你也有说话的自由，我的自由不能侵犯你的自由，但是，当我的自由被侵犯时，我们就需要须用抗议的精神来补救，而不是一味的容忍。

四、自我负责

自由是按自己的意愿行事，但并非为所欲为，自由的边界可以通过不伤害他人来确定，也可以通过责任来认定。作为一个政治哲学的概念，自由可以理解为——在此条件下人类可以自我支配，凭借自由意志而行动，并为自身行为的得失负责。

（一）为什么"自由是自我负责"？

天下没有免费的午餐，人的生命价值的实现需要人的努力，每个人都有责任确认和实现自己生命的价值。如果你不承担责任，那么就是由他人承担责任，如果他人不是自愿，那么就构成对他人的伤害，伤害他人的行为显然不是自由的行为。换句话，自由应该是自我负责，一个人的自由，必须确保由自己承担责任实现自己的价值，而不是强制他人或者伤害他人来实现自己的价值。自由意味着独立思考，独立做出选择，并为独立选择承担责任。你的利益，最终而且永远都是你自己的责任，只有这样，你的行为才是自由的。例如，一个人在某家企业里觉得不自由，那么可以选择离开，离开意味自由，但也意味承担责任——必须重新承担找工作赚钱的责任，正因为愿意承担责任，所以自由。如果只想自由，不想承担责任，或者得不到自己向往的心理自由——自由但是没有钱；或者伤害他人自由，如强制老板提高工资且降低劳动强度结果导致企业成本增加。通过自由的概念以及人人享有相同自由的前提预设，可以推论出"自由是自我负责"，除此以外，还可以从其他角度进行论证。

自由是自我负责，实现公正与效率的完美结合。每个人对自己的行为负责，

---

① 羽戈：《容忍何时才比自由更重要？》，http://blog.sina.com.cn/s/blog_6e943cde0102vkdx.html.（2015-03-30）［2016-06-08］.

种瓜得瓜，种豆得豆，自作自受，本身即是公正，并没有不符合道德良知之处。以责任限定自由不仅带来公正，更是效率的源泉。自由意味着自由选择，也意味着去承担选择的后果，享受收益或承担损失。收益和损失的内部化，正是市场行为具有效率的基础。正如张维迎所言：市场就是按照你给别人带来幸福的多少回报你。给别人带来的幸福越多，赚的钱就越多；给别人带来的幸福越少，赚的钱就越少，这就是市场的逻辑[①]。我们的幸福责任在于我们自己，为了自己的幸福我们必须给他人同样的幸福，如果为了自己的幸福给他人带来伤害，那么我们就要承担相应的责任。社会因此而实现我为人人，人人为我，于是有了共同进步的基础。相反，如果人们不为自己幸福负责，很可能就是社会停滞。"为什么中国的官员贪腐严重，经济还在走上坡路？为什么欧洲的官员很廉洁，经济还在下滑？这是因为欧洲社会的腐败不在官员贪腐，而在人民贪腐，也就是政府福利。""政府福利太好了，人民腐败太久了，难以自力更生。"[②]人的欲望是无限的，而满足欲望的手段却是有限的，如果不是人人自我负责，就会想从别人那里多占多拿，不仅仅侵害他人的自由，而且把自己养懒了，养成"腐败分子"。

为什么自由是自我负责？也可以通过反证法加以论证：

（1）假如不以责任限定自由，会如何？自由为什么是一种责任，可以结合行为的外部副作用分析。每个人行为都可能产生一定外部副作用，确认产生外部副作用的自由应自己承担责任，那么每个人只能产生有限的的外部副作用。如果自由不是由自己承担责任，那么，每个人都能产生非常大外部副作用。

（2）假如责任如果不是由个人承担，会如何？"自由不仅意味着个人拥有选择的机会并承受选择的重负，而且还意味着他必须承担其行动的后果，接受对其行动的赞扬或谴责。自由与责任实不可分。"[③]如果你不承担责任，谁承担责任呢？①假设责任由他人承担，意味着寄生，意味着对他人的强制。"世界上

---

①　张维迎：《市场制度最道德》，http://www.infzm.com/content/61332/0.（2011-07-16）〔2016-06-09〕.

②　布尔费墨：《人民的腐败》，https://www.douban.com/note/261264623/?type=like.（2013-02-04）〔2016-06-09〕.

③　〔英〕哈耶克：《自由秩序原理》，邓正来译.北京，生活·读书·新知三联书店，1997年版，第83页。

一个最无法质疑的真理是，没有免费的午餐。要得到一样东西就得付出代价。人们不靠自己亲自动手，就只能靠交易来达到目标"①。如果要想得到一样东西，又不想负责任，那么就得让别人来埋单。但是没有会愿意当冤大头负责埋单，这样一来只能依靠强制。②假设责任如果由国家承担，首先国家不是财富的创造者，由国家承担就是由他人承担，最后将导致强制他人；其次，由国家承担意味着给权力提供更多的机会，给权力提供更多的机会就等于放弃了自己的权利，最终也可能导致奴役。现代政治的特点是以公力救济取代私力救济，如果说在财富获得和利益满足上应由个人而不是国家承担责任，那么自由权的保护则应该由国家承担主要责任。但是，即使是这样，个人仍有责任保护自己自由权，法院的特点是不告不理，个人不争取，你的权利得不到保障。③假设责任由众人承担，每个人负责就是无人负责，面对福利，将导致惰性，你不做我不做大家都不做。更恐怖的是，如果损害可以由众人负责，法不责众，随之而来的就是狂热的非理性行为，陷入你抢我抢大家抢的野蛮状态。"孤立的个人很清楚，在孤身一人时，他不能焚烧宫殿或洗劫商店，即使受到这样做的诱惑，他也很容易抵制这种诱惑。但是在成为群体的一员时，他就会意识到人数赋予他的力量，这足以让他生出杀人劫掠的念头，并且会立刻屈从于这种诱惑"②。

有人针对"自由是自我负责"提出"能力越大，责任越大"。他们认为，有能力的人，自由能带来更多好处，应该承担更多责任，但是，能力缺乏的人，自由常常不能带来好处，因此，他们需要政府扶持而不是自我负责。对此，至少可以运用以下两点加以反驳：①政府扶持就是责任由国家承担，而有能力的人承担更多责任就是责任由他人承担，这两种选择的恶果前面已经阐明；②能力缺乏的人，并非就不能从自由得到好处。有些人虽然不能直接从自己对自由的运用得到好处，但是，他们可以从他人好处中得到好处，例如我们每个人都从受益于比尔·盖茨的 windows，比尔盖茨得到巨大的财富，而我们每个人也因此受益。政府扶持至多只能给某些人暂时的好处，长远而言，自我承担责任才是社会繁荣和进步之源。

---

① 枫林仙：《自由不是个好东西》，http://www.21ccom.net/articles/zgyj/gmht/article_201403 17102535.html.（2014-03-17）［2016-06-09］。

② 〔法〕勒庞：《乌合之众》，冯克利译，北京，中央编译出版社，2004 年版，第 23 页。

（二）如何以责任来限定自由？

"没有自我责任支撑的个人自由与空中楼阁无异，是本质上的不自由"[①]，从责任强调自由，让自由多了一层保障，"一种权利可以被放弃——但义务却不能。因此，自由作为一种权利比作为一种义务更缺少安全性"[②]。

自由以责任为界，在很多场合被表述为"自由是责任"。这种的表述其实很不准确的表述，蕴含毁灭自由的可能。"自由是责任"，很可能被理解为"自由行为本身是人的责任"，如果这样理解，那就不存在自由，所谓自由就是义务。古代雅典，参与城市的政治生活，与其说是是一项公民的自由权，还不如说是一种强制义务。例如梭伦立法规定：任何公民如果在发生严重的政治争论或者阶级斗争的时候，如果保持中立或者不参与一方，就应当剥夺其公民身份。这意味着公民没有不参与政治生活的自由，参与政治生活成了公民应尽的义务，否则就要剥夺公民的身份，这意味着要么被放逐（当时由一个著名的法律就是陶片放逐法），要么沦为奴隶。[③]

准确把握"自由以责任为界"，一定要避免将自由本身当成责任。它指的是一个追逐个人价值的自由行为不能以他人承担责任为代价，不能把自己的幸福建立在对他人伤害的基础上。也就是说，自己的幸福是自己的责任。从这里可以看出，责任包含两层含义：首先是积极责任，个人有责任去追求自己幸福，不寄希望于他人身上，否则，或者奴役他人，或者被他人奴役；其次是消极责任，一个人的自由行为伤害他人，就应受到法律的追究，就应承担起责任。

从积极责任角度看，就是对幸福生活追求的责任，包括追求幸福生活本身，也包括追求幸福生活的公共生活环境。法律不保护不劳而获，法律不保护躺在权利上睡觉的人，虽然国家的合法性在于它能保护公民的自由，但国家并不会自动具有合法性，也不会自动保护公民自由。不管是利益还是权利（自由），都有赖于我们自身去争取。天下没有免费的午餐，不仅仅午餐本身，我们所拥有

---

① 陈志武：《24堂财富课：陈志武与女儿谈商业模式》，北京，当代中国出版社，2004年版，第213页。

② 阿克顿：《自由与权力》，侯健等译，北京，商务印书馆，2001年版，第311页。

③ 强世功：《民主制度下的自由实践—读〈苏格拉底之死〉》，载《二十一世纪（网络版）》2003年第1期，http://www.cuhk.edu.hk/ics/21c/media/articles/c074-200005007.pdf.〔2016-06-08〕.

的幸福生活（午餐）的公共生活环境，也非从天而降，需要我们每个人去努力追求。1787 年 9 月，参加费城制宪会议的本杰明·富兰克林在离开最后一次会议时，遇到的一位老妇人问他："富兰克林先生，你们为我们建立了一个共和国，还是君主国？"他回答道："夫人，一个共和国——如果你们可以保住它的话。"[①] 一个真正牢固的民主制度，需要人们具备责任共同体的意识。"美国的民主之所以比某些国家成功，一个重要原因就是普通民众在不断通过自己的行动去激活它"[②]。当然，由于共同体政治结构与个人的力量对比悬殊，一个追求优良公共生活环境的人有可能要付出巨大的代价，不过，也正因为此更要强调公民的责任意识。对此，哈维尔也有一个精彩的阐述：我们不能将每件事都归咎于前统治者，不仅是因为这样做不真实，而且也会削弱今天我们每个人所要面对的责任，即主动、自由、理性、迅速地采取行动。即使是世界上有最好的政府、国会和总统，都不可能单靠他们的力量获得成功。自由和民主包含参与，因而是所有人的责任。一个社会，如果这个社会的成员配享有自由，在于他愿意为捍卫自由挺身而出。自由不是某种天上掉下来的东西，而是每个人要自己保卫自己的自由才能得到。[③]

从消极责任角度看，承担消极责任是对他人自由的保障。如果对责任没有加以明确的界定，必然将损害自由。欲使责任成为自由的保障，责任就必须是明确且有限度的。积极责任只能是一种良心上责任，不可以强制，而消极责任达到一定程度则为强制性的责任，但是，这种强制性必须受到严格限制，一般而言，限制包括以下几个方面：（1）责任只适用于那些被认为具有责任能力的人；（2）责任的范围只以他能作出判断的情形为限；（3）谁损害、谁赔偿，责任自己承担不能株连他人，每个人只对自己的行为负责（或对那些由他监管的人的行为负责），而不应当对其他人的行为承担责任；（4）损害弥补原则，即限制惩罚性赔偿滥用。值得注意的是，以上四个原则可以通过人们自愿选择而改变，例如有限责任制度，仅承担有限责任而非完全弥补，而保险制度，一定程

---

① 包刚升：《民主转型僵局》，http://roll.sohu.com/20140406/n397831690.shtml.（2014-04-06）〔2016-06-09〕.

② 刘瑜：《民主的细节》，上海，三联出版社，2011 年版，第 25 页。

③ 〔捷〕哈维尔：《1990 年新年献辞》，崔卫平译，http://www.21ccom.net/articles/sxpl/sx/article_2011121950587.html.（2011-12-19）〔2016-06-09〕.

度上让众人承担责任。对责任加以明确的界定，是自由之源，不过，自由是最高价值而非唯一价值，现实生活对自由的责任制度也有不少突破，如无过错责任，无法预见的情形也可能承担某些责任。

五、非暴力

从消极角度表述，自由是不受他人干涉的状态；从积极角度表述，自由是有权做一切无害于他人的任何事情。所谓干涉、伤害，最典型的形式是暴力，因此，自由就是不受他人暴力的状态，自由就是有权做一切无暴力伤害的任何事情。安·兰德对此有一个深刻的断言："如果一个人不是出于自由自愿的选择而被迫采取行动，那他的权利就受到了侵犯。权利无法受到侵犯，除非是运用武力。一个人无法剥夺另一个人的生命，无法奴役他，也无法阻止他追求幸福，除非是动用武力。"[①] 当然，侵犯权利的形式"除了武力外还有其他方法"，但不管哪种观点，武力都是侵犯权利的主要形式。控制暴力，自由的大部分目标也就实现了。非暴力不仅可以从自由含义得到确证，也可以从理性得到确证。赵汀阳在《天下的当代性》对此作了论证，唯一不同的是该书使用的名词是战争，在我看来如果把战争换成暴力，结论也是完全适用。赵汀阳认为，"如果把所有严重破坏对方生存条件的敌对行为都理解为'战争'（包括军事战争、经济战争、金融战争、文化战争和生物学战争，等等），那么，除了自卫战争外，一切战争都是非理性的。取得胜利的战争似乎达到了理性的预期效果，但如果从足够长的未来看（比如满足布罗代尔标准的长时段），那么，任何破坏性的敌对行为终究是非理性的错误。"为什么取得胜利的战争也是非理性呢？赵汀阳用"普遍模仿"的博弈论理论实验作了严谨论证，有兴趣的读者可以通过《天下的当代性》一书进一步了解，这里不再重述，用一句简单的话概括就是：战争必定引发报复，冤冤相报何时了，最后将是集体非理性。[②]

沿着非暴力，我们可以看到一个逐渐成熟的自由社会。自由总是存在不确

---

① 〔美〕安·兰德：《什么是西方价值观》，http://www.21ccom.net/articles/thought/zhongxi/20150203120476.html.（2015-02-03）〔2016-06-09〕.

② 赵汀阳：《天下的当代性》，北京，中信出版社，2016年版，第32—44页。

定的边界，世界上没有完美的自由制度，没有完美的法律。任何时代，自由和法律都会存在偏差，怎样使偏差得以纠错呢？非暴力提供了一个很好的纠偏机制，确保自由的偏差就不会走向极端。

（一）"非暴力"的含义

非暴力，并不等于没有暴力，指的是暴力的最小化。暴力是对自由的侵犯，但也可能成为保护自由的力量。某些暴力事实上构成了对自由的保障，自由并不反对一切暴力。暴力普遍存在于人性之中，有人群的地方就有观念和利益的冲突，从人类开始到今天，用暴力去摧毁他人的利益以至观念的思想无时不刻地存在着。单纯的非暴力并不足于抵制暴力，某些情况下，正是由于人们对和平的渴望和对死亡的恐惧，暴力才有了作为的空间。1931 年张学良对日军实行"不抵抗"，1939 年甘地劝说波兰对德国入侵不要抵抗，正是这些非暴力助长了暴力的猖狂。当暴力构成对自由的侵犯，允许用暴力制止，也就是"以暴制暴"，人类早期文明允许个人遭遇暴力时还之以暴力，并由此实现正义，后来，除正当防卫外，"以暴制暴"的惩罚职能转移到群体的合法权威的手中，群体的合法权威一开始有家庭、家族、部落、黑社会，后来全部移到国家手中。韦伯认为，对现代政治的所有描述都可以归结为对现代国家的描述。那么，什么是国家呢？韦伯的定义是：国家是一种持续运转的强制性政治组织，其行政机构成功地垄断了合法使用暴力的权力，并以此维持秩序。[①] 在现代社会，一般可认为，如果缺乏现代国家，就不可能建立具有普遍意义的法律秩序，就不可能保障个人的自由。总之，抛去细枝末节的问题，除正当防卫外，只有国家能合法使用暴力手段。

"司法官失守，社会就会走向暴力和丛林法则。"[②] 假如没有一定的公共权威，暴力不可能停止。现代社会，国家暴力是保护自由的手段，但是，国家暴力本身也可能成为侵犯自由的暴力。对此，有两种主张，一是国家暴力仅限于防止个人之间的暴力所必要的限度内，这一点得到广泛的认同；二是主张民众

---

① 〔德〕韦伯：《经济与社会（上卷）》，林荣远译，北京，商务印书馆，2006 年版，第 81 页。

② 郝洪：《陈有西谈上海司法改革》，http://sh.people.com.cn/n/2014/0715/c134768-21675364.html.（2014-07-15）〔2016-06-09〕.

可以保留暴力权，以便制衡权力，如公民的持枪权，不过，这点并没有得到广泛认可，更多社会则是主张最大限度压制个人暴力。因为如果每个人都有权对别人的侵害行为进行"暴力"，那么社会就不可能安定，现代社会法律的本质是要剥夺个人暴力，或者把个人的"暴力复仇"（"私力救济"）的权利控制到最小限度。

综上所述，非暴力，即暴力的最小化，是指由政府垄断了合法使用暴力的权力，除正当防卫等个别例外，剥夺个人的"暴力复仇"的权利，同时政府暴力仅限于防止个人之间的暴力所必要的限度内。

（二）"去暴力化"是社会自由程度的重要标志

通过自由与暴力的关系，可以看到一条追求自由的新路——去暴力化。暴力不会杜绝，但是，人与人、政府与人之间暴力对抗的逐渐减少，以及社会舆论对暴力的评价渐趋否定，是一个社会自由程度的一个重要标志。卡扎菲被起义士兵凌辱而死，他罪该当死，但死的方式，从人类文明角度，我们看不到进步。今天凌辱卡扎菲的革命士兵们，明天坐在台上，他会尊重他的对手吗？会尊重他的人民吗？[1] 卡扎菲因暴力统治而应为人类文明所淘汰，但是，胜利者的暴力基因让我们看不到进步。

人与人关系既可能是自由关系，也可能是暴力强制关系。无论东方还是西方，在人类早期，暴力强制关系都是处于主流，谁的拳头大，领土、财富及女人就是谁的。近几百来，非暴力才逐步成为主流。一个自由社会应该是一个去暴力化的社会。具体表现在以下几个方面：

首先，政治权力的争夺以自由竞争、和平协商、多数决定的方式进行，无须以暴力行使或暴力胁迫为基础。

其次，政府暴力的适用必须节制。在适用对象上，政府暴力仅限于防止个人之间的暴力所必要的限度内；在适用选择方面，暴力应是无计可施之后选择，即使是正当的暴力也应如此。赵汀阳在《天下的当代性》对战争与政治作了概括："与其说战争是政治的延续（克劳塞维茨的观点），还不如说战争是政治

---

① 许纪霖：《"暴力中国"的和解之道》，http://cul.qq.com/a/20140302/006181.htm.（2014-03-02）[2016-06-09].

的失败，是政治无计可施之后的赌博。"① 将战争换成暴力，这个论断也是很恰当的。

第三，暴力武力程度应控制最小限度。例如警察在执法中必须坚持"最小武力"或"最小限度使用武力"的原则。禁止酷刑是最小武力的标志，19 世纪乃至 20 世纪初，西方人眼中的中国是一个"野蛮"国家，原因是中国普遍存在酷刑。用等价补偿（主要是金钱补偿或者限制人身自由）来代替以肉体伤害报复肉体伤害，是非暴力程度的标志，也是自由社会的标志。

第四，政府的暴力，必须加上法治的锁链，并接受公众的监督。意大利政治学家马基雅维利曾说"解决斗争的方法有两种：一种是法律，一种是暴力，前者是人类特有的，后者是野兽特有的"②。法律本身也是暴力手段，在一个文明社会，法律是节制的暴力手段，可见，马基雅维利这里所讲暴力是无节制的暴力。政府频繁动用或展示暴力，这是回归野蛮状态的兽治社会，也是政府衰弱和无能的标志。

第五，军队不对百姓使用暴力成为社会的共识。1989 年底，罗马尼亚群众集会抗议，齐奥塞斯库下令他的爱国卫队，开枪镇压，但被拒绝，苏联八一九事件，当时的紧急状态委员会下令阿尔法小组攻占白宫，但被拒绝，这些都是一个社会文明程度的标志。

第六，公民政治诉求的表达存在畅通的制度化途径，无须诉诸暴力。除正当防卫等极少数的例外，公民暴力为法律所禁止，当人们遭遇暴力时还之以暴力，应受谴责或者制裁。

暴力是人性一部分。暴力的化解是一项极其复杂的工作，包括经济、文化、政治等各个层面都要有一套良好的制度。一个能化解暴力的制度，就是一个能保障自由的制度。暴力化解程度代表着自由程度。在这方面，英国有诸多先行的探索。国家的统一和领土的完整，一般被视为国家最高利益之一，破坏国家统一和领土完整的行为应受到暴力压制已接近各国公理。但是，即使在这个问题上，也并非没有非暴力的解决手段，面对苏格兰的分离主义，英国选择了公投，让它能够通过民主的程序得到和平解决。时任英国首相的戴维·卡梅伦在

---

① 赵汀阳：《天下的当代性》，北京，中信出版社，2016 年版，第 18 页。

② 〔意〕马基雅维利：《君主论》，潘汉典译，北京，商务印书馆，1985 年版，第 83 页。

公投之后的讲话中说："我们本可以阻止公投，也可以将其推迟——但这就像其他问题一样，接受重大的决定才是正确的，而不是加以躲避。它有力地展现了我们的古老民主制度的力量与活力，将会为世人所铭记。我们所有人都为此感到骄傲。它提醒我们，我们是何等幸运，能够以和平和冷静的方式，通过投票箱来解决这些至关重要的问题……"① 英国的幸运在于他们选择和平，和平意味着自由，采用公投则是很大争议的，毕竟民主不等于自由，不过，正是这样一些崭新的探索让自由得以发展。

（三）非暴力如何可能?

"非暴力"，是佛教、印度教等的东方哲学的精髓，也是自由社会的精髓，是文明社会的核心准则。在一个自由社会，非暴力是最基本的社会规则。当有一天，非暴力战胜了暴力，一个社会才能进入文明社会。"非暴力"的难度在于对手必须是一个讲究自由规则的人，否则，你对他"非暴力"，他却对你"暴力"。对于甘地的非暴力不合作运动，鲁迅认为甘地是"只在印度能生，在英国治下的印度能活的伟人"②。可以说，只有在一个自由社会，或者有相当自由基因的社会，才能做到真正的非暴力。而在非自由社会，克守"非暴力"有时反而可能助长暴力，因此，通常都主张这样的社会可以在某些条件下选择"以暴制暴"。但是，20世纪中叶以来，非暴力抵抗（介于被动接受与武装斗争的一种政治运动形式）成为非自由社会备受推崇的政治哲学理念，它认为在一个以暴力统治为基础的非自由社会，可以采用非暴力反抗、公民抗命或其他不合作对抗等非暴力方式实现政治变革。一个自由制度尚未构建的社会，只要确立非暴力，自由也有可能类似于火苗，借助一点点风力，逐渐扩散成长起来。美国民权运动领袖马丁·路德·金曾说："暴力的终极弱点在于它是一种负向循环，它恰好产生它试图摧毁的东西。暴力不会削弱邪恶，而是会助长邪恶……以暴制暴助长了暴力，让没有星星的漆黑之夜变得更黑。黑暗不能驱散黑暗，只有

---

① 〔英〕卡梅伦：《在苏格兰公投结果公布后演讲》，http://edu.sina.com.cn/en/2014-09-28/153982454.shtml.（2014-09-28）〔2016-06-09〕.

② 鲁迅：《马上日记之二①》，见《鲁迅文集·杂文集·华盖集续编》，http://www.ziyexing.com/luxun/luxun_zw_hgjxb_24.htm.（2014-09-28）〔2016-06-10〕.

光明才能。恨不能驱除恨，只有爱才能。"① 采用非暴力争自由显然是最好选择，采用暴力手段争自由总是在破坏某些自由。"荷马说，当一个人成为奴隶时，他的美德就失去了一半。对此，阿诺得补充到，当他想摆脱这种状态时，他又失去了另一半。"②

六、诚实

"很多请过保姆的人都有这样的经历，你对保姆越是好，她对你越是不好。给得越多，对方索要也越多。一个做过包工头的人对我讲，做包工头，必须心狠手辣，如果不将手下的民工打服，民工就会把你欺负死，一点钱也挣不到，还可能赔钱。我本人几次请装修队的经历也是这样，对装修队最好，给钱对多，装修往往是结果最差。买卖也是如此，商家彼此之间，卖方和消费者之间，也没有正常关系。只要你好心一点，就可能被宰。"这样的经历很多人都有体验过，正如张鸣所言："这样说也许有些绝对，但类似的事情肯定存在。而且还相当普遍。"③ 一个人的自由受侵犯主要有两种基本类型：一是被暴力强制；二是被欺诈或者背信。上述人与人的关系之所以不正常，主要体现为普遍的欺诈和背信。当我们遭到欺诈和背信，总会有被坑的感觉，自由或多或少都受到了侵犯。一个自由的社会，除了是一个非暴力的社会，还需要讲诚信。让人遭受明显损失的不诚信行为，法律自然会制裁，但是，法律功能是有限的，如果一个社会陷入普遍的不诚信，法律运作的成本太高，以至无法很好对自由加以保障。除了法律制度架构外，需要寻求更多机制提升社会诚信水平，这样，自由才能更完整的实现。

"根据动物学家和心理学家的观察，人类似乎是惟一在欺骗能力方面获得超常发育的物种。不同于其他灵长目或哺乳动物的脑，人脑在数百万年的演化过程中形成的许多脑区，都与'信任'和'意图探测'有关。欺骗，可以定义为'故意掩盖行为意图'。所以，人类的意图探测能力的超常发育，意味

---

① 转引自刘淄川：《暴力不是弱者的武器》，http://www.eeo.com.cn/2013/0729/247451.shtml.（2013-07-29）[2016-06-10].
② 转引自熊培云：《为自由而担责》，载《西安晚报》2013年03月03日第14版。
③ 张鸣：《张鸣说：中国的共识与未来》，北京，中国工人出版社，2015年版，第88页。

着漫长的欺骗与反欺骗的斗争"①。欺骗对人而言是如此根深蒂固，我们只能在一定程度上提高社会诚信水平，而无法抹掉欺骗，既然如此，一个社会要自由，不能只靠制度来维护诚信，还需要人们主动强大起来，具有更高的反欺骗能力，和更强的承受欺骗的心理素质。"这正如法国著名思想家托克维尔曾经说过的颇具开创性的话：当一个民族还缺乏宗教所熏陶出来的自我驾驭能力的时候，这个民族就还没为自由的到来做好充分准备"②。当然，讲自我驾驭能力来自宗教熏陶有一些偏颇，但是，自我驾驭能力作为自由的基础却是可信的。

七、小结

以上只讨论了自由观念的最基础部分，显然，作为自由成为可能的观念基础远远不止这些。就观念本身，除了这些基本思维方法，知识、信仰、道德、习俗等都与自由能否可能有关，如阿克顿所言："自由是防止自己被他人控制的保障之法。要做到这一点，就需要人们具有自我控制能力并因此接受宗教的、精神的熏陶：即具有受过教育、拥有知识、身心健康等素养。"③就具备这样观念的人的数量而言，只有大多数人逐渐具备这样的观念，自由精神演化为多数人日日遵行的生活习惯，成为融化于血脉之中，自由才能得到捍卫。"公众的觉醒和智识，是建立和捍卫自由的关键，也是人类文明赖以存在的根基。在人类生活的各个方面，如果人们没有对自由深切而持久的热爱，政府便可以轻易践踏我们。但是，一旦人们关心自由，便再也没有任何权力（power）可以阻挡人们追求幸福的权利（right）"。④

自由的观念如此重要，那么，如何具备这样观念呢？这就需要回到第一节

---

① 汪丁丁：《阴谋论为什么不正确》，http://opinion.caixin.com/2015-07-22/100831414.html.（2015-07-22）[2016-06-10].

② 〔英〕阿克顿：《自由与权力》，侯健等译，北京，商务印书馆，2001年版，第317页。

③ 〔英〕阿克顿：《自由与权力》，侯健等译，北京，商务印书馆，2001年版，第317页。

④ 〔美〕卢埃林·罗克韦尔：《经济规律：一千英尺厚的巨大墙壁（《繁荣基石》中文版序言）》，http://www.360doc.com/content/16/0303/22/376618_539215980.shtml.（2016-03-03）[2016-06-10].

自由的制度基础，正是制度影响了人的观念，不过，制度本身也依赖于观念，显然，这是一个"鸡生蛋、蛋生鸡"的问题。制度的改变很重要，观念的演化也很重要，这就要引入改变观念的新变量，例如教育。"古典自由主义确实要求信仰自由主义的绝大部分人，应该在个人或公众选择时体现自由主义的意愿"[①]。"为了符合这些要求，人类应该接受相应的伦理道德和政治经济教育"[②]。"教育会建立一个不断加强的学习公民意识的反馈圈子，有效防止政府滥用职权"[③]。不过，教育总是存在于一定制度（特别是政体）环境中，教育所起的主要是扩大政体、制度的教化作用，如果制度、政体不适合自由，期待体制内的教育能够在政体的意识形态之外成为一种的自由力量，是不现实的，需要更多自由人而不是体制内的教育参与自由观念的传播。

第三节　自由的传统基础

"自由主义者试图回答的问题并不是在历史上或现实中个人与社会、国家的关系是什么样的，而是正当的个人与社会、国家的关系是什么样的。自由主义者不愿不加批评地接受传统留给后人的制度，不愿不加质疑地接受社会的现存秩序"[④]。自由不是现实的关系，而是应然的理想。作为一种理想，自由是对传统的超越，但是，如果要让这一理想落地，自由则应是传统演化的结果，是批判性继承传统的成果，只有这样自由才能成为可能。自由作为传统演化的结果是一个历史事实，只有经历了才能看到，重复那些已成功演化出自由的故事似无必要，以下着重讨论传统如何能演化出自由。但是，正如布坎南所引用的哈

---

① 〔美〕詹姆斯·M.布坎南：《为什么我也不是保守派：古典自由主义的典型看法》，麻勇爱译，北京，机械工业出版社，2014 年版，第 23 页。

② 〔美〕詹姆斯·M.布坎南：《为什么我也不是保守派：古典自由主义的典型看法》，麻勇爱译，北京，机械工业出版社，2014 年，25 页。

③ 〔美〕法里德·扎卡利亚：《为人文教育辩护》，梁栋译，北京，新星出版社，2015 年版，第 73 页。

④ 李强：《自由主义》，北京，东方出版社，2015 年版，第 265 页。

耶克的观点"这些制度是人们行动的结果而不是设计的"①，以下只是描绘一些大方向，至于能不能演化出自由，那不是理论所能解决的，是实践上的问题。

一、自由必须从传统出发

"当过去不再昭示未来时，心灵便在黑暗中行走。"自由如果不从传统出发，必将走向黑暗。很多人把五四运动时期的新文化运动看作是一场文艺复兴，但是，因为对传统文化过于激进的否定，在陈寅恪看来，这场运动没有真正的文化复兴，是异说兴起，祸患剧烈长久，莫可究极。②或许可以认为，中国现代史上一场又一场的灾难，是全面否定中国古典文化的新文化运动的延续。那么，为什么自由必须从传统出发呢？大体上可以从必要性和可能性加以论证。

（一）从必要性看，没有传统，无法生活，也就谈不上自由

自由是最好公共生活之道，但是，传统则是生活的基础。"许多惯例都对我们的生命具有决定性的意义，设想一下，如果不存在绝对的惯例（语言本身就是一种约定俗成……），我们将会不知道如何生活"③。自由规则必须与现实社会的结构、人心相适应，自由规则创造的某种秩序如果严重背离传统，这种秩序终究会断裂、瓦解。论及自由与传统，李子旸对此有一个形象的比喻："人们在世间，仿佛就是在一条航行于茫茫大海中且没有港口可供停泊的船上。即使这条船有这样那样的毛病，人们也只能在保持船漂浮的同时进行维修，而且主要依靠船上已有的材料，或许也可以从海中或其他的船上得到某些帮助，但人们决不能把整只船完全拆开，再重新按照据说是完美的方案组装起来。因为在完成这件事之前，所有人都已经被淹死了"。如果自由社会是一艘好船，那么，这艘好船只能从旧船修补获得，虽然可以借助其他一些外来的资源。社会中的每一个人一出生都不是孤立的，都处在一个特定的家庭和社会关系中，在一个特

---

① 〔美〕詹姆斯·M.布坎南：《为什么我也不是保守派：古典自由主义的典型看法》，麻勇爱译，北京，机械工业出版社，2014年版，第39页。

② 徐迅：《陈寅恪与柳如是》，北京，东方出版社，2014年版，第150页。

③ 〔西〕费尔南多·萨瓦特尔：《政治学的邀请》，魏然译，北京，北京大学出版社，2014年版，第13页。

定传统中。一个社会的传统价值对这个社会正常运行非常重要，是社会存在的基础。自由对每个人进化很重要，对整个社会进化很重要，但是，首先要解决社会的生存问题，所有这些自由都必须在传统中展开。尽管自由有助于秩序，但是，从原有传统变革到自由社会的过程却可能出现运行失序和社会动荡。为了维持秩序，就要尊敬权威，对组织忠诚，尊重传统，在传统中逐渐演化自由。

没有传统，无法生活。首先，源于人们这样一种心理习惯——只愿意相信自己想要相信的，传统的观念"嵌入"于每一个人的灵魂和各种有形无形的生活习惯之中，不论是否与自由适应，数千年的传统不是想放弃就能放弃的。其次，可以从理性的局限性加以解释。人类理性存在严重局限，理性只能发现一小部分相对正确的知识，依据理性提出的自由价值观也只能解释某些问题，不论是关于自然的还是关于心智的，我们需要更多依靠习惯和不断积累的知识传统来解释。我们不能指望发现某个自由理论体系之后对社会制度进行全新设计并付诸实行，一切都只能在尊重传统的基础上逐步演进。自由必须从传统出发，即使传统中包含着大量的反自由因素。第三，可以从社会的共存加以解释。自由的好处是就普遍长远利益而言的，在一个特定社会的特定时期，自由只代表一部分人的利益，而传统则代表另一些人的利益。一个社会的共存，不能只满足一部分人的利益，迈向自由必须尊重传统。最后，传统秩序有其合理性一面。人生下来就在政治共同体中，犹如人生在家庭之中，这个共同体本来就是有秩序、有权威的。我们一出生就已经进入了有传统政治秩序和政治权威的共同体。在前现代社会，人们倾向于不假质疑地接受既存的权威。[1] 而在现代社会，人们开始追问既存权威的合理性，为什么要接受它的统治？我们如何创造一个更好权威和社会秩序？但是，追问的同时，别忘了人们理性的局限性，我们头脑里梦想的"更好的共同体秩序"必定是有局限的，既存权威和秩序本身人类长期经验的产物，有其相当的合理性。

（二）从可能性看，自由完全有可能从传统演化出来

1944 年 11 月 29 日丘吉尔在英国议会下院演讲称："一个民族从未因热爱

---

[1] 刘苏里、刘擎：《立宪与政治正当性》，http://www.21ccom.net/articles/zgyj/xzmj/article_2012091467634.html.（2012-09-162）［2016-06-10］.

传统而遭到削弱，事实上，一个民族会在民族危亡时刻因热爱传统而得到凝聚。但是，新的观念必定会产生，世界必定会滚滚向前。"[1]没有纯粹的奴役社会，一个包含着大量奴役文化的传统，仍有自由的精神蕴含在其中，没有一个国家的传统中没有自由的因子。只要传统中的自由得以弘扬，自由必将成长起来。尊崇传统，有可能遵从奴役文化，但是不可能彻底断送自由。乐观地看，自由的观念必定会产生，假使还没有产生，至少存在这种可能。

二、自由如何从传统出发

自由有必要也有可能从传统出发而获得，但是，传统并不必然会演化出自由，自由如何从传统出发呢？

（一）保守自由，扩展自由

自由蕴含在先辈和同时代人所创造的制度和传统之中，但是，这些制度和传统并非都是自由的，我们需要在既有的制度和传统中挖掘自由，保守自由，扩展自由。如果制度和传统是以自由为主流的，那么，自由自然会在一种自我生成、自我演化的秩序逐渐扩展。如果制度和传统相当程度上仍然是违背自由的，那么，自由如何生长呢？一个优先的选择就是保守自由，进而扩展自由。"在人类不断演化、文明不断发展的过程中，人类慢慢地获得了一些自由，但它存在于社会秩序之中，存在于文化传统与观念之中，人类不但需要保守已经获得的自由，而且需要扩展自由，这样，自由才能不断地壮大。如果我们不断抛弃我们获得的自由而不加以保守，自由的总量就不会增加。""以交通规则为例。每个交通规则的颁布，背后都有无数的生命代价。如果不承认既往的交规，全部从零开始制定，很多人就白白的死了，而且还有更多的人要白白的死。政治领域的规则也是如此。不承认人类在漫长的实践中积累的那些制约权力的有效措施，无数人的自由、生命和财产就处在危险之中。"[2]还有一个技巧性的选择，

---

[1] 转引自2014年4月18日罗胖曰。

[2] 刘军宁：《当代中国需要保守主义（保守主义第三版序言）》，http://cul.qq.com/a/20141124/023664.htm.（2012-09-16）[2016-06-10].

就是种下关键性制度，自由一旦扎根，就会像植物一样迅速生长。我们无法直接建构一套完整的自由制度，如果我们能够种下一些关键性制度，那么就会像植物一样迅速生长，以英国为例，《大宪章》可以视为这样一种关键性的制度。

（二）突破传统，自由才能成长

自由的成长需要尊重传统，仅仅尊重传统并不足于产生自由。"自由的本质就是不要信奉过去和往事的神圣不可侵犯性"[①]。尊重传统的同时，必须随时准备突破传统，只有这样，自由才能成长。一个社会的自由状况是传统和自由理想结合的产物，传统是基础因素，自由理想也是不可忽视的重要因素。"美国的独立和建国，让全世界看到了一种可能：人类的政治生活真的可以按照自然权利为基础来'建造'，而且竟然成功了"[②]。事实上，不仅仅美国，所有自由社会之所以能确立，都奠基在自由理想之上。哈耶克在《为什么我不是保守主义者》一文也做了论证："保守主义可能经常是一个有益、实用的准则，但它不可能给予我们任何会影响长时段发展的指导原则"[③]。这个警告对我们今天的意义就是——自由的成长除了尊重传统外，还需要突破传统、向前看。

（三）追求自由主义理想同时确保对传统的尊重

自由需要尊重传统外，也要突破传统，这就要求在追求自由主义理想同时防止理想主义的狂热，确保对传统的尊重。我们到底应该对传统持什么样的态度呢？最根本还以人为本，如果对人有价值、对大多数人有价值，这样的传统就应该保留；如果违背了大多数人的利益，就要果断扬弃；如果搞不清楚，那么，最好是保留。怎样做到以人为本呢？最重要是确保个人财产权的不受侵犯。只要确保每个人有独立的财产权，社会利益就是多元的、分散的，理想主义的狂热只能在有限范围内以温和的形式推行。涉及公众利益时，人们往往会陷入狂热，被激进分子所蛊惑，但在维护自己财产时，人们基本都是冷静的。同样

---

① 〔英〕阿克顿：《自由与权力》，侯健等译，北京，商务印书馆，2001年版，第312页。

② 刘苏里，刘擎：《立宪与政治正当性》，http://www.21ccom.net/articles/zgyj/xzmj/article_2012091467634_2.html.（2012-09-16）〔2016-06-10〕.

③ 〔英〕哈耶克：《自由宪章》，杨玉生等译，北京，中国社会科学出版社，2012年版，第594页。

的，只要确保个人财产权的不受侵犯，也就防止了传统被彻底颠覆。理想主义的狂热被控制住了，传统就不可能被全面地故意破坏，就可以在社会中发挥作用。

第四节 自由何以实现

前三节讨论自由的条件，但是，这些条件会到来吗？自由会实现吗？讨论自由何以可能，不仅需要搞清自由成为可能的条件，而且要明确如何达到这样的条件。这至少涉及到两个问题：一是自由的实现是偶然还是必然；二是一个缺乏自由的社会如何实现自由。

一、自由的实现是必然，还是偶然？

联邦党人文集第一篇论文开篇就提到这一个问题："人类社会是否真正能够通过深思熟虑来建立一个良好的政府，还是他们永远注定要靠机遇和强力来决定他们的政治组织"[①]。美国人终于建立一个良好的政府，显然，他们深思熟虑的设计起了很大的作用。米瑟斯也指出："凡是能在思想领域取得成功的事物最终都能在生活中获胜，任何迫害都无法将它压制下去。"[②]但是，对自由的乐观态度，显然是有问题的。历史的发展既非单因，更不必然，否则就成了历史决定论。"在中外历史上，野蛮战胜文明的例子可谓不胜枚举，从古希腊斯巴达战胜雅典、马其顿征服希腊、蛮族消灭罗马帝国等等"[③]。同样的，自由也有被专制、极权以至民主所战胜的可能。

托克维尔、韦伯、斯宾格勒等都曾对自由的未来表示过悲观，他们认

---

① 转引自〔美〕哈维·C.曼斯菲尔德，乔治·W.凯利：《学科入门指南：政治哲学·美国政治思想》，朱晓宇译，浙江，浙江大学出版社，2015年版，第49页。

② 〔奥〕米瑟斯：《自由与繁荣的国度》，韩光明等译，北京，中国社会科学出版社，2015年版，第201页。

③ 阙光联：《文明与野蛮的博弈》，http://www.21ccom.net/articles/sxwh/shsc/article_2014012099326.html.（2014-01-20）〔2016-06-10〕.

为——自由与文明的最佳状态已经结束，或是很可能行将结束；粗鄙的同质化沙漠注定要淹没百花齐放的绿洲。托克维尔把这种未来称为"民主"，韦伯称之为"铁笼"，斯宾格勒称之为"群众的无形态政治"。① 为什么多数人会侵犯自由，哈耶克在《通往奴役之路》的《为什么最坏者当政？》一章分析了其中的心理机制，"越是精英对同一事物就越不容易拥有相同见解，也就难以在政治上团结起来；而越庸俗的人群对于同一事物的认识就越容易产生重叠"②。

"自由就是这么来的，可奴隶也是这么来的"③。一切有利自由的条件并不必然导致自由，也有蜕变成奴役的可能。纵观历史，事实上也是最近两百年才出现大规模的自由制度。在某种程度上，人类大大小小的成就总是有些碰运气的成分。能不能实现自由，那得看人们的努力和运气。历史的发展并非必然，自由是一桩需要人类始终为之奋斗的事业。

包刚升在《政治学通识》描述了一种对理想的政治秩序悲观态度："政治秩序的问题，不是你想要怎样设计就能怎样设计。实际上，现有的政治就是我们这些年来自己造成的。不是我过于悲观，我只是一个务实的人。要我说，我们大概只能在现有的状态里生活。你们若问我如何变得更好，我直接的想法是我们可能很难有办法变得更好。我知道，你们未必同意我的见解，特别是那些憧憬未来的年轻人。但是，你们也要知道，人本身就有缺陷，所以人类社会怎么可能没有缺陷呢？"④ 细细看来，这种悲观是有一定道理，但是，如果悲观有道理，那么，乐观为什么没道理呢？人类为什么不能创造历史呢？悲观只能停留在警示我们事情有难度，而不能毁灭我们的希望，否则，人类的意义在哪里？刘勃对野蛮战胜文明有一个精彩的评论："秦国强大，体现了冷兵器时代，野蛮落后往往是个优势；越国即衰，则表明光靠野蛮落后只能战场上横行一时。"⑤野蛮有可能战胜文明，但只能是横行一时，野蛮力量如要在较长时间内持续保

---

① 刘仲敬：《托克维尔的问题意识和群氓时代的异乡人》，http://www.21ccom.net/articles/read/article_2013012175496.html.（2013-01-21）[2016-06-10].

② 〔英〕哈耶克：《通往奴役之路》，王明毅等译，北京，中国社会科学出版社，1997年版，第132—133页。

③ 电影《勇敢的心》台词。

④ 包刚升：《政治学通识》，北京，北京大学出版社，2015年版，第33页。

⑤ 刘勃：《战国歧途》，北京，新星出版社，2015年版，第89页。

持对文明力量的胜利，通常需要接受文明的力量或者是被文明的力量同化，满清战胜明，并统治中华三百多年，很大程度上就是因为满清接受明文化。尽管自由的实现充满偶然性，但是，人类有一个优点，大部分人是讲道理，正是这一点让自由的实现充满希望。人性中既存在理性和良知，也难免偏见和恶念，但是，有理性和良知的存在，自由就有希望。任何事情，包括自由的实现，都有成功和失败的可能性，愿望强的人看到是成功可能性，愿望不强的人看到是失败的可能性。自由的确面临着很多问题，但自由也至少面临着同样多的机会，正如美国管理学大师彼得·德鲁克所言，真正重要的是如何把问题变为机会。

自由的实现并非必然，带有不少偶然性，但是，绝非不可捉摸，至少通过理性可以发现不少因素与自由实现有很大相关性。哪些因素跟自由的实现具有相关性呢？史蒂文·平克教授在他的大作《人性中的善良天使：暴力与人性的历史》一书中详尽检验了导致暴力趋于下降的原因，正如前面所分析的"自由是不受他人暴力的状态"，暴力的下降在相当程度上代表着自由度的提升。平克认为暴力下降的长期趋势的原因包括：（1）政府的建立：以此可垄断暴力（也因而可在某种程度上控制暴力）；（2）商业的发展：让他人更珍视生命而非死亡；（3）逐渐用"尊严"的文化代替"荣誉"的文化：在这一过程中，比起自我控制和尊严，为荣誉复仇不再那么重要了；（4）启蒙运动中的人道主义革命：强调人类生命的价值，无论是自己的生命还是他人的生命，并且以理性和证据来替代迷信；（5）国际组织的出现和发展：既包括民间社会的国际组织，也包括政府间的国际组织，以促进外交与调解，而非战争；（6）小说的发明和流行：自由市场的商业革命对此推波助澜，而小说有助于比以往多得多的人以想象来代入他人的生活（而这有助于同情他人）；（7）国际交换、投资和旅行在创造维持和平的利益方面，扮演了日益重要的角色；（8）古典自由主义的理念得到广泛接受：摆脱了部族与独裁力量的个人自由，以及容忍个人选择，只要这些选择未侵犯他人的自主权和福祉；（9）抽象推理日益重要，这也是由商业和技术所促进，抽象推理有助于人们信奉古典自由主义/自由意志主义的普世权利理念的一般原则。①

---

① 转引自汤姆·帕尔默：《和平的哲学或冲突的哲学》，风灵译，http://blog.ifeng.com/article/38120661.html.（2015–10–28）[2016–06–10].

以上九个原因是暴力下降的原因，也可以说是自由实现的重要因素。当然，其中一些原因对于自由的实现是一些中性因素，例如政府可以减少暴力，但是一个极权主义的政府可能会增加暴力，一个坚持自由理念的政府能更好地减少暴力，因此，自由理念是导致自由实现的重要支撑因素。人类的历史复杂多因，且变动不居，除了上述九个原因，我们还可以找到更多与自由实现有关的因素，自由理念的传播可以说是其中几乎恒定不变的因素，毕竟人类历史很大程度上是观念创造的。讨论至此，又生出一个疑问——既然自由理念如此重要，为什么要化简单为复杂详尽讨论与自由实现有关的其他诸多因素呢？任何简单的指向总有它的不足，自由的理念在很多场合下都是模糊与界限不清的，深入挖掘各种更具体的因素，可以让我们更清晰地辨明行动的方向。

二、不自由社会如何迈向自由

托克维尔这样论说道："美国人最大的优势是，他们无需经历一场民主革命就实现了一种民主形态；他们生来就是平等的，而非后来才变成平等的。"[①] 美国是转型到自由社会的成功典型，但它的经验难以复制。如果说自由是普世价值，那么，转型到自由社会的经验却不可能是普世的。相对于如何在一个自由社会中维护自由秩序，自由主义者们对"如何从一个不自由社会转型到自由社会"的理论观点欠缺了不少。美国学者格里德在《胡适与中国的文艺复兴》中对自由主义在中国的失败及其原因进行了精辟的分析，他认为："自由主义之所以失败，是因为中国那时正处在混乱之中，而自由主义所需要的是秩序。自由主义的失败是因为，自由主义所假定应当存在的共同价值标准在中国却不存在，而自由主义又不能提供任何可以产生这类价值准则的手段。它的失败是因为中国人的生活是由武力来塑造的，而自由主义的要求是，人应靠理性来生活。简言之，自由主义之所以失败，乃因为中国人的生活是淹没在暴力和革命之中，而自由主义则不能为暴力与革命的重大问题提供什么答案。"[②] 从理论上看，自

---

① 〔法〕托克维尔：《美国的民主第2卷》，董果良译，北京，商务图书印书馆，1997年版，第123页。

② 〔美〕格里德：《胡适与中国的文艺复兴：中国革命中的自由主义1917—1937》，鲁奇译，江苏，江苏人民出版社，2010年版，368页。

由主义之所以失败，就是对"如何从一个非自由社会转型到自由社会"缺乏成熟的看法。如何从不自由的社会迈向自由社会，在这个问题上，笔者也缺乏足够成熟的思考，下面谈谈几点迈向自由社会的策略，并不是说有这样的策略，自由就能够实现，只是讲这些策略与自由社会的实现相关。

（一）为自由的努力必须重视成本

自由，长期而言是人类文明进步的动力，但短期而言，一个社会走向自由化则会因为利益格局的重组带来利益冲突以至政治分裂。因此，长期当中自由化是重要的政策，短期当中则须正视自由化可能会带来的社会和政治压力。自由化要求做到短期与长期之间收益与风险的平衡。从成本角度看，"自由实在不是什么罗曼蒂克的东西，这只是一个选择，是一个民族在明白了自由的全部含义，清醒地知道必须付出的代价，测试过自己的承受能力之后，做出的一个选择"[1]。存在总有其合理的一面，取消这种存在带来的损失，这就是成本。自由化改革需要"成本观念"，必须考虑"向自由转化"会带来的哪些负面社会后果（制度转换成本）。无视成本的自由化只是瞎折腾，如果某个自由化方案能够产生的改革收益，无法盖过改革成本，那改革是没有意义的。

制度性的变革常常带来巨大利益调整，如何采取补救措施避免利益受损者承担太多利益调整的代价，是最值得注意的成本问题。"在制度变革以前，某些国民成员按制度的要求长期从事某种职业。而变革以后，这种职业被取消了，新的制度要求原来从事这种职业的人与其他社会成员竞争其他职业的岗位。可以假设，这种职业的取消从社会运行的角度看是合理的，或许代表了巨大的社会进步。但是，原来从事这种职业的人却受到了不公平的处置。""这就相当于要求长期练游泳的运动员与长期练长跑的运动员站在同一起跑线上参加赛跑，而他们能否可以正常生活下去，基本取决于他们能否在比赛中领先。显然，这样的竞赛没有公平可言。"[2]自由化过程伴随利益重新分配的过程，为了更好地推进自由化，需要给既得利益者适当的补偿，使既

---

① 林达：《历史深处的忧虑》，生活·读书·新知三联书店，1997年版，第27页。

② 翟振明：《社会变革涉及的价值底线》，http://www.chinavalue.net/General/Article/2012-11-3/200793.html.（2011-11-03）［2016-06-10］.

得利益者的损失小一些，他们就会较容易地接受改革。否则自由化的过程将可能因为太多人反对而失败，正如马基雅维利所言："因为革新者使所有在旧制度之下顺利的人们都成为敌人了，而使那些在新制度之下可能顺利的人们，却成为半心半意的拥护者。"①

除补偿利益受损者，等待和特赦也是可取的选项。"自由从来没有强力，它只能这么'脆弱'地生长，直到自由真的给人带来更多利益"②。普朗克曾经说过一句关于科学真理的真理，它可以叙述为"一个新的科学真理取得胜利并不是通过让它的反对者们信服并看到真理的光明，而是通过这些反对者们最终死去，熟悉它的新一代成长起来。"这一断言被称为普朗克科学定律，并广为流传。③自由化是一个漫长的过程，转型从来充满残酷和血腥，等待反对者和利益受损者死去，等待自由给人带来更多利益，是节省成本的一种方法。如果等不起，特赦是一个很值得注意的手段。1974年2月，香港廉政公署成立。到1977年10月，廉署在反贪污行动中逮捕了260名警官，引起警务人员强烈不满。警察们捣毁廉政公署。在这种压力下，总督颁布了"部分特赦令"，要求廉署对1977年10月1日前的贪污行为停止追究。如果不向警察做适当让步，香港的治安状况则会出问题。特赦令激起了民众的强烈不满，不过，也在某种程度上挽救了法律的脸面，又为维系、更新一个健康的官僚体系提供了可能，对稳定和发展香港社会起到了正面的作用。

（二）法治先行

如何在不引起大规模社会动乱的情况下建立自由体制呢？一个重要的共识是法治先行，社会需要优先形成一套以法治为导向的政治文化，这表现为以下方面：第一，遵守法律（乃至法律至上）成为一种理念，破坏法律、违反契约的行为为社会所不容。第二，以法院为中心的纠纷解决体系能够公正并中立地处理和裁判各种纠纷。如果不先把足球规则定好，如果没有裁判执行规则，就

---

① 〔意〕马基雅维利：《君主论》，潘汉典译，北京，商务印书馆，1985年版。

② 连岳：《自由人的孩子们》，http://news.qq.com/a/20150126/049996.htm.（2015-01-26）〔2016-06-10〕.

③ 百度百科：《普朗克科学定律》，http://baike.baidu.com/link?url=8r-8yLLxpCwFawKyULRFzu7P513x3TDnGzD0VJ2mgdnP9iP2o1EwbNp_sHz_0EtUnpOriFHA3676rzj8RWoxa_.〔2016-06-10〕.

让所有人一起来抢球，那一定是群殴。如果把生活理解为足球比赛，比赛规则及其执行理解为法治，那么，没有法治的生活就是一场群殴。

（三）尊重传统

从原有传统变革到接近理想的自由社会可能出现运行失序和社会动荡，为了维持社会运行的基本秩序，需要尊重传统，在传统中逐渐演化自由。法国大革命，一群崇尚"人人生而自由平等"的理想主义者，却一手制造了残酷和惨烈的大屠杀。"人人生而自由平等"，一个天堂般的社会理想，问题是如何达到这样一个理想，不考虑当前秩序将这一理想直接适用于社会的改造，很可能就会酿成人间惨剧。那么，我们应该如何达到这样一个理想呢？英美的药方是保守主义，而欧陆的药方是理想主义。英美保守主义在追求自由梦想的道路取得了成功，欧陆理想主义在总结惨剧教训之后也取得了成功。不同国家有不同的国情，有的国家可以遵循英美的药方赢得自由，而有的国家可能则需要追随欧陆的药方，不管哪一药方，"人人生而自由平等"这一个理想要实现，需要立足当下，尊重现实的秩序。

（四）自由意识的成长

自由作为意识是需要训练的，百姓如此，领导也如此。英国教育学家威尔逊曾经指出："如果你追求主人——奴隶制度，你只需要一些规则和鞭子；如果你追求自由，你需要各种复杂的机制和交往的环境——信息、选举、争论、程序、规则等的有效性。同样在自由的社会中，道德教育也需要更多的注意。"[1]制度化教育在自由意识培养方面有重要的意义，不过，值得警惕的是并不是所有的教育都有助于培养自由意识，强迫他人掏出本属于他自己的钱是抢劫，强迫他人接受你的观点就是洗脑，如果教育成了洗脑，那么教育就是伤害自由而不是培养自由意识。要使公民成为具有健全自由意识、负责任的公民，需要一种开放的教育，让公民获得多元化的信息，避免被偏见和虚假左右。另一个值得警惕的是要避免产生这样的误解——只有经过教育的公民才能拥有自由权利。

---

[1]　转引自檀传宝：《网络环境与青少年德育》，福州，福建教育出版社，2005年版，第57—58页。

自由意识培养，教育只是一方面，更重要的是拥有自由权利的人们的政治参与活动，"脑子记住的东西，远不如身体记住的东西牢靠。与其出版一大堆著作，还不如让他们在广场上振臂高呼一次。"① 人成就制度，但制度更成就人，制度化参与是培养自由意识的最好手段，在现实的政治参与中，人们将学会倾听他人、尊重他人，学会克制、讨价还价和妥协，以及对自己的行为负责。

（五）有一批"煽风点火者"也是关键一环

"自由的性质类似于火苗，借助一点点风力，它就可能无边蔓延。从斯密到伯克，从韦奇伍德到霍布豪斯，这些煽风点火者的努力，让英帝国的一点点自由蔓延成了更多的自由、越来越多的自由乃至势不可挡的自由"② "煽风点火者"对自由的实现也很重要。

（六）自由化是一个不断改进和发展的过程，一个不断摔跤的过程

自由不是一项一蹴而就的事业，它是一个需要几代人甚至几十代人长期演进、不断试错的过程——正像我们今天的文明也是先辈们经过几代人甚至几十代人长期演进、不断试错才得来的一样。没有绝对的自由社会，也没有绝对的不自由社会，任何社会都存在一定的自由，只是多少的问题。自由理想不能定得太高，以致不可能实现，于是大家索性不跟着玩。

第五节　自由何以不可能

著名社会学家齐格蒙·鲍曼认为，大屠杀不只是犹太人历史上的一个悲惨事件，也并非德意志民族的一次反常行为，而是现代性本身的固有可能。③ 现代

---

① 2014 年 9 月 12 日罗胖曰。

② 刘瑜：《当自由遭遇一丝微风》，http://magazine.caijing.com.cn/2010-04-25/110424361.html.（2010-04-26）[2016-06-10].

③ 〔波〕齐格蒙·鲍曼：《现代性与大屠杀》，彭刚等译，江苏，译林出版社，2011.内容简介。

性为自由提供可能，也为不自由提供了可能。不仅追问"自由何以可能"，还要追问"自由何以不可能"，从正反两面的分析，将更充分展示自由的条件。消除社会中让自由不可能的现象，也是走向自由的现实的路径。

一、知识论

"自由何以不可能"？如果假定人类的行动按照其所拥有的知识行动，那么，自由之所以不可能就是因为人类知识结构出了问题。从知识论角度看，最有可能造成自由不可能的因素主要有：

（一）消灭一切罪恶的至善论

罗兰夫人于 1793 年 11 月 8 日被雅各宾派送上断头台。临刑前在自由神像留下了一句为后人所熟知的名言："自由，自由，多少罪恶假汝之名以行！"雅各宾派也自认为是在追求自由，为什么对自由的追求成为罪恶呢？雅各宾派主要领导人之一罗伯斯庇尔的这句话就是最好注脚——"我们要求一切冤屈得到洗雪，不管造成冤屈者身份、地位如何。但愿再也不会看到压迫者用任何借口无视赢弱的被压迫者的呼声！"[①]

消灭一切罪恶的至善论，正是造成自由不可能的重要原因。但是，并不是说要转向彻底相对主义自由才有可能。自由主义相信世界有善恶之分，甚至我们还可以相信某些绝对善、绝对的正义（例如自然权利），也应该将自己善恶追求付诸行动。只是行动必须保有一定限度的宽容，眼中不容沙子，要求消灭一切罪恶，洗雪一切冤屈，自由必将走向了罪恶。可以说至善论不可怕，绝对主义不可怕，最怕是以消灭一切罪恶的方式付诸行动。按自己理想行动，相信自己所做的是正确，这是人的本能，但是人类具有不可避免的无知，人类理性永远有局限，一切自由的理想都有局限。面对屠杀的质问，罗伯斯庇尔反驳："我们怎么能以一个一成不变的尺度去衡量如此巨大的动荡所带来的后果？"在他

---

① 1783 年罗伯斯庇尔为遭到修道院诬陷的鞋匠讨回公道时的起诉书，转引自西坡：《罗伯斯庇尔的魔力语言》，http://www.guancha.cn/XiPo/2013_12_05_187964.shtml.（2013-12-05）[2016-06-10].

看来，流血正当且必要，因为"整个世界，还有我们的子孙后代都只会把这些事件看成神圣事业的辉煌成果"①。今天看来，雅各宾派的所谓"神圣事业"在很多方面都是错的，按照这一理想消灭罪恶，就是在消灭自由。即使雅各宾派的自由理想正确，即使我们的目标正确，但是，落实目标的过程也是不可避免的存在无知，因此，必须坚持程序正义，面对我们认为是罪恶的东西也不能只是赶尽杀绝，要保有一定程度的宽容。

我们应该追求理性，追求正义，但是，走向极端又可能导致自由的不可能，如何防止陷入"消灭一切罪恶的至善论"呢？

首先，一个有效方法就是宽容他人的观点。很少人会自称自己的观点是"准备消灭一切罪恶的至善论"，他们只是按自己现在所相信的行动，但是，这样的行动有时也会造成罪恶，"准备消灭一切罪恶的至善论"与按自己现在所相信的行动之间并没有泾渭分明的区别。如何避免按自己所相信的行动造成罪恶呢？一个有效方法就是宽容他人的观点，甚至在一定限度内宽容自己所认为的罪恶。

其次，程序正义。宽容只是一个原则，它必须落实到具体的制度，程序正义就是一个最好的体现。程序正义的目标当然也是追求实质正义，甚至追求至善，但是，至善并不是它的目标本身，它的直接目标只是："为制定明智和公正的决定，增加收集所有必需信息的机会；确保决策过程中信息得到明智和公正的使用。"② 程序正义的直接目标只是程序，这保证了它在追求至善目标过程中的宽容性。

第三，珍惜生命。消灭一切罪恶的至善论，极端形式就是消灭生命。消灭生命来追求自由的理想有源远流长的传统。柏拉图曾以"理想国"为题，给后人展现了一个完美优越的城邦，但是，为了达到更完美的结果，甚至可以将一部分人进行淘汰。德国人为了实现人类种族的完美，于是将六百万犹太人杀光，红色高棉在执政的四年之内，竟然屠杀了全国人口的五分之一，虽然他们自称有善良的动机——建设社会主义以及民族复兴，但都已经构成人类不可宽恕的

---

① 转引自西坡：《罗伯斯庇尔的魔力语言》，http://www.guancha.cn/XiPo/2013_12_05_187964.shtml.（2013−12−05）［2016−06−10］.

② 〔美〕公民教育中心：《民主的基础》，刘小小等译，北京，金城出版社，2011年版，第360页。

罪恶，被钉在历史羞辱柱上。或许我们搞不清楚到底什么是"消灭一切罪恶的至善论"，但是，生命是显而易见的，珍惜生命让我们保有防止陷入"消灭一切罪恶的至善论"的最后一条清晰的底线，对自由的追求意味着应该追求废除死刑或者最大限度的减少死刑。

（二）阴谋论

阴谋论通常是指对历史或当代事件作出特别解释的说法，其特点是将事件归结为某集团背后的操纵，这种操纵通常是带有隐蔽性的，是深谋远虑且设计周密的欺骗。这种关于事件的解释方法，常常有这样一些推论：（1）既然事件是某些集团操纵的结果，制止坏事就是揪出并打倒某些集团从而让好事成功，或者是放弃个人自由和责任，寄托另一些集团的拯救；（2）既然事件背后都有阴谋和欺骗，都是有损人利己的目的，因此，只能是以欺骗对付欺骗，由此而来，自由的交易与合作也就很难实现，很可能就是暴力与欺诈的盛行。阴谋论是造成自由不可能的原因之一，让自由成为可能需要认识阴谋论的错误。

阴谋论之所以错误，大体上有以下原因：

1. 阴谋并不是一般欺骗，是深谋远虑且设计周密的欺骗。阴谋的一个基本特点是保密，如果参与一项阴谋的人数太多，它就很难保密。从这意义上看，阴谋论所描述的很多阴谋很可能是不存在，如果存在的话，它是靠什么保密的呢？

2. 阴谋通常不可能得逞。如哈耶克所论证的，知识是分立的。每一个社会成员都只能拥有知识的一小部分，都不可能完全掌握分散在其他行动者之中的全部知识。阴谋家也不可能获得其行动所需要的全部知识。从这意义上看，阴谋论将事件解释为某种谋略的结果，或者会为某种谋略所左右，很可能是违反逻辑的。

3. 阴谋论，通常把事件的公开解释为故意欺骗，即使公开解释有可靠证据支撑也是如此。虽然公开的解释不一定就是正确的解释，但是无视公开解释的可靠证据无疑是错误的。阴谋论通常把事件解释为隐藏在公开解释背后的某种计谋，这种计谋虽然会有一些牵强附会的材料来印证，但是，这些材料基本上是一种揣测，因为人的动机难以测度，所以，这种揣测也被某些人认可。如果按照可观察的事实来分析的话，阴谋论通常是没有严谨证据支持、荒谬不合逻辑的，因此，阴谋论通常也被认为是无证据论。

4. 阴谋论认为事件背后有某些人的欺骗，这当然是有道理的，根据动物学家和心理学家的观察，人类似乎是唯一在欺骗能力方面获得超常发育的物种。但是，阴谋论经常将事件背后的动机完全解释（或者基本解释）为人为欺骗和损人利己的行为，那就错了，人的利己行为并不一定损人，每个人追逐自己的利益也可能利他，人除了具有欺骗性，也有诚信和合作的需求。在一个极权专制社会，阴谋的确可能盛行，但这不等于社会就没有其他制度选择，在一个自由制度环境下，欺骗和损人利己等阴谋行为将会得到压制。

5. 阴谋论认为事件背后有人的操纵和运作，这当然有道理，但是，阴谋论经常将事件归结为人所能决定，那就夸大了人的能力。事实上，人的理性是有限，在很大程度上是无知的，人很难左右事件的发生或进程，很多事情的发生纯粹是偶然或者巧合。

6. 阴谋论认为事件背后有人的利益，这也有道理，但是，阴谋论常常将利益归结为某种特定的物质或者精神追求，并且常常认为某种人必定有某种利益，结果歪曲对事件的解释。事实上，人的欲望是无止境，是变动的，人甚至都不知道自己要什么，当你将变动不居的利益诉求简化为某种特定的利益解释世界，那必然是一种歪曲的解释。

7. 阴谋论者常常这样攻击它的反对者——阴谋论有很多缺陷，但是，所有理论都有缺陷。的确，人类理性有限，无法把握绝对真理，面对现实存在诸种解释，但是，我们必须选取最佳解释，科学解释就是一种最佳解释。阴谋论无疑是一种解释，但是它不是最佳解释。《简单的哲学》一书提出了最佳解释的四个标准，下面按此标准逐一对阴谋论加以检验。首先，"简单性：我们最好选择最简单的解释方式。它涉及的因果关系直接而清晰。在已知证据之外，它无须依赖更多信息。"阴谋论则需要在已知证据之外添加各种无法证明的假设。其次，"一致性：如果可能的话，我们选取的解释最好能与权威解释保持一致。"阴谋论与某些认同阴谋论的社会哲学解释保持一致，不能与反对阴谋论的社会哲学解释保持一致，且不论认同和反对阴谋论的社会哲学解释谁更权威，自然科学解释是优于社会哲学解释更权威的解释，阴谋论的最大问题是经常与自然科学的解释也无法保持一致。第三，"可检测性或者预测力：我们选取的解释最好是能够被证明或否定的解释。"阴谋论常常是无法证伪的。第四，"全面性：我们选择的解释最好能够包括所有的内容，尽量不留下任何有待解释（或无法解释）的不确定因素。"阴谋论总是需要留下许多关键的而且无法解释的不确定因素。[1]

综上所述，阴谋论在知识上存在严重的缺陷，成立的可能性很低，但是，阴谋论为什么能盛行呢？我们又如何防范呢？

首先，阴谋论切合某些人需求。在竞争中失败或暂时失利的人倾向于将不利的结果归咎于外部某种神秘的力量，而不是自身的问题[2]。从这意义讲，我们如果想客观地分析公共生活问题，想破解阴谋论，首先需要调整立场，不仅仅从外部，而且从自身分析问题所在，不仅仅从自己的利益而且从每个人个体利益出发来看待成功和失败。

其次，阴谋论切合人们某些直觉的感受。世界上有太多没有办法理解的东西，也有太多让我们愤怒的东西。阴谋论将事件归结为某些人背后操纵，一下子让我们情绪有了发泄的方向，非常贴合情绪的需要，如果将事件分析为各种复杂因素交错影响所致，情绪就一下子没了方向。事件背后总是有人在活动，阴谋论直接将原因归结于其中某些人阴谋，也切合人们直觉，不必做更多的深入思考，满足人们智力上懒惰的需要。看阴谋论的论述很上瘾，既满足情绪需要，又不用深入思考，如同吸取鸦片，能起到很好的自我麻醉。从这意义讲，破解阴谋论需要增强我们理性和独立思考的能力，而不是情绪化、人云亦云地看问题。

第三，言论管制助长了阴谋论。一个自由竞争的言论市场中，如同自由竞争的商品市场中质次价高的商品会被淘汰一样，不合情理不合逻辑的阴谋论就会被言论市场所淘汰，或者至少被边缘化。阴谋论与不自由有一定程度上的互为相关性，阴谋论可能导致不自由，不自由有可能导致阴谋论。可见，破解阴谋论，既要增强理性意识，又要争取自由。

第四，或许是最重要的，破解阴谋论需要社会形成以"程序正义"为基础的决策机制。二战前，整个欧洲都流传着反犹思想，包括丘吉尔在内很多英国政客都接受过犹太阴谋论，英国民众的反犹思想并不亚于德国，但是，针对犹

---

① 〔英〕朱利安·巴吉尼，（美）彼得·福斯著：《简单的哲学》，陶涛译，北京，中国人民大学出版社，2016年版，第84页。

② 风灵：《阴谋论的贫困》，http://blog.sina.com.cn/s/blog_3d3fb2810102vxp4.html.（2015-12-14）［2016-06-10］.

太人的种族灭绝发生在德国而没有发生在英国，这与程序正义在这两个国家决策机制分量不同有很大关系。

二、制度

从制度角度看，"自由何以不可能"呢？这里借用孙立平[①]在《极权主义杂谈》举的两个例子来说明，一个是 Naomi Wolf 的《10 个简单步骤建立法西斯美国》，另一个是 Dennis Gansel 导演的电影《浪潮》。

Naomi Wolf 在《10 个简单步骤建立法西斯美国》一文指出，从民主自由走向法西斯，十个步骤就可以了。这十个步骤就是：

1. 制造出一个或是内部或是外部的可怕的敌人，使人们相信自己在受到威胁，从而使人们愿意接受对自由的限制。

2. 建立一个法外的监禁系统，以对付威胁者或敌人，这样可以使得人们觉得有安全感。

3. 建立一个恶棍团体，通常是准军事性的，目的是对民众进行恐吓。

4. 建立内部监视体系，并鼓励人们互相揭发。

5. 潜入市民组织并对之进行骚扰。

6. 对持不同或相反政见的领导人进行专横的拘留与释放，而且一旦你上了这份名单就很难从名单中消失。

7. 对一些重要的不合作人物进行攻击，尤其是学者、学生和教授。因为在他们看来，学术界是各类运动的易燃地带。

8. 控制媒体，用虚假的新闻和伪造的文件取代真实的新闻。在一个法西斯系统中，重要的是混乱而非谎言。当公民无法区分真实还是伪造的时候，他们就一点一点地放弃了对政府应承担的责任的要求。

9. 异议即叛国，把持有异议定义为"叛国"，把批评定义为"谍报"。

10. 中止法治。[②]

---

① 转引自孙立平：《极权主义杂谈（之四）：极权主义的逻辑在过程中延伸》，http://www.aisixiang.com/data/67440.html.（2013-09-18）[2016-06-10].

② Naomi Wolf.Fascist America, in 10 easy steps, https://www.theguardian.com/world/2007/apr/24/usa.comment.（2007-04-24）[2016-06-10].中文译文转引自孙立平：《极权主义杂谈（之四）：极权主义的逻辑在过程中延伸》。

以上摧毁自由十个步骤用更为简洁语言来表述就是"中止法治",自由之不可能在制度上主要就一个原因——法治被摧毁。大炮一响,法律无言,"紧急时无自由",摧毁法治的前提就是制造紧急情况。所谓紧急情况,不外乎两个方面:一是制造出一个或是内部或是外部的可怕的敌人,例如;二是设定一个超越个人的终极目标,例如民族复兴的狂热梦想让德国人将"必要时可剥夺公民言论自由、人身自由、财产保障等权利"的独裁权力赋予了希特勒。紧急情况的制造,使人们有可能接受对自由的限制,而摧毁法治的步骤则是一步一步来的,首先针对所谓敌人的法外监禁系统,针对民众的恐吓和监视体系,然后激化民众之间的矛盾,从对一些重要的不合作人物进行攻击到控制媒体逐步升级,最后剥夺民众的自由,中止法治。

《10个简单步骤建立法西斯美国》为我们揭示了统治者如何让自由不可能。电影《浪潮》则演绎了在社会心理层面极权主义逻辑发酵的过程,当极权主义发展到一定程度,将会自我强化,被统治者也会让自由成为不可能。这是在一个中学班级中进行的实验。

这个逻辑的起点(第一天)是从自由散漫到纪律和权威的转变,重新排列过的桌椅和座次,统一的发言姿势和称呼,从中萌发出对独裁魅力的感受。

第二步(第二天)的重点是团结与集体理念的生成,统一的军人式的步伐与统一的着装,通过对整体的魅力感受由此带来的优越感。

第三步(第三天)则是用"浪潮"这个名字作为符号,以强化成员对其的认同与忠诚,并以集体的力量对其中的异端施加压力。

第四步(第四天)极权主义形成了内在的动力,人们可以用自己的创造性和能动性推动逻辑的演进了,同时运动本身也开始失去发动者的控制。

第五步(第五天和第六天),互相的感染已经使这个运动欲罢而不能,运动的终结将导致其中某些成员的绝望。[①]

电影《浪潮》表明法治被摧毁,很大程度上源于统治者对被统治者洗脑的成功。坚持法治,需要反对一切以法律名义的洗脑:首先,反对法外暴力,洗脑如果不伴以一定程度的暴力控制,是玩不转的。其次,反对法律对信息的控

---

① 电影《浪潮》,http://www.iqiyi.com/w_19rqt4f3zd.html?fromvsogou=1.(2007-04-24)[2016-06-10].中文文字内容转引自孙立平.极权主义杂谈(之四):极权主义的逻辑在过程中延伸》。

制。如果信息来源丰富且独立，没有一种媒介能辐射所有受众，也没有一种力量能控制所有媒介，那么，洗脑就很难广泛而普遍的产生。[①] 在一个信息多元的社会里，同样可能产生虚假信息、产生洗脑，但是多样化信息来源的竞争，必将虚假信息、洗脑可能遏制到最小，正如林肯所说："你可以一时欺骗所有人，也可以永远欺骗某些人，但不可能永远欺骗所有人。"第三，反对法律对欲望的控制，欲望过于单一，即使是自由之身，也极为容易沦入被操纵的境地。

第六节　小结

自由植根于人的本性，因此，只要本性未被压抑，自由便有其基础。以上讨论自由的条件，在一个具备这些条件的自由社会，本性自然不会被压抑，自由自然有可能。但是，所有自由的条件都是变动不居的，有人寄希望于民情，让自由精神融入民众的生活习惯，但民情是不确定的；有人寄希望于坚守自由的精英，但精英也会变质。一切都是那么不确定，我们只是在不确定中探寻若干相对确定的线索而已。

---

① 段宇宏：《德国人的脊梁是软还是硬？》，http://blog.ifeng.com/article/28335061.html.（2013-06-21）[2016-06-10].

第六章 自由不是人类公共生活的唯一价值

　　金钱不是万能的，自由不是万能的，我们看过太多这种绝对不会错的命题。不会错的命题理论价值有限，关键还是要搞清楚自由的不能在哪里，如何处理自由与其他价值准则的关系。

自由是最好的公共生活之道，而不是包治人类百病的灵丹妙药。弄清自由的价值和局限同等重要的。否认自由最好，甚至将它视为一个空洞无用之物而不予理睬，是不对的。但是，试图让自由的负荷超重，也是错误的。有些理论为了让自由包治百病，而把自由解释成无所不能，结果理论本身自相矛盾。对此，以赛亚·伯林高呼："一件东西是什么，就是什么：自由就是自由，不是平等、公平、正义，不是文化，也不是人类的幸福、或平静的良心"[①]。自由就是自由，只要将自由界定为不受他人干涉，那么，自由就不是人类公共生活的唯一价值。

所谓价值，泛指客体对主体表现出来的积极意义和有用性。"只要有某种东西——不论是一个物体、一种行为还一个人——被偏向或选择，就会有一种价值得到表达"[②]。价值是一个多义词，《老问题：西方哲学的经典议题》对此有一个比较完整的解释："人们对价值有一些相互叠的解释，包括以下四种：（1）价值可以是一条指导原则，如诚实；（2）价值可以是一种品质，如毅力；（3）价

[①] 〔英〕以赛亚·伯林：《两种自由概念》，转引自以赛亚·伯林：《自由论》，胡传胜译，江苏，译林出版社，2011年版，第174页。引用时综合陈晓林的翻译，参见 https://www.douban.com/group/topic/13882818/?cid=168460269.（2010-09-08）〔2016-06-09〕.

[②] 〔美〕哈罗德·泰特斯等：《老问题：西方哲学的经典议题》，李婷婷译，北京，新华出版社，2014年版，第107页。

值可以是一个目标，如幸福；（4）价值可以是某物的艺术或金钱价值。"① 按照这样的分类，在"自由不是人类公共生活的唯一价值"这个判断中，价值指的是指导原则。

第一节　自由不是人类公共生活的唯一价值

自由是最好的公共生活之道，但并非人类公共生活的唯一价值。在人类观念史上，自由被普遍认作为"最好公共生活之道"是文明进程中相当晚近的产物，在此之前，自由并不被认为是一个社会组织架构的最高原则。在本书，我们也只是认为，基于人类普遍利益，自由是最好公共生活之道。换句话说，如果还要考虑到短期的利益，以及照顾到社会中某一部分人的利益，自由并不是最好的公共生活之道。一个社会最高组织原则是自由，但在特定时候也要考虑其他价值，那么为什么要考虑呢？什么情况下考虑呢？

一、公共生活为什么要考虑自由之外的其他公共价值规范呢？

一个社会的存在与发展，要考虑普遍的利益，明确自由是最好的公共生活之道，但是，具体到每一个问题，却又不能这么简单的分析了。

（一）"人最终都会死的"

对普遍的个人来说，我们要考虑长远的利益，但是，正如凯恩斯所讲："从长期看，我们都会死"，对具体个人来说，长远利益和短期利益都是重要的。考虑短期利益，那么，除了自由，还要考虑其他公共价值规范。假如不考虑某些重要的短期利益，自由将缺乏赖以生存的基础，20 世纪 90 年代，一些俄罗斯人感叹："戈尔巴乔夫夺走了我们的面包，为什么我们需要他带来的自由"，"斯

---

① 〔美〕哈罗德·泰特斯等：《老问题：西方哲学的经典议题》，李婷婷译，北京，新华出版社，2014 年版，第 107 页。

大林时代没有自由，有的是残酷的镇压，但我们活得比现在好"①。因为缺乏面包，俄罗斯的自由差点得而复失。考虑长远利益和短期利益的结合，需要确保自由优先下，做到自由与其他公共价值规范的平衡。这里要注意的是，切不可认为，就短期利益而言自由都是不好的，我们的观点只是"就短期利益而言，自由不一定是最好的"。

（二）每一个个体的尊严都是不可替代的

就普遍利益而言，自由是最好的公共生活之道，但是，对具体的个体利益并非如此。每一个个体的尊严都是不可替代的，当我们将自由落实每一个具体个体的人身上，我们就要考虑具体个体的利益，即考虑其他公共价值规范。不过，如果抛开自由，只考虑其他公共价值规范，那么也可能是普遍利益的灾难。因此，需要做到普遍利益与具体个体利益相结合，需要在确保自由优先的原则下做到自由与其他公共价值规范的平衡。

（三）地球只有一个

对此，庞德有精彩的分析："我们都需要地球，都有大量的愿望和要求需要满足。我们有那么多人，但却只有一个地球。每个人的愿望不断地与邻人相冲突或者相重叠。"因此，"人们共同生活在被政治所组织的社会里，即使物资、手段无法满足人们的全部主张，至少也应当尽可能人人有份。"②因为地球只有一个，因为匮乏，所以，除了自由以外，还要考虑"人人有份"。"人人有份"，庞德称之为正义，但是，他同时强调"我们不是说正义是一种个人美德，也不是说正义就是人们之间的理想关系"③。人与人之间的理想关系还是自由，从长远来看，缓解匮乏，需要依赖人们的劳动创造，而只有自由才是激发劳动创造的最佳动力。

---

① 吴泽霖：《面包和自由的传说》，http://finance.sina.com.cn/leadership/mroll/20130918/115616798649.shtml.（2013-09-18）［2016-06-11］．

② From Roscoe Pound，Social Control Through Law，PP.64 65，Yale university press. 转引自〔美〕彼得·博恩里科，〔中〕邓子滨：《法的门前》，北京，北京大学出版社，2012年版，第70页。

③ From Roscoe Pound，Social Control Through Law，PP.64-65，Yale university press. 转引自〔美〕彼得·博恩里科，〔中〕邓子滨：《法的门前》，北京，北京大学出版社，2012年版，第70页。

（四）一个人恶念可能就会毁灭一个社群甚至一个世界

就总体规则而言，自由是最好公共生活之道。但是，如果考虑某些细节和特例，那么，自由就不一定最好的。例如，假设一个人恶念会毁灭一个社群甚至一个世界，那么，对这个人还能给他自由吗？约翰·密尔说："假如我们随时都有可能被任何在那一刻比我们强大的东西剥夺走一切，那么我们生活的意义就只剩下满足于当前这一瞬间了。"[①] 自由是最好公共生活之道，反映了总体的、普遍的生活场景，但是，具体问题还需要具体分析。

（五）公共生活规则的选择，不仅是一个对错好坏的问题，更是一个共存的问题

社会生活是一个不同个体的共存问题，生活规则的选择除了考虑好坏，还要考虑一个可行与不可行。人民就是一个群体中的大多数，他们支配着这个群体的生活方式，他们与其说掌握着真理，不如说掌握着权力，用法律来捍卫他们所崇尚的生活方式。[②] 自由虽然是最优，但是，我们还必须考虑多数人选择，制度的进化很多情况下是妥协修补的产物，不是最优的情形很常见。

（六）自由只是原理

正如阿克顿写到："自由主义希望得到应该是的东西，却不管现在是什么。""如何区分辉格党和自由主义者呢——一个（前者）是实际、渐进的、一直准备着妥协。另外（后者）一个制定出哲学原理。一个（前者）是以哲学为目标的政策。一个（后者）是寻求政策的哲学。"[③] 显然，"自由是最好的公共生活之道"只是从后者意义上讲的。回到现实政策中，除了自由，我们还要考虑很多。广岛投了一个原子弹伤及无辜老百姓，有人认为是绝大的错误，道德上

---

① 转引自周濂：《桥都坚固，隧道都光明》，http://magazine.caijing.com.cn/2010-04-11/110414385.html.（2010-04-12）[2016-06-11].

② 强世功：《民主制度下的自由实践——读〈苏格拉底之死〉》，载《二十一世纪（网络版）》，2003年第1期，http://www.cuhk.edu.hk/ics/21c/media/articles/c074-200005007.pdf.[2016-06-08].

③ Gertrude Himmelfarb，Lord Acton（Chicago：University of Chicago Press，1962. 转引自罗斯巴德：《自由的伦理》，吕炳斌等译，上海，复旦大学出版社，2012年版，第328页。

对日本人是有罪的，但是，对这件事的对错，不简单的用一个功利主义标准或者自由主义标准确定，需要回到当时的情境，不能因一个非常抽象的一般原则，把具体问题上有很多中间环节略去，要历史地、具体地来分析问题[①]。再比如，托马斯·杰斐逊在《独立宣言》写到："人人生而平等，造物者赋予他们若干不可剥夺的权利，其中包括生命权、自由权和追求幸福的权利。"但是，在现实政策层面，杰斐逊却是个蓄奴主义者，这显然同他对于自由主义的哲学相悖，但是，谁也无法否认杰斐逊为美国成为自由国家作出了不可磨灭的贡献，这似乎说明了自由哲学面向现实生活作一些妥协也未尝不可。

（七）自由只是人类群体得以存在的条件之一

"人类生活总是在社会共同体中进行的，在任何地方都是一样——之所以这样，是因为不这样就不会有下一代，人类生活就将终止。""然而，任何人类群体要完全成为某种形式的社会共同体，那么有些特征是它所必须具备的。它必须是基于众所周知的条件而共同生活的一群人。这些条件界定了其成员的身份，并使每一个成员知道他应该为其他成员提供什么以及其他成员应该为他提供什么。"[②]人类共同生活之所以可能，自由只是其中一个重要条件之一。自由体制总是表现为一个混合体——自由市场、普选、福利体系和个人自由的混合体，正是这样混合体给人们带来了自由，也保证社会共存以及其他价值。

二、什么情况下考虑其他公共价值规范呢？

正如奥卡姆剃刀原理所揭示的"如无必须，不要假定多样性"，如果只考虑普遍利益，那么，自由就是最好的公共生活之道，不必假定其他价值准则。那么，什么情况下有必要考虑其他价值准则呢？这是一个庞大的话题，以下仅列举五项：

[①]　孙毅蕾：《李泽厚：恻隐之心需要培养》，http://view.inews.qq.com/a/CUL201406230194 1802?refer=share_relatednews.（2014—06—23）[2016—06—11].

[②]　〔英〕米尔恩：《人的权利与人的多样性》，夏勇等译，北京，中国大百科全书出版社，1995年版，第44页。

（一）紧急时自由受到一定限制

法谚有云："大炮一响，法律无言"。被称为埋葬凯恩斯主义的第一人的芝加哥大学的卢卡斯也不得不承认："我猜，枪林弹雨之下，人人都是凯恩斯主义者。"[①] 如果来 10 次 9·11 事件，美国也可能发展成为纳粹国家。战争或者紧急时刻，自由必须受到一定的限制，换句话说，应该考虑其他价值规范。何谓"紧急时"呢？一般来说，战争、天灾、极端恶劣的生产和生活条件，甚至急遽变化的社会格局等，都有可能视为紧急时。"一个西方人活四百年才能经历这样两个天壤之别的时代，一个中国人只需四十年就经历了"[②]。近几十年来，中国取得举世瞩目的经济成就，实际上是在逐渐自由化的市场经济和强有力的中央集权下取得的，相反，一些与中国同期改革且自由化更为彻底的国家，经济增长却不如中国突出，这似乎说明了过去急遽变化的社会格局需要强有力的中央集权，紧急时对自由应有一定的限制，当然，这只是说明过去，今后则可能需要加快对自由的松绑才能保证持续的增长。

"紧急时自由受到一定限制"原则的运用需注意以下两点：首先，需要警惕过分夸大紧急情况而限制自由。9·11 事件后，哈佛大学的一位教授却忧心忡忡地说：我们的生活将发生重要的变化，政府一定会利用这个机会侵犯公民自由，让公民为安全而接受政府的限制[③]。某些国家反复夸大敌国外患，就是为了限制公民的自由。其次，危机过后如何解除对自由的限制。魏玛共和走向希特勒纳粹，也可以说是在紧急时实施行政权力"独裁"没有及时解除所致。如何在危机过去之后依然是一个自由的国家，是任何处于紧急时刻的社会所应注意的。

（二）窘迫者可要求一定的福利

"所有的现代政府为贫穷、不幸和失去工作能力的人提供了救济，又为卫生事业和知识的传播问题操心。随着财富增长，我们没有理由不增加这些纯粹

---

① 转引自郝一生：《凯恩斯和哈耶克到底谁错了？》，http://blog.astro.ifeng.com/article/38137636.html.（2015-10-28）[2016-06-11].

② 余华：《为什么我们都有着不同程度的焦虑》，http://culture.ifeng.com/a/20150512/43739728_0.shtml.（2015-05-12）[2016-06-11].

③ 林达：《脑子里多一根弦的美国人》，http://www.aisixiang.com/data/14262.html.（2007-05-10）[2016-06-11].

的服务型活动"①。保障人们免受物质必需品严重匮乏之苦，已经成现代政府一项重要义务，窘迫者可要求一定的福利已经为现代社会所认可。让政府承担这种义务等于对纳税人的某种强制，而窘迫者要求一定的福利其实就是将自我责任推给他人，等于强制他人，所有这些都是违背自由的做法，不过，自由主义主张在一定程度上容忍这样的做法。当然，容忍只能在一定程度之内，政府提供福利不能采用垄断的办法，而且应控制在最低限度内，否则就严重破坏自由，也就毁灭文明进步的可能性。

（三）资源占用较多者可加予较多的税收，对于资源独占者可予一定的反垄断

这是资源稀缺性所决定。资源占用较多者可加予较多的税收，是一条被广泛运用的社会规则，这条规则的运用并不只是嫉妒。洛克指出，一个人的资源占有不能让别人陷入绝境。而对于资源独占者则可予一定的反垄断。"在现代社会里，个人拥有财产并不是保护其不受强制的必要前提，这个前提是使他得以执行自己的计划所需的物质手段，不应全部处于其他惟——个人垄断的控制权之下"②。为了保证更普遍的自由，财产应该足够的分散，也就是反垄断。当然，这些限制都必然影响人们的积极性，因此，较多税收与反垄断都应控制在最小范围。

（四）公共权力的意志、多数人选择以及传统规则的影响力

生活规则的选择除了考虑好坏，还要考虑一个可行与不可行。在某些领域，即使自由规则理论上是最好的，我们还需考虑可行问题，遵循公共权力的意志、多数人选择意愿和传统规则的影响力来确定公共价值规范的选择。自由把人一个个孤立开来，又通过交易把人连接起来，正是无数的自主交易行为，形成庞大的洪流，改变着世界。但是，交易也有成本，如果成本过大，自由所能发挥

---

① 〔英〕哈耶克：《自由宪章》，杨玉生译，北京，中国社会科学出版社，2012 年版，第404 页。

② 〔英〕哈耶克：《自由宪章》，杨玉生译，北京，中国社会科学出版社，2012 年版，第200 页。

的作用也有限。公共权力的意志、多数人选择和传统的承担了交易规则确定和执行的作用，是降低交易成本的必要条件，所有当下的人在追求自由时都不得不考虑这些因素的影响。即使这些因素是违背自由的，但是在当下，为了共存，我们不得不接受它，然后再是突破它。

（五）非公共生活领域

自由是最好的公共生活之道，但在非公共生活领域，例如家庭及亲朋领域，自由不一定是优先的选择。

第二节　自由与道德

人活在一个由道德规则和道德情感交织而成的规范世界，我们可以有不同的道德观，但却几乎不可能摆脱道德的视角去理解自我和评价世界。道德，指衡量行为正当与否的观念标准。只涉及私人生活中的道德，称私德；涉及社会公共生活的道德，称为公德。本书的主题是公共生活，因此，本书仅探讨公德意义上的道德。

与道德一样，自由也是衡量行为正当与否的观念标准，自由的正当性主要是针对普遍长远利益而言的，因为在这一领域自由才是最好的公共生活规则，而对于特定个人或者特定时刻的利益而言，自由则不一定具有正当性。同样作为衡量公共行为正当与否的观念标准，道德与自由适用的范围并不相同，自由主要针对普遍利益而言。自由通常表现为具有强制力的法律来衡量公共行为是否正当，在受法律调整的公共领域，自由是判断行为正当性的标准，而道德准则不局限于这一领域，凡是公共领域的行为都属于公共道德评判的对象。不过，正是因为道德试图评价各类行为的泛化追求①，大大降低道德的指导意义。不同

---

① 法律对一个行为的评价通常有严格的适用条件，但是，道德在适用条件方面却相当模糊，试图用一个标准评价不同条件下的行为，例如，道德标准是不杀人，而法律则区分何种条件下杀人是合法，何种条件下杀人是违法的。

行为领域适用不同评价标准，当试图以单一标准试图评价各种行为时，肯定会产生副作用。

自由主义有一套明确的道德主张——在受法律调整的公共领域，自由是最高的道德标准。本书并不想讨论自由主义者应该具有什么样的道德，我们只准备讨论自由与社会主流道德观念的关系。道德不仅是规范性概念，也是一个描述性概念，下面准备讨论的是作为描述性概念的道德（社会现实存在的道德观念）。

一、自由与道德的关系

（一）自由优于道德

比尔·盖茨是世界上最富有的人之一，他创建了微软，但是社会并不因此认为他是伦理道德上的一个好人，在某些人看来，他甚至被认为是一个坏人，因为他赚了几百亿美元，总是在逐利。只有当他开始从事慈善事业的时候，把钱捐出来的时候，人们才觉得他是一个善人，但是，比尔·盖茨的慈善事业，可能顶多只能造福几千或者几万人，而他的微软造福了全世界数十亿人。[①]道德固然重要，但是，如果将慈善之类的道德置于自由之上，要求每个人都无私地去帮助其他人，所起作用是有限的，只有自由才能真正造福每一个人。如果进一步以道德摧毁自由，整个社会运行系统甚至会瘫痪，因为道德只能有限领域发挥作用，很难支撑现代社会的正常运转。

（二）离开自由，道德不能很好地成长

"道德"都必须建立在"道"的基础上，而所谓"道"，无非是人类社会的（应然）规律本身，就是自由。自由是衡量道德正当性的最重要尺度，离开自由，道德不能很好地成长。以集体主义为例，计划经济时代提倡了几十年"集体主义"，但是最终却发现人们的合作意识是那么淡薄，公益精神是那么缺乏，以至于有人大叫"人心散了"。为什么呢？很大程度上是因为将人们集合在一起

---

① 〔美〕亚龙·布鲁克：《资本主义需要新的道德革命人》，http://news.ifeng.com/a/20140915/41986801_0.shtml.（2014-09-15）[2016-06-11].

的是权力的强制力，人们既不能自愿地组合成一个集体，也不能自愿地离开一个集体，当年小岗村的退社就是冒着巨大风险的特例。

从尊严的角度看，假如没有自由，人就没有尊严，更谈不上道德。正如陀思妥耶夫斯基《地下室手记》里那句名言："他们不让我……我没法做一个……好人！①"对于不道德的人，舆论上要谴责他，但如果他不是自由的，那么，对其所进行的谴责又如何有最终的正当性——他没有自己的领地何来承担责任呢？自由是道德的基础。如果你所做的不是出于你的自由选择，而是他人强制，你不必负道德责任；但如果是你的自由选择，就必须负道德责任。

从功利角度看，在自由社会中，为了满足自己利益，无法通过强制的手段，人们需要努力帮助别人，努力取悦别人，努力去做一个好人。在这样的一个社会里，普遍的道德水平一定会得到提升。正如哈耶克所论证的："自由是道德价值——当然不仅仅是众多价值中的一种价值，而是指所有价值的根源——成长所必需的摇篮，这几乎是不证自明的事情。只有在个人既做出选择，又为此担起基本责任的地方，他才有机会肯定现存的价值并促进它们的进一步发展，才能赢得道德上的称誉。""因此，自由社会事实上不但是守法的社会，并且在现代也一直是以救助病弱和受压迫者为目标的一切伟大的人道主义运动的发祥地。另一方面，不自由的社会无一例外地产生对法律的不敬，对苦难的冷漠，甚至是对恶人的同情。"②

当然，自由能让人道德，也可能带来不道德，比如卖假货等。让商家不卖假货，需要竞争的秩序、自由的言论、买方的维权、政府的治理等，一句话，需要自由权得到保护的制度环境。尽管自由会带来诸多不道德行为，但对自由权的执行和保护基本上可以消除由这些不道德行为可能造成的社会伤害，至少不会产生实质性的重大伤害。

（三）道德是自由社会运转的重要基础

如果所有人都按照自利的机会主义行事，则最后效果要比所有人遵循互利

---

① Достоевский Ф.М.Записки из подполья, C.155. 转引自戴卓萌：《论陀思妥耶夫斯基的存在主义思想——以〈地下室手记〉为例》，载《俄罗斯学刊》，2004 年第 5 期，第 76 页。

② 〔英〕哈耶克：《自由企业的精神和道德因素》，冯克利译，http://www.aisixiang.com/data/47289.html.（2011-11-28）〔2016-06-07〕.

互惠原则行事要差，所有与自由一致的美德例如诚信、负责等，都是自由的基础。而与自由相悖的道德在某些领域也能一定程度上填补自由空白，自由只是"就普遍长远利益而言"是最好的公共生活规则，对于特定时刻和特定个人的利益，道德能起到很好的补充作用。美国道德观念存在两个对立的因素：自由主义和基督教伦理。自由主义假定，所有行为主体（雇主、工人、买方、卖方）都出于他们自己的利益而行动，基督教伦理是爱他人和为他人做出自我牺牲。尽管自由主义在美国有着坚实的基础，是繁荣的基础，但是，基督教伦理也为美国社会和谐贡献了重要力量。

自由就是不伤害他人，例如一个人讲话很刺人，如果这种"刺人"不构成伤害——民事侵权或者刑事犯罪（如诽谤罪、侮辱罪），那么是不必受法律制裁，是自由的。自由是国家处理人与人间现实冲突的法则，只有伤害他人才为法律所干涉。这一句话隐藏一个逻辑关系就是，如果人和人之间没有现实冲突，就不会有法律问题，就是自由的。人与人的关系不仅仅是现实冲突的关系，人有安全需要、归属需要，人与人之间可以保有相当程度的爱的关系。法律规则调整的是人与人之间现实的冲突关系，道德规范或许多宗教教义所揭示的则是人们之间爱的关系。人与人之间并不是只有法律关系，还有道德关系，两者相互补充才能有更完满的生活。而且，欠缺某些道德意识作为人际关系的基础，将大大抬高法律成本，以致法律没有办法给现实生活带来正面效应，有时反而变成人与人之间互相伤害的工具，让人们的生活变得很辛苦。黄荣坚在《法律人的第一堂课》举了一个很形象的一个例子：有人找不到机车（即中国大陆的摩托车）停车格位，就把别人停好的机车移到停车格外，把自己的机车停进去，结果害别人被警察开罚单却也只能哑巴吃黄莲。于是现在机车骑士停好停车格位以后，都要用手机拍照存证以求法律上自保，这不是大家都麻烦吗？ [1]

道德是自由社会运转的重要基础，但是自由优于道德，道德也不是自由前提。如果道德当成自由的前提，那么，自由就不可能到来，因为自由的美德只有自由的环境才能很好成长起来。更严重问题的是，如果道德当成自由的前提，将破坏自由本身。在卢梭看来，道德就是自由前提，"没有自由，国家便不可能

---

① 黄荣坚：《法律人的第一堂课》，http://mt.sohu.com/20151121/n427502141.shtml.（2015–11–21）［2016–06–07］.

存在；没有美德，自由便不可能存在；没有美德，公民便不可能存在"[①]。这样判断如果说说而已也就罢了，一旦落实到社会实践，那么就是自由的灾难。怎样让公民拥有美德进而拥有自由呢？作为卢梭信徒的罗伯斯庇尔认为，美德必须通过宣传恐怖的方式来实现——"不具有美德的恐怖是一种肮脏的镇压，而没有恐怖的美德则软弱无力"[②]。法国大革命血流成河，成为一场自由灾难，与过分强调道德对于自由的作用不无关系。

（四）自由的强制性和道德的非强制性

在网上看到这一个段子——大学课堂上，白发苍苍的老教授问："哪位同学能解释什么是良心？"一同学答："良心是我心里一个三角形的东西。我没有做坏事时，它便静静不动；如果我干了坏事，它便转动起来，每个角都把我刺痛；如果我一直干坏事，慢慢地每一个角都磨平了，也就不觉得痛了。"本书所讨论的自由属于法律之下的权利。有国家强制力保证实施，而道德则不受公权力保护，依赖于良心，缺乏有效的执行力，从这意义上讲，只要保持道德本身的性质不因公权力的加持而具有强制性，道德立场是可以灵活自由地被提倡，不需过多地担心被恶意滥用。

二、一个自由主义者应如何处理好自由与道德的关系呢？

（一）对于有道德的人，自由主义是推崇的

自由主义者不主张用道德来强制他人，但对于有道德的人，自由主义是推崇的。例如在美国弗吉尼亚理工大学枪击案中，该校教授利布雷斯库用自己的身体抵住教室的门阻止凶手进入，为20多名学生争取到了跳窗逃生的宝贵时间，而他自己则最终倒在凶手的枪口之下。如果他不挡，自由主义者不会认为

① 参阅 Cobban, A.1964: Rousseau and the Modern State.London: Allen & Unwin, 2nd edn.p.104. 转引自〔英〕德里克·希特：《何谓公民身份》，郭忠华译，长春，吉林出版集团有限责任公司，2007年第1版，第51页。

② 参阅 Rude, G., 1975: Robespierre.London: Collins, p.108. 转引自〔英〕德里克·希特：《何谓公民身份》，郭忠华译，长春，吉林出版集团有限责任公司，2007年第1版，第51页。

他的行为不妥，但挡了，那当然是楷模。一个自由主义者，不主张用道德强制他人，但绝不是道德虚无，他仍然推崇有美德的人。虽然市场经济的特点决定了那些自私的市场参与者必然以他人利益作为其经济活动的导向，但发现这一点的亚当·斯密也认可仁慈在道德上优于自私。自由主义者尊重个人的权利和自由，但并不意味着背弃仁爱等千百年来人类一直在称颂的美德。自由主义者认为，仁爱虽不是法律责任但却是道义责任。自由主义者从来不激进地反仁爱等传统美德，而愿意对传统美德保持某种程度的温和的敬意。西方政治哲学传统大概可以分为两派，"左派一般来讲，在经济问题上喜欢搞福利国家，但是在伦理方面，他们是要扩大自由的，从原来的异性恋自由到现在的同性恋自由；右派或者说保守派正好相反，在经济上是主张个人自由的，但是在伦理上是主张宗教责任、家长责任，是要压缩自由的"[①]。自由主义强调的是右派的传统，这一传统表明个人自由对社会生活伦理是有相当需求的。

（二）对道德的推崇，自由主义是有限度的

对一个社会而言，道德的功能只是"锦上添花"。同时，道德也会干坏事，网上流传这样一句话："世界上的坏事80%是好人干的"。这样的判断有些夸张，肯定不是科学的论断，但是，"好人也会干坏事"则是毫无疑问。自由主义者在推崇道德同时也警惕道德，主张道德应限制在特定范围：

首先，国家不应为道德立法，不要企图用国家强制力来推行某种道德。道德应是自由选择的结果，不应为权力所控制，国家对道德生活的强力介入，就是对自由的侵犯。不过，政治权力总是努力占据道德的高地，限制公民的道德自我选择能力，让道德成为权力的工具和手段。避免权力对道德的控制，需要对权力进行制衡，让公权力不能僭越到道德的自主空间。

其次，道德不能僭越到法治的空间。法律是行为底线，禁止我们伤害他人，而道德则是高线，道德本身的含义包含着某种"牺牲自己以满足他人"的要素，只能是倡导性的软约束，这种倡导不能成为法治，否则就成为强制了。

第三，对道德推崇有必要，但是一定要避免将道德视为自由的前提。"自由

---

① 秦晖：《自由个性是现代化的核心诉求》，http://cul.qq.com/a/20160208/014244.htm.（2016-02-09）[2016-06-11].

社会要以强大的道德信念为基础，为何我们若想维护自由和道德，我们就应竭尽全力传播正确的道德信念。不过我主要担心的是一种错误看法，即在给予人们自由之前，他们必须先有美德"①。

第四，不损害他人的利己行为即使不能称为道德，至少不能被认为是不道德行为加以批判。著名思想家埃里希·弗罗姆说：如果把我的邻居当作人来爱是一种美德，那么爱己就必然是一种美德而不是一种罪恶，因为我也是一个人。②自由主义有一个著名口号："私人的恶行可以累积成公共的善。"这是一个极端的说法，损害他人的利己行为，自由主义也主张禁止，但是，不损害他人的利己行为则是可以积累为公共的善。

第五，区分公民的道德与"政治家"的道德。正如亚里士多德在《伦理学》中所说，美德是多种多样的，基本的美德，包括虔敬、勇敢、适度、自制、诚信、正义，尤其是守法和虔诚，是所有公民——统治者和被统治者——都必须具备的，还有的美德是只有少数人才具备的，也是他们获得其他公民尊敬和信任，成为公共或权威职位候选人的资格和条件，如大度、抱负、自豪、关心群体的集体利益，而最重要的则是"明智"，即实际的判断力和智慧，这是"政治家"所必须具备的。③

第六，区分公德与私德。极权主义者常常故意混淆公德与私德，要求公民以公德处理家庭亲朋关系，而公共领域则要求公民以亲人之爱对待集体。在自由主义者看来，道德虽然值得倡导，但是一定区分公德和私德。

（三）明确产权优于倡导道德

产权是一个包括财产所有者的各种权利及对限制和破坏这些权利进行处罚的完整体系。假冒伪劣，偷工减料，教育欺诈，医疗骗局，金融诈骗，种种道德风险，根源在于产权不明确，或者处罚机制不健全，或者信息不对称不能清晰界定权利，因此，解决的关键在于明确产权，给自由予清晰的界限。公交车

---

① 〔英〕哈耶克：《自由企业的精神和道德因素》，冯克利译，http://www.aisixiang.com/data/47289.html.（2011–11–28）〔2016–06–07〕.

② 〔美〕弗罗姆：《为自己的人》，孙依依译，生活·读书·新知三联书店，1988 年版，http://marxists.anu.edu.au/chinese/fromm/1947/04.htm.〔2016–06–11〕.

③ 徐贲：《政治是每个人的副业》，东方出版社，2013 年版，第 7—8 页。

的座位没有清晰的产权界定，于是给老幼孕妇让座成为美德。教育、医疗产权不明确，于是有了师德、医德的迫切需要。餐饮的质量不好明确，于是社会积极呼吁餐饮业讲道德。道德常常出现在产权不明晰的地方，换言之，只要产权能够清晰，道德应该让位于自由。产权不易清晰或者清晰成本较高的领域，则应积极创造条件清晰产权，一旦能够实现产权清晰，道德也应该让位于自由。

（四）道德在非公共生活领域可以有更大的影响力

道德源于家庭等非常亲近的人之间的关系，亲人之间的道德亲情是人的天然感情，这种感情是保持人类的遗传性质的重要特征，也是延续于动物界的特征，"虎毒不食子"，动物也是有这种感情的。道德如果"直接推广到全体成员的政治共同体"，让爱普及化，就不明智了，注定会以失败告终[①]，但是，如果仅局限非公共的私人生活领域，则至少相当一部分道德准则有其天然合理性。

（五）自由主义应努力推展自己的道德主张

在一个社会中，道德占据着正当性评价的高地，面对社会上不同的道德主张，自由主义者应努力推展自己的道德主张，只有当自由主义的道德主张占据主流，自由社会才能稳固的建立。北洋时代自由主义思潮曾经在中国兴盛，但终于是昙花一现，与自由在当时无法占据道德高地有很大的关系。

自由主义主张，凡是个人权利范围之内的，都是道德的；凡是被视为干涉他人的行为，都视为不道德。个人权利之外，还有什么称得上道德呢？自由主义主张对他人权利，不仅停留在法律不干涉层面，还应该适当关注他人权利的实现，对自己适当节制，对他人宽容和奉献，不仅重视个人权利的实现，还要兼顾所有人权利的实现，个人享有个人自由同时必须具有维持和支持整个社会自由体制的道德责任。马塞多对此进行具体的分析。自由主义道德的本质特征是什么？首先，必须问的是它们不是什么。马塞多坚定地说："静静地服从、顺

---

① 〔美〕詹姆斯·M. 布坎南：《为什么我也不是保守派：古典自由主义的典型看法》，麻勇爱译，北京，机械工业出版社，2014 年版，第 47 页。

从、毫无异议的奉献，以及谦卑，都不能算是自由主义的公民德性"[1]。其次，从积极方面而言，包括"宽容、自我批评、节制、对公民身份活动的适度参与"[2]。

第三节　自由与平等

自由和平等可以说公共生活哲学两个最基本的概念。平等，指"两个对象是相等的"。平等的含义可以从实然和应然两个方面理解。在实然方面，人与人各不相同，所以人生而不平等；所有人又具备某些相同的特征，所以人又生而平等。平等与不平等的区分关键看讨论的领域是什么。在应然方面，指的是人应该平等，人不可能在一切好的东西方面都平等，总是只能在某些方面平等，人应该平等准确讲是在某些方面平等，本节讲的平等是指利益应该平等这种观念。人应该自由，人应该平等，问题是两者常常不可兼得，如何处理它们的关系呢？

一、利益的平等

自由主义有一套自己的平等观，"自由主义宣布所有人一律平等。当然，不应该忘记，这种平等并不意味着有同样的能力、同样的道德理解力或者同样的个人魅力。它的含义是，所有人在法律面前有同等的权利，有权享受同等的公民自由……自由主义对特权发起无休止的攻击"[3]。自由主义的平等并不是结果（实际得到的利益）上的平等或者相对平等，而是不允许身份和性别等方面的歧视和偏见，要求将所有人，无论是穷人还是富人，都当作一个平等的个体看

---

① Macedo，S.1990：Liberal Virtues.Oxford：Clarendon Press.p.278.转引自〔英〕德里克·希特：《何谓公民身份》，郭忠华译，长春，吉林出版集团有限责任公司，2007年版，第31页。

② Macedo，S.1990：Liberal Virtues.Oxford：Clarendon Press.p.2.转引自〔英〕德里克·希特：《何谓公民身份》，郭忠华译，长春，吉林出版集团有限责任公司，2007年版，第30页。

③ J.Salwyn Schapiro，Liberalism：Its Meaning and History，Princeton：D.Van Nostrand Co.，1958，p.10.转引自李强：《自由主义》，北京，东方出版社，2015年版，第199页。

待，享有同样的自由，为了便于表达，我们这种平等称之为自由权的平等，即人人享有同等的自由。判断自由权是否平等，首先看一个人身财产自由是否受他人干涉，不受他人干涉就是处于自由平等的地位，反之，就是处于不平等地位。例如，企业需要裁员，企业选择解聘甲而不是乙，表面上就是对甲的不平等对待，不过，按照自由权平等的标准，这种选择虽然导致甲的利益没得到满足，但只要没有侵犯到甲的自由，没有对甲实施强制，就不能说企业对甲实施了不平等对待，甲仍处于自由平等的地位。自由权是否平等，还可以通过义务分配方面判断，一个人如果仅仅承担不侵犯他人自由（保证他人同等自由）的义务和为最小国家运作承担必要义务，那么，就是处在自由权平等的地位，反之，如果承担过多义务，例如为社会安全被迫承担过多被监控义务，或者税负太重，则自由被侵犯，即处于不平等地位。

人人享有同等的自由是自由的本意，关于"自由权平等"的研究就是自由的研究，没有特别强调的必要，因此，本章讨论的平等是"自由权平等之外的平等"，并在此基础上讨论自由与平等的关系。如果将"自由权平等"从平等之中剔除，那么，我们讨论什么平等呢？平等，即人应该平等，世界上不可能存在两个一模一样的人，显然，平等并非指人本身应该一样，而是指在对人有价值的东西方面应该平等或者相对平等。所谓对人有价值的东西方面包括自由、财富、权力、报酬、尊敬、职位、福利等。财富、权力、报酬、尊敬、职位、福利等对人有价值的东西，本文称之为利益，可见，剔除了自由权平等，平等就是利益的平等，利益的平等包括利益绝对均等（平均主义），也包括利益相对平等的（例如机会平等）。理想的状况是自由权平等而且利益平等，不过，就一次博弈或者短时内多次博弈而言，自由权平等必定带来所得利益的不平等，而长远而言，富人享受必将逐步成为所有人的享受，尽管利益不平等还存在，但是穷人也会受益，自由权平等与利益相对平等是可以达到一定程度上的一致。如果将平等区分为两种类型：自由权平等和利益平等，那么，这一节是从利益平等角度论述自由与平等关系。

我们经常谈论的平等如结果平等和机会平等，基本上可归为利益的平等。结果平等，指人们参与社会活动之后获得的待遇具有平等性；机会平等，指社会上每个人获得发展（参与社会活动）之机会并不因其种族、出身、贫富、性别、性倾向等因素而有所差异，平等机会并不确保、也不要求有结果平等。结果平等显然是利益的平等。机会平等通常也是利益平等（相对平等），除非将机会平等定义为自由权平等（每个人享有平等的不受他人干涉的机会）。"在缺少魔杖的情况下，还剩下的达到机会平等的唯一手段就是说服人们自愿地贡献他们的一些持有"[①]。因为没有所谓的魔杖，机会平等被解释为"消除个人能力以及个人所处环境上的差别让不同的个人都可获得相同的机会"，即通过直接削弱那些机会较好者的状况（或者改善那些机会较差者的状况）达到机会平等，这就伤害了机会较好者的自由，因此，这种机会平等不是自由权的平等，而是利益的平等。与此类似，当我们谈到法律面前人人平等，如果法律的目的旨在削弱那些机会较好者的状况（或者改善那些机会较差者的状况），那么，法律面前人人平等只能是利益的平等，只有当法律的目标是保障人人享有同等的自由，法律面前人人平等才属于自由权的平等。

二、自由与平等的关系

（一）自由与平等的冲突

在卢梭看来，"每个人都生而自由、平等"，但现实生活中，我们常常看看自由与平等的冲突。自由选择，必然带来不平等对待（歧视），例如，你选择了格力空调，就是对所有其他空调品牌的歧视（不平等对待）。消除不平等对待，其实就是消除选择。从这意义上看，平等与自由是不相容的，除非将平等定义为自由。当我们将平等定义为每个人具有相同的自由，那么，自由和平等就是互为因果的，有了平等才会有自由，有了自由才可以保护平等。我跟你平等，意味着，我不能强制你，你也不能强制我，互相不能强制。也就是说，双方都是自由的。

自由与平等的关系，取决于自由和平等的定义。当我们将平等定义为自由权的平等，那么自由和平等是相容的。本章探讨的平等是利益的平等，在此意义上，自由与平等是冲突的。"现代性的成长是这样一种运动，即从合法的身份等级制所规定的法定的不平等向作为纯粹市场力量——在这里劳动者被定义为

---

① 罗伯特·诺齐克：《无政府、国家与乌托邦》，姚大志译，北京，中国社会科学出版社，1991年版，第238页。

'自由的人'——之结果的事实的不平等的运动"[①]。人与人之间关系是自由的话，结果就是收入的不平等，反之，追求人与人平等的话，也将摧毁自由。"一个社会若是把平等置于自由之上，那么最终的结果是既没有平等也没有自由。运用强制力量来追求平等，只能摧毁自由；而且，强制力量，即便最初是为了实现良好的意图才使用的，最终也会为一小撮人所攫取，他们以之来牟取私利"[②]。如果我们将利益平等定义为利益相对平等，自由与平等仍然是冲突的，不过，可以得到一定程度的缓解，正如第三章第五节已经论证的"自由竞争，短期内会加剧贫富分化，但从长期看则会创造更为公平的社会"，从长期看，自由与利益相对平等可以达到一定程度上的一致。

（二）平等在一定程度上可以补充自由的不足

自由的好处，是针对普遍长远利益的。如果要保证特定个人的利益，则需要平等起补充作用。自由是中立和普遍性的，不应考虑人与人之间具体的能力和资源方面的差别。但是，这种绝对自由的理念正逐渐被突破，自由主义也开始融入平等的概念，考虑个人的需求，开始重视人与人的差异。例如，早期女性主义的口号是"男人是人，女人也是人"，而今女性主义的口号进一步发展为"女人不仅是人，而且是女人"。今天，女性主义所追求的平等，不仅仅是在作为人（自由）的意义上女性与男性一样对待，而且要正视女性与男性的差异，保护女性作为女人的权利。

三、自由主义者如何处理好自由与平等的关系

（一）自由不是平等，自由优先于平等

当平等仅仅指自由权平等这一含义时，平等就是自由，但是，如果平等定

---

① Turner, Citizenship and Capitalism: the Debate over Reformism, G.Allen & Unwin, 1986, p. 136. 转引自刘训练：《自由主义公民身份理论的演进》，载《南京社会科学》2012 年第 9 期，第 63—65 页。

② 〔美〕米尔顿·费里德曼，罗丝·弗里德曼：《自由选择》，张琦译，北京，机械工业出版社，2014 年版，第 147 页。

义为利益平等，那么，正如以赛亚·伯林所强调的"自由不是平等。"本章所谈论的平等是利益平等，因此，处理自由与平等的关系，首先要明确自由不是平等。只有强调自由不是平等，才能确保自由不会走样。一旦自由含义接纳平等概念，事实上就走向自由的反面——强制，我们就不能准确讨论自由及其价值。因为平等价值本身的吸引力，现实生活中总有人希望平等优先于自由，对此，第三章已经详细论证了"自由是最好的公共生活之道"，就普遍长远利益而言，自由是优先于平等，这是自由主义的基本立场，此不赘述。

（二）在适当限度内允许自由对平等妥协

哈耶克在《自由宪章》引用 O.W. 霍姆斯的话说："对于那种追求平等的热情，我毫无尊重之感，因为这种热情对我来说，只是一种理想化了的妒忌而已。"[1] 他还写道："大多数极端的平均主义要求，都立基于忌妒。"[2] 不过，嫉妒心也是人类根深蒂固的本性，是一时半会克服不了的约束条件。既然忽略不了，为了社会共存问题，除了用制度克服嫉妒，还需要在一定程度上选择与嫉妒心妥协，最低限度的社会福利安排就是对嫉妒心的"赎买"，以维持社会合作不被摧毁。自由如何对平等妥协呢？右派的观点更强调自由权平等，但一般也不反对给失业、疾患或者养老保障严重不足者一定的补助；左派的观点，允许更大范围的福利平等，要求国家向富人征税以补助穷人，并对市场主体的行为加以种种限制，以保护信息、能力处于弱势的某些消费者。显然，本书持右派观点。最好的福利国家应该福利与繁荣共存，要实现这一目标，必须建立一个强大自由企业制度的基础。北欧国家之所以能提供大量的福利保障保持繁荣，一个重要的基础就是，它们是世界上"最自由"的 10 个或 20 个经济体之一，2011 年，丹麦的经济自由度指数超过美国居世界第八。让富人越来越穷不能让穷人越来越富，不断激励富人将自己的财富投入到财富创造活动才是穷人脱贫的真正有效方法。

---

① 〔英〕哈耶克：《自由宪章》，杨玉生译，北京，中国社会科学出版社，2012 年版，第 125 页。

② 〔英〕哈耶克：《自由宪章》，杨玉生译，北京，中国社会科学出版社，2012 年版，第 134 页。

（三）自由主义应努力传播自己的平等观

自由不是平等，但是，平等已经成为当代社会一股最强劲的思潮之一，平等左右人们的观念，平等左右政治，自由主义如果不努力传播自己的平等观，自由的未来必将被平等所葬送。自由主义要避免被平等的冲动所诱惑，很多直观上不平等的现象，如果没有不存在强制，或者只存在法律允许的强制，那么，就是自由的。例如，基于私人的契约设定相互间权利，通常也存在"A 让 B 按 A 的意愿做事"权力不平等现象，但是，只要契约不存在欺诈、强迫，那么，这样的不平等并没有违背"自由的平等"。再比如，当交警在指挥我们交通时，他的权力地位高于我们。政府以及政府官员在行使权责时，他的地位高于我们，在这一点上不可能人人平等，否则我们就生活在无政府状态了。自由并非没有强制，只是将"强制的垄断权只授予国家，并将其限于个人之间的强制所必要的限度内。"只要基于公权力的不平等是在此限度内，这样的不平等并没有违背"自由的平等"。

自由主义应努力传播自己的平等观，但并不要求立即在现实生活实现，而是主张在自发演进秩序落实自己的平等观。自由是最好的公共生活之道，但是在现实生活中，理想状态的自由也是理性不及的现象，如哈耶克所说"一般性法律规则和一般性行为规则"，我们只能接近它，而无法真正发现它。自由主义者一般不反对自发演进的自由权不平等，仅仅是反对自由权不平等的凝固，以及公共权力对这种不平等的加持。任何现实中的法律规则都可能对某些人强制多一点而对某些人强制少一点，也就是自由权不平等，只要公共权力不对这种不平等的加持，引入自由竞争机制，自由权不平等就有可能逐渐接近消失。

四、自由与正义

"正义一词的含义常常比较宽泛和模糊，时而指公平和正当，时而指善或福利。"[①] 如果把正义理解为正当，自由主义有一套明确的正义主张，正义是每个人的自由得到保障，不过，本书不准备采用这样概念，因为正义就是自由，也

---

① 熊逸：《正义从哪里来》，北京，民主与建设出版社，2015 年版，第 19 页。

就没有另行讨论的必要。在本书，我们认为"正义的本质即公平，公平的本质即平等待人"[①]。也就是说，我们是从平等的角度理解正义的。仅从平等的角度理解，正义也是一个远比平等更为复杂的话题，通过针对自由与正义关系的讨论可以进一步深化自由与平等的认识。基于平等的正义包含三个基本规则：分配正义、矫正正义和程序正义。

（一）自由与分配正义

分配正义指人与人之间在利益和负担分配上的公平性。利益包括财富、权力、报酬、尊敬以及权利等对人有用的、值得拥有的东西；负担，包括义务和责任以及被认为是不受欢迎，不需要的东西。除了自由权的公平性外，自由与分配正义是冲突的。分配正义本身也是冲突的，财富的公平分配可能带来权利分配的不公，诸如此类，不同要素分配的公平性之间是冲突的。公平性的核心是相同的情况相同对待，不同情况不同处理，问题是根据什么标准来确定相同情况和不同情况。一般来说，人们考虑的标准有需求、能力、价值、贡献等，所谓分配正义可以表达为这样一个公式："按照每个人（　）给予每个人"或"按照每个人的（　）从每个人那里给出"，人们可以在括号中填上需求、能力、价值和贡献等内容。根据这些不同标准确定分配结果是不一样的，可见，分配正义本身是一个复杂并经常存在冲突的观念。在分配问题上，自由的原则是比较清晰的，如果分配的对象是个人权益（例如雇主招聘员工），那么，由个人自由选择和自由交易；如果分配的是公共权责，那么，自由主义主张有限政府，公权力权责应压缩在最小范围，而且，分配应立足于能最大程度上保证个人自由，因为公权力的权责只是个人自由的工具。自由主义主张自由优先，不过，并不绝对排斥分配正义，认为应在适当限度内允许以分配正义限制自由。

（二）自由与矫正正义

"矫正正义指的是对错误和伤害回应的公平性。错误是指违背了由法律、规则、传统或道德原则规定的义务或责任的行为。伤害是指对个人或财产的损害，

---

① 〔美〕公民教育中心：《民主的基础》，刘小小等译，北京，金城出版社，2011年版，第275页。

或对个人权利的侵犯"①。公平的理想状态是将事情恢复到错误或伤害发生前的状态，不过，大多数时候无法达到这样的理想状态，人们创造了其他方式去回应错误和伤害，衡量这些回应是否公平的主要标准是等值回应，除此以外，人们通常也希望回应能达到预防此类行为再次发生。在矫正问题上，自由也有一套清晰的原则，矫正仅限于伤害他人自由的行为，回应也仅以等值回应为原则，不能要求个人为预防此类行为再次发生承担更多的代价。自由与矫正正义在诸多方面存在冲突，自由主义主张自由优先，原则上应根据自由标准来配置矫正正义。

（三）自由与程序正义

程序正义是指解决争端和资源分配过程中的公平理念。如果把正义区分为手段和结果，程序正义是手段，分配正义和矫正正义是结果，程序正义是一种达到结果正义的手段，但是，它追求的直接目标是程序公平性而不是结果正义，程序正义有其独立的内在价值。也正是因为这个原因，程序正义有时会导致结果不正义，那么，为什么还要坚持程序正义？因为程序正义保证了更普遍的、更长远的结果正义。选择"程序正义"，能达到尽可能多的案件和决策能接近结果正义，尽可能少的案件和决策违背结果正义。就正义而言，人类的最终目标是结果正义，但人不是神，不能认清所有的事实，结果正义只有通过特定的程序以还原事实才能实现，因此，很多人主张在特定案件处理程序上只有程序正义才是唯一正义。当然，这一派观点也认为程序正义不是万能的，总会有程序正义背离结果正义，不过，面对这样情况，只能妥协，以后有可能再进一步修改程序，让程序更接近正义。

作为结果正义的手段，程序正义与自由的关系可以归纳为以下三个方面：（1）如果一个社会的目标是更多追求自由，那么，仅仅追求程序正义是不够的，需要以自由的结果目标来配置程序正义，因为程序正义只是手段，单纯改变手段，是无法完整达到更多自由的目标。（2）程序正义有其独立性，虽然是结果正义的手段，但它的直接目标并非结果正义，而是程序的公平性。从程序正义

---

① 〔美〕公民教育中心：《民主的基础》，刘小小等译，北京，金城出版社，2011 年版，第316 页。

的直接目标看，即使体现结果正义的实体法律与自由相背离，但是，仅仅追求程序正义也可以带来相当程度的自由，因为程序的公平性本身隐含了一部分自由的价值。（3）就自由本身的内涵而言，程序正义与自由一样都是追求普遍长远的利益，程序正义是自由的基石，自由的原则虽然也表现为自由权的公平分配（分配正义），但更多的体现在程序正义，正如哈耶克所讲："自由的意义仅仅是指人们的行动只受一般的抽象规则的限制"[①]，这些一般性规则很大程度上体现为程序正义。

上述"程序正义与自由"的关系表明——追求程序正义是实现自由的有效途径。英国社会在追求自由的过程中，并没有致力于改革实体法律，而是通过遵循普通法程序提高整个社会的自由程度。英国在殖民地的统治也是这样，较少改变当地的法律，只是强调按普通法程序处理，这样不仅仅大大降低了统治成本，也逐渐发展了自由。

第四节　自由与民主

民主的概念有规范性和描述性之分，规范性民主概念探讨的是民主应该怎么样，自由主义有一套明确的民主主张，不过，本文只讨论描述性民主概念（社会现实存在的民主观念），并在这一层面上讨论自由与民主的关系。现实生活中，民主一词通常指"人民的统治"，"人民当家作主"，或者政府体现人民的意志。政府如何体现人民的意志？人民内部的意志不一致怎么办？其中一个要素就是少数服从多数。人民内部的意志不一致是常态（有的观点甚至认为不可能有统一的人民意志），因此，民主表面上是人民的意志，但究其本质主要则是少数服从多数的程序安排[②]。

---

① 〔英〕哈耶克：《自由宪章》，杨玉生译，北京，中国社会科学出版社，2012 年版，第 218 页。

② 社会现实存在的民主观念有种种形态，但基本上都是由"人民的意志""少数服从多数的程序安排"等意义延伸出来的。

一、自由与民主的关系

（一）自由并不以民主为前提

自由主义政治观的核心是政府不能侵犯自由，同时又必须保障自由。如何让政府做到这一点呢？民主是其中一种方式，但并非必备的前提条件。正因为如此，所以休谟才会持有如下的基本立场：权力怎么得来并不重要，并键是怎么行使，只有当我们制约住了权力的具体行使，使其行为方式成为可以预期的，才可以保证基本的秩序和个人自由。为此，休谟设定了三个基本要件：稳定财产的权利、通过协定转移财产的权利以及履行诺言的权利。[①] 没有一条涉及主权在民。权力能否保障自由，与权力本身的来源没有必然关系，一切取决于权力如何运用。让权力得到正当的运用，必须承认每一个个体的基本权利——即不受他人干涉的自由。所有的法律规则都以此为前提，并由此对权力进行约束，以免权力侵犯权利，同时又要对政府权力进行有效的配置，以确保政府不致变成无能政府，无法保障个人自由。自由并不必然以民主作为保障手段，民主也不必然导致自由。民主作为保障自由的制度手段，是很现代的事。陈志武《中国为什么需要民主？》一文指出，从历史角度看，操作层面的民主制度架构是很现代的事，最早可以追回到 1688 年英国的光荣革命，今天我们熟悉的不分男女、一人一票的民主制度实际上是 20 世纪才有。在这个意义上，现代民主制度既不是西方古老的传统，也不是中国或任何其他国家的老传统，对全世界都是相对新鲜的事。[②]

（二）民主是保障自由实现的一种好方式

自由不以民主为前提，不过在现代世界，自由已经不能不考虑民主了。几乎已没有人再怀疑，现代社会是一个民主的时代，国家统治的合法性来自于人民的同意，正如雷蒙·阿隆概括托克维尔的观点——自由"应当以地位平等的

---

① 转引自〔英〕哈耶克：《自由宪章》，杨玉生译，北京，中国社会科学出版社，2012 年版，第 224 页。

② 陈志武：《中国为什么需要民主？》，http://chenzhiwu.blog.sohu.com/49229640.html.（2007-06-06）〔2016-06-11〕.

民主现实为基础"①。在民主制下，自由有可能更好的实现，至少是一种最不坏的选择。用萨托利的话说，美国战后社会科学最伟大的成就是把"自由"与"民主"这两个相互冲突的概念扭在一起，成为"自由民主"②。哈耶克也论述道："我们承认，民主并未将权力交给那些最精明强干的人，并且在任何时候由精英人物作出的政府决策都更可能更有利于全体人民。但这并不妨碍我们仍然会优先选择民主……同自由一样，民主的好处只有经历过一定时间才会显现出来，而它的直接成果可能不如其他形式的政府。"③

1. 民主有助于以和平方式完成政治领袖交接，有助于政权稳定

在没有民主的社会，政权争夺和维持通常需要依靠血腥的暴力来维持，民主的引入让人类有了政权和平交接的可能性。基于人性自利的假设，人们如果不想处在暴力相抗的对立，什么是最优的选择？在公权力方面，只能是民主，而在私权方面就是自由。

密尔在19世纪中期指出，潮流转向民主，这"不是哲学家的产物，而是最近日益强大的大多数人的利益和本能的产物"④。民主之所以会成为潮流，可以说是人对其本性的发现，是个人欲望和原始激情的延续，是人民日益迫切的需求。国家统治的合法性来自于人民的同意成为被广为接受的共识，几乎很少人怀疑民主的必要性。在当代几乎所有的国家，无论是资本主义国家，还是社会主义国家，都在其宪法体系中承认并宣告"人民主权"的政治原则。当今世界无论何种政权，基本都打着民主的旗号，这本身说明专制政权失去了合法性。

民主作为国家的合法性基础只是一方面，国家的合法性基础是给百姓自由，没有民主，如果能保证自由，那么国家也具有合法性。民主对于国家合法性作

---

① 雷蒙·阿隆：《社会学主要思潮》，葛智强等译，上海，上海译文出版社，2005年版，第206页。

② 转引自杨光斌：《当前世界民主变种与未来大势》，（2013-09-23）[2016-06-11]. http://www.aisixiang.com/data/67887.html.

③ 〔英〕哈耶克：《自由宪章》，杨玉生等译，北京，中国社会科学出版社，2012年版，第156页。

④ 转引自方宇军：《民主的或然性》，http://www.21ccom.net/plus/view.php?aid=92087.（2013-09-17）[2016-06-11].

用主要体现在：长远看，民主才能带来自由，威权带来的自由有很大不确定性，同时也不完整——参政自由方面明显是不完整的。当然，威权条件下，如果能给民众带来的自由，且民众对参政自由并无迫切需要，那么威权在一定时间内也是具有合法性的。威权下自由，借用狄更斯《双城记》话来讲，"这是一个最好的时代，这是一个最坏的时代"。威权国家能保证自由，但是，不确定也不完整。民主通过让人民成为主权者，成这个国家的股东，从而一举落实政权的来源问题。相对于威权，民主能解决权力的长久和完整的正当性。国家正当合法问题真正解决了，人民才能心平气和了，无需用暴力来维持统治。在民主的基础上，权力制衡、法治才有扎实的基础。

2. 民主是限制政府，保障自由的好方式

民主的引入，使自由的普遍性大大得以发展，人类文明逐渐从少数人自由走向多数人自由。民主作为对政府制约的手段，有它特定功能，通过多数决定，在一定程度上可以避免政府沦为少数人政府。人的本性是以自我为中心的，爱自己胜于爱别人，爱亲近的人胜于爱疏远的人，如果一些人被排除在公共权力决策之外，就很难避免他们的利益遭到损害。

不受制约的少数精英的统治与专制并无本质区别，一个能有效保卫自由的制度，需要对统治者进行约束。怎样对这些精英的制约呢？一是自然法，二是精英间的制衡，三是民众的多数。所有这些手段，都有局限性，通常需要它们之间互相补充才能达到效果。假如不引入民众多数来制约，由此发展的自由，很可能是不健全的。尽管在缺乏充分民主的条件下，自由曾取得长足的进展，但是这些自由并不健全，总有一些人没能享受自由，比如美国建国初期的奴隶。正是因为民主，让自由得到普遍的发展。文明之路是少数人自由到人人自由的过程，而民主正是实现人人自由最有力的推手，没有民主的加持，自由很可能停留在部分人自由的阶段。没有民主，虽然有自由，但是权力有可能被有钱（权）人控制，最后将伤害无钱（权）人的自由，民主条件下，财富对政治权力的影响得到控制。

不可否认一个优质威权体制也能保证一定范围的自由，但是，这种保证显然是不牢靠的，一个威权体制要成为优质威权，依赖于执政者的高度自制、聪明智慧以及运气等这样一些不确定因素。"从经验上看，长期稳定并能实现正义

与创造繁荣的威权体制非常罕见。如果刨除若干石油国家和新加坡，就再没有一个沿袭威权体制的独立国家人均 GDP（2013 年）能达到 2 万美元的标准"[1]。相对而言，虽然有一些陷入泥潭的民主体制，但是，能实现长期稳定并能创造繁荣和实现公正的民主国家比比皆是。

3. 民主体制里所包含的自治观念，涉及到人的尊严

文明的过程是人不断自我确认、给自己的生活赋予意义的过程[2]，是自由意识觉醒的过程，这一过程使民主益发必要。自由意识的觉醒，是现代性的根本特征。在这种意识的推动下，人们不仅要求人身财产自主，也要求政治权力的行使尊重他们的意志。一人一票、民主选举之所以重要，不仅在于它们是自由的手段，而且在于这个过程实现了人作为自由平等个体的尊严。

4. 民主制是培养公共精神的学校

民主是普通公民可以共同直接或间接参与公共事务管理的体制。当公民有了参与公共事务机会，他能看到不同的利益的冲突，就能感受到除了竞争还需要互惠与合作才更能达致个人利益，这使他能够从个人生活的小圈子里上升到公共利益、普遍利益的高度来看问题。一个好的民主制对公民的性格、理性和公共精神均能产生积极的影响。

5. 民主制度的价值还在于它提供了一个观念市场

在民主体制下，一个观点，需要经过竞争，经过相互间的协商、辩论和说服，最后才通过少数服从多数获得暂时的胜利，而且这种胜利仅仅是暂时胜利，随着民意的变化，在下一轮竞争中，则可能遭受失败。这样一种观念的竞争，或许不是最好的观点取胜，但是能较好避免最坏的观点取胜，因为没有一个观点能独享真理之名，有效限制恶的无限放大。

---

① 包刚升：《民主转型僵局》，http://www.nfcmag.com/article/4635.html?toPc=1.（2014–03–27）〔2016–06–11〕.

② 傅国涌：《增量历史观：重读百年中国史》，http://www.21ccom.net/articles/lsjd/lsjj/article_20100706612723.html.（2010–07–06）〔2016–06–11〕.

6. 技术发展和财富增长让民主的引入在今天日益必要

随技术发展和财富增长，利益冲突和分配问题越加突出，增加了对民主需求，"就像家境贫穷时，家里有无民主当然无关紧要，但有了钱后，怎么处理各方利益的问题就日益重要了"①。技术发展和财富增长也让政府侵犯自由可能性大大增强，传统专制发展为全面压制自由的极权主义可能性大大增强。"一个高度技术化的世界或许更有利于世界的专制，高度技术化将更容易系统化地支配、管理和控制一切生活细节，甚至导致心灵的体制化，自由将可能变得有实无名"②。从极端的理性走向极端的非理性，从高度的文明走向高度的野蛮，看似悖谬，实则有着逻辑的必然③。技术是中性的，它增加民主可能性，同时也让极权主义可能性大大增强。民主仍然有问题，但如果说民主是"烂苹果"，极权主义就是"毒苹果"，两者之间我们需要选"烂苹果"。

（三）民主有可能伤害自由

民主是保障自由实现的一种好方式，但是，民主并不等于自由，即使公正的选举也可能伤害自由。民主的原则是少数服从多数，但是，少数服从多数并非就是天经地义的正当。"对于民主有一种很朴素的认识，即认为只要满足符合程序的要求，这种决定就是正当的和对的。但是，我们假定用民主程序来决定地球是方的还是圆的，假定多数人最后认为地球是方的，但事实上我们知道地球是圆的"④。民主的决策也有错的可能，"民主并不是正义的源泉，民主有必要承认一种并不一定要在多数人关于每个具体问题的观点中体现出来的正义观念，若民主制要继续存在下去，就必须认清这一点"⑤。

---

①　陈志武：《中国为什么需要民主？》，http://chenzhiwu.blog.sohu.com/49229640.html.（2007–06–06）〔2016–06–11〕.

②　赵汀阳：《天下的当代性》，北京，中信出版社，2016年版，第29页。

③　〔波〕齐格蒙·鲍曼：《现代性与大屠杀》，彭刚等译，江苏，译林出版社，2011年版，内容简介。

④　钱永祥：《民粹政治、选举政治与公民政治》，http://www.21ccom.net/articles/sxwh/shsc/article_2012020953331.html.（2012–02–09）〔2016–06–11〕.

⑤　〔英〕哈耶克：《自由宪章》，杨玉生等译，北京，中国社会科学出版社，2012年版，第167页。

（四）小结

阿道司·赫胥黎指出：民主制度能润滑公共秩序、个人自由和创造性之间的矛盾，并使一个国家暂时的掌权者永远效忠于民众——归根到底，权力还是民众的。在西欧和美国，大体上来看，这一制度运行良好[①]。民主是保障自由的好方式，但它不是自由的必要条件，也不是自由的充分条件，而且可能伤害到自由。可见，民主与自由的关系是复杂的，今天，国人对民主的复杂心态本身即说明这一点。从抽象理论推导看，民主有助于改善自由，在具体国家实践上，因为各自特殊的国情，民主与自由并不存在正相关关系。

自由是人类社会最高的善和共同生活的最高原则，为了保障自由，需要政府，但政府也可能侵犯自由，因此又必须对政府进行制约，有种种的制约手段，比如法治、制衡、公民社会、民主等，但是所有这些手段都不是完美的，都有缺陷。民主是一个好方法，民主政体可能存在很严重的问题，不过，恰恰由于施行民主制，它们可以改正自己的问题，错误会得以修正。在现实中，自由主义与民主正式日趋紧密结合起来形成今日最具普遍性的政体：自由（主义的）民主政治。在今天，自由的、共和的、宪政的、代议的民主政治、市场经济和法治在全球范围内的普及，自由民主开始成为唯一正当的政体形式[②]。

二、自由主义者如何看待民主

（一）"自由为体，民主为用"

对自由主义者来说，民主并不是一种终极的价值目标，而是制约权力、保护个人自由的需要，换句话说自由才是终极的价值目标。自由先于民主，"人生而自由"，自由就是本能，而民主只是后天的建构。"自由是民主的真实内容，民主是自由的较佳形式"[③]。对此，严复在 19 世纪末就看得一清二楚，这就是

---

① 〔英〕阿道司·赫胥黎：《重返美丽新世界》，庄蝶庵译，北京，北京时代华文书局，2015年版，https://book.douban.com/reading/34154590/.〔2016-06-08〕.

② 刘军宁：《自由主义各项主张的逻辑》，http://news.ifeng.com/a/20141215/42720101_0.shtml.（2014-12-15）〔2016-06-11〕.

③ 殷海光：《译者的话》，引自海耶克：《到奴役之路》，殷海光译，台北，桂冠图书出版有限公司，1990年版，http://www.aisixiang.com/data/85424.html.

"自由为体，民主为用"。

为什么"自由为体，民主为用"呢？这可以通过自由与民主的对比得到答案。自由，从人与人的关系看，是一个自由意志与另一个自由意志相抗衡的过程，当两个自由意志取得一致时，才会达成一项交易；当一个自由意志无法接受另一个自由意志，他可以选择退出交易；当一个自由意志强制另一个自由意志，则需要赔偿。在自由关系，每个人的意志更可能得到保证。而在民主关系中，尽管也是自由意志与自由意志相抗衡之后达成一致，但是由于多人间一致同意的难度较大，人们才采用一个近似规则，即少数服从多数的规则加以替代，在这样的过程中，少数人意志并不能得到真正的保障。制衣业不仅为正常身材的人生产衣服，也为大胖子生产衣服；出版社不仅为大众出版西部小说和侦探小说，也为品味出众的读者出版其他书籍①，这就是自由市场的力量。相反地，如果是民主决策生产，那么，生产只能满足一部分人的需要。为了更好保证每个人的自由意志和利益满足，应采用自由而不是民主作为协调社会关系的基础原则，民主只能在市场失灵以及在自由无效的地方在某些环节发挥作用。

（二）多数必须受到约束

自由主义主张有限制的民主，运用默示或被明文载于宪法的自由原则，对多数人的权力加以限制。民主的基本原则是49%的人服从51%的人偏好。单纯的民主原则，即多数人原则，不能防止51%的人要求平调49%的人的财产，民主可能会破坏产权，同理也可能会侵犯人身自由。民主的前提是每一个参与者都先有了自己的被明确界定和受到高度尊重的产权，在此基础上，再把一些公共问题交给"多数人原则"处置。十八世纪中叶，英国首相威廉·皮特在一次演讲这样说过："即使是最穷的人，在他的小屋里也敢于对抗国王的权威。屋子可能很破旧，屋顶可能摇摇欲坠；风可以吹进这所房子，雨可以打进这所房子，但是国王不能踏进这所房子，他的千军万马也不敢跨过这间破房子的门槛。"这个故事已经尽人皆知了，成为基本的公民常识。但是，当民主取代了君主，不少人就不以为然了，他们认为民主可以破门而入，因为民主代表着"公

① 童大焕：《大焕视界：看看米塞斯和方济各怎么说》，http://tdh318.blog.sohu.com/310261461. html.（2015-10-09）〔2016-06-11〕.

意"。这正是民主的危险所在。如果没有确定不可剥夺的个体自由，民主很可能变成"多数人的暴政"。

民主是个人事务涉及他人的其中一小部分事务让渡给公权力实行按少数服从多数进行决策；没有让渡出来的个人事务，是不可以按照少数服从多数的原则进行决策的。私权部分是不可以搞民主的，公权方面的民主也应该限制。民主决定事情少了，人们就不会那么关心，但这恰恰可能就是民主成熟的一个标志，例如在美国，其大部分中产阶层并不那么热衷于总统选举。民主的要义就是在公共事务和个人事务划分上，尽可能将事务划到个人领域由个人自由决定，留给民主所能决定的仅仅是尽可能少的公共事务。要保证民主不"变质"，一是要建立有效的限权制度——限制政党的权力、政府权力和其他一切政治权力，包括多数人的权力（左派认为还应该限制金钱和一切强势群体的权力）①。如果民主放弃了有限政府原则，长期而言，它是不能自保的，因为政府承担的任务如此广泛而复杂，以致多数的决定根本无法对它进行有效的支配，最终实际权力不可避免地会旁落到某个不受民主控制的官僚机构手中。个人的自由都回归个人，以法治保证公权不侵入私域，"民主"这一袋子装的东西应该尽可能少，只有这种情况下，民主才能是真民主。

对多数权力的限制，最值得注意的是福利政策。"每一项免费福利的主张，对每个表示支持的选民而言，它带来的金钱负担很小，但带来的荣誉感很强；而对政客而言，则是确保可以当选和连任的关键。这样，在民主制度下，尤其在缺乏对私有财富强有力的法律保护的民主制度下，转移支付在国民收入中的占比必定连年上升，而整个国家最终会陷入不可自拔的巨额债务之中，以'自我承担'为根本的社会基础就会被蚕食"②。承诺给选民直接的福利，很多选民高兴，但是，因为福利不是从天而降，增加福利必然增税，这其实损害另一些人利益，同时也破坏了财富创造的积极性。民主必须对福利有所警惕，否则极有可能陷入民粹主义。

对多数权力的限制，另一个值得注意的是少数人的安全。"自由的试金石就是身处弱势的少数人所享有的地位和安全状态。自由的神圣职责就是防止不正

---

① 周拓：《何种民主》，http://www.infzm.com/content/100511.（2014-05-09）[2016-06-11].

② 薛兆丰：《经济学通识》，北京，北京大学出版社，2015年版，第394页。

当的支配优势的出现，以保护弱者抗衡强者"①。

民主必须加以限制，在这个问题上存在一些普世的观点，比如以上所讨论的一些基本思路，再比如货币政策，大多数人都同意这须由技术官僚加以管理，而不是付诸议会表决。不过，严格说来，如何对民主加以限制，还取决于一个国家传统，有些国家可以把一部分领土的独立付诸公民表决（例如英国），但在另一些国家这几乎是不可想象。

（三）民主必须建立在法治基础上

民主是好东西，但是，经常也成了坏东西。民主在什么情况下会是好东西，什么情况下会是坏东西呢？赵汀阳在《天下的当代性》做了一个分析，很有启发性。"当人们有着共同利益 X，但对于如何实现 X 存在多种可选择的技术方案 a，b，c 时，民主'加总'得出公正结果的可能性就比较大，就是说，当民主用于'选方案'而不是'选利益'，就比较容易得到公正。如果在利益冲突的条件下，以民主去形成公共选择，就实际上成为公共利益的一种竞争方式。当民主不是技术方案的择优方式而是利益竞标的方式，其公正性就比较可疑了"②。可见，民主应主要用于有着共同利益基础上的选方案（法律），不同利益的争夺更适合用法治和契约方式而不是民主。由于利益冲突是常态，公共利益至多只能近似地确定，因此，民主必须建立在法治的基础上。

从历史上看，1215 年英格兰国王约翰被迫签署《自由大宪章》，由此逐步确立"国王也在法律之下"的基本原则，而后英国才逐渐发展出有序的民主。一个良好的民主制度，必须是法治下的民主，多数人的民意以及被选出的民意代表在行使决策权力时须受到法治的限制，而法律本身除了限制政府还必须保障自由，所有法律都要求尊重个体的基本权利。20 世纪初，阿根廷的经济发展在全世界名列前十名（按人均收入），资源丰富，也是欧洲移民热门国家，其热门程度超过加拿大、澳大利亚、新西兰，只是逊于美国。但到了 20 世纪末，就完全不能同这些国家比了。其中的一个制度原因是自由不断被侵害，特别是在 40 年代末选举出来的民粹主义的政府，为了讨好多数选民，开始了一系列侵犯

---

① 〔英〕阿克顿：《自由与权力》，侯健等译，北京，商务印书馆，2001 年版，第 312 页。

② 赵汀阳：《天下的当代性》，北京，中信出版社，2016 年版，第 40 页。

产权的政策，窒息了经济的发展。[1]民主可能迫使统治者用短期利益来收买选票，遏制这一点的有效方法就是良法之治。良法所代表的就是世世代代全体人民的长远根本利益，而不是某次选举中的多数民意即部分人一时一地的眼前利益。

（四）民主是一个利益交换过程，民主作出的决策只是暂时妥协

理想的民主是全体一致同意，体现全体人民的意志，而不是少数服从多数。权力无论是由一人、少数人或多数人行使，都有可能走向对他人强制。人人平等的自由和"少数服从多数"是不相容的，只要存在少数服从多数的所谓"民主决策"，自由就会有可能受损。但是，在现实生活中，"全体一致同意"几乎是无法达成的[2]，当我们企图由民主机构——议会凝结出全体一致的民意，必然陷入这样的悖论：议会不可能承担凝结出全体一致的民意的任务，即使达成所谓"全体一致的民意"，也不可能由某个机构来准确执行这个民意。

自由民主制认为，在多数情况下不存在统一的人民意志，人民的意志是多元，反映人民的意志必须反映多元的人民意志，每个人都有自己的权利，有自己的不同利益和追求。因此，民主主要是为人们解决利益冲突提供了协商、辩论和妥协的程序，并不是要整合出统一的意志，然后由这个统一的意志来统治人民。民主虽然以少数服从多数为原则，但是实际运作来看，其实是利益的交换过程。例如，原住民只占我们这个社会5%左右的人口，注定永远是少数！对于他们而言，要保障自己的福祉，事实上只有通过"选票交换"；借着支持和自己无关紧要的议案，来换取别人支持自己在乎的议案[3]。在自由民主制下，并不认可一个能完整代表人民的国家主权，只有具体运行的各种权力。人们为了各自不同的目标和需求通过选举遴选出来一些精英，这些人构成政治事务中最重要的发言人和行动者，他们之间也是为了各自不同的利益相互争夺、互相交换、互相妥协，并达成暂时一致。民主是一个利益交换的过程，民主作出的决

---

[1]　钱颖一：《政府与法治》，http://opinion.caixin.com/2014−10−15/100738602_all.html.（2014−10−15）［2016−06−11］.

[2]　自由主义看来，自然法就是"全体一致同意"的，但是自然法本身也存在多种不同意见。

[3]　熊秉元：《"民主"真的适合用来处理公共事务吗？》，http://blog.culture.ifeng.com/article/35723024.html.（2015−05−20）［2016−06−11］.

策只是暂时妥协，可以通过民主程序加以推翻，这一点是所有民主主义者所必须注意的，否则，或者走向多数暴政，或者走向极权——议会无法凝结出全体一致的民意，是无能的表现，行政机构很难准确执行全体一致的民意，是低效的表现，如此一来，某些民主主义者就寄希望极权。

（五）民主政体必须配以有效国家能力和统治权威

民主意味着参与和竞争，但是，大众情绪被激烈鼓动的政治参与和无序的政治竞争会给政治的稳定带来巨大的风险，进而导致政府权威的失效和社会秩序的崩溃。"民主崩溃的历史几乎同民主的历史一样久远。而在近代世界，1789—1871年间的法国是两次遭遇民主崩溃的国家。在民主化浪潮风起云涌的20世纪，民主崩溃发生得更为频繁"①。民主政体内在隐含着激烈的政治对抗以及政体崩溃的可能性。这要求民主的制度安排，要努力塑造有效国家能力和统治权威，平衡政治精英与大众参与的关系，缓解或解决民意冲突，维系政体的稳定性。

如何塑造有效的国家能力？论辩和商谈程序的设计是其中重要一环。德沃金在《民主是可能的吗？》一书对新型政治辩论的原则作了精彩论述。对于一个使民主政治成为可能的政治共同体而言，光有自由的政治文化本身是不够的，论辩的政治文化同样至关重要。通过一种以论辩和商谈为导向的政治文化可以增进现代多元社会下持不同信仰和观点的公民间的相互理解，避免单纯"以投票为中心"的多数强制，防控非理性情绪对民主政治的摧残。②相反，如果没有很好论辩与沟通表决机制，普遍公众参与政治竞争则可能产生恶的结果。雅典历史上出现过多次严重的恶性民粹事件，如公元前399年五百人议事会以多数票判处苏格拉底死刑；今天新兴民主国家的议会，比如印度、乌克兰等，议会暴力也是相当频繁。关于缺乏论辩规则之民主制度的副作用，也可以从经济学的视角加以理解。布坎南和塔洛克等人对此做了有力的解释：在公共决策过程中，人们不仅经常言行不一，而且他们的言论和观点，也会对社会产生外部作

---

① 包刚升：《民主崩溃的政治学》，载《公共行政评论》2013年第5期，第169页。

② 鲁楠，王淇：《认真对待的德先生》，转引自〔美〕德沃金：《民主是可能的吗？》，鲁楠，王淇译，北京大学出版社，2011年版，第9页。

用；当一套公共决策机制，是在鼓励而非抑制人们各自发布不负责任的言论时，基于这些言论而形成的政策，就会反过来伤害每个人的福祉[1]。

（六）民主要求绝大多数成年人富于德性和理性，并有独立决策的能力

民主是一种要求绝大多数成年人富于德性和理性的政体。民主是上层构架，更重要的是底层社会结构，用徐贲的话说，"民主的根本条件不是哲学家们想象的以政治为最好职业的少数政治精英，而是千百万以政治为副业，并对民主政治相当精明的普通公民。"[2]澳兰·费雪在《完美的群体：如何掌控群体智慧的力量》一书则以数学演算的论证方式阐述了成员有独立的决策能力对于民主的重要性。"数学演算的结果告诉我们：群体的估算均值总是比绝大多数个体成员的答案更加准确。这个结论并非偶尔适用，而是总是如此。虽然这种演算方法堪称完美，但是在通向最佳决策的道路上仍然荆棘丛生。而我所指的这类群体智慧能够发挥作用的前提是群体内所有成员均能保持自己的独立判断。"[3]。

第五节　自由与公共利益

公共利益，首先表现为"所有个人利益的总和"。公共利益必须以个体利益为基础，并最终落实到个体利益之上，用数学公式表示，应该是个体利益的某个函数：$U=f(u1+u2+\cdots\cdots,+un)$，其中公共利益 U 通常被称为社会效益或社会效用（utility）函数，个体利益（ui；i=1，2，3$\cdots\cdots$，n）被称为个人效用函数，n 即公共利益的计算过程中所包含的个体总数。[4]不过，正如"阿罗不可能定理"所揭示的，个人偏好无法汇聚成社会的需要和偏好，社会福利函数并不

① 薛兆丰：《经济学通识》，北京，北京大学出版社，2015 年版，第 394 页。

② 徐贲：《政治是每个人的副业》，北京，东方出版社，2015 年版，第 3 页。

③ 〔美〕澳兰·费雪：《完美的群体：如何掌控群体智慧的力量》，浙江，浙江人民出版社，2013 年版，第 8 页。

④ 余少祥：《什么是公共利益——西方法哲学中公共利益概念解析》，载《江淮论坛》2010 年第 2 期，第 87 页。

存在。从福利函数角度看如此，从生命价值看也是如此，"价值确实归根到底是属于个体的，只能为个人拥有；集体不存在生命，因而在严格意义上看无所谓价值"①。公共利益本质上是不存在，并不意味着这一概念毫无价值。人是社会的动物，为了共同体的和谐生存，有必要虚构"公共利益"这一概念。如果共同体内所有个人对于特定公共利益的价值选择一致，那是最好，这毫无疑问是公共利益；但是，绝大多数情况下（有人认为所有情况），总是有人有不同的价值选择，这时候，如果非得做出公共利益的选择，代表最大多数人的最大利益是一般情况下相对而言是一个正当的选择，因此，人们常用"最大多数人的最大利益"来指代"公共利益"。本书看来，"最大多数人的最大利益"可以粗略地代表"公共利益"，不过，我们需要充满警惕地运用这一个概念，本书认同哈耶克这样的论断——"'公共利益'关涉社会每个成员的利益，它在一定程度上往往是作为一个目的性价值出现的，而何谓公共利益的最终目的和价值却难以要求全体社会成员就此达成共识"②。一般情况下，如果非得做出公共利益的选择，我们认为"最大多数人的最大利益"可以代表公共利益，而在特殊情况下，多数人利益无权凌驾于个人利益之上，应该极力调和个人利益与个人利益的冲突，而不是集体做出选择。

一、自由与公共利益

（一）自由优先于公共利益

"公共利益"只是一个虚构概念，"公共利益"实际上是"个体利益"的总和。"对每个人有价值的东西，只有他自己才知道"，只有在自由状态下，每个社会个体才有可能去选择最适合自己的，正如第三章已经充分论证的"自由是最好的公共生活之道"。公共利益只是为了共同体的和谐生存而虚构出来的概念，在一定程度上代表公共利益的国家，可以保障个人自由，但也不可避免成为个人自由的威胁。国家应该是最低限度的国家，能上升到代表名义上"公共

---

① 张千帆：《宪政原理》，北京，法律出版社，2011 年版，第 82 页。

② 〔英〕哈耶克：《法律、立法与自由》，邓正来等译，北京，中国大百科全书出版社，2000 年版，第 9 页。

利益"的权力应该是最低限度的，政府的功能在于扩展个人自由、保障个人自由，应该有严格的法律防止政府以"公共利益"名义侵犯个人自由。在自由与公共利益关系方面，自由优先于公共利益。

（二）"公共利益"是判断自由界限的标准之一

何为自由？如果个人自由与个人自由存在无法协调的冲突而必须做出选择，公共利益就是一个重要标准，第四章功利主义视角下的自由、伤害视角下的自由等，都引入公共利益来判断自由的界限。

二、自由主义者如何看待公共利益

（一）权利优于利益

美国学者皮文睿说："权利向利益这一词语的转化的结果通常有利于国家行为和侵犯个人的行为。"[1] 对于公共生活安排来说，利益相对于权利（自由）而言更不利于适应生活的规律，无论是个人利益，还是公共利益，都是如此。研究公共生活安排，应该优先采用权利（自由）一词，第二章"为什么本书将自由确定为不受他人干涉的自由"对此已有论证，此不赘言。

（二）以个体主义方法论看待公共利益

公共利益只是"所有私人利益的总和"，不存在独立于个人利益的公共利益。"最大多数人的最大利益"只能粗略地代表"公共利益"。现实生活中，公共利益是一个经常被利用的概念，各利益群体总是试图利用公共利益的概念来使其自身利益合法化和正当化，公共利益经常是由那些有话语权、有影响力的人依据其利益界定的。"人们常常错误地认为，所有的集体利益都是该社会的普遍利益；但是在许多情形中，对某些特定群体之集体利益的满足，实是与社会普遍利益相悖离的"[2]。自由主义者应该保持对公共利益的警惕，政府行为也不

---

[1] 转引自夏勇：《公法（第1卷）》，北京，法律出版社，1999年版，第107页。

[2] 〔英〕哈耶克：《法律、立法与自由》，邓正来等译，北京，中国大百科全书出版社，2000年版，第9页。

一定代表公共利益，政府本身是一个"经济人"，它有自己独立的利益，如政府公务员的工资、福利、待遇等。

（三）公共利益目标只能有限度地达到

新加坡人均 GDP 达到 5 万多美元，是全球最富裕的国家之一，但是，我们仍不能认为新加坡政府很好实现了人民的公共利益，只是有限度地达到某些公共利益，在自由、幸福指数以及诸多尚没有归纳出来的指标，新加坡人并不满意。

（四）自由主义者应积极探索更优的公共利益确定标准

公共利益是"所有私人利益的总和"，但是，如何把所有的私人利益集合起来又是一个无法解决的难题。自由主义不相信有任何办法能一劳永逸解决公共利益的确定问题。民主、自然法、司法裁决、权力制衡、自发演进、传统等都是其中的确定标准，但也都有其局限性。任何确定公共利益的方法都有局限性，并不等于不必解决这一问题，自由主义者应积极探索更优的公共利益确定标准，只有这样自由主义才能发展起来。

第七章 追求个人价值过程中如何对待自由

公共生活之道只是回答什么样的公共生活是好的，并不涉及一个人生活追求应该是什么。自由毕竟只是公共生活的问题，最后还是要回到个人生活。"自由是什么"只有与"我该如何对待自由"连在一起考虑才有意义。

人如何过好自己的一生？讨论这个话题，有两种视角，一是个人的视角，每个人仅仅需要思考的是，在一个特定的条件下，做什么事情能够为他带来幸福的生活；二是共同生活的视角，人需要在共同生活中度过一生，这个视角关注的是什么样的共同生活才是好，怎样共同生活安排才能让每个人更好地追求自己的美妙生活。有一句经常被人们念在嘴边的话：你怎样，你的未来就怎样。其实不尽然，你的未来怎样，不仅仅取决于你的努力，还有很多外在的因素，其中一个就是共同生活的安排，所以，我们还要关心共同生活的问题。共同生活是一个更大的话题，本书只讨论需要公权力介入的那一部分共同生活（即公共生活）。本书前面就是在集中讨论什么才是好的公共生活，但是，所有这些讨论都要回到个人的视角。"什么是好的公共生活"，只有与"个人该怎样过好生活"连在一起考虑才有意义。自由是最好的公共生活之道，并不必然可以推导出我们应该以自由的方式过一生，有些人"真正明白自由市场在生产价值方面是充分有效的，但却无意投身于实现理念和理想的行动中"①。追求个人价值过程中，应如何处理好公共生活中的自由问题呢？这里将从两个方面来讨论：一是为什么选择认同"自由"？二是"追求个人价值过程中如何处理公共生活自由问题？"

---

① 〔美〕詹姆斯·M.布坎南：《为什么我也不是保守派：古典自由主义的典型看法》，麻勇爱译，北京，机械工业出版社，2014年版，第75页。

第一节 为什么选择认同"自由"

一、公共生活之道与个人生活之道

"我发现一个能改变生命的真理：自由（或我所了解的自由）不应被视为最高的价值。我昔日不断追寻'自由'，不愿意受约束和限制，这正是我大部分痛苦的因由。从孩童时代开始我就追求自由、自主，喜欢做什么就做什么。婚姻多么令人窒息，因为在婚姻里人要顾及另一方的需要。虽然我在前一段的婚姻已经有了孩子，但我根本不想再要儿女，因为责任太大了。我不愿回应家庭和朋友的需要，他们实在烦透了。可是做了基督徒之后，我才发觉惟有向别人委身尽责，才能获得生命最深的满足和最大的成就感。抱着小小的儿子在怀中，每天照上帝的心意做一个父亲和丈夫，我经历到那种深深的满足感，我这才知道往日虚浮的情欲与放纵，根本不能给我真正的快乐。过去自由不羁与放纵带给我的只是孤寂、漫无目的、前路茫茫等苦涩感受。如今我却经历到以前未想过的喜乐，脱离了对纵欲享乐的耽溺。生命何等甜美，我不再说，'生命毫无意义'。"①

上述这段话，被称为哈佛大学教授（劳里）的自白，在网上广为流传。咋一看，我们努力论证的"自由最好"，"自由具有最高价值"，在劳里看来，似乎变得一文不值。其实，这完全是误解了。首先，我们所说的"自由最好"指的是——就普遍个体的长远利益而言，自由在各种公共生活规范（状态）中最好、具有最高的价值；而劳里认为自由不应被视为最高价值，指的是——自由不是他个人所追求的最高价值，而只有当他自愿选择"向别人委身尽责"，才获得了生命最深的满足和最大的成就感。其次，劳里所谈自由其实是其个人主观认定的"不愿意受约束和限制"，这一点与公共生活自由有所不同，公共生活自由是一个客观的判断，是不受他人暴力或者类似暴力的干涉，就公共生活角度看，劳里是自由的，他"向别人委身尽责"没有受他人的干涉。可以说，正是没有

---

① 〔美〕劳里：《重建生命的大学教授》，见伯尔曼，伊丽莎白·多尔，德兰修女：《我在哈佛的信仰》，文逢参等译，珠海，珠海出版社，2008年版，第56页。

受他人干涉，劳里才找到他现在所认为的满足和成就，公共生活自由仍然是其个人价值的前提。

　　讨论生活之道，需要注意的是，最好的公共生活之道与最好的个人生活之道两者的区别。公共生活之道回答什么样的公共生活是好的，并不涉及一个人生活追求是什么，只探讨人们在追求自己生活满足时的公共生活状态，而个人生活之道则是直接探讨一个人应该追求什么样的生活。一个人生活目标可以多种多样：生存、健康、友谊、爱情、权力、地位、名誉、知识、美貌、闲暇、自我表现、个人放纵、传宗接代、他人的福利、公共生活层面的自由，等等，每个人都选择一个或者几个作为其生活的追求，并从中找到生活的满足，劳里一开始选择"个人放纵""个人自由"作为目标，但是，他觉得这只是苦涩感受，所以他选择"向别人委身尽责"作为自己的生活追求。这是劳里的个人生活之道。事实上，可能也有人选择类似于卢里的"个人放纵""个人自由"作为生活目标，并没有苦涩感受，而是幸福的满足。每个人都可以有自己的个人生活之道，但是，当我们探讨"一个人在追求自己生活满足时的最好公共生活状态（规范）"时，那么，自由就是最好的公共生活状态（规范）。过自己生活不受他人干涉，也不干涉他人，只有不受他人干涉才能找到最契合自己的生活追求，只有不干涉他人才能有一个较好的公共生活环境。自由是最好的公共生活之道，是针对普遍利益而言的，前面已经论证这是可靠的判断，假如某些人认为自由不是最好的公共生活状态，也不影响这一判断科学性。劳里所认为的"自由不应被视为最高的价值"是指其个人的生活之道，假设劳里也认为自由不应被视为公共生活的最高价值，其实，也不影响"自由是最好的公共生活之道"这一客观判断的可靠性，作为客观判断不会因为个别人持不同意见而丧失可靠性。

　　理清楚公共生活之道与个人生活之道的关系，生活中的很多疑问就可以解开了。例如，"自由固不是钱所能买到的，但能够为钱而卖掉"①。如果自由能够为钱而卖掉，自由还是最好吗？自由只是"就普遍利益而言是最好的公共生活

---

　　① 鲁迅：《娜拉走后怎样》，http://baike.baidu.com/link?url=eGOlz88RF0CWfRNTtadtLURK5K_0g3T_F0SZaCMI9MSNrvbHU3AmP2K9g5vboXEwA2s3z0NR7imy5rGN5U6Tx_（百度百科）.［2016-06-06］.

之道"，就个人的生活而言，完全可能为了其生活追求而卖掉自由，甚至选择做奴隶。某些个人"卖掉自由"而赢得的生活甚至可能比"在自由原则下"的生活幸福，但这只是其个人的感受而已。从整个社会层面上看，如果能够自愿选择，人们是不会自愿为奴，这一点第三章第二节已论证。对社会进步而言，在要为钱而卖掉自由的社会，进步肯定也是缓慢或者停滞的，因为人的积极性都被压抑了，这一点第三章第三节已论证。不管个人是否选择为钱而卖掉自由，都不能改变"自由是最好的共公共生活之道"这一判断的可靠性。

二、为什么选择认同"自由"？

公共生活自由并不能解决一个人的价值追求问题，只是人们能较好追求个人价值的前提。公共价值准则有好坏之分，好的价值准则是人们所追求的。我们认同自由，显然是因为自由是好的公共价值准则。不过，我们前面已经论证自由之好，是针对最大多数人的长远利益而言的。如果我是主人，我为什么放弃自己的利益追求自由？如果我是弱者，我为什么要参加很可能让我挫败的自由竞争？如果自由对于个人利益而言可能是不好的，那么，我们还要认同"自由"吗？如果自由对于某些阶段的利益而言可能是不好的，我们还要认同"自由"吗？在本书看来，即使这样仍然有必要认同自由。首先，自由能带来普遍长远利益，绝大多数人最终都会享受到自由的好处。其次，假使自由不能带来直接利益，仅仅认同自由，也令不少人的人生大为改观。深受自由而害的人，认同自由至少也有以下好处：

（一）能活得更为坦然

一个认同自由世界观的人，如果竞争失败了，更容易有坦然之心。嫉妒心可能让人陷入变态之中，一个认同自由的人有可能更相信自我的价值，而不是与他人比较而获得的价值，更不至于陷入嫉妒的变态。一个不相信自由的人如果在竞争中失败或暂时失利，经常倾向于将不利的结果归咎于外部某种神秘的力量或者阴谋，而不是自身的问题，而一个认同自由的人相信理性有限，胜利或者失败有其偶然性，很难是某个人的阴谋，能更坦然地会接受失败。假使自由不能带来直接的利益，至少可以让我们的心灵干净一些，懂得什么是生活的底线，面对虚伪、奢靡、贫穷、离奇，更能坦然视之。坦然不仅对自己好，也是社会保持和谐的原因之一，把不利的结果归咎于外部的力量或者阴谋，"这种方式可有效地消解普遍的正义和普遍的价值观，从而消解社会合作和自治。某些统治者比如希特勒便很好地利用了这一点，达到其对社会各个击破分而治之的目的"[①]。

（二）长远而言，会得到一些好处

我们虽然不一定从社会赋予我们自身的自由获得好处，但是总能从充分利用自由机会取得成功的那些人的行为获得好处。"自由社会的特点之一，是目标完全公开，开始追求新目标的可能是少数人，但新目标逐渐成为大多数人的目标"[②]。这一点第三章已有论证的，此不赘述。当然，对自由的长远好处有这样一个反驳："在我看得到的长远也得不到好处，长远对我有何意义呢？"这就是下一点所要阐述的。

（三）适合"追求不朽"的心理欲求

费尔南多·萨瓦特尔在《政治学邀请》对人与动物的区别有一个经典的阐述："动物死去，人类心知自己死去，人类拥有死亡经验，携带死亡记忆，而且有确定无疑的死亡先兆；动物只是追求保全生命，人类则是在追求不朽。"[③]当然，对人与动物这样的区别也有一个反驳："人类也可能心知自己死去，而追求毁灭。"不过，这无疑是不好的选择，好的选择是认同或者不反对"追求不朽"的心理欲求。

（四）一个认同自由的人更不容易被失败所击倒

一个认同自由的人认为，人类没有什么固定的个人价值追求，一切取决于

---

① 风灵：《阴谋论的贫困》，http://finance.ifeng.com/a/20151215/14124380_0.shtml.（2015-12-15）[2016-06-07].

② 〔英〕哈耶克：《自由宪章》，杨玉生等译，北京，中国社会科学出版社，2012年版，第61页。

③ 〔西〕费尔南多·萨瓦特尔：《政治学邀请》，魏然译，北京，北京大学出版社，2014年版，第15页。

个人选择。既然生命意义在于个人的选择，面对失败和可能到来的失败，自由的人更容易做出新的选择，更不会因为固执的追求而被失败永远击倒。当然也有人反驳："是因为认同自由所以彻底被击倒了，假如不认同自由，我就成功了"。的确不能排除这样情况，但毕竟这是小概率事件。

（五）认同自由是大势所趋

人总会死，暂时的利益对个人也是有好处的，如何取舍呢？自由是大势，顺势而为。千百万年来，我们更多是从自身和周边生活小圈子出发形成观点，因此，自由的公共生活判断没有成为主流。不过，当人类跨越现代化的门槛之后，越来越形成一个整体，就需要跳出自身，从普遍利益看问题，从自由的视角看问题。对一个人来说，生活的意义是极其个性化的事宜，自由不能解决个人生活选择的终极目标，但是，它可以为寻找个人生活价值提供一些基本尺度，运用自由公共生活观选择个人的生活，不仅有利于人类遍长远的利益，而且因为符合人类普遍长远的利益而使特定个人的生活更容易与社会和谐。

第二节　追求个人价值过程中如何处理公共生活自由

自由为人们追求个人价值创造良好的条件，不过，这并不意味着人们自然会追求自由。一个人的自由并不是个人追求就能得到，个人的追求当然对其自由会有所助益，但个人能否拥有自由主要取决于整个社会的自由状态，取决于这个社会的制度、观念和传统。自由不是个人追求就能得到的，很多人自然也就不珍视自由，但是，如果大家都不追求自由，都不珍视自由，自由则难以存活，自由需要人们为自由的维系而努力。自由意味着每个人都可以根据自己的偏好选择，除了纳税、守法等义务外，不能强制人们为自由的维系而努力。不强制并不意味着就可以任意而为，自由主义论述自由有一个基本假定——人人追求好的生活。绝大多数人都追求好生活，因此，只要意识到自由的好处，只要成本不至于无法承担，人们自然会为自由而努力，如果人们不为自由而努力，自由主义也主张应该劝导人们为自由而努力，毕竟好生活就是值得追求的。由此可见，自由主义关于个人如何对待自由有一套自己的看法，而不是可以任意而为的，如何对待自由的问题，准确讲，是如何追求自由，如何为自由而努力。

一、个人如何为自由的社会而努力

一个人能否拥有追求个人价值的自由条件，很大程度上不是其个人所决定的，而在于是否处在一个自由程度较高的社会。在一个自由程度较高的社会，不仅可以拥有追求个人价值的自由条件，而且即使不能很好运用自由给我们带来机会，我们可以从他人对自由的利用得到好处。怎样才能让一个自由程度较高的社会成为可能，第五章对这个问题作了详细阐述。当我们讲某些社会是自由的社会时，绝不是说这个社会的自由秩序是天上掉下来的，而必然要体现为一种制度、观念和传统演化的结果。自由成为可能，需要种种条件，而这些条件的具备，个人有意识的努力是其中一环，那么，个人应该怎样为自由社会而努力呢？

一般来说，有更多人拥有自由意识，有更多人参与维护自由的制度、观念以及传统，自由社会就更有维系的可能。不过，在自由社会的维护上，不同个体所承担的功能是不一样的。如果按照社会分工来区分，社会中有少部分人的工作有可能直接影响到这个社会的自由程度，如一些职业政治家、社会活动家、职业官僚和一部分学者等，而大部分人的工作则不会直接影响到这个社会的自由程度（除了投票、抗议、诉讼等个别活动外）。不过，他们为各自目标努力的同时，也为这个社会创造物质和精神的财富，这是自由社会存在的基础，因此，他们也间接影响到社会的自由程度。一个自由社会并不需要太多的专门维系自由社会运转的人，否则也可能伤害自由，毕竟资源是有限的，太多的资源用于政治活动，自然也会伤害自由社会存在的基础。而在自由程度较低的社会，某些争取自由重要时刻，则需要更多人参与争自由的政治活动。一个社会资源是有限的，同样每一个个人的精力也是有限的。自由社会为人们追求个人价值创造良好的条件，只要意识到这一点，人们自然愿意为自由社会而努力，但是，自由社会并不是个人价值追求的全部，人们除了直接追求自由社会，也追求个人的其他价值，如何分配有限的精力呢？对于具体个人而言，应该分配多大精力直接为自由的社会而努力呢？自由主义自然主张留给个人基于其偏好选择，留给个人根据其收益和成本比较来选择。当分母为无穷大时，不论分子为几，其值均等于零，仅仅一个个体对自由社会的努力，就像分子一样，几乎没办法起作用的。就单个争自由的人而言，有时最终个人获得的自由权很难弥补其面临的风险和付出的高昂代价。收益的不可控和成本由个人承担的巨大压力，争自由的过程不可避免地要受到"搭便车"的影响，如果人人都想"搭便车"，自由社会当然不可能维系。自由主义并不这样悲观，争自由的人们尽管有可能承受巨大的代价，甚至还要冒着被监禁以至失去生命的风险，但是，因为自由的好处，争自由的人们将享有极高的尊荣，因此，关键是要让人们认识自由好处，当人们有了自由意识，自由的社会就有可能到来。

自由值得争取，不过，争自由应该尽量与个人的私人好恶分开。自由问题很大程度上是政治问题，很多政治人物都可以做到政治与个人的私人好恶分开，在政治场合（竞选、议会、公共舆论、行政决策等）与对手争得你死我活，但是，回到私生活领域照样称兄道弟。对于普通人更应如此，政治是政治，生活是生活。作为一个认同自由的人，自然希望更多人认可自由，希望自由在政治上取胜，但是，如果要争胜的话，则应尽量在公共场合争取，在私人圈子范围内，你改变一个人观点，对自由在政治上的取胜通常意义不大，因此，争自由大可不必将政治带到私人生活圈子争胜，讨论政治问题大可不必惊动个人私人感情，免得影响你个人的私人生活质量，例如一个反对自由的人电影演得很好，你照样应该去欣赏，不必因他反对自由而拒绝欣赏。同样，还要避免因为个人的私人好恶影响到政治上自由问题的判断，讨论自由问题必须站在普遍利益的立场上，如果以个人私人好恶进行判断，那你就可能陷入错误之中了。总之，需要将公共问题与个人生活问题分开，在公共问题存异仍然可以在私生活问题求同，在私生活问题存异仍然可以在公共问题求同。

个人应该怎样为自由社会而努力呢？一个重要的方法是从我做起，"在伦敦闻名世界的威斯敏斯特大教堂地下室的墓碑林中，有一块名扬世界的无名氏墓碑。——当我年轻的时候，我的想象力从没有受到过限制，我梦想改变这个世界。当我成熟以后，我发现我不能改变这个世界，我将目光缩短了些，决定只改变我的国家。当我进入暮年后，我发现我不能改变我的国家，我的最后愿望仅仅是改变一下我的家庭。但是，这也不可能。当我躺在床上，行将就木时，我突然意识到：如果一开始我仅仅去改变我自己，然后作为一个榜样，我可能改变我的家庭；在家人的帮助和鼓励下，我可能为国家做一些事情。然后谁知道呢？我甚至可能改变这个世界"①。作为一个自由主义者（或者认同自由的人），如果你想为自由做一点事，你必须从改变你自己开始，然后改变自己的家庭和亲朋好友，然后或许还能改变社会。不过要注意的是，"改变"不能变成"改造"，自由主义者永远不试图强制改造他人或世界，自由主义只是努力传播自己的理念，至于能不能为他人所接受，那是他人的自愿选择。

个人应该怎样为自由社会而努力呢？另一个重要的方法是传播自由观念，努力使自由的思想成为主流，正如安·兰德那一句被广泛传颂的名言"你不能把这个世界，让给你所鄙视的人。"②自由主义者认为，自由就是责任，如果他做出侵害别人自由的行为，那他应该受到政府或者他人的惩罚，因此，自由主义者不会侵犯非自由主义者的财产权，如果有，他就需要为自己的行为负责。那些非自由主义者总是有意或无意否认自由就是责任，结果进而通过政策制定者侵犯了自由主义者和非自由主义者。换言之，自由主义者如果不努力使自己的思想成为主流，那么他的权利将会受到侵犯。自由主义者应该努力发出声音，将自由的观念同身边的人交流，传授给自己的孩子，影响他们甚而让自由观念成为思想的主流。如何传播自由的观念呢？要讲道理，说服更多人相信自由。不过，道理并不是万能的，总有人不相信你的道理，影响人们判断的不仅仅是理性，还有情绪。因此，还要让自己活得更精彩，精彩自然会把更多的目光和听众吸引到你身边，打动人们的情绪，这样自由才能真正传播开来。

传播自由的观念很重要，观念决定行动，但是，如果你认为有了观念就足够了，这就太线性思维了，且不说观念本身是复杂的，关键还需要诉诸于行动。如何行动呢？第五章"自由何以可能"从宏观角度做了一些探讨。下面三个问题则是从微观角度的探讨个人如何为自由社会努力的问题。

---

① 转引自王锟：《〈大学〉与威斯敏斯特大教堂的无名墓碑》，载《光明日报》2014 年 07 月 01 日第 16 版。

② 〔美〕安·兰德：《源泉》，高晓晴等译，重庆，重庆出版社，2013 年版，封底。

二、如何处理自由被侵犯和被非法剥夺的问题

在一个自由程度较高的社会，更有可能得到自由，应该为自由社会而努力，不过，自由最终要落实到个人身上，跟我们更直接相关的是每一个个体的自由，如果我们自身或他人的自由被侵犯或者被非法剥夺，怎么办？

讲到自由，帕特里克有一句著名的话说："不自由，毋宁死！"[①] 在一些人看来，没有任何东西比自由更重要的了，包括生命。但是，更多人不会选择"不自由，毋宁死"。不自由，追求个人价值的确有更大困难，不过，除非生命被剥夺，即使最不自由的社会、最不自由的条件下也有一定自由空间，我们仍可以从夹缝中追求个人的价值。与"不自由，毋宁死"类似的还有这样一种说法——既然是违背自由的恶法，我就应该不计成本地冲撞它。对此，连岳有一个精彩评论——"不是所有法律都合理，有些行为没有任何受害者，甚至造福他人，可是法律也禁止。人不要被法条牵着走，赞同一些违背自然与理性的恶法。但也应防止这种风险：既然某法条不合理，我就大胆冲撞它、违背它。你的人身、财产因此受害，那并不值得。"[②]

"不自由，毋宁死"不值得提倡，不过，"为自由故"则是一种尊荣，"生命诚可贵，爱情价更高，若为自由故，两者皆可抛。"几百年来裴多菲的诗句激励着人们为自由而战。生命是一个过程，关键是在这个过程中体验到生命崇高和自我实现，因为自由对人类社会的价值，为自由而故无疑享有极高的尊荣。"为自由故"，"为自由让自己人身财产受害"，是一种尊荣，不过，自由主义更重视的是效果，反对不必要的牺牲。只要意识到自由好处，人们自然会为自由努力，但是，如何为自由而努力则是一个需要讲求策略的问题，策略的本质就是收益和成本比较，因此，关键在于充分认识争取自由所能带来的收益和成本。

如果我们自身的自由被侵犯或者被非法剥夺，我们自然会为自由而战，这里要注意的是为自由而战带来的收益不仅是对我们个人，而且对整个社会都有

[①] 〔美〕帕特里克·亨利：《不自由 毋宁死——在弗吉尼亚州议会上的演讲》，载《语文新圃》2004 年第 4 期，第 18-19 页。

[②] 连岳：《少年英雄》，http://blog.sina.com.cn/u/3732568017.（2015-02-24）[2016-06-11].

价值。德国著名法学家耶林在《为权利而斗争》的演讲中指出：为权利而斗争不仅仅是公民对自己的义务，也是对社会的义务。个人为权利而斗争，既让个人权利获得了生命，也使法律有了生气。法律的生命在于有实行的效力，个人坚决主张自己应有的权利，是法律能够生效的条件。法律的毁灭往往是违法者的放肆和被害者怯懦合谋而成。[①] 对自己权利不负责任，就是对法律不负责任，必然也对整个社会的自由产生一些影响。

如果他人的自由被侵犯或者被非法剥夺，那么，这所带来的损失，不仅仅是他人自身，也会对我们个人权利带来一些影响。丧钟为谁而鸣，为我们每一个人而鸣。权利正是因为众人的认同而存在，权利正是因为众人共同保护而存在，保护单个人的权利就是保护我们公共的权利。一个人的权利受到侵犯，之所以与每一个个体人都有关系，因为它伤害的不只是受害人及其亲属，还包括伤害到每一个个体人的"权利"。当他人的权利受到侵犯时，有可能的话，也应为他人的自由而战，这带来的收益不仅仅是他人个人，也有利于整个社会。不过，要避免这样一种观点——伯林在《两种自由概念》所批评的别林斯基的观点。别林斯基说：如果别人的自由被剥夺，如果我的同胞兄弟仍然生活于穷困污秽之中，如果他们还生活在脚镣手梏之中，那么，我也不要自由，我用双手拒绝这些自由，我宁愿和我的同胞兄弟，同甘共苦。伯林批评说这种说法只是把用语搞混，却得不到什么好处。"别林斯基"牺牲自己自由，并不会增长同胞的自由和解决他们的悲苦，这样的牺牲是毫无价值。[②]

"人都追求自由。自由好比饭菜，当然，一般说来比饭菜稍微不重要一点点"[③]。关于争自由的收益和成本，网上有人这样解读。饭菜带来的直接利益是显而易见，自由所带来的好处却因为无法以直接物质利益体现而常常为人们忽略，这就是人们的短见，自由虽然无法像饭菜有直接的好处，但是，正如第三章所论证的，自由才能带来社会进步和文明繁荣。关于自由收益亟待人们以更长远的眼光来看待。法国人蒙田说过"我说真话，不是我喜欢说真话，而是我

① 丛日云：《公民读本》，天津，天津教育出版社，2006 年版，第 98-99 页。

② 〔英〕以赛亚·伯林：《两种自由概念》，见以赛亚·伯林：《自由论》，胡传胜译，江苏，译林出版社，2011 年版。

③ 自由草民：《自由主义者》，http://blog.sina.com.cn/u/3732568017.（2007-05-24-）〔2016-06-11〕。

敢。我年纪越大，就越敢说真话"①，说真话，是因为我敢，年纪越大，就越敢，就在于"说真话争自由"需要付出相当的代价。在代价面前怎么办？政治哲学家柏克当年说，邪恶盛行的唯一条件，是善良者的沉默②。如果不敢承受某些眼前的代价，有可能承担承担更大的代价，自由的代价也亟待人们以更长远的眼光来看待。

"如果你爱自由，如果你是一个自由人，自由人多的地方就是你最好的归宿"③。争自由的问题，是一个收益与成本比较的问题，也是手段的选择。在法律的框架下争自由，公民不服从，以及移民——到自由人多的地方，都是争自由的手段，不同手段带来成本和收益是不一样的，这也需要我们更充分地认识。

最后，不同人对自由收益成本敏感度是不一样的，那些为自由承受巨大代价的人，是崇高的。显然，不可能要求每个人都以圣徒般的人格追求自由，我们如果不能加入争自由的一族，也是可以默默的支持，假使沉默，至少不能为强权欢呼张目，对"为自由的牺牲者"施以嘲笑。在自由主义看来，是否争自由最终是个人选择，不过，如果进一步发展为"谈民主自由都是闲得蛋疼，我只想过好眼前的生活"，则不是自由主义所提倡的，每个人还是尽一点公共责任来以保证"自由的公共生活状态"。

三、如何对待超自由的特权和自由的代价

为自由而努力，既体现为自由社会制度的建立与维系而努力，也体现在如何对待个人的自由。当拥有超自由的特权和需承受自由的代价，怎么办呢？

（一）超自由的特权

1778年，乔治·华盛顿写下名言——"摆脱黑奴制"，但他从未将话语付诸实践。1789年，华盛顿成为美国首任总统，这名成为总统的种植园主不但准

---

① 转引自2014年10月13日罗胖曰。

② 转引自吴清波：《. 微时代媒体伦理失范及对策》，载《WTO经济导刊》2014年第10期，第71页。

③ 连岳：《到那自由人多的地方》，http://www.weixinyidu.com/n_2785951.（2016-01-08）〔2016-06-11〕。

许黑奴制度的存在，自己也使用了大量的奴隶。尽管当时美国北方的奴隶制已经在稳步衰败中，但是，为了维持自己的财富、生活方式和名声，华盛顿需要奴隶们为他劳动。1793 年，华盛顿还签署了首条《逃奴追缉法案》，允许任何州逮捕、审讯逃亡的奴隶，并将他们归还原主。任何人一旦被发现窝藏奴隶或协助奴隶逃亡，将面临 500 美元的罚款并可能遭到监禁。只是在死前，华盛顿立下遗嘱，要求在他妻子去世后解放在他个人名下的奴隶。①

当自由被侵犯和被非法剥夺，我们应当为自由而战，当拥有超自由的特权，则应当为自由而放弃特权。如果我是主人，为什么我要放弃我的利益来达成自由呢？显然，放弃特权对于大多数人都是难以作出的决断，华盛顿也不例外。不过，华盛顿最后还是立下遗嘱解放在他个人名下的奴隶，当时只有白人议员的美国国会在 1862 年 7 月 19 日废止联邦领土上的奴隶制度，2008 年美国费城总统府遗址建起了乔治·华盛顿总统的 9 位黑奴的纪念馆。放弃特权的确是一个艰难的选择，但是，这一点并不能否认"为自由放弃特权"的正当性。既得利益者不愿意放弃特权，这也说明自由需要时间，需要妥协，需要被压迫者为自由而战。

（二）自由的代价

自由社会总还是有一部分人活得不如意。在一个社会转向自由社会的过程中，有些人更是可能要付出一生的代价。东德转型，总体上是成功的，社会安定，没有暴力，但是，转向自由过程中很多人却跟不上时代，他们借酒消愁，精神崩溃，滥性，毒品，民族主义……由于找不到生存意义，许多人开始怀念过去，将曾经的监狱美化成天堂。心理学家马茨认为，大多数东德人虽然在身体上已走入开放社会，可他们的内心依然封闭。②

当我们不幸成为这些不如意者，如果仅考虑眼前的利益，自然不会对自由有好感。自由主义主张，应该从长远利益来考虑。自由只是一种被动性状态，这种状态并不能自然而然地给每个人带来好处，由于人类的无知和能力的局限，

---

① 〔美〕埃里卡·邓巴：《黑奴捕手华盛顿》，杨晗轶译，http://www.guancha.cn/EricaDunbar/2015_02_16_309786.shtml.（2015-02-16）〔2016-06-11〕。

② 〔德〕汉斯·约阿希姆·马茨：《情感堵塞：民主德国的心理转型》，徐珺译，北京，中央编译出版社，2013 年版 . https://read.douban.com/reader/ebook/10801235/.〔2016-06-11〕。

自由社会总是会有一些人不能抓住机遇取得成功，总会有些人活得不如意，但是，如果从长远来看，"一个人往往不一定能从自身自由中获得好处，但是他却总是能从那些充分利用自由所提供的机会的少数人的行为中获得物质利益"[①]。作为一个自由主义者，应该选择承受自由的代价，因为从长远来看，我们也会得到一些好处。虽然不如意，但这就是现实，人类文明要进步，只能选择自由。如果毁灭自由，那么将承受更大的代价。资源是有限的，人类是无知的，成功者往往只是幸运者；不能成功的，只要努力过也就不虚度一生，毕竟成功并不完全是个人努力能决定的。当我们身边人成为这些不如意者，作为一个自由主义者，我们还应该警惕他们毁灭自由。一个人恶念可能就会毁灭一个社群甚至一个世界，为此，自由主义主张以最低限度福利保障每个人的生存权。

四、在一个极权主义世界怎么办

以上所讲，都是自由（或者具有相当程度自由）社会的个人生活选择，如同霍布豪斯所言"个人自由权有一个先决条件——假定法治保证全社会享有自由"[②]。但是，在一个极权主义世界怎么办呢？秦晖认为，判断一个人是不是自由主义的实践者，必须依其所处环境的制度特征而异，"已有自由秩序的条件下"与"还存在奴役的条件下"两者各有不同标准[③]。

"极权主义（totalitarianism）"，也称为极权政体、全能政体、总体统治，正如其词根"total"（"总体的"、"全面的"）所表达的，是指一个对社会有着绝对权威并尽一切可能谋求控制公众与私人生活的国家制度。最极端的极权主义，要求人们从外在的行动、言论到内心的思想都服从一个单一的模式，甚至个人的衣着、发型、表情、姿势等等都有统一的要求，违反这个要求就会遭到政治权力的惩罚。斯大林统治下的苏联和纳粹统治下的德国，就是极权主义的典型

---

① 杨玉生：《译者的话》，见哈耶克：《自由宪章》，杨玉生译，北京，中国社会科学出版社，2012 年版，第 11 页。

② 〔英〕霍布豪斯：《自由主义》，朱曾汶译，北京，商务印书馆，1986 年版，第 10 页。

③ 秦晖：《实践自由——再祭李慎之》，http://www.99lib.net/book/1080/31684.htm.（2013-08-23）〔2016-06-11〕

代表。极权主义是一部制造恶的机器，它把所有人变成机器上的齿轮，当这个机器运转起来，就绞杀了人们的思想，没有自由，也不知道自由，更谈不上自由的生活。每个人都变成机器上的一枚螺丝钉，这是极权体制下作为个体的处境，几乎没有一个人仅仅是这部机器的受害者，这台机器之所以能运行，每个人都曾出了一份力。[①] 极权主义之下，我们会成为扼杀自由的帮凶，那么，我们如何获得自由意识呢？

（一）独立思考

一个极权的政体会限制和剥夺人民的权利与自由，但它不可能完全控制人们的思考、记忆、表达，也不可能完全控制住私人生活领域。思考是我们赢得自由的起点，也是我们的责任。正如阿伦特认为制度之恶源于个体的不思考，独立思考能力是做一个自由人的基础。如果连思想都被统一成别人的，你还会有自己的自由选择权吗？独立思考才能让人拥有自由。[②]

一个不思考的人一旦有机会发声，他们所吐出的话语，都是历经过滤与改造的谎言。喉咙被钳制太久，已经丧失自由言说的功能。有一位苏联建筑师说，"有的人会当着一群人的面重复同样的废话，你就会想，'这个傻瓜，他为什么这么说话'。但是，当轮到你自己发言，站起来讲话的时候，你发现自己也在说同样的话，跟报纸上说得一样。我们一直受到的就是这样的教育，这就是为什么我们只要一开口就是这么说话。"[③] 如何摆脱这样的尴尬呢？需要独立思考，积极表达，假如不能公开的表达，也需要在私人场合积极地表达。

（二）在真实中生活

"恐惧和谎言"是极权主义体制赖以运转的基本条件。"假如社会的支柱是在谎言中生活，那么在真话中生活必然是对它最根本的威胁"。一个自由主义者

---

① 刘苏里，郭于华：《制度之恶源于个体的不思考》，http://cul.qq.com/a/20140519/005517.htm.（2014-05-19）［2016-06-11］.

② 刘苏里，郭于华：《制度之恶源于个体的不思考》，http://cul.qq.com/a/20140519/005517.htm.（2014-05-19）［2016-06-11］.

③ 徐贲：《用公共说理取代语言暴力》，http://www.21ccom.net/articles/zgyj/gmht/article_20140530106853_2.html.（2014-05-30）［2016-06-12］.

如何在极权主义体制下生活？哈维尔的答案十分简单："在真实中生活"。[①] 苏联作家帕斯捷尔纳克所说的："不自由的人总美化自己的奴役生活。"不自由的人有美化奴役的倾向，甚至忘记自由的宝贵，忽视自由的美好，所以更警惕，如果不幸生在一个自由最稀薄的国度，至少要好好养护自己那颗不受奴役的心。[②]

（三）关心自由

关心自由并不一定能带来自由，当权者不会因为你关心自由将这个权利给你，但它不得不提供一些粉饰太平的说法，显然，这样粉饰不可能长久，当权者自会觉得理亏，我们也会逐渐认识到社会不该如此，并对之作一些批判性的判断，随着越来越多的人改变观念，现状就有改变的可能。

（四）从小处着手

"从小处着手！"哈维尔把它称为"无权者的权力"，这是人人可以做到的，或者可以争取做到的，随着无数小处努力的积累，"时机一旦成熟，一个赤手空拳的平民百姓就能解除一个整师的武装。"[③]

（五）仿佛如同

东欧民主派的一个口号，叫做"as if"（仿佛如同），就是在实现民主之前，仿佛如同已经进入了民主社会，按照民主的方式那样去做[④]。同样，在实现自由之前，我们需要仿佛如同已经进入了自由社会，就像一个自由人那样行动，对自己的行为负起责任来。自由是一个学习的过程，不会从天上掉下来，需要经过无数经验的积累，现在就像一个自由人那样行动，所有这些行动养成的习惯，

---

① 〔捷〕哈维尔：《哈维尔文集》，崔卫平译，内部交流，2003 年版，http://www.l99.com/ EditText_view.action?textId=709778.〔2016-06-12〕.

② 沈喜阳：《愿你养成你的自我——写给年满十五岁的儿子》，http://www.21ccom.net/articles/ culture/edu/20140925113800.html.（2014-09-25）〔2016-06-12〕.

③ 〔捷〕哈维尔：《哈维尔文集》，崔卫平译，内部交流，2003 年版. http://www.l99.com/ EditText_view.action?textId=709778.〔2016-06-12〕.

④ 崔卫平：《民主之前，要像民主一样行事》，http://book.ifeng.com/dushuhui/wendang/detail_ 2013_05/17/25421021_1.shtml.（2013-05-28）〔2016-06-12〕.

将是未来自由社会的重要资源。从个人生活角度，如果不是从我做起，而是寄希望于别人，那就是把自己生活的安排和未来交给了别人，这样的生活能好到哪里呢？

（六）"不自由，仍可活"

在不自由的环境下，人应该怎么办？死并不是好的选择，不自由，仍可活。巴金说他"文革"中做了十年的奴隶生活，不过他坚定地指出，"从前是：只求给我一条生路；如今是：我一定要活下去，看你们怎样收场！"[①]

五、小结

"自由是什么"，只有与"我该如何对待自由"连在一起考虑才有意义。对读者最需要解决的是"我该如何对待自由"，不过，这个问题很大程度上是个人选择的问题，没有对人人行之有效的答案，以上只是提供一些思考的线索。

---

① 巴金：《十年一梦》，见巴金：《随想录》，北京，作家出版社，2009 年版 . http://lz.book. sohu.com/fullscreen-chapter-148412.html.［2016-06-12］.

第八章　认同自由的人如何选择个人生活之道

　　有了公共生活自由之后，怎么办？除了公共生活自由，个人生活应该如何呢？从理论的可靠性看，自然科学优于社会科学，对社会的事实解释优于规范解释，在对社会的规范解释中，适用于普遍个体的公共生活之道优于适用于普遍个体的个人生活之道。讨论个人生活之道，显然是科学短板，所以，成功学著作常常被认为是无用甚至有毒的鸡汤。但是，短板不能成为不做研究的理由，只要是人们需要的，都有值得讨论之处。

自由是最好的公共生活之道，是个人生活向好的一个前提。一个自由的世界将是每个人可以自由地寻求和追求自己的幸福。然而，就具体个人的生活目标而言，自由的意义不外是不让别人干涉自己的事，不许别人把他们价值选择、生活方式强加给自己，以及工作、生活不受独断专制的统治，但当有了这种自由，怎么办？

　　现代人生活的一个突出特征是被区分为工作生活、私人生活与公共生活等不同领域。工作生活指劳动生产活动，每一个人，除了那些尚未成年的少年儿童，一般都不得不从事一份工作以养活自己及家人。工作本质上是通过为他人提供服务而为自己谋利益。私人生活指与工作相对应的家庭、个人事务和"闲暇"等生活。公共生活，也称为政治生活，指存在公权力介入的生活，包括被公权力管理以及参与公权力的活动，工作生活、私人生活显然也受到公权力介入，不过，这里只讨论不为公权力介入的那一部分。公共生活领域的核心就是解决公共生活之道，保证公共生活自由，而工作生活和私人生活则是个人生活之道。狭义的自由主义是一套政治哲学，只讨论公共生活，其核心观点是"自由是最好的公共生活之道"。广义的自由主义除了政治哲学外，还是一套人生哲学，也讨论个人生活之道，在个人生活方面，其核心价值也是个人自由，即个人爱干什么干什么，只要不伤及他人。公共生活之道谈的自由是指不受他人干涉自由，是一种客观判断，而个人生活之道所谈的自由是个人心理自由，是做或者不被迫做某事而获得的满足感，是一种不受约束的自由。个人心理自由的特点是因人而异的，不同人对约束的理解各不相同，但总的倾向是——不仅仅不受他人暴力干涉，而且是不受亲朋好友、社会舆论、道德传统的影响，从而做真正的自我。不过，如果将个人生活区分为工作生活和私人生活，自由主义的观点就有所不同，在工作领域，它要求人们追求是物质上成功，赚钱谋生，是功利[①]；而在私人生活领域它要求人们追求自由。

"有权利做一件事，是做它的必要理由，但不是充分理由。权利只告诉我们可以做什么，但不告诉我们应该做什么"[②]。理论上讲，自由主义似乎并不告诉人们应该做什么。不过，自由主义讨论的生活是基于这样一个假设：人人都贪生怕死，人人都追求好的生活，而物质财富的丰富是好生活的重要前提。因此，虽然自由主义认为"个人爱干什么就可以干什么"，但是，在工作领域，人们追求财富，追求物质上的成功，而在私人生活领域，人们追求活出最有价值的自我，实现心理上的自由，最高境界就是马斯洛所讲的自我实现。有的人可以实现工作领域的追求和私人生活追求的统一，工作就是自我存在的价值，是自我的实现；有的人工作只是追求财富，生活才是追求真我。如何赢得工作上的成功，这里不准备讨论，我们只准备讨论"私人生活"方面的个人生活之道。作为"私人生活"之道的核心价值——自由，不仅仅是公共生活自由，"不单纯是不让别人过问自己的事，而且还有认识自己的个性、维护自己的个性、决定自己的生活目标，尽量不受家庭、朋友或者社会追求一致的倾向所影响等内容"[③]。在公共生活层面上，自由是受公权力保护的，如果有人不顾及这种自由，那么你可以诉诸于公权力。而"私人生活"追求的心理自由已经不是作为公共生活之道的自由所能解决的了，如果公权力根本不保护或者诉诸于公权力保护成本太高，你必须在法律之外寻求更好的解决之道。如何实现个人生活的自由呢？对这个问题做出系统的回答还有待本人进一步研究，本章只就与个人生活自由密切相关的几个概念做一些说明。

---

① 功利主义之所以备受批评，就是因为它能较好解释工作的动机，但是，对私生活动机的解释力就逊色不少。

② 徐贲：《政治是每个人的副业》，北京，东方出版社，2013年，第86页。

③ 〔美〕罗伯特·N.贝拉等：《心灵的习性》，翟宏彪等译，北京，三联书店出版社，1991年版，第34页。

一、七步骤验证法

连岳在《价值七步》[①]引用 Sidney Simon 和 Howard Kirschenbaum 提出的七步骤验证法，对实现心理上的自由以至自我实现很有启发。某事之所以有价值，可以通过七个步骤来检验：

第一，"它必须是自由选择"。一个人只有以自己的方式选择过自己想要的生活，才可能活得最精彩。这一点第三章第二节已经做了论证。

第二，"它必须是深思熟虑后的优中选优"。理性才能认识我们自己更本质更长远的需求。这一点第五章第二节已经做了论证。

第三，"你必须接受后果"。选择即意味着犯错的可能，错了就得自己承担责任，不能怨天尤人，甚至强制他人。这一点第五章第二节有论证。当然，更要注意的是，人的可贵之处，在于他有改错能力，错就要改正，一定不能掩耳盗铃，"因为害怕承认错误将错就错，毁掉一生"。要获得自由，就必须保持灵活，及时改正错误，从容不迫地适应新的环境，变换新的角色。

第四，"它必须让你自豪。"我们追求好的生活，选择必须能带来好生活，让我们自豪，让我们自由。

第五，"它必须公之于众。"公之于众是检验你是否真爱它的好方式。

第六，"它必须付诸行动。""人不行动就不是人，是尸体。"我们必须为有价值的事行动，这样我们才会有价值。"人生就是一场大的弹球游戏，你要享受人生，就必须运动，必须不断适应一个环境"[②]。"就做成一件事而言，信心和投入度比选择做什么要重要的多，一个差一点的选择如果信心满满的，投入的去做，结果也未必就坏"[③]。

第七，"行动必须不停重复。"专注而充满热情的愿望，是一切创造的种子。成功不是一刻、一天、一月、甚至一年能达到，必须常年累月的坚持下来。只要懂得坚持，即使一个差一点的选择，也会有不至于太差的结果。很多错误和失败，是因为不努力，不坚持，然后告诉自己一切都是命运。

---

① 连岳：《价值七步》，http://blog.sina.com.cn/u/3732568017.（2015-04-22）[2016-06-06].

② 〔美〕罗伯特·N.贝拉等：《心灵的习性》，翟宏彪等译，北京，生活·读书·新知三联书店出版社，1991 年版，第 113 页。

③ 罗辑思维微信公众号 2016 年 2 月 28 日 60 秒语音。

七步骤验证法包含人们通向成功和自由之路的很多重要基点，第一自由，第二理性，第三自立和应变，第四自我满足，第五真爱，第六行动，第七坚持。七步骤验证法并非衡量价值的唯一尺度，否则，自由丧失了本身的价值了，不过，对于大多数人在大多数时刻的选择，七步骤验证法都是很有参考价值的。

二、选择原理

心理学家威廉·格拉瑟提出了一个重要原理——选择原理，对于追求个人生活自由很有启发。所谓选择原理，归纳起来就一句话：只有我们自己才能控制我们的行为和思考，而且通过控制行为和思考可以间接控制我们的喜怒哀乐。换言之，如果我们感到不自由，我们可以通过控制我们行为和思考间接达到自由；如果我们想达到自由，只能通过我们行为和思考实现。"别人无法左右我们的喜怒哀乐，只能传送给我们或者接受我们的信息，而信息本身是不会让我们做或感觉到什么的。它传送到人的大脑，经过大脑的处理之后才能转化为行动"①。生活总是无法让人完全如意，我们会遇到很多痛苦，这些痛苦即使来自他人，最终也需要我们自己来终结。

一个人要达到心理自由，首先需要对个人选择有充分认识。很多人心理不能达到自由，就是因为任由外界控制，忘记了自己和他人的选择权。一旦认识到自己和他人的选择权，那么，就会发现我们拥有比想象多得多的自由。相信个人选择权是迈向心理自由的第一步。人的行为有一些是理智，有一些是习惯的。如果是理智的，那么，为达到一个必要的目标，不得不干涉他人或者自己，只要不违法，即使个人感觉不自由也是得容忍的。但是，对于一些不理智的行为，如因为习惯行为，因为忘了自己有选择权，而造成的不自由，则是需要通过选择原理解决的。"选择论教我们认识到人类对自己的生活控制能力远远超出自己的想象"②。但是，我们常常忘记自己有控制生活的能力，忘记与我们打交道的人也是有选择能力，而是任由习惯思维模式左右自己的行动。

---

① 〔美〕威廉·格拉瑟:《选择自由》，张愉等译，天津，天津人民出版社，1999 年版，第 3 页。

② 〔美〕威廉·格拉瑟:《选择自由》，张愉等译，天津，天津人民出版社，1999 年版，第 3—4 页。

外部控制心理传统是典型的忘记个人选择权的行为模式。"外部控制心理简单的操作性前提（模式）是：谁做错了。就受到惩罚，这样他就会按我们说的去做；然后表扬他一番，以促使他们继续遵照我们的意志行事。这一前提（模式）支配了世界上大多数人的思维"①。外部控制心理传统支配了政府官员、家长、老师、经理以及宗教领袖的选择，同时也支配了大多数人的心理。当我们处在拥有控制权的位置，会倾向于利用强迫的手段来达到自己的目的；当我们处于被控制的地位，会习惯接受外部的控制而让自己心理痛苦。外部控制心理传统让被控制者心理痛苦，同时，对于控制者来说，有时也并不快乐，如虐待妻子的丈夫本人生活也不快乐。外部控制心理传统像瘟疫一样侵蚀着社会每个角落，破坏了人们的心理自由。一个社会要达到更高的心理自由，就是要适当改变外部控制心理传统。"不受他人干涉自由"正是要解决那些带有暴力性的外部控制，但显然仅仅这样一种自由是不足的，人们还需要认识到外部控制心理的弊端，把人与人关系诉诸于内部控制，通过让人们自由选择来到合作。当然，即使解决了外部控制，心理自由也不是自然而然就会实现的，人们的需求是无止境的，人们同样会因为内部控制而陷入痛苦。不过，这种痛苦与外部控制带来痛苦是不能相比的，绝大多数人不可能因为内部控制的痛苦而要求回到让他人控制。因此，达到心理自由，还是要就解决外部控制问题，让个人有选择权。

我们希望拥有选择权，但是生活中总不可避免碰到一些自以为是的人。这些人自认为掌握了正确的标准，并认为自己有责任迫使别人服从。如果不幸遇到这种人，而且公权力根本不保护或者诉诸于公权力保护成本太高，有的人选择逃离，有的人选择对抗，选择原理告诉我们，有时候给对方一定的选择权，可能更有助于和谐相处。《选择自由》一书讲了一个经典的例子。一个犯罪学家住酒店时，忘记房门，结果闯进了一个持枪的抢劫犯。那罪犯持枪威胁说"把钱包拿来。"犯罪学家紧张地回应："不行，我给你钱，但别拿我钱包。"结果那罪犯拿了他放在地上的钱扬长而去。一个抢劫犯，一个具有强烈强迫他人心理的人，你如果给他选择权，他也可能一定程度上放弃他的强迫意愿。②

---

① 〔美〕威廉·格拉瑟：《选择自由》，张愉等译，天津，天津人民出版社，1999年版，第5页。

② 〔美〕威廉·格拉瑟：《选择自由》，张愉等译，天津，天津人民出版社，1999年版，第16页。

人类对自己生活的控制能力远远超出自己的想象，不幸的是其中相当一部分控制反而是让自己更痛苦。例如配偶的行为让你生气，继而你又选择了对他大喊大喊和威胁的方式，事情因而变得更糟。我们时常会做出类似痛苦，甚至疯狂的选择，显然，我们需要更好的选择。选择原理告诉我们，我们能给予他人只能是信息，如何选择是他人自己的事情了，好的选择不能强制他人，需要给他人选择权。我们需要选择一种能过自己生活又能和他人和谐相处的办法。

对于一个非常看重自由的人来说，还需要懂得并愿意承担自由的代价，否则，他仍然会感到不自由。一般而言，追求独立选择的人就有可能远离社会大众所追求的价值观，这样就得承担孤守独处的味道，如果你不能承担，那么你追求自由不能带来幸福感受。如果你看重独立选择的自由，又同时追求爱与归属感，那么，你在努力的过程中，就需要不断的问自己："我要做的事是会拉近我们之间的关系，还是让我们越来越疏远？"[①] 人就是这样的，争取一件东西就会失去想要的其他东西，满足一种欲望可能会影响另一欲望的实现。这就是人不可逃避的现实，不是选择理论的错，关键是你必须愿意承担选择的代价，这样就更容易达到心理自由。

选择原理对于自由的追求有很多启发，不过，这些启发只是提供一个参照而已，不可能根本解决问题。运用选择原理，并不一定能达到自由，有时会选择更糟糕的方式，有时陷入更大困惑，有时不得不因为选择而承担更大的不自由。选择意味着责任，一旦需要承担不利的责任，那么，也会感到不自由。不过，即使这样，选择权也是值得运用的，至少我们行使选择权，努力过，做到人应有的尊严。每一个人以自己的方式选择过自己想要的生活的时候，他就是活得最精彩的时候。

三、心理疗法

狭义上心理疗法是指一种治疗精神疾病的手段，这里所谈的心理疗法是广

---

① 〔美〕威廉·格拉瑟:《选择自由》，张愉等译，天津，天津人民出版社，1999 年版，第 6 页。

义上，泛指从治病到阅读心理分析书籍等各种调整心理的手段。心理治疗可以帮助我们更加有效地处理自己的感觉，从而在事业和社会生活中更加成功地应对别人对我们的反应[①]。心理疗法"过去几十年中已经从人数较少的知识精英阶层，广泛传播到美国生活中的中产阶级主流中去了"[②]。今天的美国人，尤其是（但不完全是）中产阶级的美国人，他们对自己的感觉有了更大的把握，能够更好地表达这些感觉，并且增强了寻求人际关系中自己欲求实现的东西的能力。心理成熟的增长，显然增加了个人幸福感[③]。

心理疗法建立在以认识自己和自我实现为观念基础的心理分析观基础上。"这种心理分析观是以自我而不是以某种外在义务为出发点的。个人必须发现和伸张自我，因为这个自我是与别人建立真正关系的唯一本体的外在义务"[④]。当一个人感觉不自由，心理分析观认为可以采用心理治疗。例如，强迫自己戒烟，强迫自己继续做不想做的工作，在这些情况下都有两个"我"，一个我要求戒烟，一个我不想戒烟，一个我要求自己必须工作，一个我不想工作，心理治疗帮你认识那个是真我。心理治疗通过反复强调如何接受自己来帮助个人获得自由。心理治疗主张个人应该成为自己标准的本源，先自爱始求人之爱，相信自己的判断，不顺从他人的判断。需要借助他人才能感觉自己"行"，这是心理疗法试图根治的根本疾病。[⑤]

人们感觉不自由的直接原因有时并非不能接受自己，而是无法处理好与他人关系，在心理疗法看来，只要能接受自己，不需要凭借他人确定自我，放松地表现自己，自然而然就会处理好与他人的关系。正如刘同所言："'我很好'不是指你终于熬到有了钱，有了朋友，有了人照顾的日子。而是你终于可以习

① 〔美〕罗伯特·N.贝拉等：《心灵的习性》，翟宏彪等译，北京，生活·读书·新知三联书店出版社，1991年版，第186页。

② 〔美〕罗伯特·N.贝拉等：《心灵的习性》，翟宏彪等译，北京，生活·读书·新知三联书店出版社，1991年版，第169页。

③ 〔美〕罗伯特·N.贝拉等：《心灵的习性》，翟宏彪等译，北京，生活·读书·新知三联书店出版社，1991年版，第209页

④ 〔美〕罗伯特·N.贝拉等：《心灵的习性》，翟宏彪等译，北京，生活·读书·新知三联书店出版社，1991年版，第146页。

⑤ 〔美〕罗伯特·N.贝拉等：《心灵的习性》，翟宏彪等译，北京，生活·读书·新知三联书店出版社，1991年版，第148页。

惯没有钱，没有朋友，没有人照顾的日子。'我很好'是告诉他们，你越来越能接受现实，而不是越来越现实。"①

心理疗法还告诉人们不能对他人有不切实际的要求和过分的依赖，加强自己的独立性，这样才能真正地爱他人，并为他人所爱。"你可以迷上一个你所崇拜的人，但你不可能爱一个偶像。""爱一个人，意味着主动、自由地卷入，它与无可奈何、神魂颠倒式的迷恋是不同的。"②迷恋他人，按自己所认为的他人愿望行事，为他人自我牺牲，那么你可能丧失了独立性，进而可能受到他人强制，也可能因为你不能真正了解他人的愿望，而让你的爱变成对他人强制。付出，通常需要一定回报，当你迷恋而不是主动自由地爱，那么，你可能因为得不到回报而痛苦。

四、能力

如果说七步骤验证法、选择原理和心理疗法是着眼于通过个人主观判断和主观改进达成自由的话，那么，能力就是影响一个人自由能否实现的客观因素。能否达到心理自由因人而异，并不是说能力强才能获得更多自由，能力差的就很难获得自由，但是，能力强的人获得更多自由是一个大概率事件。

决定一个人能力大小最重要的因素是金钱。有钱的主要好处是你用不着看人脸色了。有了足够的钱，就可以做想做的事，更容易达成自由。在经济匮乏的时代，婚姻常常沦为经济联盟的手段，爱情根本就是奢侈品，市场经济的发展，个人财富的大幅增长，婚姻逐渐变成个人的事，爱情成为婚姻的前提。爱情与婚姻的关系充分说明钱对于自由的好处，金钱可以交换安全、交换健康、交换服务、交换时间，让人在不屈从于人身依附关系也能得到需求的满足。对于个人自由，钱不能解决一切问题，但钱最能解决问题，努力赚钱，获得自由的概率就更高一些。对于一个追求社会价值的人，钱多通常意味着你提供的服务越多人认可，代表你贡献越多。随着一个人的金钱越来

---

① 刘同：《谁的青春不迷茫》，北京，中信出版社，2012 年版，https://read.douban.com/ebook/521936/?dcs=subject-einfo&dcm=douban&dct=20278327.〔2016-06-30〕.

② 〔美〕罗伯特·N.贝拉等：《心灵的习性》，翟宏彪等译，北京，生活·读书·新知三联书店出版社，1991 年版，第 149 页。

越多，他将钱花到自己身上所获取的快乐有逐渐递减的趋势，很多人就倾向于投身慈善，奉献给社会，钱多意味着你不仅仅可以通过交易，也可以通过慈善对社会作贡献。

追逐金钱的过程，很大程度上是一个人对自我价值认同的提升过程。在一些人的眼里，钱为万恶之源，当你用欺诈、强制的手段赚钱，那么，钱就是对公共生活自由破坏，是一种"恶"。在此之外，如果你认为金钱是恶，那么自由可能就远你而去，诅咒金钱很可能就是诅咒自由，就是诅咒生活。显然，我们这里讲的是以自己劳动和自由交易的手段"赚钱"，这样的"赚钱"给自己带来自由同时不伤害他人自由，正如哈耶克所言："金钱是人们发明的最伟大的自由工具之一"。当然，金钱作为自由工具只是之一，虽然它最伟大。有赚钱的能力，如果没有承载的能力，金钱换不来自由；很多自由无法从金钱得到，不管是社会价值，还是个人价值，很多都无法通过金钱体现。金钱有局限，能力对于自由的达到也有局限，但是，对大多数人来说，提高能力，"赚更多的钱"仍然是达到自由的一个有效途径。

决定一个人能力大小另一个重要的因素是理性思维能力（智力）。现代社会的一个重要趋势是理性化，传统、价值观和情感逐渐被理性和计算取代。理性化大大提高了工作效率，但韦伯认为理性化也将人带入冰冷冷的"铁笼"。与金钱一样，理性思维能力也不万能，只是达到自由的工具。

金钱、智力作为达成自由的前提的事实，让很多金钱和智力处于弱势的人，感到不平。人类一直有对平等的向往，但其实在心里更向往个人的自由，平等本质上来自于嫉妒心理，如果能超过他人，很少人会有不乐意的，只有当落后于他人的时候，才会向往平等。"人类，最终是冷酷无情的，只尊重强者，忽略或淘汰弱者"[①]，一个自由主义者必须相信"只要人活在世上，就会有强弱"，如果不幸成为弱者，只能坦然的接受。超过他人的强者通常有更好的自由感受，只要人活在世上，就会争强，就会有竞争，一个自由主义者需要确认这样的事实，勇于竞争，争取成为强者将更有可能得到更多的自由。

---

① 连岳：《亲爱的，开工快乐》，http://blog.sina.com.cn/u/3732568017.（2015-02-25）[2016-06-06].

五、他人

个人的自由并非仅仅由自己就能实现的，对个人成长和自我实现的追求，必然导致个人与他人建立关系。如何在同他人和谐相处的基础上过自己生活，是所有追求自由的人必须面对的问题。他人一方面是我们自由的对立面，他人就是地狱；另一方面，他人也是我们自由的条件所在。个人与他人的关系可以分为强制服从关系、自由契约关系、自由竞争关系以及爱的关系。

1. 强制服从关系

强制一般是公共生活自由讨论的问题，不过，这里仅讨论不为公权力所管辖的强制服从关系。例如，员工被迫按老板命令做他不想做的事，孩子被迫按父母意思参加奥数训练，丈夫被迫按妻子的意思留在家里，等等。

当我们不幸处于被他人强制的位置，自由受到严重抑制，他人就是地狱，如果公权力也保护不了，怎么办呢？我们可以选择逃离，例如离婚，移民；可以选择反抗，例如抗议，革命；也可以选择爱来化解，耶稣说过：要爱你的敌人；甚至也可以自愿接受强制，并转为自由需求，某些福音派基督教主张化义务为己之所欲①。没有绝对好的策略，所有策略都可能产生新的强制，这种两难谁都无法摆脱，一切根据情况选择，核心原则要尽最大限度找到自我。

另一个问题是，当处于有利位置，可以通过强制他人来实现自己的目的，怎么办呢？显然，一个自由主义反对这样的做法，难题是我们已经处于有利位置，怎么舍得放弃呢？这需要以长远的眼光看待利益得失，长期而言，强制他人者也可能被他人强制，因此，尊重他人才是更优先的选择。例如，父亲威胁儿子不做功课就不让出去玩，结果，儿子有玩的机会就展示他的反抗，结交不良少年，甚至吸食大麻，这样不仅儿子，父亲也感觉不自由。一旦处于有利位置，我们也需要反复提醒用自由契约、自由竞争以及爱而不是强制，来处理与他人的关系。

---

① 〔美〕罗伯特·N.贝拉等：《心灵的习性》，翟宏彪等译，北京，生活·读书·新知三联书店出版社，1991年版，第140页。

2. 自由契约关系

随着文明的进步，越来越多强制服从关系发展为自由契约关系了。传统意义上个人与他人关系，是一种服从于统一集体格局下社会角色分配，例如，婚姻可能不是爱情的结合，而是两个家庭、家族甚至国家的联盟。而今天，个人与他人关系大部分是自发的契约关系，而不是为了某个外在集体目标而形成的。

在自由契约关系中，我们拥有对他人的权利，他人是自由的条件，同时，我们又不得不承担对他人的义务，他人是地狱。怎样的自由契约关系最好呢？自由契约关系有不同的发展阶段，以金钱（货币）为中介的自由契约关系是较高阶段，货币经济越发达，契约关系成熟程度越高。正是金钱这个"天生的平等派"冲破传统的等级制度和人身依附关系，让自由契约关系走向成熟。各种契约关系大体包含人情契约和金钱契约，相对而言，人情契约更可能绑架自由，而金钱更不容易绑架自由，非金钱的关系只能在小范围适用，金钱关系可以在广泛领域适用。一般来说，金钱契约关系，更容易让我们达到自由，同时不被契约所绑架。爱情、婚姻、社团、友谊等，在今天大体可理解为自由契约关系，在这些关系中，人情契约超过金钱契约，因此，只能在更小范围内应用，也更容易绑架自由。"婚姻意味着荣辱与共，互相忍耐，是一种神圣的亲密关系。它是这样一种联合：改善生活而不是诉讼；和谐生活而不是政治信仰；互相忠诚而不是做什么商业的或社会工程"[1]。如此描述的婚姻很美妙，但是，也有可能或多或少构成对自由的束缚。

3. 自由竞争关系

竞争是不同主体争夺有限资源的过程。竞争的方法是通过削弱他人或者提高自己以取得优势，从而赢得有限的资源。在竞争关系中，"他人就是地狱"，一方面自己的自由受到他人的约束，另一方面他人的自由也受到我的约束，因此，很多人害怕、回避竞争，或者不想被他人约束，或者不想约束他人。但是，回避竞争只能获得短暂的心理自由，要追求更高级更长远的心理满足，必须勇

---

① 〔美〕阿丽塔·L.艾伦等：《美国隐私法：学说、判例与立法》，冯建妹，石宏等编译，中国民主法制出版社，2004年版，第30页。

于面对竞争。竞争必有胜负，有些人因此选择不择手段，结果让竞争转化为强制服从关系，这是自由主义者所反对的。

4. 爱的关系

爱是无条件的付出。爱与自由的关系可以归为两种类型：（1）当处于主动爱的位置，如果爱是源自本能的自愿需求时，爱就是自由；如果爱源自权力或者文化的强制，那么，爱可能背离了自由。（2）而当处于"被爱"的位置，如果"被爱"是符合我们需求的，那么，"被爱"是自由的来源；而当"被爱"是背离甚至压制我们需求的，享受"被爱"其实是在遭受强制。

以家庭为例，"在家里，每个人都无条件被接受，这在工作生活和政治生活领域几乎是闻所未闻"[①]。在家里，人的重要性并不是契约达成的，每个人被家庭关爱几乎是无条件的。不过，这种无条件的家庭之爱需要具体问题具体分析。我们对家庭和家庭成员的爱可以说相当一部分是来自人的本能，来自于自由的需求。挖掘这种本能并从找到一部分自我，更容易达成自由。我们的自由并不仅只是在家庭能找到，但是好的家庭关系将有助于我们达成更多的其他自由。显然，并不是所有对家庭的爱都来自本能的需求，还有相当一部分来自强制，包括法律的强制和长期文化积淀而形成的强制，这种强制的爱很可能就构成对自由的剥夺，例如，在某些传统社会，家庭之爱意味着对家长的绝对服从，崇拜父母。当然，并非所有强制之爱都是不正当的、是对自由的剥夺，也存在一些例外，如父母对未成年子女抚养监护。"家庭是人人都可信赖的所在"[②]，是自我实现的重要条件，但是，当爱变成对自由需求的严重压制时，被爱其实就是被剥夺自由。

家庭之爱外，还有爱乡、爱国、爱民族、爱同学、爱企业、爱社团等对群体的爱，以及爱情、友情等对个人的爱。各种各样的爱，大体上都有源于自由需求的一面，我们应该挖掘这种本能让它们成为自我的一部分，有人为了更深刻地体验这种本能而委身于宗教，也是一种可行的选择。爱就是自我实现的一

[①] 〔美〕罗伯特·N.贝拉等：《心灵的习性》，翟宏彪等译，北京，生活·读书·新知三联书店出版社，1991年版，第129页。

[②] 〔美〕罗伯特·N.贝拉等：《心灵的习性》，翟宏彪等译，北京，生活·读书·新知三联书店出版社，1991年版，第129页。

种表现，爱也是达成更多自由的条件。不过，爱也可能淹没个性，让我们看不到自己的利益，甚至被他人强制或者强制他人，这又是需要警惕的一面。

六、参与公共生活的责任感

"起码的公共道义和公共文明是实现私人生活的一个先决条件"[①]。好的公共生活环境将大大助于个人自由的实现。好的公共生活环境需要人们积极参与，不过，如果回到个人身上，一个人的参与对公共生活改善的作用是极其有限的。公共生活参与上，不可避免存在大量"搭便车"的问题，如果人人都想"搭便车"，好的公共生活环境当然不可能维系。显然，我们需要积极参与公共生活，克制"搭便车"的倾向。人是社会动物，对很多人来说，参与公共生活是一种源自本能的自愿需求，我们应该努力挖掘这样一种需求，让参与公共生活成为个人需求一部分，通过参与公共生活感受自我的实现。对另一些人来说，参与公共生活并非真正的美好生活，并不是自愿的需求，只是达至个人自由的工具，个人对公共生活的参与只是为了私生活免受他人的强制。如果仅仅将参与公共生活作为工具，那么，我们也要克制"搭便车"的倾向，因为缺乏参与的公共生活，很可能被利用作为强制他人的武器，到那时侯，我们的自由将因为"搭便车"而失去。

克制"搭便车"的倾向，积极参与公共生活，并不一定就会有好的公共生活环境，还需要至少一部分人具有公共美德。"如果不存在美德，任何形式的政府无法使我们安全。如果认为任何形式的政府都可以在人民不具备美德的情况下保障自由和幸福，那只能是不切实际的空想"[②]。具有美德的公民，就是懂得个人福利取决于全民福利并能据此行动的公民[③]。好的公共生活不是期望人人拥有美德，而是通过宪政机制过滤和净化人们的激情，以便担任公职

---

① 〔美〕罗伯特·N.贝拉等：《心灵的习性》，翟宏彪等译，北京，生活·读书·新知三联书店出版社，1991年版，第247页。

② 〔美〕罗伯特·N.贝拉等：《心灵的习性》，翟宏彪等译，北京，生活·读书·新知三联书店出版社，1991年版，第384页。

③ 〔美〕罗伯特·N.贝拉等：《心灵的习性》，翟宏彪等译，北京，生活·读书·新知三联书店出版社，1991年版，第385页。

的人基本上是一些具有远见和美德的人。如果我们不具备美德，那么，至少需要将那些能够把公共利益置于个人和小团体利益之上的具有美德的人选任为公职人员。不过，公职人员具备美德并不意味着可以营造好的公共生活环境，公共生活环境并不是有美德就自然会有的，我们要求公职人员代表公共利益，但是公共利益却是难以捉摸的，即使有美德也很难代表公共利益，更何况公职人员也有自利的追求，因此，好的公共生活环境需要选择具备美德的公职人员，但是又不能将希望只是寄托在公职人员身上，对公职人员仍需抱着怀疑制约的态度。

七、是追求突破传统的自由生活，还是追求遵循传统的自由生活？

"争取心理上的自由，就是争取同人们的过去或社会环境强加于人的价值观念决裂，以便发现自己的真正愿望"①。在一些人看来，追求心理自由就是要突破传统的束缚，过自己自由生活。但是，自由是多样的，自由不仅仅体现为突破传统，也体现为遵循传统。

以家庭为例，家庭在传统文化中始终是生活的中心。18世纪后，在一些文化中，获得自由生活意味着走出家庭，个人成熟的过程就是摆脱对父母的依赖，转为依靠自己的过程。"对美国人来说，走出家庭是正常的期望；儿童时代在许多方面仅是走出家庭的准备"②。在另外一些文化中，"自由'并非美国意义上的走出家庭'。在传统上的日本，'出家'一语亦即入寺参禅，寻入空门"③。今天的日本虽不是传统日本，在日本，在东方社会，人们仍然更倾向于从家庭中获得自由生活，美国带有保守主义文化的人也倾向于从家庭中获得自由生活。

以宗教为例，在一些文化中，自由意味着更注重自我的体验而不是委身宗

① 〔美〕罗伯特·N.贝拉等：《心灵的习性》，翟宏彪等译，北京，生活·读书·新知三联书店出版社，1991年版，第34页。

② 〔美〕罗伯特·N.贝拉等：《心灵的习性》，翟宏彪等译，北京，生活·读书·新知三联书店出版社，1991年版，第82页。

③ 〔美〕罗伯特·N.贝拉等：《心灵的习性》，翟宏彪等译，北京，生活·读书·新知三联书店出版社，1991年版，第82页。

教，但是，在美国，仍有 90% 以上的人相信上帝，每十个人中有四个按期上教堂①，遵循传统宗教体验，他们仍获得自由的生活。对于某些美国人来说，即使在爱默生写下《论自立》170 多年后的今天，传统和作为传统载体的社会生活依然存在。

自由当然意味着突破传统、突破他人的限制，但是，人是传统的产物，人是社会的动物，彻底突破传统和突破他人限制的个人就缺乏维持生活的能力了。自由应该怎么办？这是无解的难题，总的一个原则应该是：强调个人的同时，应该从个人与大的整体（社会、传统）的依存关系看待个人，这样才能维持真正的个性，真正的自由。

八、小结

所有价值最终是由个人体验的。公共生活的话题，只有与"个人该怎样过好生活"连在一起考虑才有意义，公共生活之道最终要落实到个人生活之道。同时，个人生活之道的讨论也关系到能否建立好的公共生活，"令人满足的私人生活也是健康公共生活的先决条件"②。即使仅讨论公共生活哲学，个人生活之道的研究也是很有价值的，不过，本人这方面的研究上单薄，有待进一步加强。

---

① 〔美〕罗伯特·N.贝拉等：《心灵的习性》，翟宏彪等译，北京，生活·读书·新知三联书店出版社，1991 年版，第 91 页。

② 〔美〕罗伯特·N.贝拉等：《心灵的习性》，翟宏彪等译，北京，生活·读书·新知三联书店出版社，1991 年版，第 247 页。

后　记

书写完了，如果要谈我写作的第一动力，大致可以概括为以下这样一段话：

"我们现代人最大的问题是，我们有的时候忘了人是要死的。比如我们为什么会撒谎，就是因为我现在搞点小伎俩骗骗人，我现在获得点利益，我为了将来，我可以做好人。比如说我们为什么不今天晚上回家陪父母吃一顿饭，因为我们觉得我现在在挣钱，我忙啊，等我挣完钱之后。我有机会再来孝敬父母。但是你有没有想到，生命是何等脆弱。人如蝼蚁，天地以万物为刍狗，天地不仁的呀。也就是说，你晚上脱下鞋上炕，第二天能不能再穿上你是不知道的啊。死亡往往是一个突然降临的状态。"[①]

当死亡临近，或者惊醒于死亡会到来，我们更会专注地做一些自己想做的事。很庆幸，在失明或者死亡突然降临之前，完成我的第一本书。这本书，对我是"经历生死之变写下的东西"，很真实，很用功，是思想的炼狱，异常珍贵。除此之外，希望这是一本对他人有价值的书，期盼给世人留下一点记忆，并藉此换取一点版税让自己成为能在图书市场存活的人。经不起这愿望的鼓动，时常妄想着这本书对不同人的意义：

一个刚完成高考的同学——一直想给这书取这样一个营销口号：高中毕业后看什么，自由是最好的公共生活之道。最想写给刚完成高考的同学，自由的观念是新生活最好的垫脚石。一个刚完成高考的同学，可能会对本书某些观念

[①]　罗振宇：《罗辑思维：有种，有趣，有料》，武汉，长江文艺出版社，2013 年版，第 8 页。

格格不入，越是格格不入，本书就越有存在的意义。当年高考指挥棒下的我是不可能有"自由"的念想，大学时曾闪过自由的念头，可惜没有坚持下来。回想大学毕业以来时光，最大的遗憾是丢失了"自由"这个词。

一个即将步入社会的毕业生——"连社会是什么都不知道，就被一脚踢了进去，用脑袋四面撞击墙作为代价，尽快成长起来，我觉得这事有些残忍。"和菜头在《槽边往事》提出的解决方案是来一次毕业旅行，把"社会""国家""人民"这样的概念变成具体的形象，也就会知道自己的位置在哪里。[①] 我的方案是学一下《自由》这门课，读懂了自由，才能让自己的所学所思有一个好的安排，明白自己认知的边界和行为的底线在哪里，在复杂世事面前多一点不乱方寸的时刻。

一个呼吁政府监管的消费者——"吃动物怕激素，吃植物怕毒素，喝饮料怕色素，吃什么心里都没数"，毒奶粉，毒大米，明胶虾，旧皮鞋果冻，泛滥猖獗的假货伪劣，身处厄运的消费者，经常习惯性地呼吁政府监管。如果你也是其中一员，这本书或许会让你看到一些新的思路。

一个商人——经商之道不外乎算计成本收益比。如何更精准、更自豪计算成本收益比呢？只有站得足够高，才看得到远方，自由是比成本收益更高的生活观。一个为了梦想不羁奋斗却不了解自由的人，似乎缺少了些什么。

一个失败者——怀揣希望积极奋进，却是一次次事与愿违，挫折跌倒，不仅是令人沮丧，而且可能陷入自我消沉的深渊，或者走向毁灭社会的极端。"当我变成一个真正的自由主义者以后，才感觉到了平静"[②]。一个读懂自由的人，会有一颗平静的心。

一个读书人——"读书是意味着，利用别人的头脑来取代自己的头脑"，叔本华这话有些夸张，但如果只是读书而不开动脑筋想一些问题，那就是一个照搬别人脑袋的傻瓜。如何开动脑筋呢？最好的方式之一，就是把它写下来。作为一名读书人的思考心得，这本书大概可成为书友们开动脑筋的一个参照物。

一个写书人——欣喜看到越来越多文字创作者认同了自由。顾城说，黑夜

---

① 和菜头：《槽边往事》，北京，中信出版社，2015 年版，第 6—7 页。

② 连岳：《十年才入自由主义的门》，http://dajia.qq.com/blog/241461039688126.html.（2013-04-17）[2016-06-11].

给我黑色的眼镜，我却用它寻找光明。我想说，"自由"让我找到了光明，"自由"会让写书人看到光明。读懂了自由，也就了解无数文字的底层逻辑。

最后，套用梁小民为《牛奶可乐经济学》推荐序的一句话："无论是谁，都可以从这本书获益。"[1] 不敢说，所有人都会从本书获益，但我相信，"无论是谁，都可以从自由的论证中获益。"获益并不是指让大家得到以后就能增强赚钱的能力或者就能够获得多少收入，纯粹讨论自由对具体个人的收入没有直接影响，它的作用在于解开一些疑惑，对世界本来面目会更清澈些，掌握一些理解生活的思维方法。当然，自由只是对生活简单化的概括，简单化很容易产生扭曲。理解生活需要简单化，本书也只讨论如何简单地理解生活，至于如何避免扭曲，这是本书之外的话题了，还需要你在本书之外寻找答案。

---

[1] 梁小民：《经济学解释生活（推荐序）》，见〔美〕弗兰克：《牛奶可乐经济学》，闾佳译，北京，中国人民出版社，2010 年版，第 7 页。